Kurt Wirsing

Psychologie für die Altenpflege

Lernfeldorientiertes
Lehr- und Arbeitsbuch

6., vollständig überarbeitete und
erweiterte Auflage

Anschrift des Autors:
Dipl.-Psych. Kurt Wirsing
Am Römergraben 15
83329 Waging am See
E-mail: contact@curamus.de

6., vollständig überarbeitete und erweiterte Auflage 2007

5., vollständig überarbeitete und erweiterte Auflage 2000, Beltz PVU, Weinheim
Sonderausgabe 1997, Beltz PVU, Weinheim
4. Auflage 1993, Beltz PVU, Weinheim
3. Auflage 1986, Beltz PVU, München–Weinheim
2., überarbeitete Auflage 1985, Beltz PVU, Weinheim
1. Auflage 1984, Beltz PVU, Weinheim

© Beltz Verlag, Weinheim, Basel 2007
Programm PVU, Psychologie Verlags Union
http://www.beltz.de

Lektorat: Sigrid Weber
Herstellung und Illustrationen: Anja Renz
Fotographien: Klaus G. Kohn, Braunschweig
Umschlaggestaltung: Federico Luci, Köln
Umschlagbild: plainpicture, Hamburg
Satz: Druckhaus „Thomas Müntzer", Bad Langensalza
Druck und Bindung: Druck Partner Rübelmann, Hemsbach

Printed in Germany

ISBN 978-3-621-27626-9

Für Claudia

Lernbereich 1

Lernbereich 2

Altenpflegeausbildung   Lehrbuch Kapitel

Hier spielt die **Psychologie** eine wesentliche Rolle

Lernbereich 2

Lernfeld 2.2 Alte Menschen bei der Wohnraum- und Wohnumfeldgestaltung unterstützen

▶ Ernährung, Haushalt
▶ Schaffung eines förderlichen und sicheren Wohnraums, Wohnumfelds
▶ Wohnformen im Alter
▶ Hilfsmittel und Wohnraumanpassung

Lernfeld 2.3 Alte Menschen bei der Tagesgestaltung und bei selbstorganisierten Aktivitäten unterstützen

▶ Tagesstrukturierende Maßnahmen
▶ Musische, kulturelle Beschäftigung und Bildungsangebote
▶ Feste und Veranstaltungsangebote
▶ Medienangebote
▶ Freiwilliges Engagement
▶ Selbsthilfegruppen
▶ Seniorenvertretungen

8 **Ein neues Lebens- und Lernumfeld: der alte Mensch im Heim**
   8.1 Wohnen und Identität: wo lebt es sich im Alter am besten?
   8.2 Wie wir lernen, uns an die Umwelt anzupassen

Lernbereich 3

Lernfeld 3.1 Institutionelle und rechtliche Rahmenbedingungen beim altenpflegerischen Handeln berücksichtigen

▶ Systeme der sozialen Sicherung
▶ Träger, Dienste, Einrichtungen
▶ Vernetzung, Koordination und Kooperation im Gesundheits- und Sozialwesen
▶ Pflegeüberleitung und Schnittstellenmanagement
▶ Rechtliche Rahmenbedingungen altenpflegerischer Arbeit
▶ Betriebswirtschaftliche Rahmenbedingungen

Lernfeld 3.2 An qualitätssichernden Maßnahmen in der Altenpflege mitwirken

▶ Rechtliche Grundlagen
▶ Konzepte und Methoden der Qualitätsentwicklung
▶ Fachaufsicht

9 **Organisationspsychologische Aspekte von Altenpflege**
   9.1 Führungsstil und Mitarbeitermotivation
   9.2 Teamentwicklung
   9.3 Qualitätsmanagement
   9.4 Veränderungsprozesse in Organisationen gestalten
   9.5 Konfliktmanagement
   9.6 Älterwerden im Beruf

Lernbereich 4

Lernfeld 4.1 Berufliches Selbstverständnis entwickeln

▶ Geschichte der Pflegeberufe
▶ Berufsgesetze
▶ Professionalisierung der Altenpflege, Berufsbild und Arbeitsfelder
▶ Berufsverbände und Organisationen der Altenpflege
▶ Teamarbeit und Zusammenarbeit mit anderen Berufsgruppen
▶ Ethische Herausforderungen der Altenpflege
▶ Reflexion der beruflichen Rolle und des eigenen Handelns

Lernfeld 4.2 Lernen lernen

▶ Lernen und Lerntechniken
▶ Lernen mit neuen Informationstechnologien
▶ Arbeitsmethodik
▶ Zeitmanagement

10 **Berufliches Selbstverständnis in der Altenpflege**
   10.1 Berufliches Selbstverständnis entwickeln
   10.2 Motivation für den Altenpflegeberuf
   10.3 Ich - im Team - in der Altenpflege
   10.4 Ausbildungswege
   10.5 Lernen lernen

Lernfeld 4.3 Mit Krisen und schwierigen sozialen Situationen umgehen

▶ Berufstypische Konflikte und Befindlichkeiten
▶ Spannungen in der Pflegebeziehung
▶ Gewalt in der Pflege

11 **Krisen und Konfliktmanagement im Pflegeprozess**
   11.1 Konfliktfelder in der Altenpflege
   11.2 Grundhaltungen und Werkzeuge im Konfliktmanagement
   11.3 Selbstschutzprogramm in Konfliktsituationen
   11.4 Aggression, Macht und Gewalt in der Altenpflege

Lernfeld 4.4 Die eigene Gesundheit erhalten und fördern

▶ Persönliche Gesundheitsförderung
▶ Arbeitsschutz
▶ Stressprävention und -bewältigung
▶ Kollegiale Beratung und Supervision

12 **Pflege Deinen Nächsten und Dich selbst**
   12.1 Belastungsfaktoren in der Altenpflege
   12.2 Stress und Stressbewältigung
   12.3 Burnout: Wenn die Liebe zum Beruf erkaltet
   12.4 Gesundheitsförderung und Arbeitsschutz

Altenpflegeausbildung

Lehrbuch Kapitel

Hier spielt die **Psychologie** eine wesentliche Rolle

Inhalt

Vorwort zur 6. Auflage

Im Mittelpunkt der neuen bundeseinheitlichen Altenpflegeausbildung steht die Abkehr von der Fächerorientierung hin zu einer Lernfeldorientierung. Das ist sinnvoll. Denn Altenpflegeschülerinnen und -schüler stehen in der Praxis vor komplexen Situationen, die sich nicht in Fächer wie Gerontologie, Physiologie oder eben Psychologie gliedern. Vielmehr begegnen sie Menschen mit einer Lebensgeschichte in einer ganz individuellen Situation.

Hierfür benötigen Altenpflegerinnen und Altenpfleger sogenannte *hermeneutische Fallkompetenz.* Sie sollen ein möglichst umfassendes Verständnis für die jeweilige Situation eines alten Menschen entwickeln können. Dies erfolgt einerseits mit Hilfe professionellen Lehrbuchwissens. Ebenso wichtig ist es aber, dieses Fachwissen auf den ganz individuellen alten Menschen abstimmen zu können, ein Gespür für seine aktuellen Bedürfnisse zu entwickeln – gerade bei demenzkranken alten Menschen unerlässlich. Auf die Verbindung von Fachwissen und professionellem, fallbezogen-biografisch orientiertem Handeln legt die neue Altenpflegeausbildung viel Gewicht.

Darum wurde die Neuauflage von Grund auf umgestaltet: Die Psychologie wurde nun konsequent den neuen Lernfeldern zugeordnet. Das zweigleisige Inhaltsverzeichnis (Lernfelder – Buchkapitel) macht deutlich, wie viel Psychologie in der professionellen Altenpflege steckt.

Die Neuauflage kommt den neuen Anforderungen der Altenpflegeausbildung aber nicht nur in struktureller Weise nach. Sie ermöglicht insbesondere durch die beiliegende CD-ROM auch das problemorientierte Lernen, das Lernen am Einzelfall und – ganz wichtig – Reflexion auf das eigene Tun.

Auf Inhalte der CD-ROM wird im Buch immer mit verschiedenen kleinen Logos hingewiesen:

 Lebensgeschichten – mit einer handlungspraktischen Fragestellung

 Selbsterfahrung und Anleitungen zu Rollenspielen

 Übungsaufgaben – „Und jetzt Sie!"

 „Lösungskiste" mit vielen Tipps, Checklisten etc.

 Texte zum Nachdenken

Das Lehrbuch wendet sich natürlich in erster Linie an Lernende und Dozenten der Fachschulen und -seminare für Altenpflege. Aber sicher finden auch „alte Hasen" durch die fall- und biografieorientierte Vermittlung psychologischen Wissens Anregungen und können sich Pflegende in Kliniken das notwendige Rüstzeug für einen professionellen Umgang mit der zunehmenden Zahl hochbetagter und demenzkranker Patienten holen. Auch denjenigen, die einen Angehörigen zu Hause pflegen, bietet das Lehrbuch eine gute Hilfe für ihre anstrengende Tätigkeit, und nicht zuletzt hilft es ehrenamtlichen Mitarbeiterinnen, bei ihrem großen Engagement fachlich noch mehr Sicherheit zu gewinnen.

Viele Pflegende haben mich während der vielen Jahre meiner Tätigkeit in der Altenpflege an ihren beruflichen Erfahrungen Anteil nehmen lassen. Bei ihnen bedanke ich mich für Praxisbeispiele, die überarbeitet und anonymisierten wurden. Danke auch für die vielfältigen Anregungen, „die Psychologie" passgenau und handhabbar für die Altenpflege darzustellen. Dem inspirierenden fachlichen Gedankenaustausch mit Frau Dr. Heike Berger vom Beltz Verlag verdanke ich den Mut zur völligen Neubearbeitung dieses Lehrbuches. Frau Sigrid Weber hat es bei ihrem Lektorat mit großer Könnerschaft und Liebe zum Thema verstanden, die sprachliche Form des Buches zu runden. Bei Frau Anja Renz von der Verlagsherstellung bedanke ich mich für ihre kreativen Ideen und deren gestalterische Umsetzung.

Im Buch habe ich die weibliche Form der Anrede gewählt, da die große Mehrzahl der familiär und professionell Pflegenden Frauen sind.

Altenpflegerinnen, im gerontopsychiatrischen Weiterbildungsseminar nach einem energievollen Motto für den Kern ihrer Tätigkeit befragt, meinten „Wir ermöglichen Lebensfreude." – Das mag erstaunlich klingen, begegnen sie doch eher Angst, Verwirrung, Schmerzen und Gebrechlichkeit. Dennoch wollen die erfahrenen Altenpflegerinnen Lebensfreude möglich machen, etwa wenn alte Menschen Hand in Hand gehen, wenn Demenzkranke bettlägerig sind und mit einem Lied noch erreicht werden können, wenn sie sich gebraucht fühlen, etwa beim Wäsche sortieren oder Kartoffeln schälen. So verbinden sie Fachwissen mit Herzenswärme.
Allen Leserinnen und Lesern wünsche ich, dass sie dieses Buch dabei unterstützt, alten Menschen Lebensfreude zu schenken und dabei selbst ein Mehr an Lebensfreude im Beruf zu gewinnen.

Waging am See, im April 2007   Kurt Wirsing

1 Biografiearbeit in der Altenpflege

Was Sie in diesem Kapitel erwartet

Viele Menschen haben das Bedürfnis, sich ihrer Wurzeln zu besinnen und im Gespräch mit anderen den roten Faden der eigenen Lebensgeschichte zu entwickeln. Ein Mensch, der einem anderen etwas aus seinem Leben erzählt, stellt aus der Fülle seines biografischen Erfahrungsschatzes eine Auswahl zusammen. Vergangenes wird rekonstruiert, bewertet und mit Blick auf die aktuelle Situation und den Gesprächspartner in einen plausiblen Zusammenhang gebracht. Im biografischen Erzählen vergewissert sich der Mensch seiner Kontinuität und Identität, tritt mit anderen in Beziehung und eine Erzählgemeinschaft kann sich entwickeln.

Aus der Biografiearbeit hat sich der Ansatz der biografiegeleiteten Altenpflege entwickelt. Um das aktuelle Verhalten eines alten Menschen zu verstehen, müssen Sie seine Entwicklung als Ganzes betrachten, zumindest eine Ahnung davon haben, mit welchen Augen dieser Mensch die Welt bisher gesehen und was ihn geprägt hat. Darüber hinaus sollten Sie erkennen, welche Aufgaben sich ihm in seinem derzeitigen Lebensabschnitt stellen, mit welchen Verhaltensmustern er sein jetziges Leben zu meistern versucht, ob er dadurch vielleicht in eine Sackgasse gerät. Hilfreich ist dafür auch der Blick in die eigene Biografie.

Es ist wichtig, den eigenen Toleranzspielraum für die Verhaltensvielfalt demenziell erkrankter alter Menschen zu erweitern. Respekt, Toleranz und Neugier für „das Fremde" im Mitmenschen erfordert auch die kultursensible Altenpflege, d.h. die Arbeit mit alten Menschen, die andere kulturelle und religiöse Lebensgeschichten mitbringen.

1.1 Menschliche Entwicklung als lebenslanger Prozess

Entwicklung bedeutet altern. Auch in Ihrem Lebensfluss gibt es keinen Stillstand, sondern unaufhörlich Bewegung und Veränderung. Während Sie diese Zeilen lesen, sterben Millionen Ihrer Körperzellen ab und entstehen neue. Täglich machen wir neue Erfahrungen, die unser Verhalten und Erleben in die eine oder andere Richtung beeinflussen. Jeder Mensch muss im Laufe seines Lebens unterschiedliche Herausforderungen und Entwicklungsaufgaben bewältigen. Dazu gehören das Laufen- und Sprechenlernen eines Kindes, der Übergang in Kindergarten und Schule, die Bewältigung der Pubertät oder die Übernahme verschiedener Rollen in Beruf und Familie. Auch der Mensch im Alter steht vor Entwicklungsaufgaben: Ausscheiden aus dem Berufsleben, Einschränkungen der körperlichen Leistungsfähigkeit und die Vorbereitung auf Sterben und Tod.

Zu den Qualifikationen von Altenpflegerinnen gehören nicht nur Fachwissen und Fertigkeiten, was die körperlichen Aspekte der menschlichen Existenz betrifft, sondern auch der Blick auf den ganzen Menschen mit Leib und Seele. Die Psychologie, die sich mit dem menschlichen Erleben und Verhalten beschäftigt, ist daher für die Altenpflege eine wichtige Grundlagenwissenschaft.

Man kann nicht zweimal in denselben Fluss steigen. (Heraklit, um 540–480 v. Chr.)

Abbildung 1.1 Altersstufen: der menschliche Lebenslauf von der Geburt bis zum Tod (aus Mietzel, 2002)

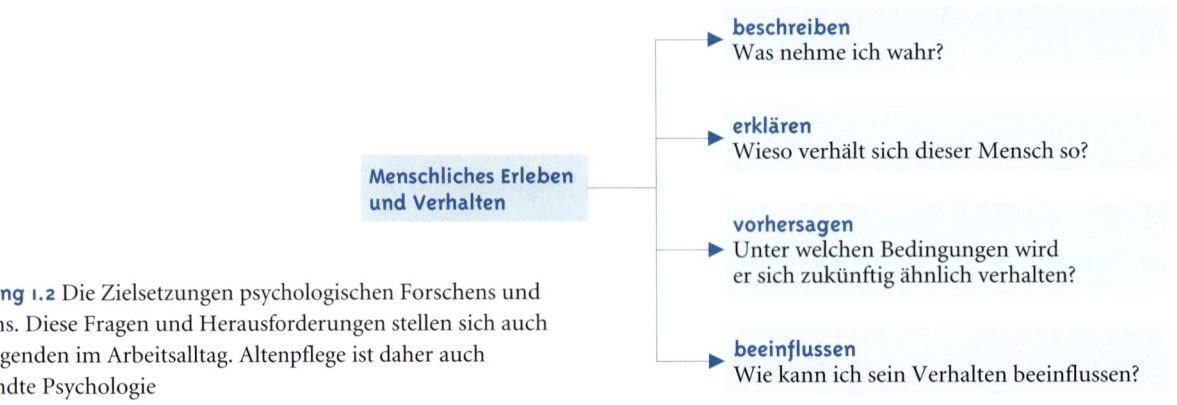

Zielsetzungen psychologischen Forschens und Handelns

Menschliches Erleben und Verhalten

beschreiben
Was nehme ich wahr?

erklären
Wieso verhält sich dieser Mensch so?

vorhersagen
Unter welchen Bedingungen wird er sich zukünftig ähnlich verhalten?

beeinflussen
Wie kann ich sein Verhalten beeinflussen?

Abbildung 1.2 Die Zielsetzungen psychologischen Forschens und Handelns. Diese Fragen und Herausforderungen stellen sich auch den Pflegenden im Arbeitsalltag. Altenpflege ist daher auch angewandte Psychologie

1.1
Stufen – Gedicht
von Hermann Hesse

1.1.1 Die Lebensspanne

Werden und Vergehen sind Prozesse, die sich während der gesamten Lebensspanne kontinuierlich ereignen. Die Entwicklungspsychologie der Lebensspanne geht davon aus, dass sich der Mensch zeit seines Lebens weiter entwickelt. In jeder Lebensphase können Möglichkeiten und Fähigkeiten erworben werden oder auch verloren gehen, wobei sich das Verhältnis über die Lebensspanne hinweg zu ungunsten der Gewinne verschiebt. (→ 6.2 Altern als Veränderungsprozess). Selbst im hohen Alter kann ein Mensch seine Verhaltensspielräume noch erweitern (vgl. Baltes, 1997).

Veränderungen im Entwicklungsprozess ereignen sich auf körperlicher Ebene, im innerpsychischen Erleben, im Verhalten und in den sozialen Beziehungen. Diese Veränderungen stehen vielfach miteinander in Beziehung. So beeinflussen körperliche Entwicklungsprozesse, wie z. B.

die Geschlechtsreifung oder das Klimakterium, auch die psychische Verfassung des betroffenen Menschen. Veränderungen im sozialen Netzwerk, wie sie z. B. der Tod eines geliebten Menschen oder die Übersiedlung ins Altenheim mit sich bringen, wirken sich auf das Erleben und Verhalten aus, können aber auch körperliche Abbauprozesse beschleunigen.

Anlage- und Umweltfaktoren

Bestimmend für die Entwicklung von Möglichkeiten und Fähigkeiten sind Anlage- und Umweltfaktoren. Sie formen in engem Zusammenspiel die individuelle Persönlichkeit eines Menschen. Je älter ein Mensch wird, um so mehr treten die durch die Umwelt geprägten Lern- und Anpassungsprozesse in den Vordergrund, während Anlagefaktoren an Gewicht verlieren.

Anlagefaktoren. Jeder Mensch kommt mit einzigartigen Anlagen auf die Welt. Die folgenden Anlagefaktoren liefern die Grundausrüstung dafür, wie Menschen der Welt begegnen können:

▶ Aussehen, Körpergröße und Temperament,
▶ biologische Programme wie die Pubertät und das Klimakterium,
▶ Grundausstattung aggressiver und versöhnlicher Verhaltensmuster,
▶ Spuren instinktiver Verhaltensmuster (Menschen reagieren auf feinste Ausdrucksbewegungen des Gegenübers sofort und unbewusst, etwa beim Heben einer Augenbraue),
▶ Geschlechtstrieb, Bedürfnis nach Nahrung, Bewegung, Schlaf und Geborgenheit,
▶ angeborenes Neugierverhalten, die Welt zu erforschen und zu „begreifen".

> **!**
> Zur biologischen Grundausstattung von Menschen gehört das Bedürfnis nach Schutz, Geborgenheit, Zugehörigkeit und Zuwendung.

Umweltfaktoren. Die Umwelt formt das konkrete Verhalten und Erleben eines Menschen aus. Familiäre, kulturelle und gesellschaftliche Lebensbedingungen erweitern oder begrenzen die Entwicklungschancen. Soziale und emotionale Zuwendung spielen eine zentrale Rolle. Wie prägend Lebensereignisse sein können, zeigt sich in der Altenpflege im Verhalten alter Menschen, die in jungen Jahren Krieg, Entbehrung und Elend erlebt haben. So ist ihre Motivation zum Horten von Lebensmitteln oder Ängste vorm Verhungern und Bestohlenwerden biografisch verankert.

Lebensmotto:
Ordnung und Sicherheit

Ein als Hospitalismus bezeichneter Zustand stellt sich ein, wenn einem Kind die emotionale Zuwendung fast gänzlich entzogen wird. Dies führt zu dauerhaften Schäden an Leib und Seele, die sich in folgenden Symptomen äußern:

▶ Aktivitätsverlust,
▶ Kontaktstörungen,
▶ monotone Bewegungsabläufe wie z. B. im Bett hin- und herschaukeln, sich Haare ausraufen oder sich kratzen (Selbststimulation),
▶ maskenhafter Gesichtsausdruck,
▶ körperliche Beeinträchtigungen bis hin zu einer erhöhten Sterblichkeitsrate.

Hierbei drängt sich der Vergleich zu Verhaltensweisen auf, wie man sie gelegentlich bei alten Menschen in Heimen beobachtet.

Meditation „Lernen"

1.1.2 Das Lebensflussmodell

Das Lebensflussmodell veranschaulicht die Lebensspanne. Pflegende begegnen alten Menschen im Hier und Heute der Gegenwart, die gleichzeitig von Vergangenem und Zukünftigen bestimmt wird.

Heute

Geburt

Abbildung 1.3 Das Lebensflussmodell (nach Nemetschek, 2006). Leitbild und zugleich Landkarte des biografischen Pflegeprozesses ist das Lebensflussmodell. Es versinnbildlicht, dass alles Leben im Fluss ist. Der Strom des Lebens eines Menschen ist als kontinuierliches Ganzes zu sehen

Gegenwart

der Gegenwart: **Heute**

der Vergangenheit: **Erinnerung**

der Zukunft: **Erwartung**

1.1
Die Frage

Die Entwicklung eines Menschen drängt von der Quelle (Zeugung/Geburt) nach vorne, Begrenzungen (Ufer) sind gegeben, Hindernisse (Krisen) müssen wie Strudel und Stromschnellen überwunden werden und schicksalhafte Einflüsse kommen unabwendbar dazu.

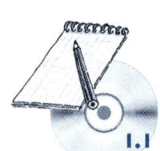

1.1
Lebensfluss und Gegenwart

Gegenwartsorientierung. Aus der Gegenwart heraus schauen wir auf die Quellen und den Verlauf des Lebensflusses von der Geburt bis heute. In der Biografiearbeit findet weniger eine Vergangenheits- als vielmehr eine Gegenwartsbewältigung statt, wenn Menschen sich erinnern und sich ihrer lebensgeschichtlichen Kontinuität und Identität vergewissern. Auch demenziell erkrankte Menschen, die infolge ihrer Erkrankung in Altgedächtniswelten eintauchen, leben nicht in der Vergangenheit. Diesen Menschen auf ihrer gegenwärtigen Ebene zu begegnen, mag diese auch Jahrzehnte zurückliegen, bedeutet Lebensqualität in deren Gegenwart zu bringen (→ Kap. 4.5.2 Validation und Integrative Validation). Der Blick nach vorne, die Suche nach Bildern für die eigene Zukunft, geschieht ebenfalls in der Gegenwart und ermutigt zum konkreten Handeln im Hier und Jetzt.

> „Es ist weder Zukunft noch Vergangenheit, und man kann nicht sagen, es gibt drei Zeiten, Vergangenheit, Gegenwart und Zukunft, sondern (…) vielleicht muss man sagen: es gibt drei Zeiten, die Gegenwart des Vergangenen, die Gegenwart vom Gegenwärtigen und die Gegenwart vom Zukünftigen. Die Gegenwart des Vergangenen ist Erinnerung, und die Gegenwart des Zukünftigen ist die Erwartung." (Augustinus 354–430 n. Christus)

Ressourcenorientierung. Von Natur aus ist der Mensch mit Lebenskraft ausgestattet. Im Lebensflussmodell richtet sich der Blick zum einen darauf, wie ein Mensch dieses Potenzial entfaltet hat, zum anderen auf den Ressourcenschatz, den er im Lauf seines Lebens angesammelt hat:

Wo sind kritische Situationen bewältigt worden, welche Kompetenzen wurden dabei genutzt oder kreativ entwickelt? Menschen haben auch unbewusste Schätze im Lebensreisegepäck, die es zu heben gilt, vor allem, wenn jemand meint, er habe nie etwas geschafft.

1.1
Der alte Mann und der Wasserfall

Bewegungsorientierung. Im Lebensfluss gibt es keinen Stillstand, das Leben selbst ist die Fließkraft. Ob ein Mensch in einer Krise festzustecken meint oder ob ihn eine schwere Erkrankung wie die Demenz trifft, der Lebensfluss friert nicht ein. Die Biografie eines alten Menschen entwickelt sich daher auch noch im Altenheim weiter.

Schicksalsorientierung. Im Lebensfluss gibt es schicksalhafte Ereignisse wie Krankheiten oder Verlusterfahrungen, die den Menschen existenziell herausfordern. Vom Betroffenen wird erwartet, das Schicksal anzunehmen und ihm einen Sinn zu geben. Pflegende können alte Menschen bei der Bewältigung solcher Lebensaufgaben unterstützen. Drei Arten von Entwicklungseinflüssen begleiten den Lebensfluss eines Menschen:

▶ lebensaltersabhängige Entwicklungseinflüsse: Schuleintritt, Pubertät, körperliche Altersprozesse, Konfrontation mit der gesellschaftlichen Wirklichkeit des Alterns (Vorurteile, negatives Fremdbild), Klimakterium, Ausscheiden aus dem Arbeitsleben,
▶ zeitalterabhängige Entwicklungseinflüsse: historische Ereignisse wie Krieg und Weltwirtschaftskrise; Bildungsmöglichkeiten, aktuelle gesellschaftliche Situation; kontinuierliche Veränderungen wie Werteverschiebungen,
▶ lebens- und zeitalterunabhängige wichtige Lebensereignisse, wie z. B. schwere Krankheiten, Kündigung des Arbeitsplatzes, Trennung, Lottogewinn.

1.1.3 Die fünf Säulen der Identität

Die fünf Säulen der Identität stellen ein weiteres Basismodell und einen Orientierungsrahmen für die Biografiearbeit und biografiegeleitete Pflege dar. Sie bilden die Grundlagen eines jeden Lebenshauses und stellen für Pflegende ein wichtiges Werkzeug dar, die betreuten alten Menschen in ihrem Gewordensein und in ihrer aktuellen Lebenswirklichkeit zu verstehen.

Fünf Säulen der Identität

Arbeit und Leistung	Materielle Sicherheit	Soziales Netz und Beziehungen	Körper und Gesundheit	Werte und Sinn

Abbildung 1.4 Die fünf Säulen der Identität sorgen für die Stabilität des Lebenshauses eines Menschen. Das Modell hilft, sich eigene sowie auch andere Lebenskonstruktionen bewusst zu machen und zu sehen, was einen stärkt. Kriselt es bei einem Menschen im Bereich der sozialen Beziehungen (z. B. durch Umzug, Trennung vom Lebenspartner, von Freunden), wird er sich um eine Stabilisierung in diesem Bereich kümmern. Mit Blick auf die anderen Säulen kann er auch Ressourcen entdecken: z. B. „Gut, dass ich in der Arbeit im Moment viele Ideen erfolgreich umsetzen kann, das macht mich stark."

Leiblichkeit. Dieser Grundpfeiler der Identität bezieht sich auf einen gesunden und funktionstüchtigen Körper und das Erleben leiblicher Integrität. Sich „in seiner Haut wohl fühlen", in seinem Körper „zu Hause" sein, sind wesentliche Qualitäten der Leiblichkeitssäule. Auch die Zufriedenheit mit dem eigenen Aussehen und eine erfüllte Sexualität gehören dazu.

Soziale Beziehungen. Das soziale Eingebundensein in Familie, Freundeskreis, Kollegenschaft oder Verein ist ein weiteres zentrales Identitätsmerkmal. Kollegialität, Freundschaft und Partnerschaft bieten Chancen zur Selbstentwicklung. Solange das soziale Netz mit genügend Interaktionspartnern geknüpft ist, lassen sich Krisen in anderen Bereichen leichter auffangen.

Arbeit oder Beschäftigung?

Arbeit und Leistung. Diese Säule bietet dem Menschen die Möglichkeit, sich mit seinem konkreten Tun zu identifizieren. Berufliche Tätigkeit, beruflicher Status und berufliche Leistung sind in unserer Gesellschaft von hoher Bedeutung. Der Verlust oder die Entfremdung von der Arbeit führen zu einer Verminderung des Selbstwertgefühls. Andererseits gefährden die immer größer werdenden Anforderungen das leibliche Wohlbefinden der Menschen. Die Identitätssäule Arbeit spielt auch noch im hohen Alter eine große Rolle.

Materielle Sicherheiten. Finanzielle Sicherheit und das Eingebettetsein in Wohnung, Stadtviertel und heimatlicher Umgebung bilden eine weitere wichtige Stütze der Identität. Fallen derartige Sicherheiten weg, ist die Identität existenziell bedroht. Materielles aus eigener Arbeit zu gewinnen, das eigene Geld zu verdienen oder verdient zu haben, sorgt wesentlich für Unabhängigkeit und Freiheit.

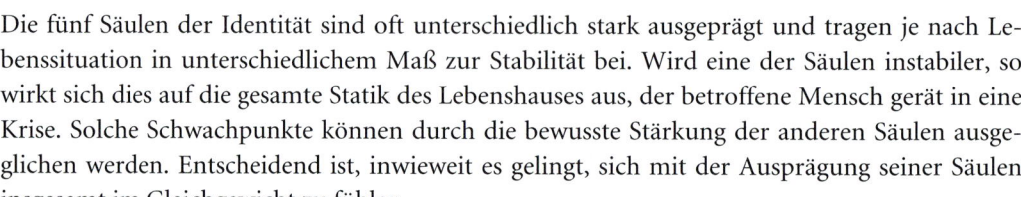

Fünf-Finger-Modell

Werte. Aus einem stabilen Wertgefüge und der Zugehörigkeit zu Wertegemeinschaften (Glaubensgemeinschaften, politische oder berufliche Organisationen) beziehen Menschen Kraft. Das Wissen um den Lebenssinn und die Bejahung der Lebensziele sind ein tragendes Element der Identität, sie sind handlungsleitend. Die Säule Werte trägt oft auch dann noch, wenn andere Säulen erschüttert sind.

Die fünf Säulen der Identität sind oft unterschiedlich stark ausgeprägt und tragen je nach Lebenssituation in unterschiedlichem Maß zur Stabilität bei. Wird eine der Säulen instabiler, so wirkt sich dies auf die gesamte Statik des Lebenshauses aus, der betroffene Mensch gerät in eine Krise. Solche Schwachpunkte können durch die bewusste Stärkung der anderen Säulen ausgeglichen werden. Entscheidend ist, inwieweit es gelingt, sich mit der Ausprägung seiner Säulen insgesamt im Gleichgewicht zu fühlen.

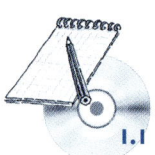

Die fünf Säulen meiner Identität

Bei der biografiegeleiteten Pflege und der Lebensplanung mit dem Bewohner können sich die Pflegenden an den Identitätssäulen orientieren. Das hilft, die richtigen Fragen bei der Suche nach den Ressourcen eines Menschen zu stellen und führt weg von einem defizitorientierten Blickwinkel.

> **!** Gerade im Alter rütteln Probleme wie der Renteneintritt, chronische Erkrankungen, Krankenhausaufenthalte, Pflegebedürftigkeit, Umzug ins Heim oder der Tod wichtiger Bezugspersonen gewaltig an den Säulen des Lebenshauses. Aufgabe der Pflegenden ist es, den alten Menschen bei der Stabilisierung der Identitätssäulen behilflich zu sein und sie in ihrem Selbstwertgefühl zu stützen.

Fünf Säulen der Identität und AEDL

1.2 Biografiegeleitete Altenpflege

Für Pflegende ist es eine alltägliche Erfahrung, dass alte Menschen oft mehr in den Bildern und Erlebnissen ihrer Vergangenheit leben als im Hier und Heute. Wir wissen, dass eine emotional ungemütliche Umwelt, unbewältigte Trauer über verpasste Lebensmöglichkeiten und degenerative Prozesse im Gehirn (→ 4.4 Werkzeugverlust bei Demenz) den inneren Rückzug in vergangene Lebenswelten begünstigen, insbesondere in solche Lebensabschnitte, die mit intensiven Emotionen verbunden sind. Das Verhalten und Erleben eines alten Menschen in seiner jetzigen Lebenslage lässt sich von Pflegenden nur dann verstehen beziehungsweise erfühlen, wenn sie etwas von seinen lebensgeschichtlich erworbenen Werthaltungen, Blickwinkeln und Mustern zur Lebensbewältigung erfahren. Denn auch im Alter wird ein Mensch krisenhafte Herausforderungen, wie chronische Krankheitsverläufe und Behinderungen, Krankenhausaufenthalte oder die Übersiedlung in ein Altenheim, zunächst auf seine altbewährte Art und Weise zu bewältigen versuchen.

Biografiegeleitete Altenpflege ist ein pflegerisches Konzept für alle professionellen Prozesse der ambulanten, teilstationären und stationären Pflege. Grundlegende Haltung ist die einer kontinuierlichen Beziehungspflege. Die Pflegenden erkunden die Lebenserfahrungen des alten Menschen, um seine Verhaltensweisen im Kontext seiner Biografie besser zu verstehen und sich darauf einzustellen. Dabei erschöpft sich die Informationssammlung nicht in einer einmaligen Erhebung biografischer Daten. Es geht vielmehr darum, dem alten Menschen eine heilsame Sicht auf sein vergangenes und aktuelles Leben zu ermöglichen.

1.2.1 Biografie und Pflegealltag

Die institutionelle Lebenswelt des alten Menschen wird so gestaltet, dass biografieorientierte Alltagsaktivitäten Vorrang vor Beschäftigungsprogrammen haben. Eine frühere Köchin lässt sich vielleicht eher zum Mithelfen beim Kochen motivieren als zum Basteln – oder aber wir verstehen, warum sie mit Kochen überhaupt nichts mehr zu tun haben will. Menschen mit starker kirchlicher Bindung werden durch die Teilnahme an Gottesdiensten manchmal wieder lebendiger.

1.2
Arbeit oder Beschäftigung?

Folgende Grundhaltungen sind in der biografiegeleiteten Pflege zu berücksichtigen:

▶ Vertrautheit muss wachsen, Altenpflegerinnen sind keine Datenstaubsauger zum Ausfüllen von Biografiebögen,
▶ professionelle Distanz wahren,
▶ mit allen Sinnen wahrnehmen – ohne gleich zu werten,
▶ Prinzip der Langsamkeit beachten („es dauert seine Zeit"),
▶ immer wieder neu anfangen und auf Entdeckungsreise gehen (Wünsche und Bedürfnisse ändern sich auch bei demenziell erkrankten Menschen),
▶ Achtung und Wertschätzung eines gelebten Lebens,
▶ Reflexion der eigenen Prägungen und Werthaltungen,
▶ Respektierung der Intimsphäre,
▶ Schutz und Selbstschutz, Achtung der eigenen Grenzen als Altenpflegerin und der des alten Menschen,
▶ Teilen und Mitteilen von Geschichte(n), eine Erzählgemeinschaft kann entstehen,
▶ Anknüpfen an Lebensstolz: normale Arbeitsaktivitäten im Lebensalltag ermöglichen.

1.2
Der alte Mann und sein Pferd

I.2
1. Mein Lebensfluss
2. Mein Genogramm

1.2.2 Eigene Lebensspuren und Prägungen erkunden

In der Altenpflege richtet sich Biografiearbeit aber nicht nur auf die betreuten alten Menschen. Voraussetzung für pflegerische Professionalität ist ebenso der Blick auf die eigenen Wurzeln und Quellen, der nicht nur die Augen, sondern auch das Herz für lebensgeschichtliche Zusammenhänge öffnet. Jede Altenpflegerin hat ihre Lebensgeschichte und ihre Prägungen, in denen ihr jetziges Verhalten – auch das professionell-pflegerische – verwurzelt ist und die erkundet werden können. Bereits die zwei gelebten Jahrzehnte von Zwanzigjährigen sind durch einen unverkennbaren Stil und Zeitgeist geprägt und haben Spuren hinterlassen.

Stammbaum und Ahnengalerie. Die Suche nach den eigenen Wurzeln kann Familienmitglieder in biografischen Gesprächen zusammenbringen. Der Blick auf den eigenen Stammbaum, auf Bilder der Vorfahren oder Fotos der eigenen Kindheit und Jugend schärft das biografische Bewusstsein von Pflegenden.

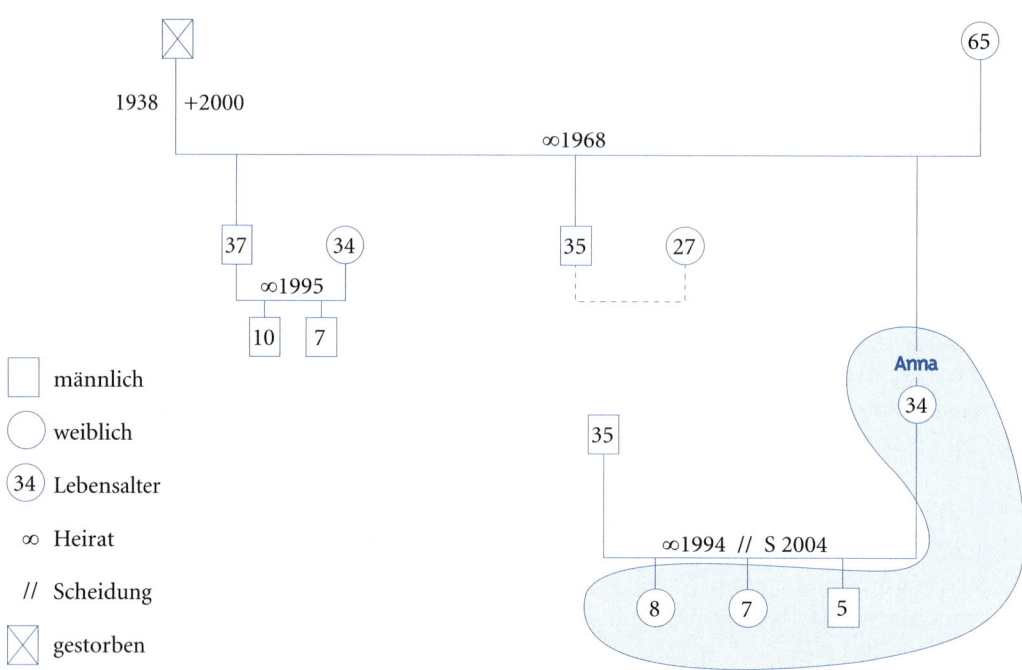

Abbildung 1.5 Genogramm von Anna, 34 Jahre – Stand Januar 2007

Das Beziehungsrad. Angehörige und andere Erziehungspersonen haben Ihnen Lebensregeln und Moralvorstellungen mit auf den Lebensweg gegeben. Eine Methode, um diesen Botschaften auf die Spur zu kommen, ist das Beziehungsrad. Beispiele für solche Botschaften zum Thema Arbeit und Pflicht sind: Solange du deine Füße unter meinen Tisch stellst, …! Ohne Fleiß kein Preis! Erst die Arbeit, dann das Vergnügen!

Das Beziehungsrad hilft Pflegenden:

▶ sich mit eigenen Prägungen durch Lebensregeln und Moralvorstellungen auseinander zu setzen,

▶ für die Prägungen der alten Menschen sensibilisiert zu werden,

- sich im Pflegeteam unterschiedlicher Prägungen (z. B. was Sauberkeit, Essverhalten anbelangt) bewusst zu werden und Toleranzspielräume für den Pflegeprozess auszuhandeln,
- typische Botschaften zu sammeln, die für die Kommunikation mit demenziell erkrankten alten Menschen (→ 4.5.2 Validation und Integrative Validation) genutzt werden können.

Als erwachsener Mensch hat man die Chance, diese Regeln bewusst daraufhin zu überprüfen, inwieweit sie noch als Schutz- und Stärkungsbotschaften hilfreich sind. Im negativen Fall kann man sich davon verabschieden.

Abbildung 1.6 Altenpflegerinnen erstellen im Rahmen der gerontopsychiatrischen Weiterbildung ein Beziehungsrad zum Thema: Arbeit, Pflicht und Spaß

1.2

1. Beziehungsrad
2. Mein Vorname

1.2.3 Information und Kommunikation in der biografiegeleiteten Altenpflege

Pflegende benötigen Informationen zur Lebensgeschichte der alten Menschen, entweder von diesen selbst, von deren Angehörigen oder anderen Bezugspersonen. Es ist nicht immer einfach, ein Gespräch über die Biografie eines Menschen zu führen. Bei den Betroffenen können Ängste und unangenehme Erinnerungen ausgelöst werden oder sie stoßen an Grenzen dessen, was sie von ihrem Leben erzählen möchten.

Beispiel

Altenpflegerinnen berichten. Im Rahmen der gerontopsychiatrischen Weiterbildung haben wir Altenpflegerinnen, die sich mit ihrer eigenen Biografie beschäftigt haben, vier Fragen gestellt, die wir im Folgenden dokumentieren. Ihre Antworten können helfen, die notwendige Empathie für das biografische Gespräch mit alten Menschen aufzubringen:

(1) Wie geht es mir, wenn ich anderen etwas von meinem Leben erzähle?
- Zwiespältige Gefühle, weil ich nicht weiß, was die anderen damit machen.
- Ich frage mich, ob es die anderen wirklich interessiert, was ich erzähle.
- Stolz und Selbstwertgefühl sind aufgetaucht: Ich habe das alles bewältigt.

- Gefühl der Trauer, weil ich mich wieder an leidvolle Erfahrungen erinnert habe.
- Es ist gar nicht so leicht, über sich selbst zu erzählen.
- Eine ähnliche Erfahrungsebene erleichtert mir das Erzählen.

(2) Was gebe ich von mir preis? Was behalte ich bei mir?
- Es kommt darauf an, wem ich etwas von mir erzähle.
- Was ich noch nicht bereinigt habe, erzähle ich zunächst noch nicht.
- Sachen, die mir zu nahe gehen, erzähle ich nicht.
- Wenn die Zeit kommt, erzähle ich mehr von mir.

(3) Was wünsche ich mir vom anderen, wenn ich etwas von mir erzähle?

▶ Dass er eine Atmosphäre schafft, bei der Vertrauen entsteht.

▶ Dass meine Erzählungen nicht gewertet und beurteilt werden.

(4) Was nehme ich aus dieser eigenen Erfahrung für die biografiegeleitete Pflege alter Menschen mit?

▶ Respekt vor der Lebensgeschichte des anderen.

▶ So wie jemand geworden ist, ist es o.k.

▶ Nichts herbeizwingen, Zeit lassen.

▶ Daten sind keine Biografie.

Biografiegeleitete Altenpflege braucht Schutz nach zwei Seiten: Schutz für den alten Menschen durch Achtung seiner Intimität und Selbstschutz für die Pflegenden durch Achtung ihrer eigenen Grenzen, um nicht in einer Flut von Lebensgeschichten zu ertrinken.

1.2

1. Lebendiges virtuelles Museum online
2. Zeitleiste historischer Daten

Indirekte Quellen zur Informationsbeschaffung nutzen

Manchmal können demenziell erkrankte alte Menschen nicht mehr selbst über ihre Lebensgeschichte Auskunft geben. In diesem Fall sind die folgenden Einstellungen und Methoden hilfreich:

▶ Achtsamkeit für die Reaktionen des demenziell erkrankten Menschen auf bestimmte Situationen und Verhaltensweisen in der Umgebung,

▶ Versuchen, mit verschiedenen Schlüsseln (z. B. Musik, Bilder) die Lebenswelt des anderen zu erreichen,

▶ eigene Intuition,

▶ Orientierung an den Erfahrungen dieser Generation. Ein Blick auf die großen geschichtlichen Zusammenhänge kann für das Verständnis von Verhaltensweisen hilfreich sein. So kann z. B. die Ablehnung von männlichen Pflegekräften mit unangenehmen Erlebnissen bis hin zu Vergewaltigungen während der Kriegswirren zusammenhängen.

Fachlich gerechtfertigt ist es auch, Informationen von Dritten einzubeziehen, z. B. von Angehörigen, Betreuern, Ärzten oder aus Akten. Wichtig ist hierbei, dass sich die Pflegenden die Gefahr der Vorurteilsbildung, Entmündigung und Vereinnahmung bewusst machen.

Schauen Sie sich die Daten aus einem Biografiebogen (→ Abb. 1.7) an, den die Angehörigen eines alten demenzkranken Mannes ausgefüllt haben, und bewerten Sie, ob er hilfreiche Hinweise für die Begegnung mit diesem Menschen enthält.

Entscheidend bei der Arbeit mit Biografiebögen ist die wertschätzende Grundhaltung gegenüber dem anderen Menschen. Pflegende sollten mit Offenheit und Neugierde alten Menschen begegnen, dabei aber immer den Schutz der Person im Auge behalten. Das bezieht sich nicht nur auf den Datenschutz, sondern in erster Linie auf die Wahrung der Würde des Menschen.

Sensibilität für typische Kommunikationsmuster

Eine gelungene biografische Orientierung von Pflegenden zeigt sich in Form von Achtsamkeit und Sensibilität für die oft verschlüsselten Botschaften und Signale. Diese können sich in folgenden Kommunikationsmustern vermitteln (Ruhe, 2003):

▶ Penetranzgeschichten: Immer und immer wieder erzählte Geschichten von früher können mitunter die Nerven strapazieren, wenn man sich nicht die Mühe macht, genauer hinzuhören, worin die vielleicht verschlüsselten Botschaften liegen. Wahrscheinlich sind sie nie von einem Gegenüber wirklich verstanden worden.

- Standardäußerungen: Eingeschliffene Kommunikationsmuster, wie die Frage nach dem Befinden oder die Qualität des Nachtschlafes, das Reden über das Wetter, machen Gespräche oft inhaltsleer und können das Ohr dafür verstellen, was vermittelt werden könnte, aber keine Worte findet.
- Das sprudelnd und ungeordnet Erzählte: Auch das scheinbar Ungeordnete enthält versteckte Botschaften. Es verweist auf die Überfülle der Erlebnisse, die vielleicht nicht mehr richtig in der chronologischen oder sachlichen Abfolge dargestellt werden können.
- Gedankensprünge: Ein Erinnerungssignal löst das nächste aus, eröffnet neue Schauplätze. Gedankensprünge können auch ein Hinweis darauf sein, dass unangenehmen Erinnerungen ausgewichen und Schmerzhaftes verdrängt wird.
- Verschlüsselungen: In seufzenden Bemerkungen wie „Früher hat mich mein Sohn jede Woche besucht" zeigt sich oft, dass die dahinter liegende Botschaft nicht direkt benannt werden soll oder kann, z. B. der Schmerz und die Traurigkeit über diese Situation.
- Gegenständliche Zeichen: Bestimmte Bilder, Kleidung oder Schmuck bieten im Alltag die Möglichkeit, anzuknüpfen, nachzufragen und hinzuhören. Diese Gegenstände haben Bedeutung, sind mit biografischen Erlebnissen verbunden.
- Das Schweigen: Manche Menschen verstummen, wehren Fragen nach dem Leben ab: „Ach, da war nichts Besonderes". Sie sind es nicht gewohnt, Raum für sich in Anspruch zu nehmen oder haben nur noch einen diffusen Zugang zu Erinnerungen, vor allem zu verdrängten verletzenden Erfahrungen. Auch die Angst vor einem Vertrauensbruch kann eine Rolle spielen.

Abbildung 1.7 Ausschnitt aus einem Biografiebogen. Sind die Informationen hilfreich für Ihre Pflegeplanung und für den alten Mann? Was empfinden Sie beim Lesen der Informationen?

Alter Mann in seinem Element

1.2

Beispiel

Erinnerungspflege darf nicht mit quiz-ähnlichen Wissensabfragen und biografischen Gedächtnistests verwechselt werden. Solche Kommunikationsformen führen vor allem bei demenziell erkrankten alten Menschen zu Frustration und Beschämung, weil sie völlig überfordert werden. Ein Beispiel aus Sachweh (2003) verdeutlicht die Überforderung:

1.2.4 Erinnerungspflege

Erinnerungspflege hilft dem alten Menschen, sich an Tage zu erinnern, an denen er sein Leben kompetent, selbstsicher und eigenverantwortlich gestaltet hat. Praktisch bedeutet das:

▶ Die Pflegenden sind dem alten Menschen behilflich, Erinnerungsbrücken zu Orten und Zeiten zu bauen, die ihm vertraut sind und in denen er früher schon Wege fand, um Krisen und Herausforderungen zu bewältigen.

▶ Sie berücksichtigen individuelle Eigenheiten und lebensgeschichtliche Prägungen der alten Menschen.

▶ Sie beachten, dass das Langzeitgedächtnis auch bei gerontopsychiatrischen Erkrankungen lange intakt bleibt. So können sie an die Innenwelt des alten Menschen besser ankoppeln.

▶ Die Beziehung zwischen Pflegenden und altem Menschen wird dadurch vertieft, dass sie ihn auf vertraute Gewohnheiten, Interessen und Erfahrungen ansprechen. Damit können sie dem alten Menschen helfen, seine Identität möglichst zu erhalten, weil er sich seiner selbst lebensgeschichtlich vergewissern kann.

1.2
Erzählcafé

Auf diese Weise spürt der alte Mensch, dass die Pflegenden seine Erfahrungen wertschätzen; er hat in der Rolle des Befragten und Erzählenden etwas zu bieten.

Gelegenheiten zur Erinnerungspflege (Reminiszieren)

Viele Gesprächs- und Erinnerungsmöglichkeiten ergeben sich bei der alltäglichen Grund- und Behandlungspflege auch bei schwerstpflegebedürftigen Menschen. Die folgende Fallschilderung zeigt, wie in der biografiegeleiteten Pflege jeder noch so kleine Versuch unternommen wird, um auch schwer pflegebedürftige Menschen in ihrer Welt zu erreichen.

Beispiel

Eine Altenpflegerin berichtet. Bei uns auf der Station haben wir eine alte bettlägerige Dame mit schwerer Demenz zu pflegen, die gar nicht mehr richtig ansprechbar ist und nur noch undefinierbare Silben vor sich hin murmelt. Als ich mich mit ihrer Lebensgeschichte beschäftigt habe (Dokumentation, Befragung der Tochter), bin ich darauf gestoßen, dass sie zeitlebens sehr fromm war. Ich habe probiert, ob sie auf ein Gebet anspricht, aber da war nichts zu machen. Da

hieß es weiter zu probieren, ob ich einen Schlüssel in die Welt der alten Dame finde. Ich konnte beim Heimleiter erreichen, dass wir einen Kassettenrekorder anschaffen. Zuhause habe ich dann ein eingängiges Kirchenlied und einen Rosenkranz auf eine Kassette überspielt. Als ich ihr das am Bett vorgespielt habe, da hat sie beim Rosenkranz plötzlich die Hände gefaltet.

Andere Formen der Erinnerungspflege sind gemeinsame Gruppenaktivitäten, die Arbeit mit der Lebensschatzkiste oder die 10-Minuten-Aktivierung.

Lebensschatzkiste. Bei dieser Methode lässt man Gegenstände von Angehörigen sammeln, die dem alten Menschen wichtig waren (z. B. Fotos, Bücher, Werkzeug, Urkunden, Tasse, Spiele etc.) und gibt sie in eine Schatzkiste, die auf dem Zimmer des Bewohners bleibt. Bei passender Gelegenheit können diese Gegenstände als Impulsgeber für das biografische Gespräch verwendet werden und Türen zu einem Menschen und seiner Vergangenheit öffnen.

1.2

Lebensschatztruhe

Abbildung 1.8 Der gemeinsame Blick in das Fotoalbum weckt bei der alten Dame Erinnerungen und stärkt ihr Identitätsgefühl. Bei der Altenpflegerin öffnet er den Blick für die Lebensgeschichte der alten Dame. Beide kommen miteinander ins Gespräch

10-Minuten-Aktivierung. Bei dieser Methode der Erinnerungspflege, speziell für demenziell erkrankte Menschen entwickelt (Schmidt-Hackenberg, 1996), werden alte Gebrauchsgegenstände entweder in einer Gruppen- oder auch Einzelintervention als Impulsgeber für eine Erinnerungsreise eingesetzt. Man lässt den alten Menschen diese Gegenstände in die Hand nehmen, daran riechen oder damit hantieren. Im Gespräch über ihre Bedeutung und Funktion werden Erinnerungen geweckt, die sich assoziativ weiterspinnen lassen. Mit wenig Mitteln und wenig Zeitaufwand kann eine Fülle an Lebensqualität und Vitalität bei den alten Menschen geweckt werden.

Anregungen aus dem psychobiografischen Pflegemodell. Bei diesem Ansatz nach Erwin Böhm (2001) geht es darum, das Verhalten demenziell erkrankter alter Menschen aus ihrer thymopsychischen Biografie (griech. Thymos = Gefühl) zu erschließen, die sich aus ihrer Lebensgeschichte und ihrem kulturellen Hintergrund zusammensetzt. Es ist daher erforderlich, möglichst viel in Erfahrung zu bringen, was einen demenziell erkrankten Menschen in seinem Leben geprägt hat, um sich angemessen auf ihn einstellen zu können. Hinweise lassen sich aus folgenden Bereichen gewinnen:

▶ Erinnerungen des alten Menschen selbst oder seiner Bezugspersonen,
▶ Zeitgeist der Epochen, in denen er aufgewachsen ist und gelebt hat,
▶ Sprache wie beispielsweise Dialektfärbungen und spezielle Berufssprache,
▶ Normen, wie sie z. B. durch regionale Besonderheiten des Wohnortes und der Schichtzugehörigkeit erworben wurden,
▶ Coping-Strategien eines Menschen, also das von ihm im Lebensfluss gelernte Problemlöseverhalten.

1.2.5 Biografiegeleitete Pflege und Toleranzspielraum

Ein Pflegeteam muss sich folgende Fragen stellen: Welche Bedürfnisse stecken hinter dem Verhalten eines alten Menschen? Was braucht dieser Mensch und wie kann er unterstützt werden? Was kann das Team dabei tolerieren und wo wird es unzumutbar, aus hygienischen Gründen oder weil seine Würde und die anderer Menschen verletzt wird?

Beispiel

Ein demenziell erkrankter Bewohner pinkelt trotz aller pflegerischer Bemühungen in Sachen Kontinenztraining und Wegweiser zur Toilette immer wieder in dieselbe Ecke seines Zimmers. Im Rahmen des biografiegeleiteten Pflegeansatzes beschäftigt sich das Pflegeteam mit der Lebensgeschichte des alten Mannes und begibt sich auf kreative Lösungssuche. Nachdem der Bewohner jahrzehntelang als Bauarbeiter beschäftigt war, werden mit Blick auf mögliche lebensgeschichtliche Prägungen durch seine Berufswelt folgende Lösungsversuche unternommen:

▶ In die bevorzugte Ecke wird ein Eimer gestellt. Ergebnis: Der Bewohner pinkelt weiter in diese Ecke, aber neben den Eimer.

▶ Auf eine Pappe wird ein Baum gemalt und hinter den Eimer gestellt. Ergebnis: Der Bewohner pinkelt weiter in dieser Zimmerecke auf den Boden.

▶ Das Pflegeteam erinnert sich an organische Auslöser für Inkontinenz und veranlasst eine medizinische Abklärung. Ergebnis: Organische Ursachen können ausgeschlossen werden.

▶ In der Ecke wird eine Badezimmermatte ausgelegt und täglich gereinigt. Ergebnis: Entlastung für alle Beteiligten.

Welche kreativen Lösungsideen fallen Ihnen spontan noch ein?

Was ist normal?

Um zu bestimmen, welches Verhalten krank/abnorm bzw. gesund/normal ist, wenden wir uns an Fachleute (Ärzte, Psychologen). Gleichzeitig fällen wir unser Urteil aber auch aufgrund der eigenen Wertvorstellungen, Erfahrungen, des Wissens oder der Interessen. Nach dem sozialwissenschaftlichen Krankheitsmodell werden auffällige Verhaltensweisen oder Eigenschaften eines Menschen in ihrer Wechselwirkung mit der jeweiligen sozialen Umwelt, deren Spielregeln und Normen gesehen. Auffälliges Verhalten ist demnach nicht an sich abnorm, sondern wird erst durch die Abweichung von gesellschaftlich gültigen Normen als abnorm definiert. Normvorstellungen können aber in anderen gesellschaftlichen Gruppen oder Schichten, Völkern und Kulturen ganz unterschiedlich sein. So wird z. B. in anderen Kulturen ganz anders getrauert, ein Punker oder ein Grufti kleiden sich anders als ein Börsenmakler. Es braucht einen Beurteiler, der ein Verhalten als abnorm etikettiert.

Wir befinden uns auf schwankendem Boden, wenn wir Verhaltensweisen von Mitmenschen als abnorm beurteilen und sie auf diese Weise aus der Gruppe der „Normalen" ausschließen. Man sollte sich zumindest nicht mit der bloßen diagnostischen Feststellung begnügen, sondern immer das „Warum" eines Verhaltens, die auslösenden Bedingungen, zu verstehen versuchen. Der biografische Ansatz kann auch hierbei einen Zugang ermöglichen. Und nicht zuletzt muss man sich die Frage stellen, was daran unnormal oder schlimm ist, wenn ein alter Mann partout mit zwei Pullovern ins Bett will oder eine demenzkranke Frau mit ihrer Lieblingspuppe spricht?

Ihr Toleranzspielraum als Pflegende, die Sie täglich mit den oft sehr verhaltensbunten und kreativ-chaotischen demenzkranken alten Menschen arbeiten, muss größer sein als der von Otto Normalverbraucher. Das ist ein Zeichen Ihrer Professionalität.

Für Pflegeteams bedeutet dies, sich immer wieder mit folgenden Fragen auseinander zu setzen:

▶ Inwieweit ist abnormes Verhalten bei einem pflegebedürftigen Menschen biografisch verstehbar?

▶ Was ist für uns bei einem pflegebedürftigen alten Menschen normal?

▶ Was wollen und können wir an abnormem Verhalten aushalten?

▶ Wo sind für uns die Grenzen, an denen wir aus Fürsorge und fachlicher Verantwortung „intolerant" werden müssen?

▶ Wie vertreten wir unsere Normalitätsstandards bei der Pflege Demenzkranker nach außen? Und wie beziehen wir dabei Angehörige mit ein?

Sie sollten beachten, dass es auch etwas mit Macht zu tun hat, nämlich mit Definitionsmacht, das Verhalten eines gepflegten alten Menschen zu bewerten. Mit dieser Macht sollten Sie professionell umgehen.

Abbildung 1.9 Eine Frage der Macht

1.2.6 Biografiegeleitete kultursensible Altenpflege

Was Menschen als normales Verhalten empfinden, hängt wesentlich von ihrem kulturellen Erfahrungshintergrund ab. Das Fremde im anderen Menschen – manchmal auch in Form schwer erträglicher Eigenheiten oder extremer demenziell bedingter Verhaltensauffälligkeiten – verlangt von Altenpflegerinnen grundsätzlich die Bereitschaft, sich mit der Bedeutung von Fremdheit auseinander zu setzen.

Kultursensible Altenpflege umfasst alle Grundhaltungen und Maßnahmen, die pflegebedürftigen alten Menschen mit Wurzeln in anderen Kulturkreisen ein Leben unter Berücksichtigung ihrer spezifischen kulturellen Prägungen und Bedürfnisse ermöglichen. Sie ist Teil der biografiegeleiteten Pflege. Kultursensible Altenpflege verlangt Verständnis und Wissen über kulturelle und religiöse Prägungen.

Von Mitte der 50er Jahre bis Anfang der 70er Jahre wurden von Deutschland Arbeitskräfte aus verschiedenen Ländern angeworben. Die erste Generation türkischer Einwanderer stellt heute die Mehrheit der Migranten, die in der Fremde altern. Die Industrie brauchte nur Arbeitskräfte, es kamen aber Menschen und ihre Familien, und diese Menschen altern.

Tabelle 1.1 Die demografischen Zahlen machen deutlich, dass die alt gewordenen Migranten zukünftig einen rasant ansteigenden Bevölkerungsanteil bilden werden (aus: Bayerisches Staatsministerium für Arbeit und Sozialordnung, Familie und Frauen, Jan. 2003)

Jahr	Migranten älter als 60 Jahre
1993	ca. 370.000
1997	ca. 450.000
2010	ca. 1, 3 Mio
2030	ca. 2,8 Mio

Viele Migranten träumen noch von einer Rückkehr in ihr Herkunftsland, manche werden dies auch tun, einige werden zwischen den Lebenswelten hin- und herpendeln. Die Mehrheit wird jedoch hier bleiben und zwar aus folgenden Gründen:

► weil die Kinder und Enkelkinder sich familiär, bildungsmäßig, kulturell und beruflich längst so etabliert haben, dass sie aller Wahrscheinlichkeit nach in Deutschland leben wollen,

► weil die Entfremdung von der jetzigen Realität ihrer Herkunftsländer und die Vertrautheit mit den hiesigen Regeln größer ist, als sie es sich oft eingestehen,

► weil der Bedarf an medizinischer Versorgung im Alter zunimmt und diese in Deutschland vielfach besser als in den Herkunftsländern gewährleistet ist.

Der Familienverband bildet, insbesondere bei alten türkischen Mitbürgern, das wichtigste soziale Auffangnetz. Im Rahmen der allgemeinen gesellschaftlichen Entwicklung weichen die traditionellen Familienstrukturen jedoch auch hier immer weiter auf. Die Pflegenden werden sich auf eine ambulante wie auch stationäre Pflege dieses Personenkreises einstellen und kompetent vorbereiten müssen.

1.2

Handbuch für eine kultursensible Altenpflege

Sprachliche und kulturelle Barrieren. Problematisch für deutschsprachige Pflegende sind bei der Beziehungsgestaltung vor allem sprachliche Barrieren. Dies erschwert die Verständigung über uns fremde kulturelle Wertvorstellungen und Gewohnheiten, die aber diese Menschen geprägt haben und ihnen Schutz und Halt bieten. Zur biografiegeleiteten Pflege gehören daher Informationen über grundlegende gesellschaftliche und religiöse Normen und Werte, unter denen alte ausländische Mitbürger aufgewachsen sind. Dann können wir es nachvollziehen, wenn beispielsweise gegenüber männlichen Pflegekräften Vorbehalte bestehen, einige religiöse Rituale und Festtage besonders wichtig sind oder bestimmte Ernährungsregeln eingehalten werden müssen. Werden diese Bedürfnisse nicht geachtet, wird die Integration in ein Altenheim oder eine ambulante Pflegebeziehung kaum gelingen. Unterstützende institutionelle Rahmenbedingungen, wie z. B. entsprechende Fortbildungen oder die Einstellung von Pflegenden mit multikulturellen Wurzeln sind hierbei sehr hilfreich.

1.2

Wort eines Greises

Sensibilisierung für andere Kulturen, deren Essgewohnheiten, religiöse Riten und Schamgrenzen ist das eine. Die Achtsamkeit für die individuellen Bedürfnisse eines alt gewordenen Migranten ist das andere und steht im Vordergrund der pflegerischen Beziehungsgestaltung.

Akzeptanz der Fremdheit. Aus einem idealisierten Pflegeverständnis heraus kann sich der Anspruch entwickeln, eine gute Altenpflegerin müsse jeden alten Menschen gleichermaßen gut verstehen. Diesen Anspruch kann niemand erfüllen. Selbst wenn die Altenpflegerinnen – als Grenzgängerinnen zwischen zwei Welten – in der täglichen Beziehungsarbeit mit alt gewordenen Menschen einen Blick auf deren Welt erhaschen oder gar ihren Fuß auf fremdes Territorium setzen, bleibt ihnen doch nur eine Ahnung von deren Lebensgeschichte. Die Fremdheit des anderen Menschen wahrnehmen und zulassen zu können, ermöglicht erst eine wirkliche Begegnung und Auseinandersetzung und macht auch eine gesunde Abgrenzung möglich. Einfühlung und Fremdheit schließen sich also nicht aus.

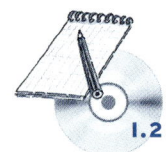

1.2

Kultursensible Lösungen entwickeln

Biografiegeleitete Altenpflege bewegt sich zwischen Neugier und Schutz, Vertrautheit und Fremdheit, Mut und Zumutung. Sie erfordert eine biografische Ausrichtung der gesamten Institution Altenheim.

Zur ausführlichen Beschäftigung mit der Biografie eines alten Menschen und zu Trainingszwecken im Rahmen der Aus- und Weiterbildung können die Leitfragen auf der CD dienen.

Leitfragen zur biografie-
geleiteten Altenpflege

2 Wahrnehmung, Beobachtung und Dokumentation in der Altenpflege

Was Sie in diesem Kapitel erwartet

Sie lesen dieses Buch auf eine ganz individuelle Weise. Was Ihnen als interessant ins Auge springt, mag für andere Leser keine Bedeutung haben. Wahrnehmung ist nichts Objektives: Unser Gehirn baut sich seine eigene Welt. Jeder Mensch hat nicht nur im psychologischen Sinn blinde Flecken, indem er manche unangenehmen Wahrheiten ausblendet, sondern auch einen biologischen blinden Fleck. Probieren Sie es aus: Zeichnen Sie auf ein quergelegtes weißes Blatt Papier zwei Punkte im Abstand von ca. 11 cm. Halten Sie Ihr rechtes Auge zu, fixieren mit dem linken Auge den Punkt auf der rechten Seite und verändern dann langsam den Abstand. Bei einer bestimmten Distanz verschwindet der Punkt auf der linken Seite. Wie kommt das? An der Stelle im Auge, an der der Sehnerv in die Netzhaut mündet, können wir nichts sehen. Normalerweise fällt uns das gar nicht auf.

Im Pflegeprozess ist es wichtig, sich möglichst viele solcher blinden Flecken bewusst zu machen. Informationen über andere Menschen zu sammeln, ihr Verhalten zu beobachten, zu beurteilen, zu dokumentieren und dabei immer wieder den subjektiven Faktor in der Wahrnehmung zu reflektieren, gehört zu den Schlüsselqualifikationen in der Altenpflege. Diese Fähigkeiten zu entwickeln und zu verfeinern, verlangt wahrnehmungspsychologische Grundkenntnisse, Selbstbeobachtung und Training. Man muss wissen, dass der erste Eindruck von einem anderen Menschen die folgenden beeinflusst, dass es individuelle Wahrnehmungstendenzen gibt und dass Beobachtung und Interpretation nicht dasselbe sind.

Man sieht nur mit dem Herzen gut.
Das Wesentliche ist für die Augen unsichtbar.
(Antoine de Saint-Exupéry)

2.1 Das Pflegeprozessmodell

Professionell pflegen heißt, nicht nur „aus dem Bauch heraus", sondern reflektiert zu handeln. Planloses Vorgehen wird vermieden und stattdessen ein lösungsorientiertes und systematisches Zusammenarbeiten im Pflegeteam angestrebt. Altenpflege geschieht jedoch nicht auf dem Papier oder am Computer. Leitgedanke ist vielmehr die Begegnung zwischen Menschen sowie die individuelle Begleitung des alten Menschen. Das Pflegeprozessmodell ist in dieser Hinsicht ein gedankliches Konstrukt zur besseren Orientierung: Wo stehen wir – der pflegebedürftige alte Mensch und die Pflegenden – in Bezug auf ein Pflegeproblem (→ Abb. 2.1).

Die Schritte im Pflegeprozess sind logisch aufeinander bezogen und können auch sehr zeitnah durchgeführt werden. Sensible Wahrnehmung, gezielte Beobachtung und qualifizierte Dokumentation spielen bei allen Schritten eine wichtige Rolle. Der Pflegeprozesses wird von verschiedenen Faktoren bestimmt.

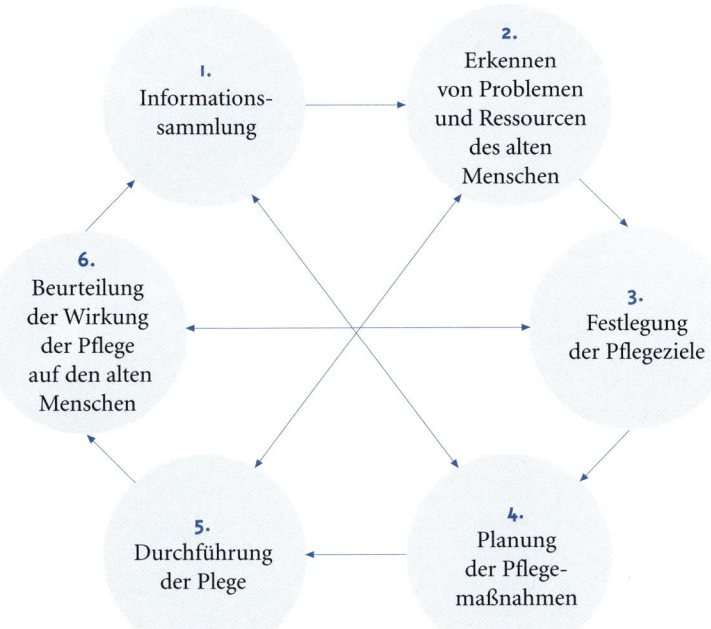

Als Pflegende treten Sie im Verlauf dieses Prozesses in **Interaktion**:
- mit dem alten Menschen selbst,
- mit seiner Umwelt (Angehörige, Ärzte etc.),
- mit der Institution (Kolleginnen, Vorgesetzte, Leitbilder etc.).

Der Pflegeprozess ist **abhängig von der Situation des alten Menschen**:
- von seinen Problemen: körperliche Behinderungen, Krankheiten, unverarbeitete Konflikte, Verlusterlebnisse,
- von seinen Ressourcen: Wille zu größtmöglicher Selbständigkeit, Zufriedenheit mit dem bisherigen Leben, Freude, Humor u.a.,
- von seiner Einstellung zum Alter, zum Altenpflegeheim,
- von seiner Beziehung zu den Pflegekräften.

Der Pflegeprozess ist **abhängig von den Pflegekräften**:
- von ihrem beruflichen Wissen und Können,
- von ihrer Bereitschaft, eine Beziehung zum alten Menschen einzugehen,
- von ihrer persönlichen Einstellung und Haltung dem alten Menschen gegenüber,
- von ihren Wertvorstellungen und charakterlichen Eigenschaften,
- von ihrem körperlichen und seelischen Gesundheitszustand.

Der Pflegeprozess ist **abhängig von der Institution**:
- von der Anzahl der Pflegekräfte im Verhältnis zu den betreuten alten Menschen,
- von den Strukturen und der Konzeption der Einrichtung,
- von der Ausstattung und den räumlichen Gegebenheiten,
- von den kulturellen und sonstigen Angeboten,
- von der Offenheit der Einrichtung gegenüber dem umgebenden Wohngebiet.

Das Herzstück des Pflegeprozesses ist die Interaktion zwischen zwei Menschen, dem Pflegenden und dem pflegebedürftigen alten Menschen.

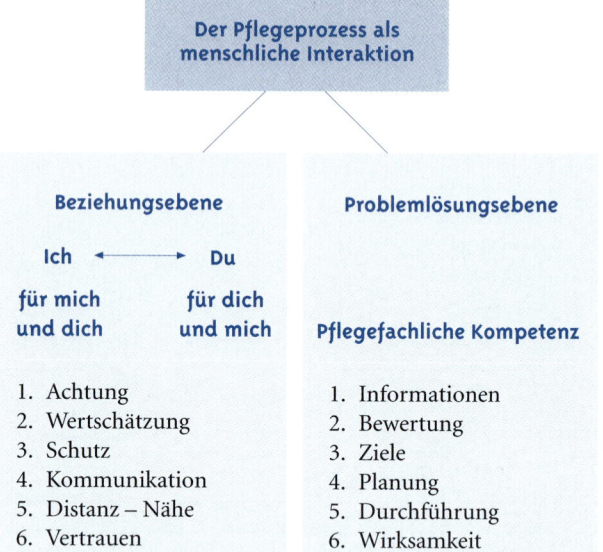

Abbildung 2.2 Bei der Interaktion im Pflegeprozess treffen immer zwei Experten aufeinander: der pflegebedürftige alte Mensch und Sie als Pflegende – beide mit ihren Lebensgeschichten, Bedürfnissen, Möglichkeiten und Begrenzungen. Der Pflegeprozess ist ein Problemlöse- und Beziehungsprozess, der Heilen, Wachsen und Lernen für alle Beteiligten ermöglicht

2.2 Wahrnehmung: Jeder baut sich seine Welt

Wahrnehmung gehört zur Grundausstattung jedes Menschen und ermöglicht ihm, Informationen aufzunehmen, sich zu orientieren, sich zu schützen, mit anderen Menschen in Beziehung zu treten und situationsgerecht zu handeln. Für Altenpflegerinnen ist die Wahrnehmung ein Hauptwerkzeug. Sie setzen ihre Wahrnehmung bewusst ein, wenn sie alte Menschen im Pflegeprozess gezielt beobachten und ihr Verhalten sowie die Pflegeplanung am Ergebnis der Beobachtungen ausrichten. Der professionelle Einsatz dieses Werkzeugs verlangt Übung. Je mehr sich Altenpflegerinnen damit auseinander setzen und Erfahrungen gewinnen, desto sicherer werden sie.

2.2.1 Grundlagen der menschlichen Wahrnehmung: Können wir unseren Augen trauen?

Was der Mensch mit eigenen Augen sieht und mit eigenen Ohren hört, empfindet er als richtig: Ja, so ist die Welt um mich herum, so sieht sie aus, so klingt sie. Dementsprechend geht er davon aus, dass andere Menschen die Umwelt genauso wahrnehmen wie er und legt diese Annahme jeder gegenseitigen Verständigung zugrunde. Das birgt ein Problem: Wahrnehmung bedeutet nicht, das Wahre zu besitzen, sondern etwas auf dem Hintergrund individueller Erfahrungen als wahr zu nehmen. Ein und derselbe Reiz kann daher von zwei Menschen ganz unterschiedlich wahrgenommen werden. Unsere Sinnesorgane sind nicht mit Messinstrumenten zu vergleichen, deren Fühler objektiv Reize aufnehmen. Wahrnehmung ist ein aktiver Verarbeitungsprozess im Gehirn, der aus einem komplizierten Wechselspiel physiologischer und psychologischer Vorgänge besteht.

Die Wahrnehmungsinstrumente des Menschen

Wir nehmen die Welt mit den folgenden Sinnen wahr:

▶ Gesichtssinn (Augen),

▶ Gehörsinn (Ohren),

▶ Geschmackssinn (Zunge),

▶ Geruchssinn (Nase),

▶ Hautsinne Berührung, Kälte, Wärme, Schmerz (Haut),

▶ Gleichgewichts- und der Muskelsinn für die Wahrnehmung der Körperposition bzw. für die Bewegungen der Körperteile im Raum.

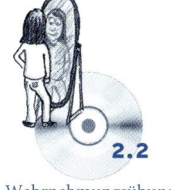

2.2

Wahrnehmungsübungen

Berührung. Die Berührung ist eine Urerfahrung des Menschen. Schon das Ungeborene ist in engster Berührung mit seiner Mutter verbunden. Die Sehnsucht nach körperlichem Kontakt bleibt lebenslang bestehen. Altenpflegerinnen und die von ihnen gepflegten alten Menschen kommen sich im Pflegealltag oft sehr nah, weshalb der Berührungssinn eine wesentliche Rolle in der Beziehungsgestaltung spielt. Selbst wenn ein Mensch nicht mehr ansprechbar zu sein scheint, heißt das nicht, dass er nichts mehr um sich herum wahrnimmt. Er spürt sehr wohl, was ihm die Hände der Pflegenden sagen, hört den Klang ihrer Stimme, er sieht und riecht.

Abbildung 2.3 In der Zuwendung und Berührung der Altenpflegerin findet die alte Dame Halt und Geborgenheit

Für Altenpflegerinnen ist es wichtig, ihre Sinne zu schärfen, um die Bedürfnisse anderer Menschen wahrzunehmen und mit ihnen in Kontakt zu treten, ohne dabei die eigenen Bedürfnisse zu überhören. Die Sinne bedürfen als wichtige Pflegewerkzeuge einer regelmäßigen „Wartung" durch Besinnung und Entspannung.

2.2

Sinne schärfen

!

Ganzheitliche Altenpflege ist sinnen-volle Pflege.

2.2

Wahrnehmungs-
täuschungen

Organisationsprinzipien der Wahrnehmung

Menschen tendieren dazu, die wahrgenommene Welt in eine möglichst einfache und übersicht-liche Ordnung zu bringen. Nichts verunsichert mehr, als keinen Durchblick zu haben. Um die Umwelt übersichtlicher zu gestalten und Komplexität zu reduzieren, verfügt das menschliche Gehirn über verschiedene Organisationsprinzipien der Wahrnehmung. Dazu gehören Selektion und Vereinfachung, Vordergrund und Hintergrund sowie das Wahrnehmungsfeld.

Selektion. In der ungeheuren Flut von Informationen, die beständig auf den Menschen ein-strömen, wäre er ohne Schutzdamm verloren. Allein die bewusste Wahrnehmung des perma-nenten Kontaktes zwischen Haut und Kleidung würde ihn in den Wahnsinn treiben. Schutz verschafft ihm das Prinzip der Selektion (lat. selectio: auslesen, auswählen). Das Wahrneh-mungssystem lässt nur solche Informationen in das Bewusstsein dringen, denen eine besondere Bedeutung beigemessen wird. So hören Eltern beispielsweise hohe Kindertöne mit besonderer Sensibilität.

Vereinfachung. Mit dem Prinzip der Vereinfachung ist gemeint, dass dem Gehirn oft schon wenige Informationen genügen, um sich ein Bild vom wahrgenommenen Teil der Welt zu machen. Das Gehirn vergleicht neue Informationen mit bereits gespeicherten Daten und er-gänzt den Rest in eigener Regie. Auf diese Weise werden bekannte Gegenstände, Menschen oder Räume schnell erkannt. Wenige Details genügen, um einen Löffel als Löffel zu erkennen. Spielerisch wird dieses Organisationsprinzip auch in Ratespielen genutzt.

Vordergrund und Hintergrund. Ärgern wir unseren „Wahrnehmungscomputer" etwas, um seinen Funktionsweisen weiter auf die Schliche zu kommen. Wir bedienen uns dazu der so genannten optischen Täuschungen.

Abbildung 2.4 Ein Pokal oder zwei Gesichter? (aus Legewie & Ehlers, 1972, S. 69) Beim Betrachten sind abwechselnd zwei Gesichter (im Profil) oder ein weißer Kelch zu sehen. Das Wahrnehmungsfeld wird normalerweise in einen Vordergrund und einen Hintergrund un-terteilt. Das, was wir als Figur fokussieren, tritt in den Vordergrund

2.2

Unmögliche Gestalten

Im Alltag rücken wir Dinge oder Menschen in den Vordergrund, die für uns bedeutsam sind, weil sie uns nahe stehen, wir sie bereits kennen oder wir uns gerade damit beschäftigen. Das, was uns vertraut ist oder gängigen Normen entspricht, erwarten wir am ehesten.

Das Wahrnehmungsfeld

Wie der Mensch Dinge oder andere Menschen wahrnimmt, wird nicht zuletzt von der Umge-bung beeinflusst. Kennt eine Altenpflegerin einen Bewohner nur aus dem Altenheim, wird sie ihn mit anderen Augen sehen, als wenn sie ihn früher in seiner Familie und seinem Freundeskreis erlebt hat. Jenes (eingeschränkte) Bild kann sie korrigieren, indem sie Informationen über sein gelebtes Leben gewinnt (→ 1.2 Biografiegeleitete Pflege).

2.2

Wahrnehmungsfeld

Menschen haben ein Bedürfnis nach Wahrnehmung

Das gesamte Wahrnehmungssystem des Menschen ist auf die aktive Verarbeitung des ständig wechselnden Informationsstroms ausgerichtet. Menschen brauchen verschiedene Wahrnehmungsreize wie Nahrung, ansonsten kann es zu schwerwiegenden psychischen Störungen kommen.

Folgen von Wahrnehmungsentzug. Die Teilnehmer eines Experiments wurden für zwei bis drei Tage weitgehend von Umweltreizen isoliert. Sie hatten nichts weiter zu tun, als bequem auf weichen Betten zu liegen. Spezialbrillen sorgten für ein gleichförmiges und konturloses Gesichtsfeld, Umgebungsgeräusche wurden ausgeschaltet, Hände und Arme zur Verminderung von Berührungsreizen mit wattierten Spezialhandschuhen bedeckt. Bei den Teilnehmern entwickelten sich folgende Symptome:

▶ Die psychische Leistungsfähigkeit sank durch Konzentrations-, Denk- und Orientierungsstörungen.
▶ Stimmungsschwankungen und Affektausbrüche traten auf.
▶ Zunehmend stellten sich als offensichtliche Selbststimulation des Organismus Trugwahrnehmungen und Halluzinationen wie nach der Einnahme von Drogen ein.
▶ Ein starkes Bedürfnis nach Umweltreizen, ein regelrechter Hunger nach Information entstand.

Ähnliche Auswirkungen wie in dem oben geschilderten Experiment kann eine reizarme und eintönige Umgebung hervorrufen, wie sie auf manchen Pflegestationen vorzufinden ist. Durch Bettlägerigkeit wird die Weltsicht enorm vermindert. Eine lieb- und reizlose Umgebung schränkt das visuelle Wahrnehmungsfeld ein. Festgelegte Weck-, Essens-, Pflege- und Schlafenszeiten geben den Tagen einen gleichförmigen Rhythmus. Auch zwischenmenschliche Kontakte werden rar, zu den Pflegenden ergeben sie sich oft nur zu den Mahlzeiten und bei der Grundpflege. Auf reizarme Lebensbedingungen können alte Menschen unterschiedlich reagieren:

▶ laut mit sich selbst reden (man hört etwas),
▶ mit den Gedanken in die (buntere und lebensvollere) Vergangenheit flüchten,
▶ sich an die Pflegenden klammern (man spürt etwas),
▶ mit Mitbewohnern streiten (bringt Leben ins Einerlei),
▶ Reizhunger durch „Tratsch" stillen.

Die Wahrnehmung wird durch innere und äußere Faktoren beeinflusst

Bedürfnisse, Gefühlszustände, Suchtmittel, Medikamente und psychische Erkrankungen beeinflussen die Wahrnehmung.

Stimmungs- und Motivationslage. Die Stimmungs- und Motivationslage übt einen selektiven und richtungsleitenden Einfluss auf die Wahrnehmung aus:

▶ Essbares wird vom Hungrigen eher bemerkt als vom Satten.
▶ Ängstliche lauschen stärker auf leiseste Geräusche.
▶ Zorn kann „blind" machen.

Alkohol, Drogen, Medikamente. Suchtmittel führen ebenfalls zu Wahrnehmungsveränderungen:

▶ Der Betrunkene sieht unter Umständen Doppelbilder; bei chronischem Alkoholismus können angsterregende Wahrnehmungstäuschungen auftreten, wie z.B. krabbelnde Tiere auf der Haut.

▶ Durch Drogen kann es zu einer Steigerung oder Dämpfung der Intensität der Farb- und Geräuschwahrnehmung kommen, auch zu Halluzinationen.

▶ Medikamente, insbesondere Psychopharmaka, können die Wahrnehmung durch Schläfrigkeit (Somnolenz) und Bewusstseinsveränderung beeinflussen.

Psychische Erkrankungen und Demenzen. Demenzen sind oft mit Wahnvorstellungen verbunden. Diese Wahrnehmungen sind für den betroffenen Menschen Teil seiner realen Welt, die er sich nicht einbildet, sondern wirklich sieht, hört oder auch fühlt. Unverständnis und Belehrung über die „richtige Wirklichkeit" belasten die Betroffenen zusätzlich. Pflegende sollten deshalb versuchen, die reale Innenwelt und die Gefühle demenziell erkrankter Menschen zu verstehen, zu akzeptieren und dies auch zu zeigen.

Beispiel

Eine Altenpflegerin berichtet. Ich hatte Nachtdienst, als Frau Schiller nach mir klingelte, die ihr Zimmer mit einer anderen Frau teilt. Als ich ins Zimmer kam, war ich zuerst sprachlos, was ich zu sehen bekam: Frau Schiller krabbelte auf allen vieren unter dem Tisch herum und schien heftig an irgendetwas zu ziehen. Auf meine Frage, was sie denn da täte, bekam ich die Antwort: „Mein Sohn hat mir einen Hund mitgebracht und das Tier will unbedingt hier im Zimmer schlafen." Mir war sofort klar, dass ich den Hund auf irgendeine Weise aus dem Zimmer schaffen musste, da Frau Schiller sonst die ganze Nacht nicht zur Ruhe kommen würde. Ich sprach also auf den für mich nicht vorhandenen Hund ein und Frau Schiller gab mir Anweisungen, wie und wo ich ihn zu packen hatte. Der Größe nach muss es sich um einen Bernhardiner gehandelt haben; er hieß Bello. Als ich dann endlich unter ihren kritischen Blicken Bello hinausgeschafft hatte, wollte sie sich noch überzeugen, ob das Tier auch gut untergebracht war. Ich zeigte ihr also eine Stelle vor der Zimmertür, wo Bello friedlich in seinem Korb lag. Als ich später noch einmal nach Frau Schiller und ihrer Zimmernachbarin sah, schliefen beide. Und Bello auch.

2.2.2 Wahrnehmungstendenzen: ein Brillensortiment

Zur beruflichen Aufgabe von Altenpflegerinnen gehört die laufende Einschätzung und Bewertung des Verhaltens anderer Menschen. Deshalb ist es für sie wichtig zu wissen, mit welchen „Brillen" sie bevorzugt auf andere Menschen schauen und wie sich ihre Wahrnehmung dadurch verzerrt. Dadurch können einige Quellen für Missverständnisse und Fehleinschätzungen bewusst gemacht werden.

Erster Eindruck

Nach den Organisationsprinzipien der Wahrnehmung bilden sich Menschen nach wenigen Informationen einen ersten Eindruck. Es ist erstaunlich, wie rasch Menschen ohne große Zweifel bereits nach wenigen Minuten des Kennenlernens anderen Menschen bestimmte Persönlichkeitsmerkmale zuschreiben. Selbst so komplexe Merkmale wie Hilfsbereitschaft, Intelligenz, Geselligkeit, Offenheit und Aktivität werden bereitwillig eingeschätzt.

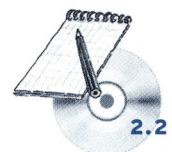

Eindruck	Wertung							Eindruck
heiter	1	②	3	4	5	6	7	traurig
passiv	1	2	3	4	5	⑥	7	aktiv
verspielt	1	2	3	4	⑤	6	7	sachlich
zurückhaltend	1	2	3	4	5	⑥	7	offen
hilfsbereit	1	②	3	4	5	6	7	egoistisch
impulsiv	1	②	3	4	5	6	7	gehemmt
kühl	1	2	3	4	⑤	6	7	gefühlvoll
redselig	1	2	③	4	5	6	7	verschwiegen
friedlich	1	②	3	4	5	6	7	aggressiv
zerfahren	1	2	3	4	5	⑥	7	geordnet
nüchtern	1	2	③	4	5	6	7	verträumt
streng	1	2	3	④	5	6	7	nachgiebig
zurückgezogen	1	2	3	4	5	⑥	7	gesellig
robust	1	2	3	④	5	6	7	zart
vergnügt	1	②	3	4	5	6	7	missmutig
starr	1	2	3	4	5	⑥	7	beweglich
intelligent	1	②	3	4	5	6	7	unintelligent

Abbildung 2.5 Polaritätenprofil. Der Beurteiler markiert zwischen jedem Gegensatzpaar den Platz, an dem er den Beurteilten einordnet. Je weiter die Markierungen von der Mitte entfernt liegen, desto extremer ist das Urteil. Bei diesem Beispiel wurde aus den Polaritätenprofilen von zwanzig Beurteilern dieses Gruppenprofil gebildet. Bei den Beurteilern handelt es sich um angehende Altenpflegerinnen, bei dem – nach fünf Minuten – Beurteilten um einen Dozenten

Der erste Eindruck entsteht durch Informationen, die vom Beurteilten ausgehen (z.B. sein körperliches Erscheinungsbild, Mimik, Gestik, Sprache), Eigenarten des Beurteilers (seine Stimmungslage, Erwartungen, Einstellungen) sowie Einflüsse von außen (Meinungen anderer, zeitbedingte Einflüsse, Umgebung). Er tendiert zur Verfestigung,

▶ weil sich die nachfolgenden Eindrücke am ersten Eindruck orientieren, der wie ein Filter wirkt und „störende" Informationen nicht mehr durchlässt.

▶ weil die Begegnung von zwei Menschen auch ein Prozess gegenseitiger Beeinflussung ist, denn „Wie man in den Wald hineinruft, so schallt es heraus".

Einstellungen, Vorurteile und Stereotype

Folgende Merkmale kennzeichnen Einstellungen und Vorurteile:

▶ Sie haben eine Richtung, können positiv oder negativ gefärbt sein.

▶ Sie sind gelernt, werden durch die soziale Gruppe und gesellschaftliche Normen beeinflusst.

▶ Sie sind stabil und werden nur ungern aufgegeben. Zu den Einstellungen/Vorurteilen passende Informationen werden eher angenommen, während unpassende eher ausgefiltert werden.

Stellen Sie sich vor, Sie müssten täglich aufs Neue all Ihre inneren Einstellungen abwägen und auf ihre Stimmigkeit hin überprüfen. Sie wüssten bald nicht mehr, wo Ihnen der Kopf steht. Einstellungen, Vorurteile und Stereotype haben folgende Funktionen:

▶ Orientierung und Steuerung: Der Mensch kann schnell einen Standpunkt beziehen und andere Menschen einordnen. Das macht die Welt überschaubarer.

▶ Identifikation und Selbstwertgefühl: Der Mensch grenzt sich dadurch ab und stabilisiert sein eigenes Selbstwertgefühl, manchmal auch durch die Diskriminierung anderer.

▶ Abwehr von Unsicherheit und Angst: Der Mensch fühlt sich durch gemeinsame Einstellungen bestimmten Gruppen zugehörig, was ihm Sicherheit vermittelt.

Haben Altenpflegerinnen einem alten Menschen gegenüber von vornehrein die Einstellung, dass er besonders hilfsbedürftig ist, ohne dies überprüft zu haben, wird ihre Einstellung auf folgenden drei Ebenen wirksam:

▶ Ebene der Wahrnehmung: Die Altenpflegerinnen nehmen Anzeichen für Hilfsbedürftigkeit wahr, übersehen aber die noch vorhandenen Fähigkeiten des alten Menschen.
▶ Ebene des Gefühls: Die Altenpflegerinnen fühlen Mitleid und Hilfsbereitschaft.
▶ Ebene des Verhaltens: Die Altenpflegerinnen ziehen z.B. den alten Menschen an, ohne seine Möglichkeiten der Selbständigkeit auszuloten.

Mögliches Resultat: Der alte Mensch verlernt noch bestehende Fähigkeiten und wird zunehmend unselbständiger.

Weitere typische Wahrnehmungstendenzen

Halo-Effekt. Halo nennt man den Strahlenhof um eine Lichtquelle. Beim Halo-Effekt tritt eine Eigenschaft so dominant in den Vordergrund, dass sie die ganze Persönlichkeit eines Menschen überstrahlt. Das kann sowohl ein negativ als auch ein positiv erlebtes Merkmal sein. So wird eine Altenpflegerin z.B. einen Heimbewohner mit besonders freundlicher Ausstrahlung eher als zufriedenen und lebensfrohen Menschen wahrnehmen und seine „Schattenseiten" übersehen als sie dies bei einem abweisenden, eher unfreundlichen alten Menschen tun wird.

Analogieschlüsse („logischer Fehler"). Die Altenpflegerin schließt von einer Eigenschaft auf andere, die sie als (logisch) zusammenhängend betrachtet: z.B. dicke Menschen sind auch gemütlich.

Sympathie-Antipathie-Effekt. Jeder Mensch kennt das Gefühl, dass ihm jemand auf Anhieb sympathisch oder unsympathisch ist. Wird ein Mensch als sympathisch empfunden, werden ihm eher positive Eigenschaften zugeordnet, andernfalls eher negative.

Projektion. Bei der Projektion (Übertragung) lösen andere Menschen unbewusst positive wie negative Stimmungen aus, die mit eigenen Beziehungen, z.B. zu den Eltern, zu tun haben.

Jeder Mensch besitzt sein eigenes Brillensortiment, mit dem er andere wahrnimmt. Eine objektive Beobachtung und Bewertung anderer ist nicht möglich. Was bedeutet das für Sie als Altenpflegerin? Kennen Sie Ihre Grundeinstellungen, Wertmaßstäbe und blinden Flecken? Sehr hilfreich hierbei sind die Rückmeldungen anderer, das gezielte Training von Selbstwahrnehmung und professionelle Verhaltensbeobachtung während der Aus- und Weiterbildung.

2.3 Beobachtung: Schlüssel zum Verstehen alter Menschen

Durch gezielte Beobachtungen lassen sich Informationen über alte Menschen gewinnen, die Grundlage für alle Aktivitäten im Pflegeprozess sind. Gleichermaßen wichtig ist für die Altenpflegerin jedoch auch die Selbstbeobachtung.

2.3.1 Selbstbeobachtung

Bei der Selbstbeobachtung macht sich ein Mensch seine inneren Erlebnisse, seine Gefühle und Gedanken bewusst. Die Fähigkeit zur Selbstbeobachtung ist eine Schlüsselqualifikation für den Altenpflegeberuf. Nur wer seine eigenen Gefühle wahrnehmen kann, vermag sich in das innere Erleben anderer Menschen hineinzuversetzen, und nur dann ist der offene Gedankenaustausch im Kollegenkreis möglich. Dazu gehören auch die Bereitschaft und der Mut, seinen eigenen Schattenseiten nachzuspüren. Wer gibt schon gern vor sich und anderen zu, dass ihn die Beobachtung des eigenen Alterns ängstigt? Und wer kann sich ohne weiteres eingestehen, als Altenpflegerin in manchen Pflegesituationen Ekel zu empfinden?

2.3

Wer bin ich?

2.3.2 Fremdbeobachtung

Die gezielte Beobachtung ist ein wesentlicher Bestandteil der professionellen Ausübung des Altenpflegeberufes. Mit dieser Methode gewinnen die Altenpflegerinnen Informationen über die ihnen anvertrauten alten Menschen. Sie beobachten gezielt im Rahmen der Pflegediagnosenerstellung und kontinuierlich während des Pflegeprozesses. Übrigens gilt das auch umgekehrt: Die alten Menschen beobachten die Pflegenden sehr genau und richten auch daran ihr Verhalten aus.

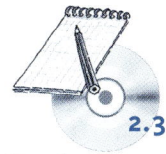

2.3

Verrückt spielen – Gruppenübung

Ziele der Fremdbeobachtung

Ziele der Fremdbeobachtung in der Altenpflege können sein:

▶ Gewinnen von Informationen, um die alten Menschen individuell pflegen und fördern zu können, z.B. zu folgenden Fragen:
  – In welcher physischen und psychischen Verfassung befindet sich der alte Mensch derzeit?
  – Über welche Ressourcen, Fähigkeiten und Interessen verfügt er?
  – Welche Fähigkeiten sollten wieder entdeckt und gegebenenfalls unter Einbeziehung von Hilfsmitteln aktiviert werden?
  – Mit welchen unwiederbringlich verloren gegangenen Möglichkeiten müssen sich der alte Mensch und die Altenpflegerinnen abfinden?
  – Welche Verhaltensweisen sind für ihn, seine Angehörigen oder das Pflegeteam einengend oder störend? Unter welchen Bedingungen tritt solches Verhalten auf?
▶ Einstimmung der Altenpflegerinnen auf die momentane Befindlichkeit des alten Menschen,
▶ Planung einer individuellen Pflege,
▶ Überprüfung der Pflegemaßnahmen auf ihre Wirksamkeit hin (Evaluation).

Alle Beobachtungen werden schriftlich dokumentiert, um sie für das ganze Team verfügbar zu halten. So können bei Übergabegesprächen auch keine wichtigen Informationen vergessen werden.

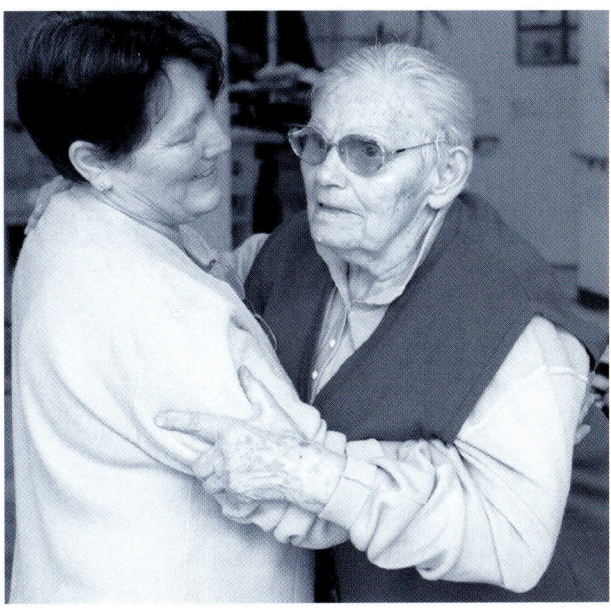

Abbildung 2.6 Beobachten Sie das Gesicht dieser alten Frau. Was „sagen" ihre Augen, ihre Mimik? Was geht in ihr vor? Altenpflegerinnen geben alten Menschen Würde und Ansehen, wenn sie ihnen auf gleicher Augenhöhe begegnen und sie nicht zu Beobachtungsobjekten machen

Beobachtung und Interpretation

Die Fremdbeobachtung als Methode zur gezielten Erfassung des sichtbaren Verhaltens anderer Menschen ist deutlich zu unterscheiden von der Interpretation dieses Verhaltens. Bei dieser wird versucht, vom äußeren Verhalten auf innerpsychische Prozesse zu schließen und diese zu beurteilen. Und noch stärker als bei der Beobachtung spielt bei der Interpretation der subjektive Faktor eine wichtige Rolle und sollte deshalb beständig reflektiert werden. Das folgende Beispiel macht den Sachverhalt deutlich.

> ### Beispiel
>
> **Situation:** Jemand öffnet einem Besucher die Haustür, ihm laufen Tränen über die Wangen.
> **Verhaltensbeschreibung:** Er weint.
> **Interpretation:** Er ist traurig.
> **Tatsache:** Er war gerade dabei, Zwiebeln zu schälen.

2.3

Wahrnehmung oder Interpretation

Eigene Bewertungen, Interpretationen und Meinungen sind durchaus wichtig, sie sollten jedoch als solche gekennzeichnet werden: „Ich glaube …“, „Ich vermute, dass …“, „Ich hatte den Eindruck …“. Subjektive Interpretationen und Schlussfolgerungen sind vorläufige Annahmen, keine Wahrheiten. Unterschiedliche Bewertungen ein- und derselben Beobachtung sind deshalb völlig normal. Werden diese im Team zusammengetragen, eröffnen sie neue Perspektiven und können so für die Erarbeitung gemeinsamer Grundhaltungen im Team fruchtbar genutzt werden.

Beobachtungsinstrumente

Standardisierte Beurteilungsbögen. Um eine einheitliche Systematik zu erreichen, gibt es standardisierte Beobachtungsinstrumente. Diese beschränken sich auf die quantitative Registrierung des beobachteten Verhaltens und lassen den Pflegenden wenig Spielraum für individuelle Interpretationen. Im geriatrischen Assessment dienen Beobachtungsbögen Diagnose- und Einstufungszwecken.

2.3

Beurteilungsbogen für geriatrische Patienten

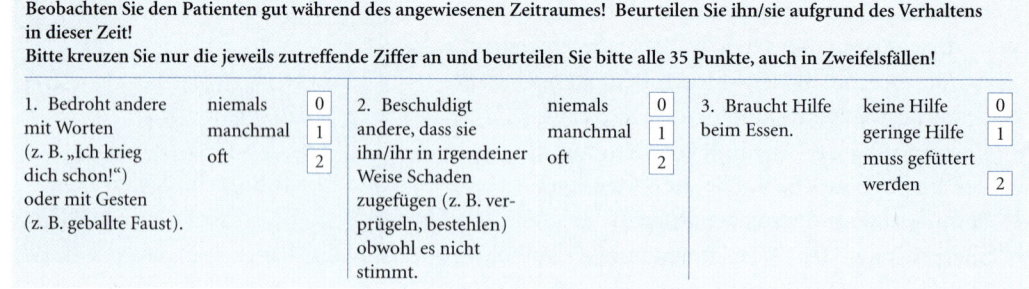

Abbildung 2.7 Ausschnitt aus dem Beurteilungsbogen für geriatrische Patienten (Drews, 2003)

Dementia-Care-Mapping (nach Kitwood). Demenzkranke können sich in fortgeschrittenen Stadien der hirnorganischen Veränderungen (→ 4.4 Werkzugverlust bei Demenz) nur noch bedingt oder gar nicht mehr äußern. Mit Hilfe des Dementia Care Mapping (DCM) kann durch gezielte Beobachtung eingeschätzt werden, wie sich Pflegemaßnahmen auf das Wohlbefinden der alten Menschen auswirken. Dabei wird der Pflegeprozess im Detail und verhaltensnah beobachtet. Auf einer Skala von 24 typischen Tätigkeiten (Sitzen, Schauen, Dösen, Essen, Trinken, Rufen etc.) notiert der Beobachter die Aktivitäten und ordnet ihnen nach einem Codierungsschlüssel Werte des Wohlgefühls oder Missbehagens zu. Nach einer längeren Beobachtungszeit entsteht auf diese Weise eine Landkarte (engl. map = Karte, Landkarte) davon, was der Bewohner tagsüber tut und auf welche pflegerischen Maßnahmen er wie reagiert. Eine direkte Interaktion zwischen Beobachter und Demenzkranken ist im DCM nicht vorgesehen.

2.4 Dokumentation von Beobachtungen

Altenpflegerinnen halten ihre Beobachtungen schriftlich im Dokumentationssystem fest, das dem Pflegeteam u.a. zur gegenseitigen Verständigung über die aktuelle Pflegesituation dient. Dabei geht es um die konkrete Beschreibung des beobachteten Verhaltens, wobei interpretierende und wertende Aussagen zu vermeiden sind. So ist die Formulierung „Frau Grüber kratzte und biss, als Pfleger A. und ich sie baden wollten" aussagekräftiger als „Wieder übliche Aggressivität beim Baden". Ebenso können sich die Leserinnen der Pflegedokumentation unter dem Satz „Herr Brügge lief um 2.00 Uhr über den Flur, ging in andere Zimmer und weckte die Bewohner" mehr vorstellen als bei der Aussage „Herr Brügge geisterte umher". Die Begriffe „geistern" und „Aggressivität" haben möglicherweise für jeden Leser eine andere Bedeutung und können zu völlig unterschiedlichen Interpretationen führen.

Die Ziele der (systematischen) Pflegedokumentation sind u.a.:

▶ Sicherheit für den gepflegten alten Menschen,
▶ Information für das Pflegeteam,
▶ Absicherung in juristischer Hinsicht,
▶ Kontrolle der Auswirkungen von Pflegemaßnahmen,
▶ Vereinheitlichung der Pflegestandards des Teams,
▶ Erinnerung an notwendige Pflegeaktivitäten.

Beispiel

Auszug aus einer Pflegedokumentation

Johann, 86 Jahre

2. 3. 2006

12:50: Hat beim Mittagessen seine Gabel in den Aufenthaltsraum geworfen und wieder zu schreien angefangen. Schimpft, dass jemand in seinem Haus wohnt und seine Wäsche gestohlen hat.

3. 3. 2006

9:35: Ist sehr anlehnungsbedürftig. Hat sich heute unter ständigem Anhalten selbst rasiert. War stolz. Zum Frühstück konnte er gestrichenes Brot alleine essen. Macht sehr frischen Eindruck.

12:10: Hat trotz Flüssigkeitszunahme bis Mittag noch keine Ausscheidung. Arzt war da, er soll heute noch eine Tablette Daryl bekommen. Wenn er bis morgen keine Ausscheidung hat, soll wieder ein Katheder gelegt werden.

4. 3. 2006

11:50: Wieder sehr laut und streitsüchtig. Kollegin meint, er wird von Herrn S. aufgestachelt. Soll heute versuchsweise am kleinen Tisch in anderem Raum essen.

20:00: Hat reichlich ausgeschieden, keine Daryl.

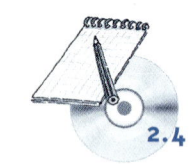

Medikation und Liebe

2.4

Schauen Sie sich die Dokumentationen über pflegerische Alltagserfahrungen in Ihrer Einrichtung bzw. auf Ihrer Pflegestation einmal genauer an. Was davon sind konkrete Beobachtungen und was Interpretationen? Inwieweit wurden damit die Ziele der systematischen Pflegedokumentation erreicht?

Fachsprache. Zur Professionalisierung in der Altenpflege gehört auch die Verwendung von Fachsprache, insbesondere was die Beziehungspflege und deren Dokumentation anbelangt. Beziehungspflegerische Maßnahmen werden von Pflegenden oft als selbstverständlicher Teil der zwischenmenschlichen Begegnung angesehen, daher kaum dokumentiert und bleiben dadurch unsichtbar. Professionelle Beziehungspflege sollte jedoch zum Nachweis der erbrachten Pflegequalität für Qualitätskontrolleure wie den Medizinischen Dienst der Krankenkassen oder die Heimaufsicht in der Fachsprache dokumentiert werden.

▶ Sie führen die Pflegehandlung *Biografiearbeit* durch, wenn Sie einem alten Menschen aufmerksam zuhören, der von früher redet – dadurch gewinnen Sie wichtige Informationen für die individuelle Pflege.

▶ *Reminiszieren* sollten Sie als zusätzliche Pflegehandlung dokumentieren, wenn Sie bei der körperlichen Pflege demenzkranker alter Menschen das Gespräch bewusst (und geplant) auf seine lebenspraktischen Erfahrungsschätze von früher richten.

▶ Wenn Sie desorientierte und verwirrte alte Menschen begleiten (wortlos, redend, musizierend) ist dies kein Privatvergnügen, sondern *Validation* (→ 4.5.2 Validation und integrative *Validation*).

▶ Die belebende Ganzkörperwäsche bei depressiven alten Menschen gehört zur *basalen Stimulation*.

▶ Sie betreiben *Angehörigenarbeit*, wenn Sie lösungsorientiert mit einer Angehörigen reden, die Ihnen Vorwürfe macht.

▶ *Kontinenztraining* führen Sie durch, wenn Sie anstelle eines zeitsparenden Windelwechsels einen pflegebedürftigen alten Menschen auf die Toilette begleiten.

▶ Wenn Sie sich tagtäglich aufs Neue einer demenzkranken alten Dame vorstellen und Informationen zu deren zeitlichen und räumlichen Orientierung geben, handelt es sich um eine pflegefachliche Tätigkeit aus dem *Realitäts-Orientierungs-Training* (ROT).

Diese Professionalisierung der Pflegefachsprache ermöglicht außerdem die dringend benötigte Distanz zwischen Privatleben und Pflegetätigkeit. Denn: zuhören, sich zuwenden und reden, das tun Sie auch mit Ihren Lieben zuhause.

 Schriftliche Dokumentation kostet Zeit. Altenpflegerinnen dokumentieren damit jedoch ihren umfassenden Leistungskatalog.

2.5 Befragung und Interview

Du fragst und fragst …

2.5

Von der offenen Befragung bis hin zum standardisierten Interview, bei dem die Fragen und deren Abfolge vorgegeben sind, werden unterschiedlichste Befragungsformen eingesetzt. Altenpflegerinnen führen tagtäglich Befragungen durch, vom „Wie geht es Ihnen denn heute morgen, Frau Adam?" bis hin zur gezielten Informationssammlung anhand von Fragebögen im Rahmen der Biografiearbeit (→ 1.2 Biografiegeleitete Altenpflege).

Im Rahmen einer sozialwissenschaftlichen Untersuchung wurden von Mitarbeiterinnen der Alzheimer Gesellschaft Bochum leicht bis mittelschwer demenziell erkrankte Menschen zu ihren Bedürfnissen interviewt. Es wurde eine offene Befragungsform gewählt, um sich auf die kognitiven Beschränkungen und reduzierten sprachlichen Ausdrucksmöglichkeiten der Betroffenen flexibel einstellen zu können. Im offenen Gespräch ergibt sich zudem ein besserer emotionaler Zugang zu den Demenzkranken als bei einer standardisierten Befragung. Hier ein Auszug aus einem der Interviews:

Interview mit einer Demenzkranken

Alzheimer Gesellschaft: Wenn Sie heute an Ihr Leben, an Ihren Alltag denken. Gibt es da für Sie bestimmte Wünsche? Gibt es Dinge, die besser laufen könnten?

Johanna J.: Laufen kann ich, ich kann alles. Ich sag Ihnen, meine Mutter hat immer gesagt, ich bin ein Rowdy, ja, war ich auch, auch meine Schwester, wir sind alle, alle so.

Alzheimer Gesellschaft: Haben Sie Schwestern?

Johanna J.: Ja, ja, die Jana, Tante Jana. Ja, man muss sich selbst auf Deutsch gesagt in den Arsch treten, ja. Was soll das denn auch. Ich sag nur, bloß keinen Krieg mehr, lieber weniger essen. Ihr habt das ja nicht so mitgemacht, aber wir, oh, oh, oh.

Alzheimer Gesellschaft: Haben Sie Pläne, in den Urlaub zu fahren?

Johanna J.: Wenn ich das wollte, dann könnte ich heute noch wegfahren. Aber dazu muss man einen haben. Meine Tochter ist schon da. Die war vorhin da, haben Sie sie gesehen?

Alzheimer Gesellschaft: Ja.

Johanna J.: Ja, das ist meine Tochter. Tante Jana ist da, das ist ein ganz nettes Mädchen. Tante Jana ist, ja. Wenn Sie so mit mehreren sind, dann ist das ganz anders, man hat dann alles.

Alzheimer Gesellschaft: Ist das für Sie wichtig, Menschen um sich zu haben? Oder sind Sie auch mal gerne allein?

Johanna J.: Ich bin auch gern allein. Wenn ich so eine (sabbelige?) da hätte, das wäre auch nicht das Richtige.

(aus Niebuhr, 2004, S. 169)

Fast jede Einrichtung der Altenpflege verwendet Fragebögen, um Informationen zur Biografie eines alten Menschen zu erhalten (→ 1.2 Biografiegeleitete Altenpflege). Ziel ist es, sich auf seine individuellen Gewohnheiten und Prägungen einstellen zu können. Befragt werden der alte Mensch selbst und seine Angehörigen.

2.6 Psychologische Tests

Psychologische Tests werden eingesetzt, um die Intelligenz sowie spezielle Fähigkeiten wie Sprachbegabung, rechnerisches Denken, Konzentration und Gedächtnis zu messen. Es gibt auch Fragebögen, die auf eine Erfassung von Persönlichkeitszügen, Interessen oder Motiven abzielen. Psychologische Testverfahren stellen eine eher künstliche Verhaltensstichprobe dar, die mit den Anforderungen im Alltag nicht immer deckungsgleich ist. Auch die Einstellung des getesteten Menschen zur Untersuchung bestimmt das Ergebnis und damit die Aussagekraft.

Gerontopsychologische Diagnostik

Testverfahren zur Messung der hirnorganischen Leistungsfähigkeit werden angewendet, um Leistungsstörungen alter Menschen daraufhin beurteilen zu können, ob sie demenzbedingt sind oder mit einer Depression bzw. anderen psychischen Störungen zusammenhängen. Es gibt so genannte Screening-Tests, die schnell und einfach erste Hinweise auf eine krankheitsbedingte Störung der Konzentrationsfähigkeit oder des Gedächtnisses ermöglichen.

Mini-Mental-Status-Test

Der Mini-Mental-Status-Test (MMST). Der MMST ist ein zehnminütiges Screeningverfahren zur Einschätzung des Schweregrades einer mittleren bis schweren Demenz. Mit einfachen, alltagspraktischen Aufgaben werden Orientierung, Aufmerksamkeit, Kopfrechnen, Gedächtnis, Lesen, Schreiben und Visuomotorik (Nachzeichnen einer Figur) geprüft. Beispielaufgabe zur Aufmerksamkeit und zum Kopfrechnen: Von 100 beginnend sind jeweils 7 abzuziehen. Also 100 ... 93 ... und wie weiter?

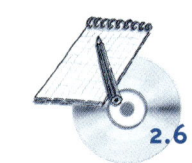

Uhrentest

Uhrentest. Der Uhrentest ist kein ausreichend standardisierter Test, hat sich aber in der Praxis als qualitatives und für die alten Menschen relativ stressarmes Messinstrument bewährt. Dem Probanden wird ein Blatt Papier mit einem vorgezeichneten Kreis vorgelegt. Die Anweisung lautet: Dies soll eine Uhr sein. Bitte schreiben Sie die fehlenden Ziffern in diese Uhr. Zeichnen Sie danach die Uhrzeit „10 nach 11" ein. Die Bewertung erfolgt auf einer sechsstufigen Skala.

Zur genaueren Diagnostik reichen Screeningtests nicht aus. Dafür ist eine umfangreiche neuropsychologische und gerontopsychiatrische Untersuchung erforderlich unter Einschluss bildgebender Untersuchungsverfahren sowie auch Fragebögen zur Einschätzung der Persönlichkeit, der täglichen Aktivitäten sowie des Selbstbildes.

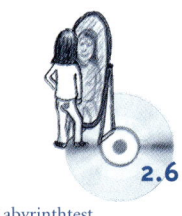

Labyrinthtest

3 Psychologie menschlicher Grundbedürfnisse

Was Sie in diesem Kapitel erwartet

Die „Drei-S-Pflege: satt – sauber – still" ist es nicht, was pflegebedürftige alte Menschen wollen. Menschliche Grundbedürfnisse umfassen mehr: Leib, Geist und Seele. Auf diesem ganzheitlichen Menschenbild gründet die pflegerische Ethik, die im Pflegemodell der Aktivitäten und existenziellen Erfahrungen des Lebens (AEDL) ihren praktischen Ausdruck findet. Frauen waren es, die ihre Erfahrungen mit menschlichen Grundbedürfnissen sowie ihre praktisch-pflegerischen Tätigkeiten theoretisch reflektiert und zu verschiedenen Pflegemodellen weiterentwickelt haben. Frauen sind es in der großen Mehrheit auch heute, die alte Menschen betreuen: als professionell Pflegende, pflegende Angehörige oder ehrenamtliche Helferinnen. Die psychologischen Grundlagen der Pflegemodelle finden sich vor allem in der Motivations- und Emotionspsychologie. Krankheit, Behinderung und Pflegebedürftigkeit erschüttern die Identitätssäule der Leiblichkeit in ihren Grundfesten. Im psychischen Erleben der Betroffenen äußert sich dies in Gefühlen des Verlusts, der Scham und der Trauer. Die alten Menschen müssen sich auf Sterben und Tod vorbereiten, die Pflegenden ihnen in dieser letzten Lebenphase beistehen. Die Psychologie liefert zum Verständnis und zum Umgang mit diesen existenziellen Herausforderungen Hintergrundwissen, das in der Beziehungspflege praktisch umgesetzt wird. Dazu gehört vor allem die Begegnung von Herz zu Herz.

Der Mensch wird am Du zum Ich …"
(Martin Buber)

3.1 Pflegemodell der Aktivitäten und existenziellen Erfahrungen des Lebens (AEDL)

In der Praxis der Altenpflege nimmt das AEDL-Pflegemodell (= **A**ktivitäten und existenzielle **E**rfahrungen **d**es **L**ebens) von Monika Krohwinkel (Krohwinkel 1998) die vorherrschende Stellung ein. Das Modell ist im Rahmen der Krankenpflege entstanden und wurde dort praktisch erprobt. In die Altenpflege hat es insbesondere wegen seiner sozial- und beziehungspflegerischen Aspekte Eingang gefunden. Im AEDL-Pflegemodell spiegeln sich die Kernannahmen vieler Pflegemodelle wider.

Kernannahmen des AEDL-Pflegemodells
▶ Die psychologischen Aspekte der Interaktion zwischen den Pflegenden und dem pflegebedürftigen Menschen ergänzen den rein medizinischen und auf das Krankheitssymptom gerichteten Blickwinkel.
▶ Ausgangspunkt der Pflege sind die Bedürfnisse, Probleme und Fähigkeiten des pflegebedürftigen Menschen und deren Auswirkungen auf seine Unabhängigkeit und sein Wohlbefinden.

- Der Blick richtet sich nicht nur auf einzelne Organe und Krankheitssymptome, sondern auf den ganzen Menschen.
- Es werden in erster Linie die Fähigkeiten des Pflegebedürftigen (seine Ressourcen) betrachtet, nicht nur seine pathologische Abweichungen (Defizite und Krankheiten).
- Die Umgebung des Pflegebedürftigen (Angehörige, materielle Situation) wird einbezogen.
- Die Selbstheilungskräfte des pflegebedürftigen Menschen und seine Ressourcen sollen gestärkt werden.
- Folgeerkrankungen (wie z. B. Dekubitus) sollen vermieden werden (präventiver Aspekt).
- Wahrnehmung und Verarbeitung der Gefühle der Pflegenden gehören zum Pflegeprozess. Nur auf der Basis eines realistischen Umgangs mit den eigenen Stärken und Schwächen ist der pflegende Mensch zu einer heilsamen professionellen Beziehungsgestaltung zu anderen Menschen in der Lage.
- Das pflegerische Handeln wird durch das Pflegeprozessmodell systematisiert.
- Eigenverantwortung für den pflegefachlichen Teil der Arbeit mit pflegebedürftigen Menschen wird angestrebt.

Als Aktivitäten und existenzielle Erfahrungen wurden dreizehn Bereiche in das AEDL-Pflegemodell aufgenommen, die miteinander in Beziehung stehen:

(1) Kommunizieren können
(2) Sich bewegen können
(3) Vitale Funktionen des Lebens aufrecht erhalten können
(4) Sich pflegen können
(5) Essen und trinken können
(6) Ausscheiden können
(7) Sich kleiden können
(8) Ruhen, schlafen und sich entspannen können
(9) Sich beschäftigen, Lernen und sich entwickeln können
(10) Sich als Mann oder Frau fühlen und verhalten können
(11) Für eine sichere und fördernde Umgebung sorgen können
(12) Soziale Bereiche des Lebens sichern und gestalten können
(13) Mit existenziellen Erfahrungen des Lebens umgehen können.

Gedacht als Orientierungsrahmen, wird das Strukturmodell der AEDL in der Praxis teilweise als Checkliste missverstanden, die abgehakt werden muss.

Vor allem im hohen Alter sind Menschen mit Einschränkungen im Bereich der Aktivitäten des täglichen Lebens konfrontiert und auf Hilfe zur Erfüllung ihrer menschlichen Grundbedürfnisse angewiesen.

3.2 Psychologische Grundlagen

Pflegende sind tagtäglich mit den elementaren Bedürfnissen pflegebedürftiger alter Menschen konfrontiert: dem Bedürfnis nach Nahrung, Schlaf, Zuwendung, Schutz und Schmerzvermeidung. In der Regel werden Bedürfnisse als Mangelzustand definiert und erlebt. Neben den Instinkten, Trieben, Interessen und Erwartungen gehören die Bedürfnisse zu den Motiven. Die biologischen, sozialen und emotionalen Grundbedürfnisse spielen unser Leben lang eine wichtige Rolle. Für Pflegende ist es wichtig zu wissen, dass bei Mangel an mitmenschlicher Zuwendung und Nähe (→ 2.2 Wahrnehmung) schwere psychische und körperliche Störungen auftreten können.

3.2.1 Bedürfnispyramide von Maslow

Der amerikanische Psychologe Abraham Maslow (1970) bringt die verschiedenen Bedürfnisse von Menschen in eine Rangreihe, die er in Form einer Pyramide anordnet (→ Abb. 3.1).

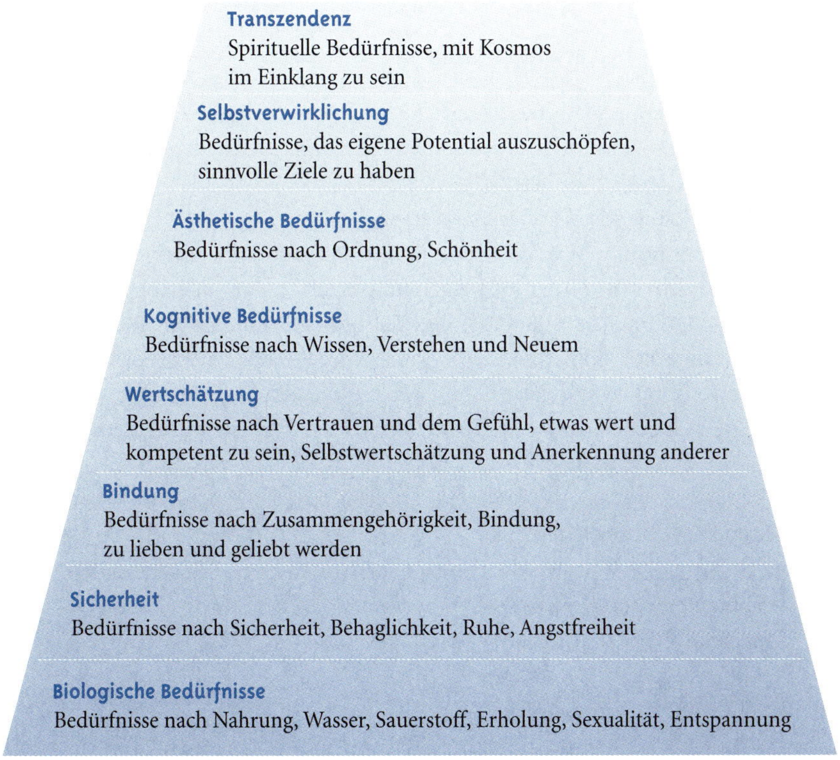

Transzendenz
Spirituelle Bedürfnisse, mit Kosmos
im Einklang zu sein

Selbstverwirklichung
Bedürfnisse, das eigene Potential auszuschöpfen,
sinnvolle Ziele zu haben

Ästhetische Bedürfnisse
Bedürfnisse nach Ordnung, Schönheit

Kognitive Bedürfnisse
Bedürfnisse nach Wissen, Verstehen und Neuem

Wertschätzung
Bedürfnisse nach Vertrauen und dem Gefühl, etwas wert und
kompetent zu sein, Selbstwertschätzung und Anerkennung anderer

Bindung
Bedürfnisse nach Zusammengehörigkeit, Bindung,
zu lieben und geliebt werden

Sicherheit
Bedürfnisse nach Sicherheit, Behaglichkeit, Ruhe, Angstfreiheit

Biologische Bedürfnisse
Bedürfnisse nach Nahrung, Wasser, Sauerstoff, Erholung, Sexualität, Entspannung

Abbildung 3.1 Maslows Bedürfnispyramide veranschaulicht, dass menschliche Motive hierarchisch aufgebaut sind. Die Motive der jeweils nächst höheren Stufe werden erst wirksam, wenn die Bedürfnisse der darunter liegenden Stufen halbwegs befriedigt sind. Die biologischen Bedürfnisse, das Bedürfnis nach Sicherheit, Bindung und Wertschätzung gehören zu den Mangelmotiven. Zu den Wachstumsmotiven gehören die kognitiven und ästhetischen Bedürfnisse sowie das Bedürfnis nach Selbstverwirklichung und Transzendenz (nach Zimbardo & Gerrig 2004)

Erst wenn die Bedürfnisse einer niedrigeren Stufe wenigstens teilweise befriedigt sind, kommen Bedürfnisse auf der nächst höheren Stufe zur Geltung. Ist ein Mensch von einer schweren, schmerzhaften Krankheit betroffen, wird sich sein Streben hauptsächlich auf die körperliche Genesung und weniger auf Möglichkeiten zur Selbstverwirklichung richten. Maslow unterscheidet zwischen Mangelmotiven und Wachstumsmotiven.

Mangelmotive

Bei den Mangelmotiven steht das Bedürfnis nach Wiederherstellung des physischen und psychischen Gleichgewichts im Vordergrund. In der Altenpflege spielt dies eine sehr wichtige Rolle. Zu dieser Motivgruppe gehören:

▶ Hunger, Durst, Schlaf, und Bewegung. Auch die Schmerzvermeidung gehört zu diesen biologischen Grundbedürfnissen und ist nicht selten das Motiv für manche auf den ersten Blick unverständliche Verhaltensweisen alter Menschen

▶ Bedürfnis nach Sicherheit und Schutz. Viele Wünsche nach Hilfen und Unterstützung speisen sich aus existentiellen Ängsten und Verunsicherungen der alten Menschen. Auch Pflegende haben Sicherheitsbedürfnisse und schützen sich z. B. durch Distanzierung vor den Belastungen der Pflegetätigkeit.

▶ Bedürfnis nach Bindung, Zuwendung und Liebe. Pflegende sehen sich solchen Bedürfnissen oft bis an die Grenze ihrer Möglichkeiten ausgesetzt, wenn zu viele Menschen ihr Herzlichkeits- und Zeitreservoir bis zum Rand ausschöpfen.

▶ Bedürfnis nach Wertschätzung. Hier geht es um den Wunsch, sich wertvoll und kompetent zu fühlen und dies auch durch die Wertschätzung und Anerkennung durch andere Menschen zu erfahren.

Wachstumsmotive

Als Wachstumsmotive werden die Bedürfnisse bezeichnet, die der persönlichen Entwicklung des Menschen dienen. Sie können nur dann verwirklicht werden, wenn die grundlegenden menschlichen Bedürfnisse im Wesentlichen befriedigt sind:

▶ Wunsch nach Selbstverwirklichung und voller Entfaltung der individuellen Persönlichkeit.

▶ Kognitive Bedürfnisse. Diese motivieren den Menschen, sich Gedanken über die Welt und ihre Zusammenhänge zu machen, sich mit der eigenen Vergangenheit auseinander zu setzen, die aktuelle Existenz zu verstehen, Pläne für die Zukunft zu schmieden und Neues zu lernen. Im Anfangsstadium einer demenziellen Erkrankung (→ 4.4 Werkzeugverlust bei Demenz) werden die betroffenen Menschen daher auch existenziell erschüttert, wenn die kognitiven Werkzeuge (z. B. Gedächtnis) wegbrechen und es zunehmend weniger gelingt, die Lebenszusammenhänge zu erfassen.

▶ Ästhetische Bedürfnisse. Diese wollen im kreativen Schaffen und der Suche nach harmonischen Gesetzmäßigkeiten ausgelebt werden.

▶ Bedürfnis nach Transzendenz. Diese Stufe schließt eine spirituelle Ebene ein, die sich aus der Sehnsucht speist, in ein Ganzes (den Kosmos) eingebunden zu sein.

3.2.2 Motive und Motivation

Zum weiteren Verständnis psychologischer Aspekte in der Grund- und Behandlungspflege ist es wichtig, einen kurzen Blick auf einige Grundlagen der Motivationspsychologie zu richten. Als Motivation (lat. movere = bewegen) wird der gesamte Prozess bezeichnet, der das Verhalten eines Menschen auslöst, steuert und ihn zu einer zielgerichteten Handlung bewegt. Motive sind nicht beobachtbar, sondern werden aus dem beobachteten Verhalten erschlossen. Die Frage nach dem Warum und Wozu, nach den Beweggründen und Zielen menschlichen Verhaltens, ist die Kernfrage der Motivationsforschung.

Beispiel

Fallbeispiel: Herr Max wohnt seit einem Jahr auf der Pflegeabteilung und ist wegen einer Demenzerkrankung auf Hilfe beim An- und Auskleiden angewiesen. Heute abend schimpft er lauthals „Verbrecher, Vergewaltiger" und schlägt nach der Altenpflegerin, die ihm beim Zubettgehen helfen möchte. Was bewegt Herrn Max zu seinem Verhalten?

▶ Hat er sich speziell über diese Altenpflegerin geärgert?
▶ Ist er heute vielleicht noch nicht müde genug, um zu Bett zu gehen?
▶ Hat er Schmerzen?
▶ Kann er seine Pflegebedürftigkeit gerade jetzt nicht akzeptieren?
▶ Wird er von einer Erinnerung überwältigt?

Altenpflegerinnen wissen, dass es keine schnelle und einfache Sache ist, die Frage nach dem „Warum" des Verhaltens von Herrn Max zu beantworten. Im Fall von Herrn Max gibt es z. B. folgende Möglichkeiten:

► Besorgen von Hintergrundinformationen (z. B. über die Erkrankung, über seinen Tagesablauf),
► gezieltes Beobachten und Dokumentieren seines Verhalten über einen bestimmten Zeitraum,
► direktes Fragen nach seinen Beweggründen (bei Demenz oft ein Problem),
► versuchen, sich in seine Situation einzufühlen, um auf dem Hintergrund der eigenen Bedürfnisse die seinen zu erahnen.

Und dennoch: Eine eindeutige Antwort wird es trotz aller Bemühungen kaum geben können.

In der Motivationspsychologie werden primäre und sekundäre Motive unterschieden.

Primäre Motive. Diese Motive sind angeboren und dienen dem Überleben sowie dem psychophysischen Wohlergehen. Bei Mangelzuständen wird unser Organismus aktiviert, den Mangel zu beseitigen. So bewegen uns z. B. Hunger und Durst dazu, den lebenswichtigen Energie- und Wasserhaushalt sicherzustellen. Das Schlafbedürfnis schützt vor Überforderung und ermöglicht einige Stunden Erholung. Ohne unsere sexuellen Bedürfnisse wäre die Arterhaltung nicht gesichert. Das Streben nach Schmerzvermeidung hat eine Warn- und Schutzfunktion.

Sekundäre Motive. Die Mannigfaltigkeit menschlicher Motive ist nicht nur biologisch zu erklären. Sekundäre Motive sind erlernt und entwickeln sich im lebenslangen Anpassungsprozess an immer wieder neue Anforderungen der materiellen und sozialen Umwelt (Sozialisation). So rührt Ihre Motivation dieses Fachbuch zu lesen, weniger von einem angeborenen Lerninstinkt, als vielmehr aus dem Bedürfnis nach beruflichem Erfolg oder Anerkennung, etc.

Für Altenpflegerinnen ist es tägliche Routine, alte Menschen bei der Befriedigung ihrer primären Motive zu unterstützen. Sekundären Motiven eines alten Menschen sind sie vor allem bei der biografiegeleiteten Altenpflege auf der Spur, wenn sie etwas über seine Prägungen und seinen Lebensstolz herauszufinden versuchen.

Motivationsprozesse in der Altenpflege

Praktisch bedeutsam für die Altenpflegearbeit ist der Zusammenhang zwischen Leistungsmotivation und Anspruchsniveau. Aufgaben, die deutlich über den Möglichkeiten eines Menschen

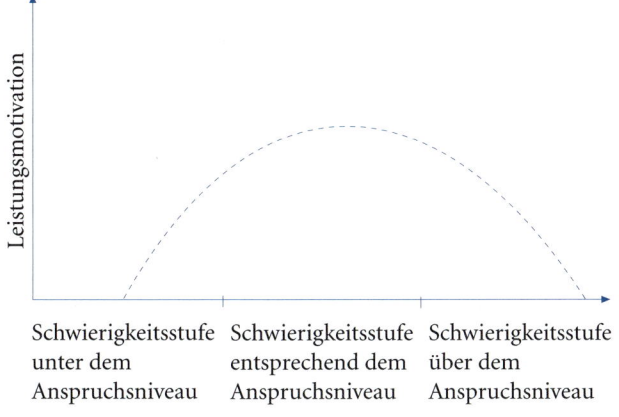

Abbildung 3.2 Die Kurve zeigt, dass es zwischen der Schwierigkeitsstufe einer Anforderung und der Leistungsmotivation einen Zusammenhang gibt. Sieht sich ein Mensch durch eine Tätigkeit wenig herausgefordert, entwickelt er kaum Leistungsmotivation, ebenso wenig, wenn er sich von vornherein überfordert fühlt. Optimal entwickeln Menschen Leistungsmotivation, wenn die Anforderungen dem eigenen Anspruchsniveau entsprechen

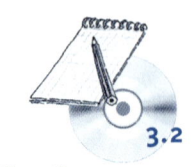

3.2

Selbständig essen

liegen, versucht dieser in der Regel gar nicht erst anzugehen oder zu bewältigen, weil sie ihm ohnehin unlösbar oder unerreichbar erscheinen. Menschen schützen sich dadurch vor Überforderung und Blamage – ein elementares menschliches Schutzbedürfnis.

Will eine Altenpflegerin beispielsweise Heimbewohner zu mehr Eigenaktivität bei der Erledigung lebenspraktischer Aufgaben (z. B. Waschen, Anziehen, Toilettengang) motivieren, sollte sie keine zu hohen Ziele stecken, sondern sich vielmehr an den vorhandenen Fähigkeiten und Interessen des alten Menschen orientieren. Das ermöglicht ihr, wirksame Anreize zu schaffen, Erfolgserlebnisse zu fördern und Frustrationen auf beiden Seiten zu vermeiden.

Dies setzt allerdings voraus, dass die Altenpflegerin

▶ gezielt Informationen über die lebensgeschichtlichen Prägungen wie auch die aktuellen Möglichkeiten und Begrenzungen des betreffenden Menschen in Erfahrung bringt,

▶ sich bewusst macht, um wessen Bedürfnisse es eigentlich gerade geht: ihre, seine oder beider Bedürfnisse,

▶ weiß, wie wichtig die persönliche Beziehungsebene bei Motivationsprozessen ist (denken Sie nur an Ihre Lernmotivation bei Lehrern, zu denen ein gespanntes Verhältnis bestand),

▶ Widerstände als hilfreiche Hinweise (Schutz vor Überforderung, Trotz als Lebensenergie) zu nutzen versteht und auf Ablehnungen ihrer Angebote nicht gekränkt reagiert.

3.2.3 Emotionen

Emotion und Motivation sind zwei eng miteinander verbundene psychische Prozesse. Sie haben den gleichen lateinischen Wortstamm (movere = bewegen) und auch im Deutschen spiegeln sich die beiden Seiten wider: Ich kann gefühlsmäßig bewegt sein und ich bin motiviert/bewegt, etwas zu tun.

Emotionen sind körperlich-seelische Reaktionen auf einen äußeren Reiz (Umweltereignis, Personen, Orte) oder einen inneren Reiz (Gedanken, Erinnerungen), der klassifiziert und bewertet wird. Aus der Bewertung ergeben sich die Qualität (die Art der Emotion/positiv oder negativ) und die Intensität (die Stärke der Emotion).

Abbildung 3.3 Das Limbische System. Es gehört zu den entwicklungsgeschichtlich älteren Strukturen des Gehirns und ist Zentrum der Emotionsauslösung. Dazu gehören Teile des präfrontalen Cortex, die Amygdala (Mandelkern), der Hippocampus (Seepferdchen), der Hypothalamus und Thalamus sowie Basalganglien und Kerne im Hirnstamm. Mit dem modernen bildgebenden Verfahren der Positronenemissionstomographie (PET) kann nachgewiesen werden, dass unterschiedliche Hirnsysteme aktiv werden, je nachdem, welches Gefühl hervorgebracht wird. Trauer aktiviert z. B. besonders den präfrontalen Cortex, den Hypothalamus und den Hirnstamm (aus Häusel, 2002)

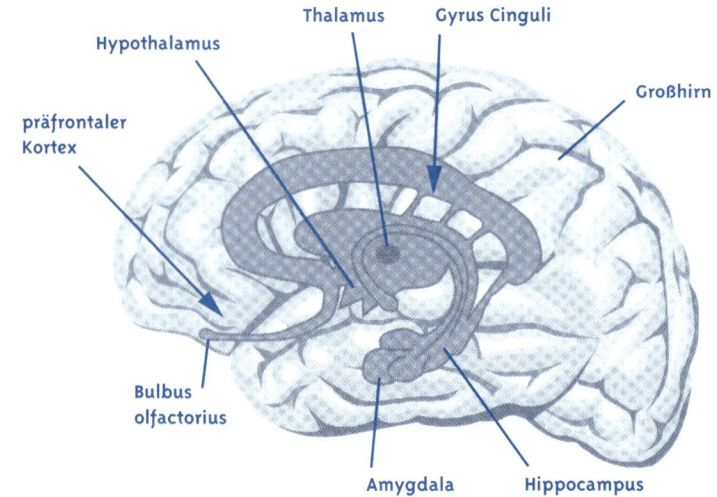

Bei der Entstehung von Gefühlen ist insbesondere das Limbische System beteiligt, der Sitz des emotionalen Erfahrungsgedächtnisses (→ Abb. 3.3). Dabei werden Befehle nicht nur an verschiedene Hirngebiete ausgesendet, sondern an fast jeden Ort des übrigen Körpers (vgl. Damasio 2001). Wenn sich ein Mensch im Zustand von Wut, Furcht, Trauer, Freude, Zorn, Ärger, Scham und anderer Gefühle befindet, dann verspürt er dies am eigenen Leibe. Und zugleich erlebt er eine Motivation zum Handeln, um unangenehme Gefühle möglichst schnell wieder los zu werden und angenehme Gefühle auszukosten.

Primäre Emotionen. Primäre Emotionen, wie Glück, Freude, Trauer, Furcht, Wut, Überraschung und Ekel, sind angeborene Reaktionsmuster, die selten länger als ein paar Sekunden andauern. Unwillkürliche Gefühle entstehen über andere neuronale Verbindungen und Muskelgruppen als willkürliche. Unwillkürliche Gesichtsausdrücke zeigen sich z. B. symmetrisch auf beiden Seiten des Gesichts, während willkürliche stärker auf die linke Seite konzentriert sind (z. B. künstliches Lächeln).

Emotionale Stimmungen. Stimmungen sind länger anhaltende emotionale Reaktionstendenzen, die das Auftreten einer bestimmten Emotion wahrscheinlicher machen. Je nach Stimmung entwickelt man eher positiv oder negativ getönte innere Bilder und Gedanken. Bei depressiver Stimmungslage drehen sich die Gedanken manchmal hoffnungslos im Kreis.

Die drei Seiten von Emotionen

Emotionen haben drei Seiten: eine leibhaftige (körperliche) Seite, eine kognitive (gedankliche) Seite und eine Verhaltensseite.

Die körperliche Seite von Emotionen. Damasio (2001) bezeichnet den Körper als „die Bühne der Gefühle": Wir erröten vor Scham, zittern vor Angst oder Wut, weinen vor Trauer. Gefühle werden also leibhaftig erlebt. Die körperlichen Begleiterscheinungen sind Zeichen einer Reaktion des vegetativen Nervensystems. Zum Beispiel dominiert bei Angst der Sympathikus, der im Körper zusätzliche Energien mobilisiert, um ihn für Angriffs- oder Fluchtverhalten leistungsfähig zu machen. Solche physiologischen und biochemischen Reaktionen auf emotionsauslösende Situationen sind angeboren und laufen automatisch ab (→ 12.2 Stress und Stressbewältigung). Sie gehören zum als Ahnenschatz bezeichneten biologischen Erbe des Menschen. Auch im Alter ist dieser Mechanismus noch wirksam. Denken Sie nur an die Bärenkräfte, die ein angsterfüllter alter Mensch entwickeln kann.

Die kognitive Seite von Emotionen. Ob ein Mensch die körperliche Erregung als Freude, Angst, Zorn o. ä. interpretiert, hängt von der kognitiven Einschätzung der gesamten Situation ab. Das kann unter Umständen in Sekundenschnelle hin- und herschwanken. Bei hoher physiologischer Erregung und viel „Adrenalin im Blut" fällt es mitunter schwer, einen klaren Gedanken zu fassen. Gefühle führen zu einer Veränderung der Wahrnehmung und des Denkens.

Die Verhaltensseite von Emotionen. Emotionen aktivieren und steuern unser Verhalten. Positive Gefühle können zu Höchstleistungen motivieren, negative Gefühle Vermeidungsverhalten bewirken. Durch ihre motorische Komponente sind wir in der Lage, Gefühle oft aus dem Gesichtsausdruck, der Gestik oder Körperhaltung unseres Gegenübers ablesen zu können.

3.2.4 Psychische Reaktionen auf Krankheit und Behinderung

Die Wahrscheinlichkeit von Krankheiten und pathologischen körperlichen Leistungseinbußen steigt mit zunehmendem Alter. Die Erfüllung der Grundbedürfnisse und die Identität werden bedroht, die Säule der Leiblichkeit gerät ins Wanken. Starke Emotionen bewegen den betroffenen Menschen. Alte Menschen sind sowohl von akuten als auch chronischen Erkrankungen betroffen.

Akute Erkrankungen. Akute Erkrankungen treten plötzlich auf und werfen den Betroffenen unvorbereitet aus seinem Lebensrhythmus (Herzinfarkt, Schlaganfall, akute Baucherkrankungen, Unfälle mit Oberschenkelhalsbrüchen). Die medizinische Versorgung steht hier im Vordergrund.

Chronische Erkrankungen und Behinderungen. Chronische Erkrankungen, wie z. B. Diabetes, Rheuma, Parkinson und Demenz, schränken organische oder psychische Funktionsbereiche dauerhaft ein. Sie zwingen den betroffenen alten Menschen eine dauerhafte Änderung ihrer Lebensgewohnheiten auf und führen zu psychischen Belastungen, die ihrerseits wiederum auf das Krankheitsgeschehen negativ zurückwirken (somatopsychische Wirkungen). Umgekehrt können psychische Konflikte organisches Krankheitsgeschehen hervorrufen oder verstärken (psychosomatische Wirkungen).

Krankheitsbedingte Belastungen

Oft leiden ältere Menschen an mehreren Erkrankungen gleichzeitig (Multimorbidität). Folgende krankheitsbedingten Belastungen können auftreten:

▶ Schmerzzustände, die zuweilen zu Resignation und Hilflosigkeit führen können, müssen bewältigt werden.
▶ Angesichts der Unberechenbarkeit des Verlaufs von Erkrankungen entstehen starke Ängste.
▶ Krankheit und Behinderung bedeuten einen Direktangriff auf das Selbst und die eigene Unabhängigkeit. Das Gefühl von Bedrohung steigert sich bei Einweisung in ein Krankenhaus oder gar in ein Pflegeheim sowie je nach Bedeutung der von Einschränkungen betroffenen Körperfunktionen: Für einen Menschen, für den die Kommunikation mit anderen immer sehr wichtig war, sind Sprachstörungen oft schwer zu verkraften.
▶ Krankheit und Behinderung im Alter bedeuten in der Regel eine zusätzliche Belastung zu bereits bestehenden Problemsituationen, wie z. B. Verlust sozialer Aufgaben, alternsbedingte Einschränkungen der körperlichen Leistungsfähigkeit, Tod von Bezugspersonen.

Gerade das Bewusstsein der eigenen Hilflosigkeit und die dadurch hervorgerufene Erschütterung des Selbstwertgefühls bringen besondere Schwierigkeiten mit sich. Die Ich-Stärke wird geschwächt, was die rationalen Verarbeitungsmöglichkeiten in der krisenhaften Situation einschränkt. Von alten Menschen wird eine enorme Anpassungsleistung verlangt, um mit den behinderungsbedingten Einschränkungen zurechtzukommen.

Wenn die Lösung zum Problem wird

Nicht immer gelingt es den betroffenen alten Menschen, sofort die neue Situation zu akzeptieren und realistisch zu verarbeiten. Manchmal entwickeln sie Lösungen, die für professionell Pflegende und pflegende Angehörige problematisch sind.

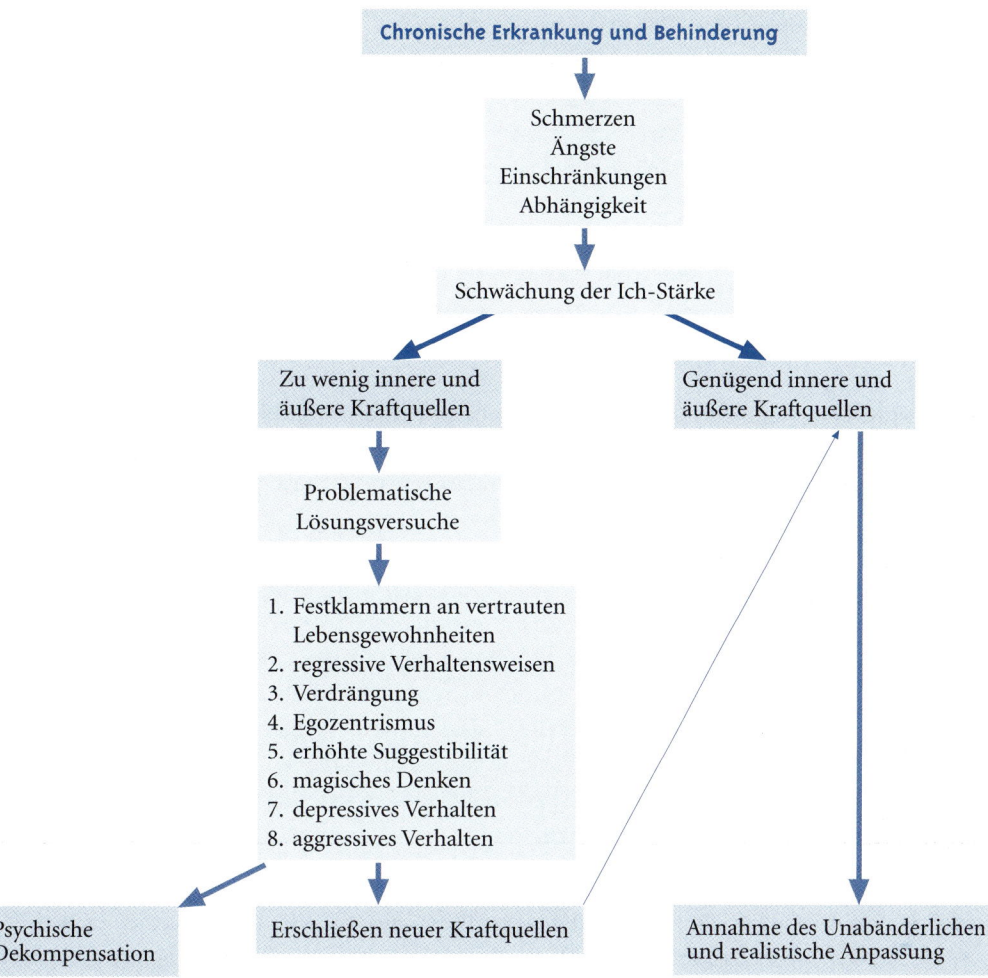

Abbildung 3.4 Psychische Reaktionen auf Krankheit und Behinderung. Chronische Krankheiten und Behinderungen sind mit Schmerzen, Ängsten, Einschränkungen der Lebensmöglichkeiten und Abhängigkeiten verbunden. Das zehrt an der psychischen Kraft der Betroffenen und schwächt. Sind genügend Kraftquellen vorhanden, ist eine Annahme des Unabänderlichen und eine realistische Anpassung an die Lebenssituation möglich. Fehlt es daran, entwickeln die Betroffenen Lösungsversuche, die manchmal in Sackgassen führen und Bezugspersonen belasten. Gelingt es nicht, neue Kraftquellen zu erschließen, kommt es zur psychischen Dekompensation

Festklammern an vertrauten Lebensgewohnheiten. Ältere Menschen, deren Unabhängigkeit bedroht ist, versuchen die innerpsychische Stabilität durch ein Festklammern am Status quo der vertrauten Umgebung und an eingeschliffenen Lebensgewohnheiten zu bewahren. Manche Verhaltensweisen, die als Altersstarrsinn bezeichnet werden, sind Schutzmechanismen gegen eine Bedrohung der Unabhängigkeit und des Selbstwertgefühls. Zur Stärkung des Selbstbewusstseins und zur Angstreduzierung ist es hilfreich, wenn an möglichst vielen bisherigen Lebensgewohnheiten festgehalten werden kann. Die Biografiearbeit (→ 1.2 Biografiegeleitete Altenpflege) liefert dazu wertvolle Hinweise.

Regressive Verhaltensweisen. Ein Rückfall in „kindliche" Verhaltensweisen wird vielfach als alternstypische Veränderung wahrgenommen. Gerade in Altenheimen, und hier wieder besonders auf den Pflegestationen, lassen sich Verhaltensweisen älterer Menschen beobachten, die dies zu bestätigen scheinen. Tatsächlich handelt es sich dabei oft um Schutzmechanismen zur Bewältigung des Verlustes an Selbständigkeit. Schraml (1975) unterscheidet drei Formen der Regression:

Die *situative* Regression ist durch die Krankheit und Behinderung selbst bedingt. Wenn Essen und Ausscheiden nur noch mit Hilfe von Pflegenden erledigt werden können, so besteht hinsichtlich der Pflegebedürftigkeit kaum mehr ein Unterschied zur Situation eines Kleinkindes.

Die *institutionelle* Regression ist die Verkindlichung des erwachsenen Menschen durch die Struktur und das Reglement des Krankenhauses oder des Heimes. Der pflegebedürftige alte Mensch wird seiner Selbstverantwortung weitgehend enthoben und in die passive Patientenrolle gedrängt. Wenn also „kindliche" Verhaltensweisen bei alten Menschen in Heim oder Krankenhaus zu beobachten sind, so muss man sich zunächst die Frage stellen, ob dies nicht auch eine Reaktion auf die Verhältnisse sein kann.

Die *individuelle* Regression ist durch die Persönlichkeit und das Lebensschicksal des jeweiligen Menschen bestimmt. Die zu beobachtenden regressiven Verhaltensweisen können von ihren Ausprägungen und Inhalten her zu Entwicklungsstufen der frühen Kindheit in Beziehung gesetzt werden. Dazu zählen beispielsweise Verhaltensweisen wie „alles in den Mund nehmen (z. B. Zeitung aufessen)", über „Kot herumschmieren", bis hin zu „Verstopfung" und ständigem „Herumspielen an den Geschlechtsteilen". Das heißt natürlich nicht, dass demenzkranke alte Menschen wieder wie Kleinkinder werden. Sie behalten die Würde ihres gelebten Lebens. Ursache für den Zerfall der moralischen Persönlichkeitsinstanz, das Über-Ich, ist die hirnorganische Erkrankung. Solche persönlichkeitsfremde Verhaltensweisen alter Menschen erschrecken, ekeln oder ängstigen die Pflegenden und insbesondere auch Angehörige.

Verdrängung. Die Verdrängung gibt dem alten Menschen die Möglichkeit, einer realistischen Auseinandersetzung mit Krankheit und Behinderung auszuweichen und Ängste und Unsicherheit („Vielleicht bin ich unheilbar krank"; „Ich komme nicht mehr auf die Beine") abzuwehren. Verschiedene Verhaltensweisen signalisieren die Wirksamkeit dieses Abwehrmechanismus:

► Verharmlosung von Symptomen,
► betonte Beschäftigung mit anderen Dingen,
► Betonung der eigenen Unabhängigkeit.

Egozentrismus. In körperlich oder seelisch lebensbedrohlichen Situationen ist ein ichbezogenes, auf Selbsterhaltung gerichtetes Verhalten als vernünftig und positiv zu bewerten. Folgende egozentrische Verhaltensmuster können Altenpflegerinnen und Angehörige manchmal sehr belasten:

► Einengung des Denkens auf die unmittelbar gegebene Situation. Die Gedanken kreisen unaufhörlich um das Hier und Jetzt.
► Teilnahmslosigkeit gegenüber der Umwelt. Soziale Interessen richten sich allenfalls auf Pflegende und andere Helfer.
► Entwicklung einer hypochondrischen Einstellung: Die alten Menschen beschäftigen sich ständig mit ihren Körperfunktionen.
► Beanspruchung der Pflegenden ganz für sich allein. Die Beschäftigung der Pflegekräfte mit anderen Heimbewohnern wird eifersüchtig verfolgt, den anderen wird nichts gegönnt, gehässige Verhaltensweisen werden gezeigt etc.

Erhöhte Suggestibilität. Damit ist die leichte Beeinflussbarkeit des pflegebedürftigen alten Menschen durch andere gemeint. Dies kann aber auch positiv genutzt werden, wenn z. B. harmlose Medikamente gegen Schlafstörungen verabreicht werden, die dann den gleichen Effekt wie hochwirksame Schlafmittel haben, weil der Mensch an die Wirkung glaubt (Placebo-Effekt).

Magisches Denken. Merkwürdige Gedankengänge oder Handlungen eines kranken alten Menschen können Ausdruck magischen Denkens sein. Es können sich regelrechte Rituale ausbilden, mit denen versucht wird, die Krankheit oder Behinderung zu beschwören. Der Glaube an Wundermittel, aber auch überlieferter Aberglaube, spielt hier eine Rolle.

Aggressives Verhalten. Altenpflegerinnen sehen sich auch aggressiv getöntem Verhalten alter Menschen gegenüber: von ständiger Unzufriedenheit, Beschwerden, Feindseligkeit, Misstrauen bis hin zu körperlichen Attacken. Es richtet sich oft gegen die am ehesten greifbaren Pflegekräfte, die in der Regel jedoch nicht als Personen gemeint sind, sondern als Sündenböcke herhalten müssen. Hinter aggressiven Verhaltensweisen stecken häufig:
- unbewältigte Angstzustände und Hilflosigkeit,
- heftige Schmerzzustände,
- Frustration durch das Erlebnis körperlicher Funktionseinbußen,
- Übertragungsphänomene: Verhaltensmuster gegenüber wichtigen Bezugspersonen (z. B. gegenüber den eigenen Eltern oder den eigenen Kindern) werden auf die Pflegenden übertragen, ebenso Affekte, die nicht gegen die wesenlose Krankheit und Behinderung losgebracht werden können (→ 7.4.2 Die Vierte im Bunde).

Depressives Verhalten

Jeder Mensch hat manchmal schlechte Laune, ist niedergeschlagen, lustlos oder traurig. Solche Stimmungen gehören zur Vielfalt menschlichen Erlebens und Fühlens. Als Pflegenden begegnen Ihnen immer wieder pflegebedürftige alte Menschen, bei denen diese Gefühlslage über das normale Maß hinausgeht und deren Erlebniswelt beherrscht. Sie hören dann Äußerungen wie „Ich fühle mich so nutzlos", „Ich habe zu nichts mehr Lust", beobachten klagendes Verhalten, untätiges Herumsitzen oder Appetitlosigkeit. In diesem Fall handelt es sich um depressives Verhalten. Ab einem gewissen Ausmaß kann ein solches Verhalten für die Pflegenden sehr anstrengend werden, aggressiv machen oder einen selber deprimieren.

3.2
Lösungsorientierte
Grundhaltungen

3.3 Kommunizieren können

Sprachstörungen schränken die Fähigkeiten zur Kommunikation und damit vor allem die Lebensqualität im Bereich der Identitätssäule „soziale Beziehungen" ein. Für demenzkranke alte Menschen, deren Angehörige und Pflegekräfte sind Störungen der sprachlichen Ausdrucksfähigkeit mit erheblichen psychischen Belastungen verbunden.

Pflegende müssen sich folgenden Problemen stellen:
- Sie wissen oft nicht, was der betreute Mensch möchte.
- Der betreute Mensch versteht ihre Hinweise nicht.
- Sie müssen ständige Wiederholungen ertragen.
- Sie müssen Stummheit ertragen.

Es gibt drei hauptsächliche Ursachen von Sprachstörungen, mit denen verschiedene Wirkungen einhergehen:

Ursachen von Sprachstörungen	Auswirkungen
(1) Störungen des Gedächtnisses und der Verarbeitung von Informationen im Gehirn	▶ Sätze enden unlogisch, weil der Satzanfang vergessen wurde. ▶ Komplizierte Sätze werden wegen der verlangsamten Informationsverarbeitung nicht verstanden. ▶ Hinweise werden nicht verstanden und Fragen nicht beantwortet, weil sich der Kranke nicht mehr an das erinnert, was gerade gesagt wurde.
(2) Zerstörungen von Hirngewebe, das direkt für die Sprachfunktionen zuständig ist	▶ Die Bedeutung von Wörtern und Redewendungen wird nicht mehr verstanden. ▶ Personen und Gegenstände werden falsch benannt.
(3) Zerstörung von Hirngewebe, das für die Sprechmotorik zuständig ist	▶ Schwierigkeiten beim Aussprechen von Wörtern treten auf. ▶ Schwierigkeiten beim Schlucken treten auf.

Die Basisregeln für eine gelungene Kommunikation gelten auch im Umgang mit Menschen, die an Sprachstörungen leiden (→ 5.1 Grundlagen der Kommunikationspsychologie). Darüber hinaus sind die folgenden Tipps für die Verständigung bei Sprachstörungen der alten Menschen hilfreich:

▶ vor dem Ansprechen Aufmerksamkeit des alten Menschen auf sich lenken durch:
  – Blickkontakt
  – namentliches Ansprechen
  – Berühren
  – eventuell eigenen Namen nennen,
▶ langsames Sprechen,
▶ kurze Sätze,
▶ einfache Worte,
▶ Hinweise mit denselben Worten wiederholen,
▶ immer nur eine Frage stellen oder einen Hinweis geben,
▶ möglichst keine offenen Fragen stellen, sondern Alternativen vorgeben,
▶ dem betroffenen alten Menschen bei der Suche nach Worten helfen bzw. Umschreibungen erbitten,
▶ Reverbalisieren unverständlicher Wörter (aktives Zuhören), um zu signalisieren, dass man ganz Ohr ist für das, was der alte Mensch sagt (→ 5.4 Kommunikationswerkzeuge),
▶ auf eigene nonverbale Signale achten: die Betroffenen spüren Ärger, Hast und andererseits Geduld, Anerkennung etc. und reagieren entsprechend,
▶ Kontext der Begegnung sowie Gesichtsausdruck und Körpersprache beachten, um Wünsche und Stimmungen zu entschlüsseln,
▶ keine unbedachten Äußerungen in Gegenwart der Betroffenen machen: Auch schwer demenzkranke alte Menschen mit Sprachstörungen verstehen oft viel mehr, als wir meinen.

3.4 Sich bewegen können: Psychomotorik

Sich bewegen können ist eine basale Ressource des Menschen. Pflegerelevante Grundlagen der Gerontopsychologie zu diesem AEDL-Bereich betreffen zum einen die Psychomotorik ganz allgemein, inklusive Sturzgefährdung, und zum anderen die psychophysischen Folgen von Bewegungseinschränkungen (Immobilität). Psychomotorische Leistungen sind willentlich koordinierte Bewegungsabläufe, die situationsadäquat ausgeführt werden müssen, wie z. B. sich ankleiden, essen und trinken, Toilettengang etc. Dies erfordert ein hoch komplexes Zusammenspiel verschiedener Muskelgruppen, in Koordination mit anderen Wahrnehmungsinstrumenten, wie z. B. den Augen. Autonomie im Alter hängt wesentlich vom Funktionieren dieser psychomotorischen Leistungen ab.

In der gerontopsychologischen Forschung zur Psychomotorik wurden vor allem Reaktionszeiten, Bewegungszeiten, Gleichgewicht und die Auswirkungen kognitiver Defizite untersucht:

▶ Reaktionszeiten verlängern sich bei über 65-jährigen um ca. 25 % gegenüber jungen Menschen (→ 6.4 Leistungsfähigkeit).
▶ Bewegungszeiten (Dauer zwischen Beginn und Ende einer zielgerichteten Bewegung) verlängern sich um 30 %. Die Kontrolle der Bewegungen mit den Augen wird wichtiger. Ist dies nicht möglich, steigt die Bewegungszeit deutlich an.
▶ Instabilitäten des Gleichgewichts werden mit zunehmendem Alter häufiger beobachtet und stehen in deutlichem Zusammenhang mit dem Auftreten von Stürzen. Die Nutzung propriozeptiver Informationen über die Lage des Körpers im Raum tritt zugunsten visueller Information zurück.
▶ Kognitive Belastung beeinflusst mit zunehmendem Alter die Psychomotorik. Das wirkt sich auf die Sturzgefährdung und eine erfolgreiche Regulation von Wohlbefinden und Aktivitäten im höheren Alter aus. Kognitiv beeinträchtige alte Menschen (z. B. wegen Demenz) haben deutlich mehr Probleme mit dem Gleichgewicht, wenn sie gleichzeitig komplexere Denkaufgaben lösen sollen.

Sturzgefährdung

Stürze und sturzbedingte Verletzungen kommen in jedem Alter vor. Ab dem siebten Lebensjahrzehnt nimmt die Häufigkeit jedoch deutlich zu. Ca. 30 % der über Achtzigjährigen stürzen mindestens einmal pro Jahr. Es besteht ein Zusammenhang zwischen den Nebenwirkungen der verabreichten Arzneimittel und Schwindel und Stürzen. Ein Ansatz zur Sturzprävention ist daher die Überprüfung der Medikation.

60 bis 80 % der Stürze ereignen sich tagsüber zuhause. Stürzen kann der rüstige 84-jährige, der auf wackliger Leiter Gardinen aufhängt, oder der Demenzkranke, der durch ein Muster im Teppichboden irritiert wird. Häusliche Stürze sind ein Signal dafür, dass die Betroffenen in ihrer Fähigkeit zur selbständigen Haushaltsführung eingeschränkt sind.

Bei Stürzen im häuslichen Umfeld wird das Vertrauen in die motorischen Fähigkeiten und die schützende häusliche Umgebung erschüttert. Alltagsaktivitäten werden nicht mehr selbstverständlich ausgeführt, sondern aufgrund von Ängsten eingeschränkt. Die Sorge um die weitere Selbständigkeit kann zu reaktiven Depressionen führen. Zugleich reduziert die eingeschränkte motorische Aktivität die Ausschüttung von Endorphinen – auch als Glückshormone bezeichnet – in der Hypophyse, was depressive Stimmungen verschlimmert und das Schmerzbewusstsein erhöht (→ Abb. 3.5). Daher muss versucht werden, die Menschen wieder zu mehr

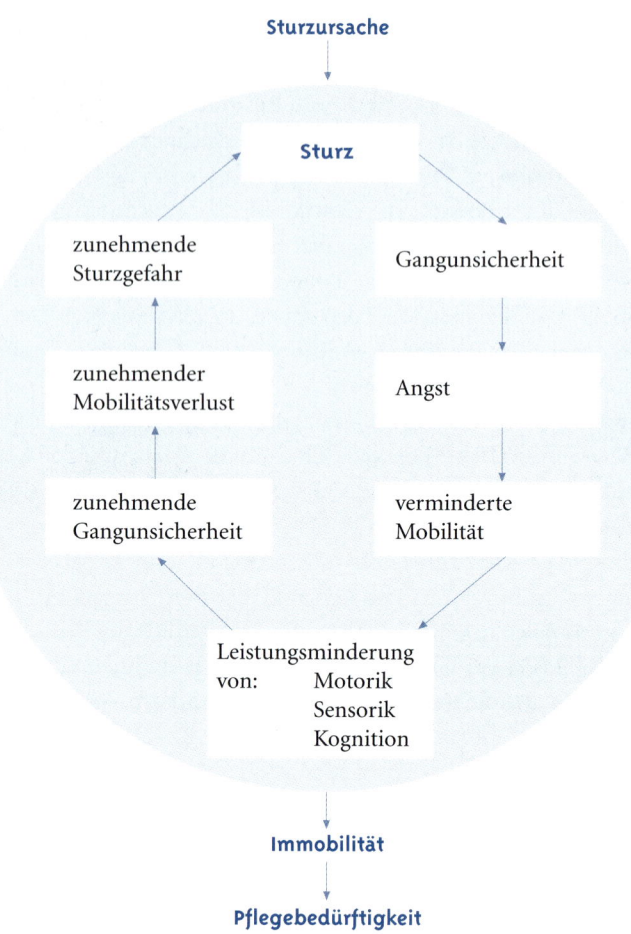

Sturzursache

Sturz

zunehmende Sturzgefahr

Gangunsicherheit

zunehmender Mobilitätsverlust

Angst

zunehmende Gangunsicherheit

verminderte Mobilität

Leistungsminderung
von: Motorik
Sensorik
Kognition

Immobilität

Pflegebedürftigkeit

Abbildung 3.5 Teufelskreis Sturz. Vom Sturz zur Pflegebedürftigkeit. Ein alter Mensch stürzt. Das löst Angst und Gangunsicherheit aus. Er schränkt sich in seiner Mobilität ein, was zu einer Leistungsminderung in den Bereichen Motorik, Sensorik oder Kognition führt. Gangunsicherheit und Mobilitätseinschränkung nehmen zu, die Sturzgefahr steigt. Er stürzt erneut und der Teufelskreis dreht sich weiter bis hin zur Immobilität und Bettlägrigkeit (nach Siegel, 1997)

Mobilität zu ermuntern. Ein verhaltenstherapeutisches Trainingsprogramm konnte bei über 80-jährig zu Hause lebenden Frauen die Zahl an Stürzen um fast 50 % verringern (→ 8.2 Lerntheorien).

3.5 Essen und trinken können

Die Nahrungszubereitung und -aufnahme ist ein Lebensbereich, der von der Geburt eines Menschen bis zu seinem Tod zu den häufigsten tagtäglich ausgeführten Verhaltensweisen zählt. Essen und Trinken sind nicht nur für das biologische Überleben wichtig, sondern strukturieren auch den Tag, festigen die Gemeinschaft beim gemeinsamen Essritual, vertreiben Langeweile, sind unverzichtbarer Bestandteil von Festlichkeiten.

Die Aktivitäten und existenziellen Erfahrungen „Essen und trinken können" umfassen mehr als die Befriedigung der biologischen Grundbedürfnisse. Auch das mit der Nahrungsaufnahme verbundene psychische Wohlgefühl und die Gemeinsamkeit stiftenden Essrituale gehören dazu. Von den fünf Säulen der Identität sind es besonders die Leiblichkeit und die sozialen Beziehungen, die durch eine gute Ess- und Trinkkultur gestärkt werden – oder wie es im Volksmund heißt: „Essen und Trinken hält Leib und Seele zusammen."

Füttern oder Essen reichen? Eine Kranken-schwester (zit. in Borker, 1996) meint: „Das Wort ‚Füttern‘ hat im ersten Moment keine negative Bedeutung für mich, doch bei genauerer Betrachtung beinhaltet es ‚nur‘, dass man den Patienten füttert – also ihm das Essen gibt, damit er etwas im Magen hat und satt ist. Essen ‚reichen‘ hingegen sagt doch mehr aus. Es sagt aus, dass man dem Patienten zwar auch das Essen gibt, damit er satt ist, aber auch eventuell Ressourcen erkennt und diese fördert. Dazu kommt noch, dass das Essen ein wenig nett hergerichtet wird. Das Auge isst ja auch mit.“ Der akademische Streit um eine korrekte Bezeichnung – von Essen eingeben, Essen reichen, Essen anreichen, Ausspeisen (österreichisch) bis Füttern – ist solange zweitrangig, wie bei dieser elementaren Pflegehandlung das Herz der Pflegenden am rechten Fleck schlägt.

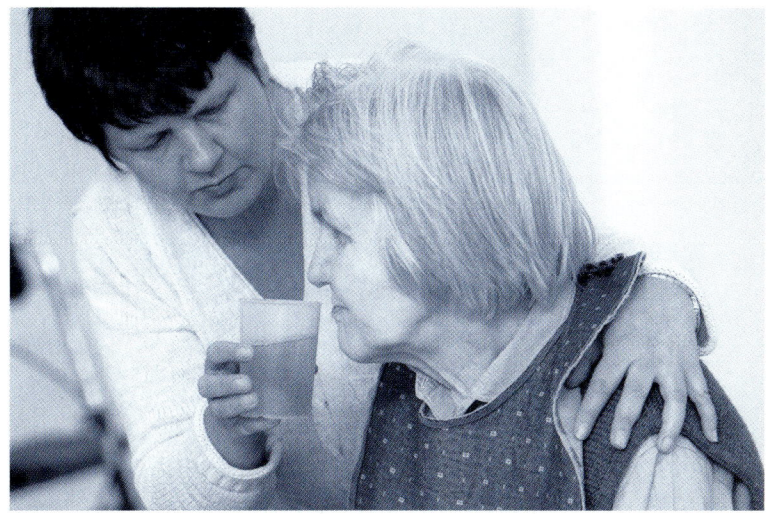

Abbildung 3.6 Die Altenpflegerin wendet sich dem alten Menschen aufmerksam zu und unterstützt ihn beim Trinken. Sie gibt ihm „Ansehen“ auf Augenhöhe und achtet damit seine Würde

Sie wissen aus eigener Erfahrung, dass sich je nach Ambiente mit der Nahrungsaufnahme auch viel psychisches Wohlbefinden verbindet. Warum sollte das bei alten Menschen anders sein? Versetzen Sie sich in die Lage eines Menschen, der nicht mehr ohne fremde Hilfe essen kann. Seit seiner Kindheit hat er diesen elementaren Lebensbereich selbständig gestaltet, jetzt muss er die Beeinträchtigung oder gar den Verlust kognitiver sowie motorischer Werkzeuge zur Nahrungsaufnahme verkraften. Er gerät in die Abhängigkeit von Pflegenden. Wollen Sie eine Ahnung von dieser Situation gewinnen? Dann probieren Sie es doch einmal mit einer Kollegin aus und reichen Sie sich gegenseitig Essen und Trinken.

5.3

Essen reichen

Tipps zur Kommunikation beim Essen reichen

Im Altenpflegealltag läuft sehr viel Kommunikation über das Essen und während des Essens: zwischen den alten Menschen sowie zwischen Altenpflegerinnen und alten Menschen. Dieser Lebensbereich wird so zu einer wesentlichen Quelle der Beziehungsgestaltung, die unterstützt werden kann, wenn folgende Aspekte berücksichtigt werden:

▶ auf Augenhöhe gehen oder etwas darunter,

▶ Augenkontakt möglichst beibehalten,

▶ nonverbale Impulse geben: Hand- und Armführung mit Besteck, z. B. Löffel zum Mund führen und Lippen berühren,

▶ verbale Impulse geben wie: „Jetzt bitte den Mund aufmachen“, „Jetzt müssen Sie kauen“, „Jetzt runterschlucken“,

▶ motivierende Äußerungen machen, wie z. B.: „Das sieht aber lecker aus“, „Das duftet ja zum Reinbeißen“, „Das schmeckt heute wie bei Muttern“,

▶ gemeinsam essen ermöglicht gezieltes Nachahmungslernen – neben dem verbindenden Gefühl der Tischgemeinschaft (→ 8.2.3 Lernen am Modell).

3.5

Erziehungsbotschaften
zum Thema Essen

3.5

Interviewbogen zur
Essbiographie

Kulturelle Aspekte. Wann, was und wie wir essen und welche Lehren wir bewusst oder unbewusst damit verbinden, lernen wir zunächst durch das Elternhaus und die Heimatregion. Deren Ernährungsgewohnheiten und Tischsitten wirken prägend. Im Lebensfluss eines Menschen gesellen sich noch weitere Essgewohnheiten dazu, es entwickelt sich eine Essbiografie. Dieser etwas auf die Spur zu kommen, nicht zuletzt um eingeschliffene Gewohnheiten zu verstehen, ist im Rahmen der biografiegeleiteten Pflege wichtig (→ 1.2 Biografiegeleitete Pflege). Wege dazu sind die Beobachtung des Essverhaltens oder die Befragung der alten Menschen beziehungsweise ihrer Angehörigen.

3.5.1 Probleme beim Essen und Trinken

Für Pflegende ist es wichtig, sich die vielschichtigen Ursachen für Probleme und Konflikte rund um den AEDL-Bereich „Essen und trinken können" bewusst zu machen. Die in Heimen und in der ambulanten Altenpflege oft anzutreffenden Machtkämpfe können auf diese Weise vermieden werden. Probleme können in fünf Bereichen entstehen (nach Borker, 1996):

Sozialer Bereich. Ein alter Mensch, der einsam und isoliert lebt, ist der Gefahr ausgesetzt, sich selbst zu vernachlässigen. Dies betrifft auch die Nahrungsaufnahme: Essen wird nicht mehr appetitlich hergerichtet, Tischsitten spielen keine Rolle mehr, Reste bleiben liegen usw. In der ambulanten Altenpflege treffen die Pflegenden deshalb im Erstkontakt manchmal auf unbeschreibliche Zustände.

Kultureller Bereich. „Was der Bauer nicht kennt, das isst er nicht". Der Speiseplan mit der „Chinesischen Woche" als Spezialservice der Heimküche zeugt zwar von Kreativität und dem Bemühen um Abwechslung, stößt jedoch nicht immer auf ungeteilte Zustimmung der Bewohner. So kann es auch beim Essen reichen zur Ablehnung kommen, weil Geschmack oder Geruch nicht (mehr) positiv assoziiert werden oder vergessen wurden (Demenz) und fremdartig geworden sind. Auch religiöse Gebote und Verbote spielen hier eine Rolle: Z. B. dürfen Muslime kein Schweinefleisch essen.

Institutioneller Bereich. Essstörungen können auch mit starren Essenszeiten und Wertvorstellungen in der jeweiligen Einrichtung zu tun haben. Viele Tagesabläufe in Altenheimen orientieren sich an den rationalen Organisationsplänen der zentralen Großkücheneinheit, die den individuellen Bedürfnissen der Bewohner oft diametral gegenüber stehen. Wenn hier keine Passung der verschiedenen Bedürfnissen erreicht wird, entstehen Reibungen und Konflikte. Versetzen Sie sich in die Lage eines Bewohners: Wollen Sie tagein tagaus zum gleichen Zeitpunkt frühstücken?

Körperlicher Bereich. Das Mundgefühl spielt für das körperlich-seelische Wohlbefinden eine wichtige Rolle. Schlecht sitzende Zahnprothesen und entzündetes Zahnfleisch oder Mund- und Zungenschleimhautentzündungen (z. B. Aphten) sind eine Appetitbremse. Das Geschmacksempfinden verändert sich im Alter, die Zahl der Geschmacksknospen auf der Zunge sind bei 75-jährigen im Vergleich zu 30-jährigen um über 60 % verringert ist. Erkrankungen der Speiseröhre, des Magens und des Darms können ebenfalls Ursache von Essstörungen bzw. Belastungen sein sowie auch Gelenkentzündungen, die Schmerzen beim Kauen zur Folge haben oder die Verlangsamung und der Handtremor als Folge einer Parkinsonerkrankung. Für diese Menschen wird die Nahrungsaufnahme zu einer schwierigen Prozedur, verbunden mit Schamgefühlen und Versuchen, die Schwäche zu kaschieren. Einschränkungen des Schluckreflexes, des Gedächtnisses und der Motorik als Folge einer hirnorganischen Veränderung bei Demenzerkrankungen, machen die Nahrungsaufnahme für den Betroffenen und das Essen reichen für die Pflegenden schwierig.

Psychischer Bereich. Warum vergeht einem alten Menschen der Appetit? In der Altenpflege spielen die klassischen Essstörungen wie Magersucht und Bulimie kaum eine Rolle, dafür umso mehr die Auswirkungen von Depressionen, die sich in Form von Appetitverlust und Nahrungsverweigerung zeigen können. Aus Angst vor Blamage durch Inkontinenz und vor den körperlichen Belastungen nächtlicher Toilettengänge schränken manche alten Menschen ihren Flüssigkeitskonsum bewusst ein.

Das Leibgedächtnis ist ein guter Verbündeter, wenn es darum geht, Essen und Trinken einem alten Menschen schmackhaft zu machen. Sie können Schlüsselreize schaffen, indem Sie den alten Menschen ermöglichen,

▶ bei der Vorbereitung des Essens und beim Kochen mitzumachen oder zuzusehen,

▶ den Tisch mit zu decken oder zuzusehen,

▶ Kochgeräusche zu hören, wie z. B. Zischen beim Anbraten, Klappern von Geschirr und Besteck,

▶ Essensduft wahrzunehmen, indem einige Koch- und Erhitzungsvorgänge in unmittelbarer Nähe des Speisezimmers erfolgen (Suppe warm machen, Brot toasten).

3.5.2 Zwiespalt beim Essen reichen: Be-vor-Mund-en oder Sein-lassen

Nicht selten werden Sie als Altenpflegerin beim Essen reichen mit folgenden Verhaltensweisen eines pflegebedürftigen alten Menschen konfrontiert: Er

▶ wirkt teilnahmslos, dreht den Kopf weg, verzieht das Gesicht,

▶ öffnet den Mund nicht, hält den Bissen zwischen den Lippen,

▶ spuckt den Bissen wieder aus, schluckt die Nahrung nicht runter,

▶ greift ins Essen, schlägt Ihre Hand mit dem Löffel weg,

▶ schreit wie am Spieß, weint.

Wie können Sie solche Verhaltensweisen pflegediagnostisch interpretieren? Was sind die Botschaften dieses alten Menschen? Welche hilfreichen Maßnahmen können und müssen Sie ergreifen? Was würde alles nur noch schlimmer machen? Im Trubel des Pflegealltages stören solche Verhaltensweisen, bremsen das Arbeitstempo der Pflegeroutine, bringen Zeitpläne durcheinander. Das bedeutet Stress. Vielleicht können Sie mit Hilfe dieses alten Menschen ein Stück Langsamkeit wieder entdecken. In der Gesamtbilanz spart es Pflegezeit, wenn sich Pflegende an den Bedürfnissen der alten Menschen orientieren.

In der Checkliste des KDA-Qualitätshandbuches (Besselmann, 1998, S. V/1) finden Sie wertvolle Fragen zur Reflexion der pflegerischen Grundhaltungen zum AEDL-Bereich „Essen und Trinken können": Sie können Ihre eigenen Grundhaltungen, die des Teams und der Institution danach durchchecken. Für Ihre Lösungskiste habe ich einige dieser Fragen als Tipps formuliert und mit weiteren Praxistipps von Pflegenden angereichert.

3.5

Tipps zum Essen reichen

3.6 Kontinenz: Tabu und Scham

Der AEDL-Bereich „Ausscheiden können" findet im Alltag von Gesunden üblicherweise an einem „stillen Örtchen" statt. In der Altenpflege hingegen müssen die pflegebedürftigen Menschen diesen Intimbereich sozusagen veröffentlichen. Neben der Versorgung gehört die Entsorgung der verarbeiteten Nahrung zu den zeit- und beziehungsintensiven Lebensbereichen in der Pflege, er betrifft die Identitätssäulen Leiblichkeit und soziale Beziehungen. Bei den Betroffenen erzeugt der Kontrollverlust in diesem intimen Bereich einen erheblichen Leidensdruck. Pflegende können sich das tiefe Schamgefühl und die Verzweiflung vorstellen, wenn Sie sich zwei Dinge vor Augen halten:

▶ das Gewicht, welches in unserem Kulturkreis auf das Sauberkeitstraining des Kleinkindes gelegt wird, und
▶ den Wert, der sich aus der Beherrschung dieser Funktionen für die persönliche Identität eines erwachsenen Menschen ergibt.

Häufigkeit der Inkontinenz. Die Inkontinenz von Urin ist ca. viermal so häufig wie die Stuhlinkontinenz. Mehr als 10 % der zuhause lebenden Menschen über 65 Jahre sind von Harninkontinenz betroffen, bei den 80-jährigen sind es etwa 40 % und in der Gruppe pflegebedürftiger demenzkranker Menschen steigt diese Zahl auf über 90 % an. Inkontinenz ist eine der häufigsten Einweisungsgründe in geriatrische Kliniken und Altenpflegeheime. Zu der menschlichen Tragik kommen die Kosten für Pflege, ärztliche Versorgung, Einlagen und andere Hilfsmittel hinzu.

3.6.1 Harninkontinenz

Harninkontinenz ist keine genaue Diagnose und keine Bezeichnung für eine Krankheit, sondern der Sammelbegriff für das Krankheitssymptom „Unvermögen, den Harn willentlich zurückzuhalten". Für die Pflegeplanung – z. B. die fachlichen Überlegungen, ob ein Kontinenztraining Sinn macht – ist es erforderlich, die breite Palette unterschiedlicher Ursachen zu kennen.

Aktive oder intermittierende Harninkontinenz. Dies bezeichnet den Harnabgang bei Überschreiten eines gewissen Füllungszustandes der Blase, wenn sich die Blasenmuskulatur unkontrolliert zusammenzieht oder die Schließmuskelreflexe wegen hirnorganischer Veränderungen nicht mehr funktionieren.

Passive oder permanente Harninkontinenz. Damit ist der ständiger Urinfluss gemeint, unabhängig von der Blasenfüllung. Diese Form kann auf eine Schwäche des Beckenbodens sowie auf Störungen der Nervenversorgung von Blase und Schließmuskel zurückgeführt werden.

Stress-Inkontinenz. Diese Form der Inkontinenz hängt mit der nachlassenden Stabilität des Beckenbodens zusammen. Der Beckenboden wird altersbedingt schlaffer, es können aber auch äußere Verletzungen, operative Eingriffe und Geburten dazu beitragen. Deshalb sind von dieser Form sehr viel häufiger Frauen als Männer betroffen. Durch gezieltes Beckenbodentraining und operative Verfahren kann die Beckenbodenanatomie stabilisiert werden.

Drang-Inkontinenz. Dabei reagiert der Blasenmuskel sehr empfindlich auf eine beginnende Füllung der Blase. Ausgelöst durch Irritationen im Zusammenhang mit Entzündungen und

Tumoren sowie durch psychische Unruhe („Reizblase") wird dem Gehirn fälschlich gemeldet „Blase voll" – und schon ist „es" passiert. Das bei Drang-Inkontinenz anzutreffende Missverhältnis zwischen häufigem Harndrang und geringen Urinportionen gehört zu diesem Krankheitsbild und hat nichts damit zu tun, dass der betroffene alte Mensch Sie als Altenpflegerin drangsalieren will, ebenfalls nicht, wenn er ein Bedürfnis für einen Toilettengang meldet und – bevor Sie reagieren können – die Sache schon in die Hosen gegangen ist. Wenn der Harndrang auftritt, kann es nämlich schon nach wenigen Minuten zu spät sein.

Reflex-Inkontinenz. Diese Form tritt besonders häufig bei demenzkranken alten Menschen auf, deren neuronale Funktionen beeinträchtigt sind. Wenn die Kommandozentrale im Hirnstamm ausfällt, unterliegt die Blasenfunktion keiner willkürlichen Kontrolle mehr und es kommt zu einer reflektorischen Entleerung. Eine Beeinflussung durch Kontinenztraining ist kaum hilfreich, im Gegenteil: sowohl für die Pflegenden wie auch für den pflegebedürftigen alten Menschen sind Frustration und Ärger vorprogrammiert.

3.6.2 Stuhlinkontinenz

Auch bei der Stuhlinkontinenz werden mehrere Formen unterschieden.

▶ die muskuläre Stuhlinkontinenz infolge einer Schwäche oder Verletzung des Schließmuskels,

▶ die sensorische Stuhlinkontinenz infolge einer Störung der sensiblen Rezeptoren in der Analschleimhaut,

▶ die neurogene Stuhlinkontinenz infolge einer Schädigung der Nervenbahnen im Rückenmark,

▶ die psychoorganische Stuhlinkontinenz infolge einer Erkrankung und Schädigung des Gehirns (bei Demenz, Schlaganfall, Durchblutungsstörungen).

Der Schweregrad der Stuhlinkontinenz kann in drei Stadien eingeteilt werden:

▶ Teilinkontinenz ersten Grades: unkontrollierter Abgang von Winden,

▶ Teilinkontinenz zweiten Grades: Abgang von Winden und flüssigem Stuhl,

▶ Vollinkontinenz: fehlende Kontrolle selbst über geformten Stuhl.

Als Pflegende haben Sie es bei Stuhlinkontinenz überwiegend mit pflegebedürftigen Menschen zu tun, die infolge einer Demenzerkrankung die Kontrolle über den Schließmuskel verloren haben. Es handelt sich also um ein Krankheitssymptom. Natürlich ist die Konfrontation mit Ausscheidungen eine berufstypische Belastung, zumal wenn von demenzkranken Menschen Kot verschmiert oder gar gegessen wird. Zum professionellen Handeln gehört jedoch, so damit umzugehen, dass der pflegebedürftige alte Mensch nicht darunter leidet.

3.6

Am eigenen Leib spüren

3.6.3 Inkontinenz betrifft Leib und Seele

Inkontinenz als Tabu

Ich werde nie den Gesichtsausdruck eines alten Mannes vergessen, der in einer Gaststätte vom WC zurückkam und – wie ein großer nasser Fleck an der Hose erkennen ließ – ganz offensichtlich das rettende Örtchen nicht mehr rechtzeitig erreicht hatte. Eine Mischung aus Verwirrung („Irgend etwas ist passiert"), Scham („ … was sich nicht gehört") und Hilflosigkeit („Ich weiß nicht, was ich jetzt tun soll") stand in seinem Gesicht geschrieben, und er setzte sich irritiert wieder an seinen Platz. Im Zusammenhang mit Blasenschwäche stoßen wir aus psychologischer Sicht auf drei Tabus, auf „verbotene" Körperteile und „schamhafte" Lebensbereiche.

Ausscheidung von Urin und Kot. Mit viel Eifer wurden wir als Kleinkinder dazu erzogen, unsere Schließmuskeln zu kontrollieren, bis wir „sauber" waren. Parallel zu unserem neu gewonnenen Stolz und Selbstbewusstsein – „Da, schau mal, was ich gemacht habe" – erlernten wir die Scham. Wir lernten uns zu schämen, wenn es doch einmal daneben ging, und mit der Zeit wurde die ganze Ausscheidungsprozedur zum Tabubereich, über den man nicht spricht. Wie sollte da jemand so einfach darüber reden können, wenn er Schwierigkeiten mit der Blasenkontrolle hat?

Geschlechtsorgane und Sexualität. Ein weiteres mächtiges Tabu betrifft dieselbe Körperregion, unsere Geschlechtsorgane, wie überhaupt unsere Sexualität. In unserer Kindheit wurden uns etwa zum gleichen Zeitraum wie beim Sauberkeitstraining Berührungsverbote und Scham bezüglich der Geschlechtsorgane gelehrt. „Darüber darf man nicht sprechen", „Da langt man nicht einfach so hin".

„Unanständige" Krankheiten. Es gibt offenbar zweierlei Krankheiten: „ordentliche" und „anständige", wie Herzinfarkt, Gallensteine oder Wirbelsäulenprobleme, über die man ohne weiteres reden und sich sogar Aufmerksamkeit verschaffen kann. Andere Krankheiten haben einen eher negativen Beigeschmack, insbesondere wenn sie im Verdacht stehen, ansteckend zu sein (z. B. Aids) oder die Umgebung aufgrund ihrer Symptome irgendwie abstoßen, z. B. mit Gerüchen verbunden sind. Urin in die Hosen zu tröpfeln, gehört zu den unordentlichen und unanständigen Symptomen, über die man nicht spricht, sogar verheimlicht aus Furcht, die anderen könnten sich vor einem ekeln und sich abwenden. Insofern kann dieser Deckmantel auch ein Schutzmantel sein.

Somatopsychische Zusammenhänge

Das erlebte Unvermögen, die wichtige Körperfunktion der Blasenkontrolle zu beherrschen, verletzt das Selbstwertgefühl, bedroht die ganze Persönlichkeit und ist oft so bedrückend, dass es den Betroffenen die Sprache verschlägt. Verstärkt wird diese durch die Tabuisierung und die Ängste vor sozialer Ächtung. Es tauchen sofort große Sorgen auf:

► in Abhängigkeit von anderen Menschen zu geraten (die „Vision" des Pflegefalles),
► ständige Sorge des „Misslingens",
► Angst, dass sich Partner, Freunde und Bekannte zurückziehen,
► Angst, nachts ins Bett zu machen (führt zusätzlich zu Schlafstörungen und zu wenig Flüssigkeitsaufnahme).

Oft versuchen die Betroffenen lange Zeit alles, um ihr Problem zu verheimlichen. Verschmutzte Unterwäsche wird versteckt oder weggeworfen, damit die Angehörigen nichts merken. Der Preis des Verschweigens und Verdeckens ist sehr hoch:

► Verlust an Bewegungsspielraum. Die Menschen trauen sich aus Angst davor, dass etwas „in die Hose geht", nicht mehr aus der Wohnung, verzichten auf Cafebesuche, Busfahrten, Stadtbummel, Verwandtenbesuche,
► Verlust an sozialen Kontakten. Die Menschen vermeiden, dass Besucher in die eigene Wohnung kommen, aus Angst, die anderen könnten etwas merken,
► Verlust an Lebensfreude,
► Isolation und Einsamkeit.

Es entsteht ein Teufelskreis: Der innerseelische Leidens-„Druck" nimmt zu und wirkt zurück auf die Kontrolle der Blasenfunktion. Im schlimmsten Fall gibt sich der Mensch auf und lässt wirklich alles laufen.

Psychosomatischer Blickwinkel

Nicht immer sind körperliche Ursachen für die Blasenschwäche verantwortlich. Es gibt enge Zusammenhänge zwischen unserer seelischen Befindlichkeit und körperlichen Funktionen. Je sprachloser jemand unter Konflikten und Lebenskrisen leidet, umso wahrscheinlicher wird es, dass er körperliche Symptome entwickelt, die zur Stimme der Seele werden.

Manchmal beschleicht Altenpflegerinnen das Gefühl: „Die macht das extra". Dieser Eindruck kann durchaus begründet sein. Sowohl die Lernpsychologie als auch die Tiefenpsychologie liefern Hinweise auf psychogene Faktoren bei inkontinentem Verhalten, soweit körperliche Ursachen ausgeschlossen sind. Man spricht von einem Hilferuf nach Zuwendung und Aufmerksamkeit durch regressives Verhalten. Solche Prozesse erfolgen nicht absichtlich, sondern laufen unbewusst ab. Mit etwas mehr Zuwendung außerhalb des Körperpflegebereichs kann dieser zeitintensive und die Beziehung belastende Teufelskreis unterbrochen werden.

3.6.4 Ekel: Ein ganz normales Gefühl

Altenpflege ist intimer als intim, nicht einmal den eigenen Lebenspartner begleiten wir üblicherweise auf die Toilette. So manche herbe Duftnote muss bei der Grundpflege inkontinenter alter Menschen gelegentlich verkraftet werden. Mit der Aussage einer Altenpflegerin: „Anfangs habe ich mich schon überwinden müssen, aber dann gewöhnst du dich irgendwie", ist gut beschrieben, dass Ekelgefühle im beruflich erforderlichen Kontakt mit Ausscheidungen des Harn- und Verdauungstraktes nicht die große Rolle spielen, wie dies landläufig vermutet wird. Mit Sprays und Desinfektionsmitteln versuchen Pflegende, üblen Gerüchen beizukommen und auf diese Weise einen ganz pragmatischen olfaktorischen Abstand zu gewinnen.

Christine Sowinski (1996), die mit ihren Arbeiten viel zur Enttabuisierung des Ekelgefühls in der Pflege beigetragen hat, beschreibt drei Abstufungen von Ekel:

▶ Ekel wird empfunden, wenn Ausscheidungen nicht auf der Toilette, sondern im Bett und im Zimmer erfolgen. Die Pflegenden empfinden auch Ekelgefühle, wenn die Tischmanieren gegen die kulturellen Spielregeln verstoßen oder sich jemand in die Vorhänge schnäuzt.

▶ Ein wesentlich stärkeres Ekelempfinden lösen Pflegesituationen aus, bei denen die Altenpflegerinnen mit abgestorbenem Gewebe konfrontiert werden, z. B. Eiter oder geschwürige Wunden. Auch das Wegputzen von Erbrochenem, Speichel und verschmiertem Kot fällt in diese Kategorie.

▶ Am meisten Ekel empfinden Altenpflegerinnen jedoch, wenn ein demenzkranker alter Mensch seinen eigenen Kot isst und der Mund gesäubert werden muss. Ekelerregende Bilder und Gerüche werden gerade im Mundbereich am wenigstens verkraftet, da sich hier Geschmacks- und Geruchssinn verknüpfen.

3.6

Tipps bei Ekelgefühlen

3.7 Berühren und berührt werden

Mit circa zwei Quadratmetern Fläche ist die Haut das größte Organ und mit circa vier Kilogramm Gewicht zugleich das schwerste. Sie entwickelt sich vorgeburtlich aus dem gleichen Keimblatt wie das Nervensystem und die Sinnesorgane. Hautmantel und Nervenkostüm haben eine gemeinsame Entwicklungsgeschichte, die das lebenslange Wechselspiel zwischen Hautreaktionen und seelischen Empfindungen erklärt. Auch hierfür hat die Umgangssprache schöne Bilder gefunden: etwas geht unter die Haut, kreidebleich werden vor Schreck oder die Haare stehen zu Berge. Die Haut ist Kontakt- und Grenzorgan zur Umwelt, zugleich Schutzschild, Sinnesorgan und Ausdrucksorgan. Es gibt ein biologisches Bedürfnis nach Berührung.

Pflegende sind Fachleute für „leibhaftige" Wahrnehmung und Kommunikation im Kontakt mit pflegebedürftigen alten Menschen. Im Pflegeprozess findet sehr viel Berührung statt, die eine körperliche und eine psychische Seite hat.

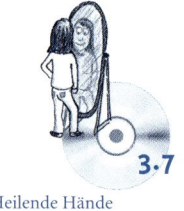

3.7

Heilende Hände
erfahren

Hautnahe Altenpflege und heilende Hände. In der Pflege kommunizieren Sie nicht nur mit Worten, sondern vielfach durch Berührungen. Mit diesen verfolgen Sie nicht nur bewusste Ziele (z. B. Veränderung der Lagerung), sondern transportieren unbewusst auch Signale über die Beziehung, in der Sie zu dem berührten Menschen stehen: Er spürt, ob Sie sich jetzt im Moment der Berührung ganz auf ihn einstellen oder ihn „ungerührt" pflegen. Mit unseren Händen senden und empfangen wir Signale, ohne dass uns dies immer bewusst ist.

Wenn Sie mit einem anderen Menschen durch Berührung in Kontakt treten, entsteht eine im wahrsten Sinne des Wortes spürbare Verbindung. Dadurch entwickelt sich eine emotionale Nähe, auf die wir uns einlassen können oder vor der wir uns innerlich schützen, wenn wir zueinander keine so nahe Beziehung haben.

Neben den Lippen und der Zunge gehören die Fingerspitzen zu den empfindlichsten Körperteilen und sind daher wichtige Antennen zur Wahrnehmung des alten Menschen beim Pflege-Hand-eln. Es geht um Fingerspitzengefühl und Einfühlungsvermögen, wenn Sie tagtäglich anderen Menschen „auf den Pelz rücken".

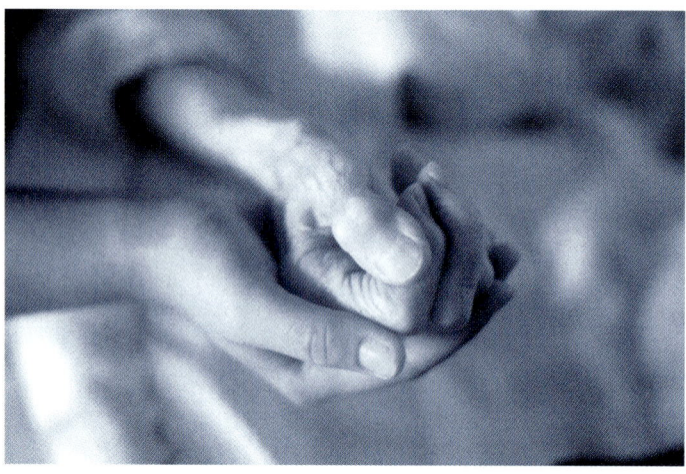

Viele Pflegetätigkeiten könnten Sie rein theoretisch ohne Worte und ohne Blickkontakt durchführen. Die Hände als Werkzeug sind aber unverzichtbar, ob beim Essen reichen, Baden oder Betten.

Niemand kann gut berühren, der selbst nicht berührt werden will. Wer diese Schlüsselqualifikation im Bereich der Kontaktfähigkeit nicht mitbringt, sollte sich ein berührungsärmeres Berufsfeld suchen. Wenn Sie eine halbe Stunde Zeit haben, um sich anrühren zu lassen, dann können Sie mit der Selbsterfahrungsübung auf der CD in Ihrer Seminargruppe (wieder-)entdecken, was Hände doch für ein wunderbares Pflege-Werkzeug sind.

Abbildung 3.7 In manchen Situationen ist einfaches Handhalten und Berühren die beste Form der Pflege

3.8 Begleitung in der letzten Lebensphase

Die gedankliche Auseinandersetzung mit Sterben und Tod begleitet den Erwachsenen in unterschiedlicher Intensität sein ganzes Leben. Für den alten Menschen ist jedoch der Tod kein allgemeines und abstraktes Schicksal mehr, sondern ein nahes, persönliches und unausweichliches Ereignis. Ob er mit seinem nahenden Ende ins Reine kommt oder daran verzweifelt, hängt wesentlich davon ab, welche Lebensbilanz er ziehen kann. Das heißt, dass Sterben und Tod etwas ganz Individuelles sind. Insofern sind psychologische Hinweise für den Umgang mit Sterbenden nur von begrenztem Wert und können die persönliche Suche nach einem eigenen Weg nicht ersetzen. Hierzu bieten sich Seminare an, die den erforderlichen Raum zur Selbstreflexion schaffen, gerade weil das Thema Sterben und Tod nicht nur für junge Altenpflegerinnen eine große Herausforderung und Zu-Mut-ung ist.

3.8.1 Psychosoziale Aspekte des Sterbens

Bis in die Zeit nach dem Zweiten Weltkrieg wurden zumindest in den ländlichen Regionen verstorbene Familienmitglieder bis zur Beerdigung zuhause aufgebahrt. Man hielt die Totenwache, Freunde und Nachbarn kamen zur stillen Zwiesprache mit dem Toten und zum Abschiednehmen. Sterben und Tod hatte seinen festen Platz in diesen Familien. Das ist heute ganz anders:

▶ Sterben und Tod, obwohl alltäglich sich ereignend, sind zum Tabu geworden. Selbst in Todesanzeigen scheut man sich, den Tod beim Namen zu nennen und spricht lieber von „Heimgang", „dahinscheiden" oder „entschlafen". In den Medien hingegen nimmt das Thema einen großen Raum ein, wird sogar live übertragen (Krieg, Massaker, Völkermord usw.). Diesen Tod erleben wir jedoch aus der Distanz, es handelt sich um kein unmittelbar erfahrenes Leiden, aus dem für das eigene Verhältnis zu Sterben und Tod etwas gelernt werden könnte.

▶ Das Zurechtkommen mit Sterben und Tod wird an Spezialeinrichtungen und Spezialisten (z. B. in Hospizen) delegiert. Nur noch selten können Familienangehörige die Aufgabe der Sterbebegleitung übernehmen.

▶ Sterben wird heute vielfach begleitet vom heroischen Kampf der Ärzte, von medizinischen Apparaturen und der potenziellen Möglichkeit einer Lebensverlängerung bis hin zur Sinnlosigkeit. Es verweist auf die Begrenztheit menschlicher Möglichkeiten, weshalb größter Aufwand betrieben wird, um den Tod zu bezwingen.

Wie Menschen heute sterben, hängt maßgeblich von Umweltbedingungen ab, ob Menschen da sind, die für ein Gespräch über Sterben und Tod bereit sind, und wieweit jemandem noch die Verfügungsgewalt über sein Sterben gelassen wird.

3.8.2 Sterben: das letzte Stück des Lebensweges

Abschied, Trennung und Tod als Lebensbegleiter

Der Sterbeprozess umfasst die Übergangsphase vom Leben zum Tod. Das Sterben ist Teil des Lebensprozesses und als dessen Ende genau so wichtig wie sein Anfang. Im Lebenszyklus stellt das Sterben die letzte große Entwicklungsaufgabe dar.

Abschied nehmen von Möglichkeiten, Orten und Freunden wird ein mit zunehmendem Lebensalter immer wahrscheinlicherer Vorgang. Jedoch lernt man auch in jüngeren Jahren Schmerz und Verlust kennen. Je bewusster jemand in seinem Leben dieses ständige Abschiednehmen (Auseinanderbrechen von Freundschaften, Scheidung, Umzug, Arbeitsplatzwechsel, Abschied nehmen von unerfüllten Wünschen, Tod von Haustieren usw.) erlebt und verarbeitet, umso besser wird er auf den einen, endgültigen Abschied vom eigenen Leben vorbereitet sein.

Das Fünf-Phasen-Modell des Sterbeprozesses

Der bekannteste Versuch einer Einteilung des Sterbens in bestimmte Phasen stammt von der amerikanischen Sterbeforscherin Kübler-Ross (1977) und gründet sich auf umfangreiche Interviews mit Sterbenden. Das Phasenmodell bezieht sich auf die Art des Sterbens, das sich über einen gewissen Zeitraum hin erstrecken und eine bewusste Verarbeitung von Seiten des Sterbenden zulassen kann. Sterbebeistand benötigt vor allem der Mensch, der diesen Vorgang mehr oder weniger bewusst erlebt, dem Tod also entgegensieht.

Tabelle 3.1 Das Fünf-Phasen-Modell des Sterbeprozesses (nach Kübler-Ross, 1977). Typische Verhaltensmuster innerhalb dieser Phasen und Tipps zur hilfreichen Pflege

Phase	Typisches Verhalten des Sterbenden	Hilfreiche Pflege
Erste Phase: Nicht-wahr-haben-wollen und Isolierung ("Nicht ich") Erste Konfrontation mit dem Sterben müssen, Schutz vor der bedrohlichen Situation Verdrängung.	Ignorieren negativer Informationen, besondere Pflege der äußeren Erscheinung, Schmieden von Zukunftsplänen, Suche nach „Ausreden", harmlosen Diagnosen usw. Je mehr die Unabänderlichkeit des Todes zur Gewissheit wird, ziehen sich die Betroffenen zurück.	Führen Sie dem Todkranken und Sterbenden nicht mit rationalen Argumenten die Irrationalität seines Verhaltens vor Augen, da dies Angst und Abwehrverhalten noch steigern würde. Warten Sie die weitere Entwicklung ab und sind zum Gespräch bereit, wenn der Sterbende entsprechende Hinweise gibt.
Zweite Phase: Zorn ("Warum ich") Aggressive Auseinandersetzung mit dem unausweichlichen Schicksal, gegen das verzweifelt angekämpft wird.	Ungerechtfertigte Vorwürfe gegen die Umgebung, aggressive Handlungen, Äußerung von Unzufriedenheit. Dadurch wird das Verhältnis zur Umwelt, insbesondere auch zu den Pflegekräften, besonderen Belastungen ausgesetzt.	Fühlen Sie sich nicht persönlich angegriffen. Reaktionen wie Abwendung und „Liebesentzug" werfen den Sterbenden noch weiter in Einsamkeit und Hilflosigkeit. Halten Sie ungerechte Vorwürfe aus, ohne sich auszuliefern. Akzeptieren Sie diese als Ausdruck der Auseinandersetzung des Sterbenden.
Dritte Phase: Verhandeln ("Vielleicht doch nicht" oder „Jetzt noch nicht") Sich-Abfinden mit dem Schicksal und die Hoffnung auf eine günstige Wende.	Regelmäßiger Kirchenbesuch (Handel mit Gott), besondere Beteiligung an therapeutischen Maßnahmen (Handel mit der Medizin), Versprechen und Gelübde, Hoffnung auf Wundermittel.	Versuchen Sie die Hoffnungen des Sterbenden mit der Realität zu verbinden, so dass er sich wieder angemessen mit seiner Situation auseinandersetzen kann. Überfordern Sie den Betroffenen dabei nicht durch die Konfrontation mit der „objektiven Wahrheit".

Tabelle 3.1 (Fortsetzung)

Phase	Typisches Verhalten des Sterbenden	Hilfreiche Pflege
Vierte Phase: Depression ("Was bedeutet diese Situation für mich") Unausweichlichkeit des eigenen Todes ist nun bewusst. Trauer und Niedergeschlagenheit können den Sterbenden überfluten, wenn er sich an Früheres erinnert und an den bevorstehenden Abschied denkt. Die depressive Reaktion ist eine normale Folge der Auseinandersetzung mit der Trennung von allem, was einem lieb geworden ist.	Rückzug in eigene Gedankenwelt; der Sterbende erinnert sich vielleicht an Schuld, die er auf sich geladen hat, an Dinge, die er unterlassen hat oder bereut bestimmte Handlungen. Er kann in Schweigen verfallen, falls er befürchtet, die Beziehung zu Pflegekräften zu belasten, wenn er seine Gedanken ausspricht.	Schenken Sie dem Sterbenden weiterhin ein offenes Ohr, wachsame Augen und eine haltende Hand. Signalisieren Sie ihm Verständnis für seine Angst und versichern Sie ihm Ihre Gegenwart "Ja, ich bin bei Ihnen". Verzichten Sie auf wohlgemeinte Aufmunterungen, die wie bei anderen depressiven Verstimmungszuständen auch nicht hilfreich sind.
Fünfte Phase: Zustimmung ("Ja, ich kann mein Schicksal annehmen") Sterbender stimmt seinem Schicksal zu und willigt darin ein, zeigt kaum heftige Emotionen wie in den vorausgegangenen Phasen. Physische und psychische Erschöpfung, Sterben wird als Erlösung betrachtet.	Zunehmend Lösung von sozialen Bindungen zu, gleichzeitig Entwicklung besonderer Sensibilität der Umgebung gegenüber. Der Sterbende kann selbst geringe Veränderungen im Verhalten der Altenpflegerinnen und der Angehörigen noch registrieren, auch wenn er nicht mehr zu deutlichen Reaktionen in der Lage ist.	Akzeptieren Sie die Loslösung des Sterbenden von seinen sozialen Bindungen. Akzeptieren Sie, dass auch Sie diesen Menschen loslassen müssen und dass Sie noch weiterleben dürfen. Gerade in dieser Phase müssen Sterbebegleiter ein Höchstmaß an Einfühlungsvermögen aufbringen. Sie können dem Sterbenden nun nicht mehr als professionelle Pflegekraft, sondern nur noch als Mitmensch begegnen.

Die einzelnen Phasen des Sterbens können unterschiedlich stark und lange ausgeprägt sein. Sie müssen auch nicht unbedingt immer in der gleichen Reihenfolge ablaufen; einzelne Phasen können übersprungen werden, andere wiederholt auftreten. Als Pflegende können sie sich besser auf die individuellen Erlebens- und Verhaltensmöglichkeiten Sterbender einstellen, wenn sie sich der einzelnen Phasen bewusst sind und bestimmte Verhaltensweisen in diesem Zusammenhang einordnen können.

3.8.3 Psychische Situation von Sterbenden

Die Erlebnismöglichkeiten und Verhaltensweisen Sterbender hängen von vielen Faktoren ab: vom physischen Befinden, den individuellen Eigenarten, dem Lebensalter und den äußeren Rahmenbedingungen. Ebenso wenig wie mit dem Phasenmodell nach Kübler-Ross das individuelle Sterben als ein vorprogrammiertes Geschehen zu begreifen ist, können globale Aussagen über die psychische Situation Sterbender getroffen werden. Die folgenden Ausführungen stammen aus Erfahrungen, die im Umgang mit Sterbenden gewonnen wurden. Sie decken nicht die gesamte Bandbreite individueller Sterbevorgänge ab, fördern jedoch die Wachsamkeit der Pflegenden.

Körperliche Empfindungen und Bedürfnisse Sterbender

Schmerzen. Der Wunsch nach einem möglichst schmerzfreien Sterben nimmt einen ganz besonderen Stellenwert ein. Schmerzmittel stellen eine maßgebliche Hilfe für den Sterbenden dar, wenn bei der Dosierung darauf geachtet wird, eine unnötige Bewusstseinsminderung zu vermeiden. Die Vergabe sollte sich an der Intensität der Schmerzen und dem Verlangen des Sterbenden orientieren.

Müdigkeit und Erschöpfung. Bereits kleine Anstrengungen im Bereich der täglichen Körperpflege können den Sterbenden durch seine abnehmende Vitalität belasten. Bei der Grundpflege sollten Sie daher auf das Bedürfnis des Sterbenden nach Ruhe eingehen und jegliche Überforderung vermeiden.

Atemnot und Beklemmung. Die eingeschränkte Lungenfunktion erschwert zunehmend das Atmen und führt zu Beklemmungsgefühlen. Durch Ängste, zum Beispiel vorm Alleingelassenwerden, können solche Beschwerden verstärkt werden. Linderung kann durch Sauerstoffgaben, entsprechende Lagerungstechniken und das verlässliche Zur-Verfügung-stehen geschaffen werden.

Durst. Durst gehört in den letzten Lebenstagen zu den besonders quälenden körperlichen Bedürfnissen Sterbender. Neben der Mundpflege ist daher ein häufiges Flüssigkeitsangebot notwendig, da der Sterbende seinen Wunsch nach Flüssigkeit oft nicht mehr artikulieren kann. Es ist aber zu respektieren, wenn ein Mensch nichts mehr trinken möchte.

Gesteigerte Transpiration. Das Ertragenmüssen von Begleiterscheinungen des körperlichen Verfalls (Schwitzen, Gerüche) verursacht Schamgefühl. Eine sorgfältige Grundpflege hat daher positive Wirkungen auf den psychischen Zustand des Sterbenden.

Psychische Bedürfnisse Sterbender

Einige wichtige Hinweise zur psychologischen Betreuung Sterbender haben wir bereits im Zusammenhang mit dem Phasenmodell nach Kübler-Ross kennen gelernt. Darüber hinaus sind für Sterbende folgende Erfahrungen und Themen von besonderer Bedeutung:

Nähe und Kontakt. Für einen Sterbenden ist es wichtig, nicht alleingelassen zu werden, sondern das Gefühl von Nähe und Verständnis anderer Menschen zu spüren. Für viele Menschen ist es eine große Erleichterung, sich vor ihrem Tod noch etwas von der Seele reden zu können. Nicht immer ist jedoch noch eine verbale Kommunikation möglich, weshalb dem Sterbenden mittels Körpersprache signalisiert werden muss, dass ihm in dieser Phase seines Lebens jemand zur Seite steht. Ein Händedruck oder Streicheln können genauso viel, wenn nicht mehr, aussagen wie Worte.

Regelung praktischer und gefühlsmäßiger Angelegenheiten. Ein Sterbender hat in der Regel den Wunsch, sein Leben geordnet zu Ende zu bringen. Zur Klärung stehen oft an: Testamenterstellung, Regelung der Bestattungsprozedur, medizinische Fragen der Sterbebegleitung, Übermittlung von Nachrichten an Verwandte und Freunde, Aussprache mit Angehörigen usw. Eine Unterstützung bei der Erledigung dieser Angelegenheiten bedeutet für den Sterbenden eine wichtige Hilfestellung.

Die Todesangst

Beobachtungen bei Sterbenden weisen darauf hin, dass im Zusammenhang mit Todesangst folgende Gesichtspunkte bedeutungsvoll sind:

- Todesangst richtet sich weniger auf das Danach als vielmehr auf einen langen und schmerzhaften Sterbevorgang, den endgültigen Abschied von den Angehörigen, die Trennung von allem, was einem im Leben lieb und teuer geworden ist.
- Todesangst weicht dem Verlangen nach dem Sterben können, wenn sehr starke Schmerzen zu ertragen sind und der Betroffene sehr erschöpft ist („Hoffentlich werde ich bald erlöst").
- Das Ausmaß der Todesangst hängt von der Persönlichkeit, den Verarbeitungsmöglichkeiten sowie dem Lebensalter des Betroffenen ab. Ältere Menschen, die zufrieden auf ein gelebtes Leben zurückblicken, entwickeln weniger Angst vor dem Tod.
- Die Todesangst kann verringert werden, wenn dem Sterbenden Gelegenheit gegeben wird, über seine Todesangst zu sprechen, verstärkt, wenn die ausgesprochene oder unausgesprochene Bitte von den Betreuenden geflissentlich übersehen oder überhört wird.

Psychische Veränderungen beim Nahen des Todes

Psychopathologische Veränderungen sind keine zwangsläufige Begleiterscheinung des Sterbens, sondern in der Regel abhängig von der Verarbeitung dieser Situation durch den Betroffenen oder von krankheitsbedingten Ausfällen im zentralen Nervensystem.

- Kognitive Veränderungen
  - Abfall der Leistungsfähigkeit im Bereich der Wahrnehmung, des Denkens und der Problemlösung,
  - Minderung der Bewusstseinsklarheit und Mängel in der räumlich-zeitlichen Orientierung,
  - Verschlechterung des Kurzzeitgedächtnisses und in der Folge zunehmende Unfähigkeit, Umweltreize zu verarbeiten,
  - Abwendung vom aktuellen Geschehen in der Umwelt, um sich auf die eigenen Reserven zu konzentrieren.

Sterbende zeigen andererseits kurz vor dem Tod oftmals eine erstaunliche Verbesserung ihrer geistigen Verfassung, verbunden mit einer ausgeprägten Bereitschaft zur Kommunikation. Sie sind dann in der Lage, weit mehr zu verstehen und zu empfinden, was um sie herum geschieht, als dies die Umgebung vielfach annimmt.

- Emotionale Veränderungen: Im emotionalen Verhalten finden sich Veränderungen in Richtung auf Angst, Aggression und Depression, wie bereits beschrieben.

3.8.4 Psychologische Betreuung Sterbender

Psychische Situation der Pflegekräfte

Altenpflegerinnen und andere Personen, die beruflich häufiger mit Sterbenden zu tun haben, berichten von Unsicherheit, Hilflosigkeit und Unbehagen, wenn sie als Sterbebegleiter gefordert werden. Als Reaktionen der Pflegepersonen auf die Konfrontation mit der endgültigen und unabänderlichen Situation des Sterbens werden beobachtet:

► Verstecken hinter der Maskerade der Krankenhaus- oder Heimroutine. Dazu gehören:
  – Gebrauch der medizinischen Fachsprache („Ich will den Sterbenden schonen"),
  – besondere Geschäftigkeit durch Betonung der medizinischen Pflegemaßnahmen („Wir tun ja alles für ihn"),
  – Verabreichung von Schmerzmitteln und Psychopharmaka über das zur Schmerzbekämpfung notwendige Maß hinaus („Leiden erleichtern"),
  – Absonderung des Sterbenden („Die anderen sollen nicht beunruhigt werden").
► Vermeiden enger Kontakte mit Sterbenden, um die eigene Hilflosigkeit und Ängste vor dem eigenen Tod abzuwehren.
► Aggressionen gegen andere. Auftretende Aggressionen gegen Angehörige, die sich zu wenig um ihre Sterbenden kümmern, manchmal auch gegenüber Kollegen, können als Versuch zur Bewältigung der eigenen Hilflosigkeit gesehen werden.

Das Gespräch mit Sterbenden

Es gibt keine Patentrezepte für die Gesprächsführung mit Sterbenden. Grundlegend sind jedoch die Beachtung der Grundregeln der menschlichen Kommunikation sowie die Bedürfnisse der Sterbenden (→ 5.1 Grundlagen der Kommunikationspsychologie).

Umgang mit der Wahrheit. Jede Gesprächsführung mit Sterbenden wird irgendwann an einen Punkt gelangen, wo der Sterbebegleiter in die Konfliktsituation gerät, ob er den Betroffenen über sein Schicksal im Unklaren lassen oder ihn mit der Wahrheit konfrontieren soll. Jeder Mensch hat grundsätzlich Anspruch auf umfassende Information. Bei Sterbenden geht es dabei vor allem um das *Wie* der Information, das auf den Betroffenen und seine momentane Verfassung (vergleiche Phasenmodell) abgestellt sein muss. Es wäre falsch, aus dem unbedingten Willen zur Wahrheit jeden Menschen unvorbereitet mit der objektiven Wahrheit zu konfrontieren. Ein solches Vorgehen kann zum psychischen Zusammenbruch führen und eine weitere Sterbebegleitung unmöglich machen. Aufklärung ist vielmehr nicht als einmaliges Ereignis, sondern als schrittweiser Prozess zu betrachten, dessen Ablauf sich an der individuellen Persönlichkeit des sterbenden Menschen orientieren und normaler Bestandteil der täglichen Interaktion sein sollte. Erfahrene Sterbebegleiter versuchen aus den Andeutungen oder nonverbalen Zeichen des Sterbenden den Zeitpunkt zu erkennen, wann dieser den nächsten Schritt zur Verarbeitung seiner bedrohlichen Situation gehen und das nächste Stückchen Wahrheit hören möchte. Hilfreich für die Bewältigung dieser Problematik ist das stützende Team, das dem Sterbebegleiter bei der Bewältigung seiner eigenen Unsicherheit zur Seite steht.

Beispiel

Eine Altenpflegerin berichtet. Die 92-jährige alte Frau war zu Beginn meiner Tätigkeit im Altenheim noch sehr mobil und auch geistig kaum verwirrt; sie strickte sogar noch. Eines Tages aber wollte sie nichts mehr essen und nahm nur noch mit gutem Zureden etwas zu sich. Mit der Zeit aber wurde sie so schwach, dass sie nicht mehr aufstehen konnte; Nahrung verweigerte sie jetzt gänzlich. Ihr Sohn und dessen Frau besuchten sie sehr häufig, was ihr sichtlich gut tat. Jedes Mal, wenn ich bei ihr am Bett saß und ihre Hand hielt, lä-

►

chelte sie. Auf die Bitte, doch etwas zu essen, antwortete sie: „Warum denn? Es geht dem Ende zu und ich brauche nichts mehr." Als es auf den Tod zuging und ich an ihrem Bett saß, drückte sie meine Hände und blickte mich mit angsterfüllten Augen an. Ich merkte, dass sie sich mit ihrem Sterben noch nicht abgefunden bzw. Angst davor hatte. Mir war's schwer ums Herz, sie so in ihrer Angst daliegen und auf den Tod warten zu sehen.

Dieser Ausschnitt aus dem Praktikumsbericht einer angehenden Altenpflegerin zeigt, dass eine Kommunikation auf zwei unterschiedlichen Zeichenebenen erfolgt. Solange die sterbende Frau noch die Kraft aufbrachte, teilte sie ihre Gedanken und Wünsche in Worten mit. Sie selbst bringt das Thema vor und entscheidet über ihr weiteres Verhalten. In dieser Phase des Sterbens scheint die alte Frau keine besondere Todesangst (mehr) zu haben. Ganz anders zu einem späteren Zeitpunkt: Ihre zunehmende Angst vor dem eigenen Tod kann sie der Altenpflegerin zwar nicht mehr in Form von Worten mitteilen, auf der nonverbalen Ebene gelingt jedoch eine Verständigung der beiden. Ein großer Teil der Kommunikation verläuft gerade in besonders schwierigen oder bedrohlichen Situationen eher nonverbal als mittels langer Gespräche. Es gilt, auf die Zeichen des Gegenübers zu achten: Die Altenpflegerin unseres Beispiels hat den Händedruck und den Augenausdruck als Bitte um Beistand in der Todesangst verstanden. Sie kann nun auf dieser Zeichenebene reagieren und beispielsweise mit einem Lächeln, einem Streicheln oder durch Handhalten der Sterbenden signalisieren, dass sie nicht allein gelassen wird.

3.9 Abschiednehmen – Trauern

Jede Altenpflegerin wird in ihrem Beruf immer wieder Menschen begleiten, die Abschied nehmen und sterben müssen. Dazu gehören auch die kleinen Tode, wie der Verlust von Räumen, geliebten Menschen, Lebensmöglichkeiten, Gesundheit und anderen vermeintlichen Selbstverständlichkeiten. Die Antwort auf Verluste ist Trauer. Für Pflegende ist es daher beruflich überlebenswichtig, mit Trauerprozessen bei anderen Menschen (Alte, Angehörige, Kolleginnen) und bei sich selbst heilsam umgehen zu können. Ansonsten ist die Zündschnur zum Burnout schon gelegt. Trauer schreckt ab, sie löst Respekt und Distanz aus. Erforderlich für die Kommunikation ist die unerschrockene Begegnung mit Trauernden.

3.9
Verlust von Fähigkeiten

Trauerprozesse lassen sich in Phasen unterteilen. Auch dabei handelt es sich nicht um ein starres Schema, sondern um Anhaltspunkte zum besseren Verständnis der ganz individuell verlaufenden Trauerverarbeitung.

3.9.1 Vier-Phasen-Modell des Trauerns
Nach Verena Kast (1987) sowie Lander & Zohner (1992) kann man bei Trauerprozessen vier Phasen unterscheiden.

Phase des Nicht-wahrhaben-Wollens
Besonders bei plötzlichen Verlusten lässt sich eine Phase der Betäubung und Empfindungslosigkeit beobachten, die zwischen wenigen Stunden und mehreren Tagen anhalten kann. Die Betroffenen wirken emotional erstarrt, wie unter Schock und sind unfähig, die Wahrheit wahr-

zunehmen und das Ausmaß des Verlustes zu begreifen. Ausbrüche extrem starken Schmerzes und fassungsloser Wut können die vorherrschende Empfindungslosigkeit unterbrechen. Leugnung und Verdrängung dienen zum Aushalten eines kaum erträglichen Gefühls. Roboterhafte Handlungen, gegebenenfalls gekoppelt mit Überaktivität und Reizbarkeit, werden als Bewältigungsversuche eingesetzt.

Phase der aufbrechenden chaotischen Gefühle

In dieser Phase brechen oft mit aller Kraft Emotionen hervor, die den Verarbeitungsprozess in Gang setzen. Die Trauernden können den Emotionen nur Raum geben, wenn sie Vertrauen in die soziale Umwelt haben, da sie nicht wissen, wo der Zusammenbruch endet. Chaotisch wirbeln die Gefühle durcheinander: Minderung des Selbstwertgefühls und der Selbstachtung, innere Vereinsamung, Depression, Gefühle der Demütigung und der Wertlosigkeit, Ohnmacht, tiefe Verzweiflung, Leid, Gefühle der Sinnlosigkeit, Schuldgefühle, Angst, Schmerz, Wut, Zorn, Anklage, feindliche Gefühle gegen die Umwelt.

Ein Aspekt der Wut ist, dass sie personalisiert wird, dass eine Person für den Verlust verantwortlich gemacht wird. So können z. B. Ärzte und Altenpflegerinnen zur Zielscheibe des Schmerzes von Angehörigen werden. Wut und Anklage können sich aber auch direkt gegen die verlorene Person richten („Warum hast Du mich verlassen?"). Angehörige empfinden vielleicht, zu wenig getan und manches nicht geklärt zu haben: „Ich kann es mir nicht verzeihen, dass ich meine Mutter so geschimpft habe", könnte der quälende Selbstvorwurf einer pflegenden Tochter lauten. Pflegekräfte machen sich vielleicht Vorwürfe, wie: „Hab' ich ihm wirklich die Hilfe gegeben, die er gebraucht hat?"

Die Phase des Suchens und Sich-Trennens

Das Suchen und Sich-trennen-müssen wirft den Trauernden auf sich zurück und legt auch nahe, Eigenschaften und Fähigkeiten, die man an den Verstorbenen delegiert hatte, wieder selber zu übernehmen. Für Angehörige, die einen Elternteil verloren haben, bedeutet dies, endgültig Abschied zu nehmen von der Kindheit. Je nach familiärer Geschichte kann dies ein befreiender Schritt hin zum Erwachsenwerden sein oder ein Gefangenbleiben in alten, ungelösten Konfliktmustern. Es geht nicht mehr darum, den Verlust ungeschehen zu machen, sondern zu akzeptieren. Trauernde müssen die Abwesenheit des Toten realisieren und lernen, im Äußeren ohne ihn zu leben. Die Forderung, der Trauernde müsse loslassen, ist aber zu keinem Zeitpunkt richtig. Trauernde dürfen den Verstorbenen innerlich behalten, wenn auch in einer anderen Form: als inneren Ratgeber und Begleiter. Helfer können Trauernde bei der Suche nach einem sicheren Ort für den geliebten toten Menschen unterstützen (Kachler, 2005).

3.9
1. Sichere Orte für Verstorbene
2. Versöhnliche Sätze und Lösungsansätze

Die Phase des neuen Selbst- und Weltbezugs

Je besser der Trauernde sich in die neuen Rollen und Herausforderungen hineinfindet, die das Leben von ihm verlangt, um so eher gewinnt er sein Selbstvertrauen und seine Selbstachtung wieder. Für pflegende Angehörige ist es in dieser Phase wichtig, soziale Beziehungen (besonders zum Freundeskreis) wieder zu beleben und neue Kontakte zu knüpfen. Eine weitergehende Unterstützung kann man im Rahmen einer Selbsthilfegruppe trauernder Menschen erfahren. Es wird dann wieder möglich, Freude am Leben zu haben und eigenen Interessen den erforderlichen Raum zu geben.

3.9.2 Hilfreiche Rituale

Trauerprozesse sind immer Übergangssituationen, sowohl der gesamte Prozess als auch die einzelnen Phasen. Wir verlassen die eine Situation, um zu einer anderen zu gelangen. Beispiele dafür sind etwa der Auszug aus dem Elternhaus, ein Umzug in eine andere Stadt oder eben beim Tod naher Menschen der Übergang vom Miteinander zum Zurückbleiben.

Solche Übergänge werden oft mit Ritualen begleitet. Am auffälligsten können wir dies bei Beerdigungszeremonien, aber auch bei Aufnahmeritualen in eine Gemeinschaft (z. B. Konfirmation, Kommunion, Jugendweihe etc.) oder bei Geburten und Hochzeiten sehen. In manchen Gegenden trägt der Bräutigam die Braut über die Schwelle des Hauses. Es gibt auch verschiedene Bräuche, wie ein toter Mensch über die Schwelle seiner Wohnung nach draußen gebracht wird.

3.9

Der Tod und der Gänse-hirt

Trauerprozesse sind machtvolle Schwellen-Situationen am Übergang in neue Lebensräume, die entdeckt und gestaltet werden können. Im jüdisch-christlichen Kulturraum können wir die alttestamentarische Geschichte des Buches Hiob symbolisch als Trauerprozess eines vom Schicksal hart geprüften Menschen verstehen. Dieser Mensch bekam „doppelt so viel, wie er gehabt hatte" geschenkt, gerade weil er seine Trauer in all ihren Erscheinungsformen leidenschaftlich ausgelebt hat. „Und Hiob starb alt und lebenssatt".

In allen Übergangssituationen sind Rituale hilfreich, weil sie

▶ stabilisieren,
▶ ordnen,
▶ Sicherheit im Verhalten vermitteln,
▶ entlasten,
▶ Geborgenheit geben,
▶ sinnen-voll gelebt werden können.

Heilsame Rituale an der Schwelle zwischen Leben und Tod

Für die Begleitung des Sterbenden eignen sich folgende Rituale:

▶ die Krankensalbung,
▶ eine besondere Stimmung schaffen: Kerzen, Musik, Aromaöle, leises Betreten des Raumes,
▶ einen Kreis bilden, sich an den Händen fassen und den Sterbenden mit einbeziehen,
▶ Lebenslicht aufstellen und anzünden,
▶ Gedichte oder aus der Bibel vorlesen.

Beim Abschiednehmen vom Toten können die folgenden Rituale helfen:

▶ Rosenkranz beten,
▶ sich verneigen,
▶ eine Rose aufs Bett legen,
▶ andere Heimbewohner sich verabschieden lassen,
▶ Abtransport des Toten durch den Haupteingang des Heimes.

Abbildung 3.8 Mit dem Ritual des letzten Grußes verabschieden sich die Pflegenden des Hauses Auguste von dem Verstorbenen. Nach einer oft langjährigen Pflegebeziehung können die Pflegenden damit auch ihrer eigenen Trauer Ausdruck verleihen und ein Zeichen setzen

4 Demenzkranke und gerontopsychiatrisch veränderte Menschen pflegen

Was Sie in diesem Kapitel erwartet

Sich verirren, ständiges Jammern, andere des Diebstahls bezichtigen, Angehörige nicht erkennen, um Hilfe schreien, Ausscheidungen verstecken, immer nach der Uhrzeit fragen ... Altenpflegerinnen, die mit demenzkranken und gerontopsychiatrisch veränderten Menschen arbeiten, nicken wissend, wenn man ihnen diese Liste vorliest. Ein ungewöhnlicher Blickwinkel ist es für Pflegende jedoch, diese Verhaltensauffälligkeiten nicht allein als Krankheitssymptome zu sehen. Das psychologische Werkzeugverlustmodell der Demenz veranschaulicht, dass es sich überwiegend um sinnvolle Lösungsversuche der erkrankten Menschen handelt, die um ihr zerfallendes Selbst kämpfen. Die zwei Demenzgesetze „Gestörte Einprägung" und „Gedächtnisabbau" erklären die hirnorganischen Abbauprozesse und machen das Verhalten Demenzkranker verstehbar.

Mit Hilfe der Grundhaltung Validation finden Pflegende einen Zugang zur inneren Lebenswelt Demenzkranker. Sie können auf ver-rückte Verhaltensweisen wertschätzend und lösungsorientiert reagieren. Dazu gehören als Schlüsselqualifikationen die Neugier auf andere Menschen, Toleranz für Verhaltensbuntheit, Kreativität, (De-)Mut und Humor.
Die Pflege demenziell erkrankter Menschen bezieht sich auch auf ihren Lebensraum. Ein heilsames Milieu erkennt man daran, dass die alten Menschen einen ganz normalen Tagesablauf leben können. Sie arbeiten, ruhen, üben Freizeitaktivitäten aus. Das Zerreißen von Zeitungen oder das Aus- und Einräumen von Tüchern ist ebenfalls Arbeit, mag dies für Außenstehende auch unsinnig erscheinen. Das Leben ist sinnen-voll. Erlebnisaktivierende Pflege reizt die Sinne mit Farbe, Duft, Klang, Bewegung und Gestaltung.

4.1 Verbreitung psychischer Erkrankungen bei alten Menschen

Die mit hohem Alter verbundenen medizinischen und sozialen Probleme haben in allen entwickelten Ländern zugenommen. Die Statistiken einer Reihe von Ländern zeigen, dass für diese Altersgruppe die psychiatrischen Konsultationsraten am höchsten und die Dauer der Krankenhausaufenthalte am längsten sind. Trotz der relativ großen Anzahl alter Menschen in psychiatrischen Einrichtungen gibt es Hinweise darauf, dass sie nur einen kleinen Anteil derjenigen ihrer Altersgruppe darstellen, die an psychischen Störungen leiden. Nach vorliegenden epidemiologischen Untersuchungen kann angenommen werden, dass insgesamt 25–30 % der über 65-jährigen Bevölkerung an leichteren bis schweren psychischen Störungen leiden. Das größte Problem ist die mit zunehmendem Alter deutlich ansteigende Wahrscheinlichkeit einer Demenzerkrankung. Die Alzheimer Erkrankung macht ca. 60 % der Demenzerkrankungen aus, ca. 20 % entfallen auf gefäßbedingte Demenzen (überwiegend Muli-Infarkt-Demenz), der Rest auf Mischformen.

Epidemiologie der Demenz

Der Verband der Bayerischen Bezirke (1998) ist zu der Auffassung gelangt, dass „die Altenheime in die Rolle quasi klinisch-gerontopsychiatrischer Pflegeeinrichtungen hineingedrängt werden". Und weiter wird festgestellt: „Die Entwicklung der Altersstruktur der Bevölkerung stellt eine enorme Herausforderung für das künftige gerontopsychiatrische Versorgungssystem dar. Es gilt, vorrangig ambulante und teilstationäre Versorgungsstrukturen aufzubauen, um vollstationäre Heimaufnahmen künftig soweit als irgend möglich zu vermeiden. Hierfür sprechen auch finanzielle Erwägungen. Angesichts der dramatischen demographischen Entwicklung müssen die ambulanten und teilstationären Versorgungsangebote kurz- bis mittelfristig geschaffen werden."

Tabelle 4.1 Epidemiologie der Demenzerkrankungen. Ab dem 80. Lebensjahr steigt die Häufigkeit der Demenzerkrankungen deutlich an (Bickel, 2001)

Lebensalter	Häufigkeit in %
65–69	ca. 1,2
70–74	ca. 2,8
75–79	ca. 6
80–84	ca. 13,3
85–89	ca. 23,9
90 und älter	ca. 34,6

4.2 Depression und Angst im Alter

Psychosoziale Belastungssituationen können alte Menschen erheblich verwirren. Nicht weil sie alt sind, sondern weil die Häufung der Probleme mit dem Alter zunimmt. Dazu gehören Probleme wie

▶ Einsamkeit und soziale Isolation, mit dem Gefühl unerwünscht zu sein,

▶ Langeweile und Ziellosigkeit, mit dem Gefühl nutzlos zu sein,

▶ körperliche Gebrechlichkeit, mit der Folge einer massiven Einschränkung der Lebensgestaltung,

▶ plötzliche Veränderungen der Lebensumstände ohne Gewöhnungszeit (z. B. Heimeinweisung direkt aus dem Krankenhaus, Tod eines nahe stehenden Menschen)

▶ das unausweichliche Näherkommen des eigenen Todes.

Diese Bedingungen werden als mögliche Ursachen für die Häufigkeit psychischer Störungen unter den älteren Menschen genannt. Von Depressionen im höheren Lebensalter sind in unserem Kulturkreis zwischen 10 und 20 % dieser Menschen betroffen. Die Suizidrate der Menschen über 65 Jahren ist nahezu doppelt so hoch wie die der jüngeren Erwachsenen.

Gelingt es den betroffenen alten Menschen nicht, äußere Belastungen und innere Konfliktsituationen so zu verarbeiten, dass sie damit gesund weiterleben können, können sie folgende Symptome entwickeln:

▶ Leistungs- und Arbeitsstörungen: Konzentrationsstörungen, Erschöpfungszustände, Müdigkeit, Gedächtnisausfall,

▶ funktionelle und vegetative Beschwerden im Körperbereich: Schlafstörungen, Herzrhythmusstörungen, Schweißausbrüche, Zittern, Verdauungsstörungen (Durchfall, Obstipation), Appetitlosigkeit, Schwindelgefühle, Kopfdruck, Kreislaufstörungen usw.,

▶ Verstimmungs- und Affektreaktionen

Die Verhaltensstörungen im Bereich des Gefühlslebens drücken sich hauptsächlich in Depression und Angst aus.

Symptome der Depression

Folgende Symptome lassen auf eine Depression schließen:

▶ Schuld- und Versündigungsgefühle,
▶ Gedanken verengen sich auf ein bestimmtes Ereignis,
▶ Neigung zum Weinen,
▶ manchmal Dämmerzustände,
▶ extrem verlangsamtes Handeln,
▶ Interessenverlust, vor allem an Kontakten mit der Umwelt,
▶ mimischer Ausdruck geht verloren,
▶ Neigung zum Gebrauch von Alkohol oder Schlafmitteln,
▶ Suizidgedanken.

Nicht immer sind Depressionen in ihrer Symptomatik klar erkennbar. Manchmal kommen sie auch im Gewand von körperlichen Missstimmungen, vielfältigen Schmerzzuständen oder Essproblemen daher.

Handlungsmöglichkeiten für Pflegende

Pflegende versuchen zunächst oft, Licht ins seelische Dunkel zu bringen, Mut zu machen und positive Energie zu vermitteln. Diese Energien verschwinden aber oft wie in einem schwarzen Loch. Nach erneuten erfolglosen Bemühungen können auf Seiten der Pflegenden Gefühle von Hilflosigkeit, Ärger und Wut – „Jetzt reißen Sie sich doch einmal zusammen" – entstehen oder die eigene Stimmung wird niedergedrückt. Zum Selbstschutz gehen die Pflegenden dann auf Distanz und verlieren Kontakt.

Für das Gespräch mit depressiven Menschen muss man sich Zeit nehmen. Ein schnelles „Kopf hoch" oder „Das wird schon wieder" erzeugt lediglich das Gefühl, nicht verstanden zu werden. Klagen und Jammern darf sein. Man kann sich validierend darauf einlassen und – nach gelungenem Kontakt – den Versuch wagen, den Betroffenen aus seiner Stimmungslage auszulenken.

Für die pflegerisch-therapeutische Intervention bei depressiven Zuständen sind besonders die Möglichkeiten der körperorientierten Kommunikation empfehlenswert:

▶ körperliche Berührungen, z. B. durch Massagen und Krankengymnastik,
▶ Lieblingsspeisen gemeinsam zubereiten und essen,
▶ Lieblingskleidung und -düfte anbieten,
▶ In-Bewegung-kommen durch Spaziergänge,
▶ Abendrituale wie Einreibungen, Knöchelmassage.

Angst

Etwa 80 % der Altersdepressionen sind vom Leitgefühl der Angst geprägt. Das Angstsyndrom kann sich in verschiedenen Formen äußern:

▶ motorische Unruhe,
▶ Dämmerzustände,
▶ Sprachverlust und Lähmungen.

Es können sich auch abnorme Erlebnisreaktionen mit Angst- und Furchtzuständen entwickeln, die nicht mit Depressionen zusammenhängen:

▶ illusionäre Verkennung harmloser Dinge: z. B. Kratzer am Türschloss bedeuten, dass die Verwandten durch Ausbau des Türschlosses den Zugang zur eigenen Wohnung verhindern und dadurch die Heimeinweisung herbeiführen wollen;

▶ paranoide Reaktionen, besonders wenn panikartige Ängste vor unmittelbarer Bedrohung durch andere Menschen auftreten;

▶ psychogene Körperstörungen, Ohnmacht und Krämpfe etc.

Die Erlebnisreaktionen können mit Demenzerkrankungen und Psychosen verwechselt werden, da sich die Symptome teilweise ähneln. In der gerontologischen Psychodiagnostik wird daher mittels spezieller Testverfahren (z. B. mit dem „Test zur Früherkennung von Demenzen mit Depressionsabgrenzung – TFDD") versucht einzuschätzen, ob es sich bei kognitiven Störungen um Folgen einer Depression oder einer Demenz handelt.

Tabelle 4.2 Differentialdiagnostische Hinweise zur Abgrenzung Demenz – Depression (nach Herrschaft, 2001)

Kriterien	Hinweise auf Depression	Hinweise auf Demenzen
Beginn	Rascher Beginn, Dauer weniger als sechs Monate	Meist langsamer Beginn, erste Zeichen länger als ein Jahr zurück
Leistungsfähigkeit	Auffällige Leistungsschwankungen bei Aufgaben gleichen Schwierigkeitsgrades	Meist gleichmäßige Leistungsminderung bei Aufgaben gleichen Schwierigkeitsgrades
Orientierung	Orientiert, weiß Hilfe zu finden	Desorientiert, ungezielt Hilfe suchend
Klagen	Subjektive Klagen stärker als objektive Befunde	Bagatellisiert, klagt weniger
Stimmung	Depressive Stimmung mit Morgentief	Affektlabil, leicht umstimmbar
Schuldgefühle	Schuldgefühle, Versagensangst	Verneint, beschuldigt andere, konfabuliert
Libido	Libido gemindert	Libido erhalten
Wirksamkeit von Antidepressiva	Antidepressive Therapie erfolgreich	Antidepressive Therapie nicht primär erfolgreich

Als Altenpflegerin sollten Sie mithilfe der Biografiearbeit darauf achten, ob depressive und ängstliche Verhaltensweisen eventuell mit vorausgegangenen einschneidenden Erlebnissen zusammenhängen (→ 1.2 Biografiegeleitete Pflege). Dabei kann es sich auch um traumatische Erlebnisse aus der Vergangenheit handeln, die nie richtig verarbeitet worden sind (Krieg, Vertreibung, Hungersnot usw.).

4.3 Organisch bedingte psychische Störungen

Die Verhaltensauffälligkeiten demenzkranker alter Menschen sind in den meisten Fällen Ausdrucksformen einer erheblichen psychoorganischen Beeinträchtigung. In den Pflegedokumentationen findet sich dazu eine Fülle medizinischer Diagnosen: Verwirrtheitszustand, Hirnorganisches Psychosyndrom (HOPS), Psychoorganisches Syndrom (POS), Senile Demenz, Senile Demenz Alzheimer Typ (SDAT), Demenz Alzheimer Typ (DAT), Multiinfarkt-Demenz (MID), eventuell auch Akut-organisches Psychosyndrom (AOP) oder Chronisch-organisches Psychosyndrom (COP), Psychoorganisches Durchgangssyndrom. Die mit diesen Diagnosen verbundenen Dysfunktionen beziehen sich auf folgende Bereiche:

- Gedächtnisstörungen,
- Orientierungsstörungen,
- Auffassungs- und Denkstörungen,
- Affektstörungen,
- motorische Störungen.

Lassen Sie sich nicht davon verwirren, mit welcher medizinischen Hauptdiagnose die Verwirrung und Ver-rücktheit bezeichnet wird. Für die Pflegediagnose und Pflegeplanung ist es primär wichtig zu wissen, ob es sich um einen akuten und reversiblen Zustand oder um den Ausdruck einer chronischen Krankheitsentwicklung handelt. Ansonsten kommt es auf die Grundhaltungen an, um angemessen auf die psychischen Verhaltensauffälligkeiten reagieren zu können.

4.3.1 Akutes organisches Psychosyndrom: Delir und Verwirrtheit

Mit Delir werden alle organischen Psychosyndrome bezeichnet, die mit einer Bewusstseinstrübung einhergehen. Die damit verbundenen Verwirrtheitszustände können den Eindruck einer Demenz erwecken.

Akute psychische Störungen und Demenzsymptome können sowohl durch die direkte primäre organische Schädigung des Gehirns entstehen als auch durch die sekundäre Beeinträchtigung der Gehirnfunktionen infolge anderer Erkrankungen.

- Gehirnverletzungen und primäre Gehirnkrankheiten: führen nach Unfall oder Schlaganfall zum psychoorganischen Durchgangssyndrom, bei Demenz auch zu akuten Verwirrtheitszuständen.
- Infektionen: Hirnhautentzündung und Hirnentzündung führen zu Delir, Lungenentzündung zu Fieberdelir mit Halluzinationen.
- Stoffwechselstörungen: Harnstoffvergiftung bei Nierenversagen, perniziöse Anämie oder Ikterus können je nach Schwere der Erkrankung zu Erregung, Krämpfen, Benommenheit usw. führen.
- Störungen der endokrinen Drüsen: Bei Überfunktion der Schilddrüse (Basedow) kann es zu hochgradiger Nervosität, Stimmungsschwankungen und Wahnvorstellungen kommen, bei Unterfunktion zu affektiver Stumpfheit und allgemeiner Verlangsamung; Diabetes mellitus kann im akuten Koma zu Angstzuständen, Zittern und Bewusstseinsstörungen führen.
- Vergiftungen: Alkohol, Rauschgifte oder Medikamente können bei Überdosierung zu schweren psychotischen Erscheinungsbildern führen.

Das akute organische Psychosyndrom geht immer mit Bewusstseinstrübung einher. Abhängig von den Erkrankungen oder der Persönlichkeit des Erkrankten treten Verwirrtheit, Denkstörungen, Delire, motorische Unruhe, Halluzinationen und Personenverkennungen auf.

Bei akuten Verwirrtheitszuständen lässt sich in den meisten Fällen eine tief empfundene Angst, Beunruhigung und Verunsicherung des betroffenen Menschen wahrnehmen. Als Reaktion darauf kann eine Vielfalt auffälligen Verhaltens entstehen: krampfhaftes Anklammern an gewohnte Verhaltensmuster, illusionäre Verkennungen der realen Situation, aggressives Verhalten gegen vermeintliche Angriffe. Der Einsatz von Medikamenten ist oft notwendig und hilfreich, weil erst dadurch die notwendigen beziehungspflegerischen Maßnahmen – hauptsächlich Beruhigung – ermöglicht werden. Akute Verwirrtheitszustände sind nicht auf die leichte Schulter zu nehmen, sie können Ausdruck eines lebensbedrohlichen Zustandes sein. Bei entsprechender Behandlung gibt es gute Chancen, dass die Symptome der Verwirrung und Demenz wieder verschwinden, soweit kein chronischer hirnorganischer Erkrankungsprozess vorliegt.

4.3.2 Chronisch organisches Psychosyndrom: Demenz

Bei jedem Menschen stellt sich im höheren Lebensalter – als ganz normaler Alterungsprozess seines Gehirns – eine Verminderung von Hirnvolumen und Hirngewicht ein. Dies führt nicht zu Funktionsausfällen, weil unser Gehirn über eine außergewöhnlich große Kompensationsfähigkeit verfügt. Unter Demenz versteht man den Abbau des Denkvermögens und Verstandes infolge hirnorganischer Krankheitsprozesse. Dabei unterscheidet man vaskuläre (= gefäßbedingte) und degenerative (= abbaubedingte) Demenzen.

In einem vereinfachten Schema lassen sich die Formen von chronischer Demenz folgendermaßen darstellen:

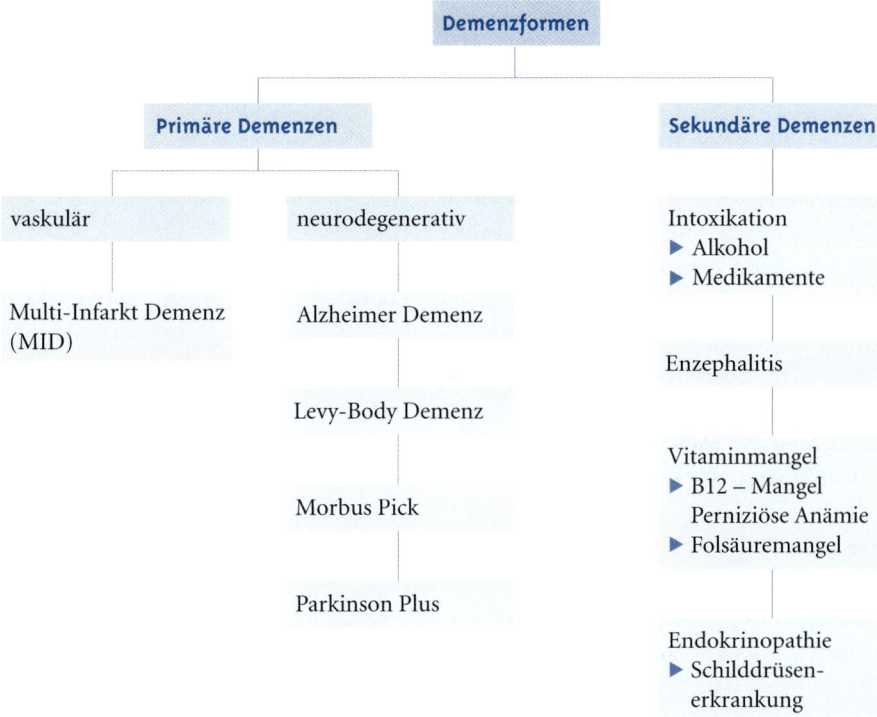

Abbildung 4.1 Demenzformen. Primäre Demenzen entstehen unmittelbar im Gehirn. Sie lassen sich in vaskuläre (Multi-Infarkt-Demenz) und neurodegenerative (abbaubedingte) Demenzen unterscheiden. Hauptform der neurodegenerativen Demenz ist die Alzheimer Krankheit. Bei sekundären Demenzen verursachen andere Erkrankungen demenzielle Schädigungen des Gehirns

Das demenzielle Syndrom. Das für alle Demenzen charakteristische Syndrom ist gekennzeichnet durch

- ▶ ausgeprägte Gedächtnisstörungen,
- ▶ Verminderung der Urteilsfähigkeit und des Denkvermögens,
- ▶ Störungen der Sprache (Aphasie),
- ▶ Störungen des Handelns (Apraxie),
- ▶ Störungen des Erkennens (Agnosie),
- ▶ Verminderung der Affektkontrolle, des Antriebs oder des Sozialverhaltens.

Dieses Syndrom kommt bei der Alzheimer Erkrankung, bei zerebrovaskulärer Erkrankung und bei anderen Zustandsbildern vor, die primär oder sekundär das Gehirn betreffen. Die Symptome müssen über mindestens sechs Monate beobachtbar sein.

4.3
Diagnostische Kriterien
für Demenz

Vaskuläre Demenz oder Multi-Infarkt-Demenz (MID)

Als vaskulär werden die Demenzerkrankungen bezeichnet, die infolge der Schädigung von Blutgefäßen durch arteriosklerotische Prozesse (= Verkalkung der Arterien, Bluthochdruck) auftreten. Selten führt ein einziger schwerer Schlaganfall sofort zu einer Demenz, vielmehr ist es die Häufung kleinerer Hirninfarkte, die zu einem Absterben der betroffenen Hirnteile führen. Dies wird als Multi-Infarkt-Demenz bezeichnet.

Vorboten eines Hirninfarktes können körperliche Symptome wie Schlaflosigkeit, Kopfdruck, Kopfschmerzen mit großen Schwankungen, Schwindelanfälle, Ohrensausen, Flimmern vor den Augen, Sprachstörungen, motorische Ausfälle sein.

Die Multi-Infarkt-Demenz unterscheidet sich durch folgende Merkmale von der Alzheimer-Demenz:

▶ Demenz tritt in Verbindung mit dem Infarktgeschehen eher plötzlich auf,
▶ stufenartiger Abbau der Hirnleistung, wobei es vorübergehend wieder eine Stufe aufwärts gehen kann,
▶ Auftreten neurologischer Symptome wie Zittern, Gleichgewichts- und Gangstörungen, Störungen von Reflexen (z. B. des Schluckreflexes),
▶ tagsüber Stimmungsschwankungen (Affektlabilität), nachts Unruhe und Verwirrtheit; ein Zusammenhang mit dem Blutdruckgeschehen wird vermutet,
▶ Krankheitseinsicht zunächst stärker vorhanden, was die Kranken psychisch stark belastet.

Die Behandlung kann zu Beginn der Erkrankung medikamentös durch blutdruck- und blutfluss-regulierende Präparate erfolgen. In manchen Fällen lässt sich durch eine operative Beseitigung von Durchblutungshindernissen der Krankheitsverlauf positiv beeinflussen. Ganz wesentlich ist eine Regulierung der ganzen Lebensweise: fettarme und vitaminreiche Kost, Gewichtsreduktion und Nikotineinschränkung (falls dies nicht die letzte Freude am Leben nimmt), Aktivierung durch Gymnastik und sinnvolle Beschäftigung.

Alzheimer Erkrankung

Die meisten alten Menschen mit der Diagnose Demenz sind an dieser Verlaufsform erkrankt. Synonym werden auch die Bezeichnungen „Morbus Alzheimer", „Alzheimersche Krankheit", „Primär degenerative Demenz vom Typ Alzheimer" gebraucht. Es handelt sich um eine progressive Krankheit (progressiv = voranschreitend) mit allmählichem Beginn und zunehmendem Persönlichkeitszerfall. Organisch lassen sich Veränderungen und Zerstörung von Hirngewebe sowie ein Rückgang der biochemischen Botenstoffe im Gehirn (Neurotransmitter) nachweisen. Es finden sich Verklumpungen feinster Nervenfasern, degenerierte Nervenfortsätze und Zellkernveränderungen. Auslöser und Ursachen sind bislang noch nicht sicher identifiziert, eine ursächliche Behandlung ist zur Zeit noch nicht möglich. Die Erkrankung kann jeden treffen. Zusammenhänge mit der Schichtzugehörigkeit, der Intelligenz oder der beruflichen Qualifikation konnten bislang nicht nachgewiesen werden. Die Durchschnittsdauer der Erkrankung vom Beginn bis zum Tod beträgt sieben bis zehn Jahre. Tritt die Erkrankung schon vor dem sechzigsten Lebensjahr auf, führt sie im Allgemeinen zu einem schnelleren Verfall.

Der geistige Abbau erfolgt schneller als der körperliche. Daraus resultiert eine langjährige Pflegebedürftigkeit. Für pflegende Angehörige und deren Familien bedeuten die Persönlichkeitsveränderungen der Betroffenen eine erhebliche Belastung, weshalb man auch von einer „Familienkrankheit" spricht.

Die Alzheimer-Demenz lässt sich in drei Stadien einteilen. Da die Gesichter der Demenz jedoch vielfältig sind, dient die Einteilung vor allem der Orientierung. Die Übergänge zwischen den Stadien sind fließend.

Im **frühen Stadium** können die Kranken ihren Lebensalltag im Großen und Ganzen noch selbstständig bewältigen. Folgende Probleme tauchen auf:

▶ Störungen im Bereich der Merkfähigkeit (Kurzzeitgedächtnis), Gegenstände werden verlegt, Verabredungen vergessen,

▶ zunehmende Probleme bei gewohnten Tätigkeiten,

▶ Nachlassen des Antriebs und der Eigenaktivität,

▶ Reisen und Bankgeschäfte sind ohne Begleitung nicht mehr möglich,

▶ Stimmungsschwankungen zwischen Reizbarkeit, Ängstlichkeit, Depressionen,

▶ reduzierter Wortschatz, Wortfindungsstörungen,

▶ Schwierigkeiten, sich in fremder Umgebung zu orientieren.

In diesem Stadium ist den Erkrankten das Nachlassen ihrer Leistungsfähigkeit bewusst. Sie kämpfen mit den ihnen individuell zur Verfügung stehenden Mitteln um den Erhalt ihrer persönlichen Identität (→ 1.1.3 Säulen der Identität). Manchmal werden die Probleme auch abgewehrt durch:

▶ Bagatellisieren – die Probleme werden heruntergespielt,

▶ Verleugnung – Schwierigkeiten werden ignoriert,

▶ Projektion – andere werden verantwortlich gemacht,

▶ Scham und Rückzug – die Fehler werden bemerkt, neue Situationen gemieden, Kontakte abgebrochen,

▶ depressive Stimmungsschwankungen – der Betroffene fühlt sich als Versager und wertlos.

Im **mittleren Stadium** ist das Leben im eigenen Haushalt nur noch mit Hilfe möglich, weil nun massivere Beeinträchtigungen auftreten:

▶ massive Störungen des Kurzzeitgedächtnisses und Abbau des Langzeitgedächtnisses,

▶ zunehmende Desorientiertheit auch in gewohnter Umgebung,

▶ Wortverwechslungen, Silbenverdrehungen,

▶ ständig dieselben Fragen stellen,

▶ hochgradige Unruhe, rast- und zielloses Umherlaufen,

▶ Entwicklung einer Harninkontinenz,

▶ wahnhafte Überzeugungen, vor allem bestohlen und betrogen zu werden,

▶ Einsicht in das Kranksein schwindet zusehends.

Im **fortgeschrittenen Stadium** brauchen die Kranken bei allen Verrichtungen des täglichen Lebens Hilfe, da die Fähigkeiten auf allen Ebenen nachlassen und sich die Symptome verschlimmern:

▶ hochgradiger geistiger Abbau,

▶ massive Einschränkung der sprachlichen Verständigungsmöglichkeiten bis zum Verlust der Sprache,

▶ zunehmender körperlicher Kontrollverlust bis hin zur Bettlägerigkeit,

▶ häufig Harn- und Stuhlinkontinenz,

▶ Schluckstörungen und Krampfanfälle,

▶ motorische Automatismen wie nesteln und zupfen,

▶ lautes Schreien,

▶ Störung des Tag- und Nachtrhythmus.

Die Betroffenen sind auf ständige Pflege und Betreuung angewiesen.

Picksche Demenz

Eine progressive Demenz mit Beginn schon ab dem vierten Lebensjahrzehnt ist die Picksche Erkrankung. Bei dieser Demenzform sind vor allem die Hirnareale betroffen, die für die moralischen und sozialen Instanzen der Persönlichkeit zuständig sind. Charakteristisch sind die frühzeitig auftauchenden und langsam fortschreitenden Charakterveränderungen sowie der Verlust sozialer Fähigkeiten. Bei Frontalhirnatrophie kommt es zu Enthemmung und Taktlosigkeit, triebhafter Unruhe, später Antriebsverlust und Abstumpfung. Bei Temporallappenatrophie stehen Sprachstörungen in Form von Sprachzerfall, stereotypen Wiederholungen usw. (s. Alzheimer zweites Stadium) im Vordergrund. Die Gedächtnisleistung ist, anders als bei der Alzheimer-Demenz, anfangs noch erhalten.

Levy-Body-Demenz

Bei dieser Erkrankung finden die neuronalen Abbauprozesse überwiegend in anderen Hirnarealen als bei der Alzheimer Krankheit statt, nämlich in den Basalganglien. Daher rühren auch die charakteristischen motorischen Störungen, die häufig zu Stürzen führen. Im weiteren Krankheitsverlauf treten psychische Veränderungen wie eingeschränkte Aufmerksamkeit, Zwangsstörungen und Depression sowie hochgradige kognitive Störungen in den Vordergrund.

Parkinson-Plus-Erkrankung

Durch einen bevorzugt im sechsten Lebensjahrzehnt, gelegentlich auch schon früher einsetzenden Hirngewebsschwund im Bereich der Substantia nigra kommt es zu Störungen im komplexen Regelkreissystem des Stammhirns. Die Krankheit ist teilweise erblich bedingt und beruht auf einem Dopaminmangel (Ansatzpunkt der modernen medikamentösen Therapie). Der Verlauf schreitet langsam voran, ohne wesentliche Verkürzung der Lebensdauer. Betroffen sind vor allem die Regulierung automatischer Bewegungsabläufe und des Muskeltonus. Folgende Symptome treten auf:

▶ körperliche Symptome: Bewegungsverarmung mit starrer Mimik und seltenem Lidschlag, kleinschrittiger Gang, verkleinertes Schriftbild, leise und monotone Sprechweise, Gleichgewichtsstörungen, rhythmisches Zittern der Finger und Beine,

▶ zentral-vegetative Symptome: Hitzewallungen, Zunahme des Speichelflusses, vermehrte Schweiß- und Talgsekretion bis hin zum „Salbengesicht",

▶ psychische Symptome: Die erhebliche Einengung des motorischen Lebensspielraumes führt bei manchen Betroffenen zu mehr oder weniger gravierenden psychischen Beeinträchtigungen. Nur bei einem Teil der Betroffenen ist eine demenzielle Persönlichkeitsveränderung zu beobachten. Man spricht dann von Parkinson-Plus.

Die betroffenen alten Menschen bedürfen einer besonderen psychischen Betreuung, die ihnen wieder zu mehr Selbstvertrauen und Eigenaktivität verhilft. Weitere Kernstücke der notwendigen therapeutischen Bemühungen sind eine entsprechende Medikamentierung und krankengymnastisches Training.

4.4 Werkzeugverlust bei Demenz

Ganz normales Altern ist mit unausweichlichen körperlichen Einschränkungen im Bereich der meisten Organsysteme verbunden. Die Antennen zur Außenwelt, die Sinnesorgane, lassen in ihrer Leistungsfähigkeit besonders nach. Deshalb kann die Wahrnehmungsgewissheit schon bei psychisch gesunden alten Menschen erschüttert werden. Zu den Einschränkungen der körperlichen Leistungsfähigkeit treten bei Demenzerkrankungen die hirnorganischen Veränderungen mit den damit verbundenen geistigen Einschränkungen hinzu und verschlimmern die Kränkung.

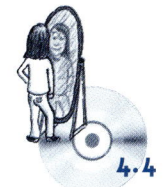

Sich einem anderen anvertrauen

4.4.1 Das Vier-Stufen-Modell des Werkzeugverlusts

Zur inneren Welt von Menschen mit Demenz finden Sie am ehesten Kontakt, wenn Sie deren Verhalten unter dem Blickwinkel der vier Stufen des Werkzeugverlust-Modells zu verstehen versuchen. Sie werden feststellen, dass ein zunächst unvernünftig erscheinendes Verhalten vor dem Hintergrund der realen Innenwelt des Betroffenen sehr wohl vernünftig sein kann.

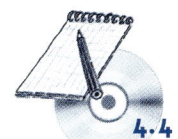

Umgang mit Spannungen

Tabelle 4.3 Das Vier-Stufen-Modell der Demenz als Werkzeugverlust. Das Modell veranschaulicht, dass die Verhaltensauffälligkeiten demenzkranker Menschen nicht nur Symptome der Erkrankung, sondern nachvollziehbare Lösungsversuche sind. Der hirnorganische Abbauprozess beschädigt die Werkzeuge, die dem Menschen Orientierung in der Welt und Identität ermöglichen. Kognitiver Abbau bewirkt, dass sich die Betroffenen nicht mehr auskennen, den vertrauten Boden verlieren. Das löst starke Gefühle von Angst, Trauer, Wut, Scham etc. aus. Was die Außenwelt als Verhaltensstörungen sieht, sind Versuche, den Zerfall aufzuhalten und die Identität zu bewahren

Werkzeug-Verlust-Modell

Die vier Stufen des Werkzeugverlusts	Symptome
Stufe 1 Hirnorganischer Abbauprozess	Zunehmender Verlust folgender Werkzeuge ▶ Gedächtnis ▶ Sprache ▶ Verstand ▶ Bewegung
Stufe 2 Kognitive Folgen	Die erkrankten Menschen ▶ verstehen die Welt nicht mehr ▶ kennen sich nicht mehr (aus) ▶ können sich nicht mehr verständlich machen ▶ verlieren den vertrauten Boden unter den Füßen
Stufe 3 Emotionale Folgen	Die erkrankten Menschen ▶ haben deshalb Angst ▶ werden unsicher ▶ fühlen sich hilflos ▶ sind desorientiert und verwirrt ▶ werden unruhig ▶ schämen sich ▶ trauern um den Verlust ▶ werden wütend ▶ werden misstrauisch

▶

Tabelle 4.3 (Fortsetzung)

Die vier Stufen des Werkzeugverlusts	Symptome
Stufe 4 Lösungsversuche	Ganz normale Suche nach Sicherheit sind: ▶ sicheren Boden suchen durch Weglaufen ▶ Rückzug und Verstummen ▶ immer das gleiche machen, sagen, fragen ▶ sich anklammern an Vertrautes ▶ Abtauchen in die Vergangenheit ▶ sich verteidigen und angreifen ▶ sich bemerkbar machen durch Schreien und Krach schlagen ▶ um Hilfe rufen

4.4.2 Demenzgesetze

Buijssen (1994) bietet mit seinen zwei Demenzgesetzen einen sehr anschaulichen Zugang zum Verständnis der Zusammenhänge zwischen den Verhaltensweisen demenzkranker alter Menschen und den zugrunde liegenden hirnorganischen Veränderungsprozessen.

Erstes Demenz-Gesetz: gestörte Einprägung

Die Brücke zwischen Kurzzeitgedächtnis und Langzeitgedächtnis ist ge-/zerstört. Dem demenzkranken alten Menschen gelingt es daher zunehmend weniger, sich Informationen einzuprägen, also im Langzeitgedächtnis zu speichern. Es geht also nicht um Vergesslichkeit, sondern um die Unfähigkeit, sich etwas merken zu können. Ausgenommen sind Informationen, die mit starken Emotionen verbunden sind oder kontinuierlich wiederholt werden. Diese Ausnahmeregel machen sich beispielsweise Gedächtnistrainings zunutze.

Die Symptome des Anfangsstadiums einer Demenz können Sie besser verstehen, wenn Sie sich die Folgen einer gestörten Einprägung klar machen. Die Betroffenen

▶ verlieren die zeitliche und räumliche Desorientierung: sie verirren sich, finden nicht mehr nach Hause, fragen häufig nach Zeit und Tag, erkennen Personen nicht wieder,

▶ haben Stimmungsschwankungen, weil sich ihnen der Anlass für Freude oder Ärger nicht einprägt,

▶ verlieren den Faden im Gespräch und wechseln daher ständig das Thema,

▶ stellen immer wieder die gleichen Fragen,

▶ vermissen und suchen häufig Gegenstände.

4.4

Was seht ihr, Schwestern?

Besonders die von einer Multinfarkt-Demenz betroffenen Menschen sind sich anfangs ihrer stumpfer werdenden Werkzeuge bewusst. Sie spüren: Irgendetwas Bedrohliches geht in mir vor und raubt mir die Gewissheit, Herr meiner selbst zu sein. Das löst Angst aus.

Zweites Demenz-Gesetz: Gedächtnisabbau

Mit Fortschreiten der Demenz fängt das Langzeitgedächtnis an zu bröckeln. Die darin gespeicherten Informationen verschwinden nach und nach in chronologischer Reihenfolge „Das Gedächtnis wird wie ein Wollknäuel abgewickelt. Zuerst verschwinden die Tagebücher der letzten zehn Jahre, später die der letzten zwanzig, dann die letzten dreißig usw. Schließlich bleiben nur noch Reste der Erinnerungen aus frühester Jugend übrig. (…) Allmählich verblasst alles, was die demente Person jemals in ihrem Leben gelernt hat." (Buijssen 1999)

Was sind die Folgen dieser schleichenden Löschung der Tagebücher des Gedächtnisses?

▶ Instrumentelle Fertigkeiten, wie die Bedienung einer Kaffeemaschine, des Autos oder sonstiger moderner Gerätschaften, gehen verloren.

▶ Lebenspraktische Fertigkeiten (z. B. Körperpflege oder Bekleidung), werden zunehmend vergessen.

▶ Durch Abbau des Sprachgedächtnisses kommt es zu Wortfindungsstörungen und einem zunehmenden Verlust des Wortschatzes, wodurch die Verständigung immer einsilbiger und reduzierter wird.

▶ Soziale Fertigkeiten gehen verloren; die Betroffenen vergessen die gesellschaftsüblichen Spielregeln und tun Dinge, die „sich nicht gehören".

▶ Bekannte Menschen, wie die eigenen Kinder, der Partner oder die Pflegenden, werden zu Fremden, sogar das eigene Spiegelbild wird nicht mehr erkannt.

▶ Die demenzkranken Menschen wollen zur Arbeit gehen oder nach Hause, warten auf die aus der Schule kommenden Kinder, je nachdem wie weit die Tagebücher des Gedächtnisses schon verschwunden sind.

Pflegende haben mit dem Werkzeugverlust-Modell und den Demenz-Gesetzen zwei Instrumente zur Hand, die es ihnen in der bunten Welt von Ver-rücktheit

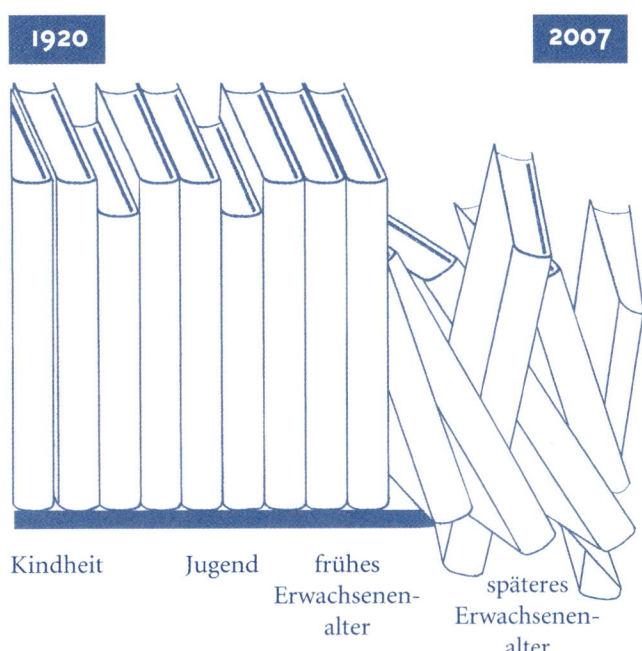

Abbildung 4.2 Das Gedächtnis als Bibliothek von Tagebüchern, in denen Menschen im Laufe ihres Lebens alles für sie Wichtige notieren. Der zunehmende Gedächtnisabbau führt dazu, dass die Tagebücher – die zuletzt angelegten zuerst – zerfallen. Prägungen und Motive aus früheren Lebensphasen beeinflussen nun das aktuelle Verhalten. Immer mehr Tagebücher werden gelöscht und Pflegende können die Menschen nur erreichen, wenn sie etwas über die Lebensgeschichte des Demenzkranken wissen

und Verwirrung ermöglichen, sich zu orientieren und professionell Standpunkt zu beziehen. In dem Ausmaß, wie sie absonderliches Verhalten nicht als bedrohlich fremd, sondern in der Logik des erkrankten alten Menschen als sinnvoll empfinden, können sie sich validierend einfühlen und wenn erforderlich, auch einen Schritt zurücktreten und sich schützen. Kitwood (2002) verweist in seinem personenzentrierten Pflegeansatz darauf, dass oft das Verhalten der Demenzkranken zum Problem und psychopathologischen Symptom gemacht wird, anstatt das eigene Verhalten auf die Welt der Demenzkranken einzustellen (→ 1.2.6 Biografiegeleitete Pflege – Toleranzspielraum).

4.5 Grundhaltungen der gerontopsychiatrischen Pflege

Altenpflegerinnen erleben sich in der Betreuung demenzkranker alter Menschen oft hilflos und überfordert. Die Auseinandersetzung mit den eigenen Grundhaltungen kann Abhilfe schaffen.

4.5.1 Suchhaltung

Die eigenen Gefühle sind der wichtigste Ansatzpunkt für die Entwicklung einer angemessenen Grundhaltung im Umgang mit Menschen, die an einer gerontopsychiatrischen Erkrankung leiden. Als gesunde Menschen können wir zwar nicht wirklich verstehen, was in demenzkranken Menschen vor sich geht, wohl aber können wir uns in sie einfühlen. „Ein psychisch kranker Mensch ist jemand, der bei der Lösung seiner Lebensprobleme in eine Sackgasse geraten ist. Diese Sackgassen nennen wir Krankheit, Störung, Kränkung, Leiden oder Abweichung. Sie sind grundsätzlich allgemein-menschliche Möglichkeiten; d. h. sie sind für uns alle unter bestimmten Bedingungen Ausdrucksformen der Situation ‚so geht es nicht mehr weiter'. Daher sind sie uns allen grundsätzlich innerlich zugänglich." (Dörner, 1996).

Für Pflegende ist es daher wichtig, zunächst einmal die eigenen Gefühle und Verhaltensweisen wahrzunehmen:

► Was löst bei mir Angst aus?
► Was stimmt mich traurig?
► Wie verhalte ich mich in bedrohlichen Situationen?
► Wie zeige ich anderen Menschen meine Hilflosigkeit?
► Was macht mich ärgerlich?
► Wem offenbare ich aufrichtig meine Gefühle und Gedanken?
► Wie schütze ich mich in bedrohlichen Situationen?

Die Selbstwahrnehmung ermöglicht es, den kranken alten Menschen besser zu verstehen. Wer hat nicht schon einmal in der Nacht Schritte hinter sich gehört, sich aus einer unerfindlichen Angst heraus im Zimmer eingesperrt oder unters Bett geschaut? Verstehen beinhaltet das Bemühen, den psychisch veränderten alten Menschen zu akzeptieren, so wie er ist, ohne die eigenen Gefühle und Grenzen zu übergehen.

Beispiel

Eine Altenpflegerin berichtet. Ich kam, wie jeden Tag, so gegen 8.00 Uhr zu Frau Klara auf die Pflegestation. Da ich etwas in Zeitnot war, legte ich ihr die Kleidungsstücke hin und sagte: „Versuchen Sie es doch einmal alleine, ich helfe Ihnen dabei." Sie sah mich erstaunt an und meinte: „Das kann ich doch nicht."

Nach ermunterndem Zureden – das allerdings mehr Zeit in Anspruch nahm, als wenn ich sie gleich selbst angezogen hätte – versuchte sie es doch. Ich musste ihr nur dabei helfen, den Pullover über den Kopf zu ziehen, die Strümpfe hochzuziehen und den Reißverschluss zuzumachen.

Aus der suchenden Grundhaltung heraus stehen als Zielsetzungen bei der Pflegeplanung im Vordergrund:

► Akzeptanz der unwiederbringlich verlorenen Fähigkeiten und Fertigkeiten,
► Erhaltung oder Wiederherstellung von größtmöglicher Eigenständigkeit,
► Befähigung zu aktiver Teilnahme am Leben in der Gemeinschaft des Heimes bzw. der Familie.

Als konkrete Teilziele ergeben sich:

▶ selbständige Körperpflege und Abbau inkontinenten Verhaltens (soweit Körperbehinderungen oder hirnorganische Schädigungen es zulassen),

▶ sicheres Zurechtfinden in der Lebensumwelt (wenigstens im eigenen Zimmer oder der unmittelbaren Umgebung),

▶ Schärfung der Wahrnehmung und Zuwachs an Selbstbewusstsein durch Aktivierung der Sinne,

▶ Verbesserung sozialer Fertigkeiten (z. B. Befähigung zur Kontaktaufnahme mit Mitbewohnern usw.).

Und nicht zuletzt lohnt es sich, krankmachende Umgebungsbedingungen im Auge zu behalten und zu ändern.

4.5

Grundhaltungen

4.5.2 Validation und Integrative Validation

Naomi Feil (1993) entwickelte mit dem Konzept der Validation ein bahnbrechendes Instrumentarium für die Altenpflegepraxis. In der Beziehungsgestaltung und Kommunikation mit Demenzkranken geht es dabei darum, deren Verhalten grundlegend zu akzeptieren und als wertvoll zu schätzen. Dementsprechend lautet die Grundhaltung: „Akzeptiere das Unabänderliche!" Praktisch bedeutet das, nicht mehr mit allen pflegerischen Mitteln gegen den demenziellen Abbau kämpfen zu müssen, sondern in den Symptomen einen Sinn zu sehen und den demenzkranken alten Menschen in seiner aktuellen Gefühlswelt und seinen Lösungsversuchen wertschätzend zu begleiten. Kritiker beanstanden, dass Naomi Feil die Verhaltensweisen demenzkranker Menschen zu sehr tiefenpsychologisch betrachtet, als Folgen unbewältigter Lebensaufgaben.

Folgende Techniken der Validation werden von Feil empfohlen:

▶ Zentrieren: durch Konzentration auf den Atem zunächst zu sich selbst kommen (z. B. eigene negative Gefühle ausatmen), um sich einfühlend auf den demenzkranken Menschen einlassen zu können.

▶ „Wer, Was, Wo, Wann, Wie" fragen: Warum-Fragen vermeiden, weil demenzkranke Menschen das Warum ihrer Gefühle und ihres Verhaltens nicht erkennen können.

▶ Wiederholen: den Sinngehalt dessen, was der Gesprächspartner sagt, wiederholen und dabei möglichst dieselben Schlüsselwörter verwenden; dies signalisiert dem anderen, dass Sie ihn verstanden haben (→ 5.4.2 Reverbalisierung).

▶ Augenkontakt halten: Auch wenn wir manchmal das Gefühl haben, dass Demenzkranke einen leeren Blick haben oder durch uns hindurchschauen, spüren sie doch den direkten und liebevollen Blick, mit dem eine Altenpflegerin Kontakt aufnimmt.

▶ Mehrdeutigkeit: Demenzkranke Menschen erfinden manchmal Wörter. Um sich dennoch zu verständigen, sollten Sie Mehrdeutigkeit zulassen. Schreit jemand beispielsweise: „Diese Katagänge tun mir furchtbar weh", könnten Sie fragen: „Wo tun sie weh?" Das Wörtchen „sie" ersetzt das unbekannte Wort und schon kann die Kommunikation weitergehen.

▶ Klar, sanft und liebevoll sprechen: Oft ist es entscheidender, *wie* Sie etwas sagen als *was* Sie sagen. Demenzkranke Menschen haben ein feines Ohr für Stimmungen und reagieren negativ auf einen ungeduldigen oder unfreundlichen Tonfall.

▶ Beobachten und dann die Bewegungen der Person spiegeln: Kontakt wird hergestellt, indem man sich auf den Gesprächspartner „einschwingt", z. B. eine ähnliche Körperhaltung wie der andere einnimmt, seine Art der Atmung aufgreift oder sich wie er bewegt.

- Verhalten in Beziehung zu unbefriedigten Grundbedürfnissen setzen: Viele auffällige Verhaltensweisen demenzkranker Menschen signalisieren: „Mir fehlt etwas, hilf mir." Dabei geht es insbesondere um die Bedürfnisse nach Liebe, nützlich zu sein sowie eigene Gefühle auszudrücken und Anteilnahme zu spüren.
- Das bevorzugte Sinnesorgan erkennen und einsetzen: Die meisten Menschen bevorzugen bei der Welterfassung ein Sinnesorgan. Sie erreichen einen anderen Menschen besonders gut, wenn Sie Schlüsselwörter seines bevorzugten Sinnesorganes (Augen, Ohren, Geruch, Berührung) benutzen.
- Berühren: Verwirrte Menschen bekommen durch Berührungen Informationen über die Nähe eines anderen Menschen. Im Anfangsstadium der Demenzerkrankung, der Phase der unglücklichen Orientierung, wollen die Betroffenen oft nicht berührt werden, später scheinen Berührungen hingegen eine sehr beruhigende und sicherheitsstiftende Kommunikationsmöglichkeit zu sein.
- Musik einsetzen: Demenzkranke, die bereits große Teile der Sprachfähigkeit verloren haben, sind über Musik oft gut erreichbar. Tonfolgen von Kinderliedern, Kirchenliedern (bei religiösen Menschen) und früheren Schlagern/Gassenhauern werden erstaunlich gut erinnert und bieten einen Weg in ihre Welt.

4.5

Der geheilte Wahn

Diese Techniken sollen in Form täglicher kurzer Validationssitzungen angewandt werden. Ihr besonderer Wert liegt vor allem in der Grundhaltung der Akzeptanz der Erkrankten in all ihren Ausdrucksweisen.

Integrative Validation

Die Psychologin Nicole Richard hat mit der Integrativen Validation die Arbeiten von Naomi Feil aufgegriffen und die wertschätzende Grundhaltung in der Kommunikation mit Demenzkranken weiter entwickelt. Im Gegensatz zu Feil sieht sie aber die Ursache für die Verhaltensauffälligkeiten der Kranken in den hirnorganischen Abbauprozessen und nicht in unbewältigten Lebensaufgaben. Integrativ bedeutet, dass die Pflegenden in Beziehungsgestaltung und Kommunikation an die biografischen Prägungen der Demenzkranken andocken.

Beispiel

Fallbeispiel. Herr Josef ist 84 Jahre alt und demenziell erkrankt. Er sitzt am Küchentisch und faltet Tempotaschentücher auseinander, legt sie wieder zusammen und streicht sie glatt. Er wirkt völlig in diese Tätigkeit versunken.

Was soll diese scheinbar sinnlose Tätigkeit und wie kann man Herrn Josef erreichen? Um diese Fragen beantworten und die Arbeit des alten Mannes verstehen

zu können, ist fundiertes Wissen über seine biografischen Prägungen hilfreich. Als ehemaliger Revisor war er jahrzehntelang für Ordnung und Kontrolle im Betrieb zuständig. Noch als Rentner arbeitete er täglich Zeitungen und Prospekte durch, um interessante Artikel auszuschneiden. Sein aktuelles Verhalten wird durch Motive aus seiner beruflichen Erfahrungswelt gesteuert. Er arbeitet und sorgt für Ordnung.

Anhand des Fallbeispiels lassen sich die vier Schritte der Integrativen Validation verdeutlichen:
- 1. Schritt: Wahrnehmung des gerade aktuellen Gefühlszustandes des Demenzkranken: mitschwingen, mitgehen, spiegeln, um sich einfühlen zu können.
  Ich setze mich zu ihm und helfe etwas mit. Wenn ich ihn so beobachte, kommt er mir sehr konzentriert und zufrieden vor.

▶ 2. Schritt: Wahrnehmung der gerade vorherrschenden Antriebe des Demenzkranken: Welche Prägungen (berufliche Eigenheiten, Gewohnheiten) aus der individuellen Lebensgeschichte motivieren ihn zu seinem Verhalten? Was sind die allgemeinen Werthaltungen und Erfahrungen seiner Generation.

Ich vermute, dass Herr Josef im Moment ganz bei der Arbeit ist und ein korrektes Ergebnis abliefern will.

▶ 3. Schritt: Individuelle Bestätigung und Wertschätzung dieses Gefühlszustandes oder des Antriebes.

„Das klappt ja prima, Herr Josef. Saubere Arbeit, was Sie da machen. Genauigkeit und Ordnung war ja schon immer Ihre Sache."

▶ 4. Schritt: Verallgemeinerte Bestätigung seines Gefühlszustandes und des Antriebs durch Redewendungen und Lebensregeln seiner Generation (→ 1.2.2 Lebensspuren und Prägungen erkennen).

Ich sage „Ordnung ist das …" (und unterbreche). Er schaut mich an und fährt fort „ist das halbe Leben".

Diese vier Schritte sind nicht als starres Ablaufschema einer Kommunikation zu verstehen, sondern als Orientierungsmöglichkeit. Im Prinzip kann man einen demenzkranken Menschen selbst dann validierend begleiten, wenn man nur wenig über seine Biografie weiß. Der Ansatzpunkt ergibt sich in diesem Fall an den Werthaltungen, Lebensweisheiten und Sprichwörtern der Generation dieses Menschen.

4.5

Biografie einbeziehen

4.5.3 Milieutherapeutisch geleitete Pflege

Demenzkranke brauchen Orientierungshilfen für die Fragen: Wer bin ich, wo bin ich, und was geschieht um mich herum? Deshalb sind auch ihre Lebensräume so zu pflegen, dass sie sich trotz Verwirrtheit darin zurechtfinden. Neben kognitiven Trainings spielen beim Realitäts-Orientierungs-Training (ROT) Gedächtnis- und Orientierungsstützen eine wichtige Rolle:

▶ Dem verwirrten Menschen werden bei möglichst vielen Gelegenheiten Informationen über Zeit und Raum gegeben, z. B. bei der morgendlichen Begrüßung: „Guten Morgen, Frau Müller, heute ist Montag, der 5. Februar, jetzt ist es 8.00 Uhr und Zeit zum Frühstücken".

▶ Die Umgebung ist mit möglichst vielen Orientierungshilfen ausgestattet: große Wandkalender und Uhren, besondere Wegzeichen, farblich je nach Funktion der unterschiedlichen Räume.

▶ Gruppenaktivitäten bieten einen Rahmen, um die soziale Orientierung wieder zu verbessern. Durch die Beschäftigung mit einem konkreten Thema (z. B. Jahreszeit) mit Anschauungsmaterialien (z. B. Dia-Serie über Herbststimmungen, Basteln mit Blättern) können geistige Anregungen erfolgen.

Am ROT wird hauptsächlich kritisiert, dass die Trainingsprogramme und Maßnahmen die Demenzkranken überfordern. Es stellt sich die Frage, wie wichtig es für ihre Lebensqualität ist, eine Frage zur Jahreszeit korrekt zu beantworten oder die Uhrzeit und das Datum zu wissen. Ist es nicht auch ein Stück gewonnener Freiheit, wenn diese Dinge nicht mehr so wichtig sind?

Bei zunehmendem Abbau der kognitiven Fähigkeiten werden andere Maßnahmen wichtiger, mit denen man den demenzkranken Menschen noch erreichen kann, wie z. B. die Sinnen-Pflege, die Validation oder die Milieutherapie.

Bei der Milieutherapie handelt es sich um ein gezieltes therapeutisches Handeln, bei dem die materielle und soziale Umwelt an die krankheitsbedingten Veränderungen der Wahrnehmung, des Empfindens, des Erlebens und der Kompetenzen des Demenzkranken angepasst wird. So wie bei gesunden Menschen wird die Lebenszufriedenheit von demenzkranken alten Menschen wesentlich durch die Gestaltung der Räume, in denen sie leben, die Strukturierung ihres Tagesablaufs sowie die Gestaltung der zwischenmenschlichen Interaktion beeinflusst. Aber anders als Gesunde verlieren sie zunehmend die Möglichkeiten, ihre Lebensräume so zu gestalten, dass sie sich darin wohlfühlen. Deshalb brauchen sie die Unterstützung der Pflegenden, die folgende Prinzipien der Milieugestaltung berücksichtigen sollten:

▶ Normalitätsprinzip: altgedächtnisfördernde, vertraute Alltagsaktivitäten bestimmen den Tagesablauf,
▶ Stetigkeitsprinzip: gleich bleibende Strukturen verringern die Anpassungsanforderungen,
▶ biografische Orientierung: lebensgeschichtliche Aspekte werden integriert,
▶ Intervallkonzept: Aktivierungsphasen und Beruhigungsphasen wechseln sich ab,
▶ Kompetenzorientierung: vorhandene Fähigkeiten stehen im Vordergrund.
▶ räumliche Gestaltung: Alltagsgegenstände, vertraute Möbel, Licht, Bewegungsfreiraum etc.

Der milieutherapeutische Ansatz setzt auf der emotionalen Ebene an, da der demenzkranke alte Mensch nur dann seine verbliebenen Fähigkeiten entfalten kann, wenn er sich wohlfühlt. Folgende Ziele stehen im Vordergrund:

▶ Stabilisierung des Ichs und des Selbstwertgefühls durch Schaffung eines demenzgerechten Milieus,
▶ Kompensation der eingeschränkten kognitiven Werkzeuge des demenzkranken alten Menschen und nicht Konfrontation mit seinen Defiziten.

Anregungen zur Schaffung eines heilsamen Milieus

Nach den bisherigen praktischen Erfahrungen sind zur Schaffung eines heilsamen Milieus für demenzkranke alte Menschen verschiedene Gesichtspunkte zu beachten.

Gestaltung des Raumes:
▶ Geschütztes Gelände mit Endloswegen, die es den Kranken ermöglichen, ihren Bewegungsdrang ungehindert auszuleben,
▶ ständige optische und akustische Erreichbarkeit einer gesunden Person,
▶ gute Beleuchtung, da Demenzkranke auf Halbdunkel mit Halluzinationen reagieren können,
▶ Gestaltung der Fußböden ohne Karos oder ähnliche Muster, da dies Wahrnehmungstäuschungen hervorrufen kann,
▶ Schaffung von geschützten Rückzugsmöglichkeiten,
▶ Einrichtung eines zentralen Lebensraumes, in dem die meisten Aktivitäten stattfinden,
▶ Wohngruppenprinzip: circa zwölf demenzkranke Menschen aller Krankheitsstufen leben zusammen – unter Einbeziehung mithelfender Angehöriger.

Gestaltung der Tagesstruktur:
▶ Kein Beharren auf ausgearbeiteten Plänen für den Tagesablauf, weil Demenzkranke krankheitsbedingt sehr spontan und „planlos" das tun, was sie gerade wollen und umso verrückter reagieren, je mehr wir unsere geplante Struktur durchsetzen wollen,
▶ Arbeiten mit Strukturierungshilfen, z. B. „Thema der Woche"; dabei sollte der Kranke sensibel beobachtet und das aufgegriffen werden, was ihn gerade bewegt,

- Standardaktivitäten, wie Singen, Haushaltsarbeiten u.ä. (unter Beachtung biografischer Aspekte) sowie Anregungen des Körpergedächtnisses durch Stimulation der Sinne tragen ebenfalls zu einer Tagesstrukturierung bei,
- Rituale, wie ein Anfangslied oder immer die gleiche Begrüßungszeremonie, können als Signale für „das, was jetzt gleich geschieht", dienen,
- Flohmarkt: Gegenstände zum Hantieren, zum Hin- und Hertragen für Aktivitäten, die nach unserem „gesunden" Weltverständnis sinnlos sind, gehören ebenfalls zu einer dementengerechten Umwelt (z. B. Handfeger, Kleidungsstücke zum Sortieren oder Herumnesteln etc.).

Gestaltung der zwischenmenschlichen Interaktion:
- Menschenwürde und gelebtes Lebens jedes demenzkranken alten Menschen achten,
- Interesse und Sympathie für verwirrte alte Menschen und ihre (manchmal auch nervigen) Absonderlichkeiten und Eigenarten zeigen,
- Validation und Integrative Validation, also Einschwingen in die Innenwelt des Kranken und Herstellen einer akzeptierenden Atmosphäre,
- kein Realitäts-Orientierungs-Training im fortgeschrittenen Krankheitszustand, da eine massive Konfrontation mit der Realität eher zu Zorn oder Depression führt als zu Einsicht.

Der Nachweis, dass gerontopsychologische Erkenntnisse auch bei demenzkranken alten Menschen – im Sinne einer Verbesserung der Lebensqualität – erfolgreich angewandt werden können, ist vielfach erbracht. Im Zusammenwirken der Phantasie engagierter Pflegeteams, der in den Alteninstitutionen lebenden alten Menschen und mutiger Führungskräfte, ergibt sich ein großer Spielraum für die Verbesserung der Wohn- und Lebenssituation. Vieles lässt sich bei gutem Willen ohne großen Zeit- und Kostenaufwand umsetzen.

4.5

Eine bunte Welt

4.5.4 Erlebnisaktivierende Pflege

Die Multiple Stimulation nach Petzold

Hilarion Petzold (1976) hat bereits Mitte der sechziger Jahre mit seinem integrativen Konzept der Multiplen Stimulation zukunftsweisende Impulse für die erlebnisaktivierende Pflege mit alten Menschen gegeben. Er entwickelte sein Konzept aus der integrativen Bewegungstherapie, der Heilgymnastik, der Therapie mit kreativen Medien, der Gestalttherapie und des Psychodramas. Ausgangspunkt ist, dass Menschen im mittleren und späten Stadium der Demenz über das Verstandesgedächtnis kaum mehr einen Zugang zu ihrem Erinnerungsschatz finden, wohl aber über den wahrnehmungs- und erinnerungsfähigen Leib. Petzold verwendet dafür den ausdrucksstarken Begriff Leibgedächtnis.

Bei der Multiplen Stimulation werden verschiedene Mittel eingesetzt:
- Biografiearbeit, um in der Lebensgeschichte Anknüpfungspunkte für individuelle körper- und bewegungsbestimmte Wahrnehmungen zu finden,
- vielfältige sensorische Reize, um das Leibgedächtnis zu aktivieren: z. B. ein Stück harziger Rinde, das vor den inneren Augen des alten Menschen einen Wald entstehen lässt,
- positive Körpererfahrungen, z. B. durch taktile Angebote mit Fellstückchen, Holzklötzchen, Glaskugeln als Handschmeichler oder olfaktorische Angebote mit Blumen, Früchten oder Riechfläschchen,

► Einbeziehung der Bewohner in die Gestaltung des Heimalltags, Übernahme von Aufgaben in Haus und Garten, Pflege von Haustieren. Die Identitätssäule Arbeit und Leistung wird dadurch gestärkt.

Beispiel

Ein älterer demenzkranker Herr berichtet. Reparieren tu ich auch, wenn was zum Reparieren ist, wie Kabel, Licht und so weiter. Wenn es nicht funktioniert, dann bin ich überall dran (...) Also Kochen kann ich vielleicht, aber der funktioniert nicht mehr, da sind die Knöpfe kaputt, die drehen sich alle durch, außer der eine für den Wasserhahn zum Aufdrehen. Aber ich finde mein Werkzeug nicht wieder, ich hab es schon mit dem Nussknacker versucht, aber das haut nicht so hin. (Herr L., 77 Jahre, Handwerker)

„Alle Demenzkranken legen großen Wert darauf, ihre erworbenen Verdienste, Erfolge und Leistungen in den Mittelpunkt zu rücken (...) Die frühere Berufslaufbahn, sportliche Erfolge, die Verdienste im Ehrenamt oder auch die eigenen künstlerischen Talente (...) Die Männer, die einen handwerklichen oder technischen Beruf ausgeübt haben, zeigen auch in der Demenz ein starkes Bedürfnis nach handwerklichen Aufgaben und fühlen sich auch für diesen Bereich zuständig und kompetent." (Niebuhr, 2004, S. 42)

Die Basale Stimulation

Infolge der zum Teil schweren Wahrnehmungsstörungen und Verwirrtheitszustände bei Demenzerkrankungen, Schlaganfällen und Depressionen sind Selbstwahrnehmung und Kontaktaufnahme mit der Umwelt der betroffenen Menschen oft stark beeinträchtigt. Dies betrifft jedoch nicht die Fähigkeit zur unmittelbaren körperlichen Empfindung und Kommunikation, was sich die Methode der Basalen Stimulation zunutze macht. Hierbei wird der pflegebedürftige Mensch unterstützt, sich durch gezielte Stimulation basaler Wahrnehmungsbereiche wahrzunehmen, zu spüren und in Kontakt zu sich und zu seiner Umwelt zu kommen. Ausgehend von den unterschiedlichen Wahrnehmungs- und Bewegungsmöglichkeiten des Körpers bieten sich den Pflegenden verschiedene Möglichkeiten der Unterstützung an:

► Die Haut als Kontaktstelle zur Welt (somatische Stimulation): Die Altenpflegerin fördert das Körperselbstbild, indem sie z. B. beim Baden einer Bewohnerin mit beiden Händen den Arm umfasst und mit sanftem Druck mit einem Massagehandschuh daran entlang fährt.

► Die Empfindung der Lage des eigenen Körpers im Raum (vestibuläre Stimulation). Die Altenpflegerin wiegt z. B. eine Bewohnerin in ihren Armen.

► Die Wahrnehmung des Körper (besonders des Knochengerüsts) als Resonanzboden für

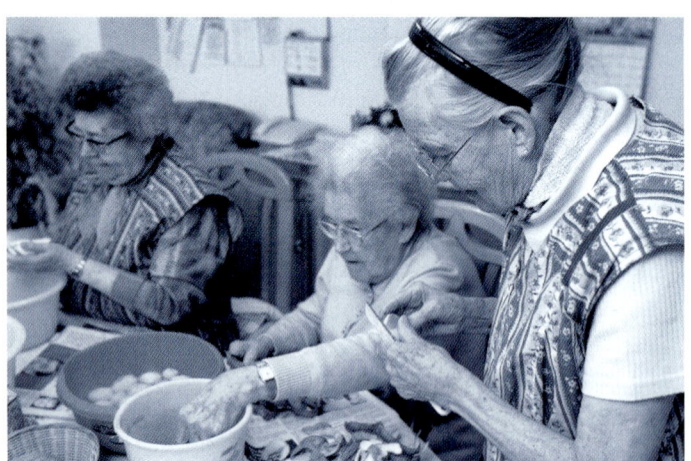

Abbildung 4.3 Die alten Damen vergewissern sich bei der Arbeit ihrer hauswirtschaftlichen Kompetenzen. Sie werden nicht beschäftigt, sondern sie erledigen vertraute Alltagsarbeit. Das stärkt ihr Selbstwertgefühl

Schwingungen (vibratorische Stimulation). Die Altenpflegerin verwendet z. B. ein Vibrationskissen.

▶ Stimulation des Geruchssinnes, des Geschmackssinnes, des Gehörsinnes und der visuellen Wahrnehmung. Die Altenpflegerin bietet als Reiz z. B. typische Gerüche aus der früheren Lebenswelt des alten Menschen an.

Der ganzheitlich-therapeutische Aspekt pflegerischen Handelns wird bei dieser Methode sehr deutlich. Aus diesem Grund ist die Basale Stimulation nicht nur eine Methode zur medizinischen Pflege, sondern auch eine zur Beziehungs- und Seelenpflege.

Folgende pflegerische Grundfähigkeiten und Grundhaltungen sind erforderlich, um Basale Stimulation erfolgreich und heilsam anwenden zu können:

▶ Fähigkeit des Pflegeteams, fachkundig den pflegebedürftigen alten Menschen zu beobachten und auch kleinste Ressourcen wahrzunehmen,
▶ konkrete Pflegediagnose und Pflegeplanung unter Einbeziehung biografischer Informationen, um den Menschen nicht „zwangszustimulieren",
▶ Wahrnehmung der eigenen Hände als wichtiges Werkzeug für die Pflege,
▶ Kontinuität der Stimulationsformen über einen längeren Zeitraum hinweg,
▶ Wahrnehmung und Respektierung von Grenzen.

Die 10-Minuten-Aktivierung

Ute Schmidt-Hackenberg (1996) hat ihre langjährigen Erfahrungen in der aktivierenden Arbeit mit psychisch gesunden und demenzkranken alten Menschen in der 10-Minuten-Aktivierung zusammengefasst. Ihre kreativen Angebote zur Förderung der Sinnen-Lust, Lebensfreude und Aktivität, die in den Pflegealltag eingebaut werden können, nutzen ebenfalls die Kraft des Leibgedächtnisses, um Erinnerungen zu beleben. Verschiedene Gegenstände werden als Impulsgeber für eine Erinnerungsreise genutzt. Selbst bei schwer demenzkranken Menschen kann auf diese Weise an die Altgedächtniswelt angekoppelt werden – und sei es nur für einen kurzen Moment. Der biografische Blickwinkel ist für Schmidt-Hackenberg sehr wichtig, um nicht an den individuellen Prägungen des Altgedächtnisses vorbeizuaktivieren (→ 1.2 Biografiegeleitete Pflege). Die wesentlichen Prinzipien sind: greifen, um zu begreifen, Ansprechen der Sinne und Gymnastik durch alltägliche Bewegungen mit Alltagsgegenständen.

Es ist erstaunlich, welch bunter Strauß an Erinnerungen bei alten Damen beispielsweise beim Spielen mit Wäscheklammern auftauchen kann und welche Assoziationsketten gesponnen werden, bis hin zum verschämt-kichernden Gedankenaustausch über die Erotik von Unterwäsche. Und ganz nebenher erfolgt ein Training der visuellen und taktilen Wahrnehmung sowie der fingermotorischen Fertigkeiten.

Als aktivierende Gegenstände eignen sich alte Bekleidungsstücke, Küchengeräte (wie eine alte Kaffeemühle oder Einmachgläser, die auch auf Flohmärkten erworben werden können) und – besonders für Männer – Werkzeug.

Tipps zur praktischen Durchführung:

▶ Teilnehmer immer wieder mit dem Namen ansprechen,
▶ ihre Biografie berücksichtigen,
▶ nur einfache Aufgaben stellen,
▶ alles in lebendiger Weise vormachen,
▶ nie korrigieren,
▶ alle Sinne ansprechen (wie hat es gerochen und geschmeckt?),

- alles Gesagte aufgreifen,
- auf regionale Besonderheiten (Dialekt, Gebräuche) eingehen,
- genügend Ruhepausen einlegen.

Die gegenstands- und handlungsbezogene Erinnerungsreise erlaubt es den Pflegenden, die Demenzkranken aus neuen Blickwinkeln zu sehen und so noch mehr schätzen zu lernen. Empfohlen wird, „Gedächtnisschränke" einzurichten, die nach Themen geordnet Kästen oder Kartons (z. B. „Nordseestrand") enthalten. Eine aktivierende Gestaltung des Wohnmilieus ergänzt die 10-Minuten-Aktivierung.

Snoezelen

Snoezelen (sprich: snuselen) gehört ebenfalls zu den Angeboten sinnen-voller Pflege. Es handelt sich um ein holländisches Kunstwort, das sich aus den Wörtern „snuffelen" für schnüffeln, schnuppern und „doezelen" für dösen, schlummern, träumen zusammensetzt. Ähnlich wie die Basale Stimulation, wurde das Snoezelen-Konzept zunächst als wahrnehmungsförderndes Angebot für schwer geistig behinderte Menschen entwickelt. In „Snoezelräumen" wird durch eine ausgewogene Kombination von Musik, Lichteffekten, sanfter Vibration, taktilen Reizen und Düften eine anregende und zugleich entspannende Atmosphäre geschaffen. Durch die Gestaltung der Materialien und der Umgebung sollen die Besucher ermuntert werden, je nach Sinneslust und Laune, spontan nach etwas zu greifen (z. B. nach einem Wandbild), eine irisierende Lichtsäule intensiv zu betrachten oder sich einfach nur passiv genießend in der Atmosphäre des Raumes treiben zu lassen.

Snoezelräume sind eine phantastische Welt, in die ein demenzkranker alter Mensch sehr behutsam hineingeführt und begleitet werden muss, um durch die ungewöhnlichen Reize nicht verwirrt zu werden.

Abbildung 4.4 Musik öffnet die Erinnerung an verliebte Stunden

Musik als Königsweg

Musik hat sich als ein Königsweg und besonders wirksamer Türöffner zur Welt Demenzkranker herausgestellt. Das folgende Beispiel aus der Praxis belegt dies sehr anschaulich: Eine Altenpflegerin berichtete, dass sie sich mit einer demenzkranken alten Frau dadurch am besten verständigen kann, wenn sie ihre Sätze in die Melodie von Kinderliedern verpackt. Klingt ein bisschen „verrückt", ist in diesem Fall aber offenbar ein gut funktionierender Weg, um in Kontakt zu kommen.

Musik beeinflusst unser seelisches und körperliches Befinden. Sie schafft eine emotionale Brücke zur Vergangenheit und zur eigenen Identität. Die „Sprache" Musik kann für Menschen mit Sprachstörungen viele Kompensationsmöglichkeiten bieten und Lebensfreude vermitteln:

- Musik ist emotionalisierend: Lautstärke, Melodie, Tempo, Rhythmus und Harmonie drücken Stimmungen aus.
- Musik ist ordnend, strukturierend: Handlungen werden synchronisiert, Reize koordiniert.
- Musik löst Erinnerungen aus.
- Musik motiviert zur Kreativität.
- Musik fördert Interaktion: Gemeinsam Singen und Musizieren verbindet.
- Musik ist bewegungsfördernd: Man wippt mit, wiegt sich im Takt oder beginnt zu tanzen.

Mit Musik kann man Menschen in allen Demenzstadien erreichen, wie die Tabelle 4.4 zeigt.

Tabelle 4.4 Möglichkeiten, ältere Menschen bei fortschreitender dementieller Erkrankung durch verschiedene musikalische Aktivitäten noch zu erreichen

Musikalische Aktivität	Beginnende Demenz	Fortgeschrittene Demenz	Spätstadium der Demenz
Singen	Volkslieder Evergreens Umtexten von Liedern	Tagesstruktur Lieblingslieder Refrain-Singen	Bruchstückhaftes Singen
Tanzen	Tanzcafé Seniorentanz Feste feiern	Tanzen unter Aufsicht Bewegungsspiele Sitztanz	Ausführen behutsamer Bewegungen zu ruhiger Musik
Musizieren	Freie Improvisation Improvisieren nach Vorgaben Liedbegleitung	Rhythmusspiele mit Therapeut Freie Improvisation mit Therapeut	Handführen zum Spielen kleiner Instrumente (Leier, Bongas)
Musik hören	Werk/Komponist Musik/Erzählung Gottesdienst	Entspannende Hintergrundmusik mit persönlichen Musikvorlieben Gottesdienst	Summen Vorsingen einfacher Lieder

Das Regensburger Modell

Ein hilfreiches Modell für Ausbildung und Praxis gerontopsychiatrischer Pflege wurde an der Katholischen Akademie für Berufe im Gesundheits- und Sozialwesen in Regensburg entwickelt (Sittard, 2006) (→ Abb. 4.5, S. 86). Es eignet sich sowohl für die ambulante als auch stationäre Altenpflege und ist für die Integration zukünftiger Entwicklungen offen.

4.5.5 Perspektivenwechsel im Umgang mit demenzkranken Menschen

Ein hilfreicher Ansatz zur lösungsorientierten Pflege ist es, die Perspektive auf ungewöhnliche Verhaltensweisen demenzkranker Menschen zu wechseln und zu versuchen, sich in ihre Sicht der Dinge einzufühlen (→ 11.4.3 Ausdruck von Aggression).

4.5

Vier Fallgeschichten

Ihre Ordnung, meine Ordnung?

Beispiel

Eine Altenpflegerin berichtet. Frau Franke ist 91 Jahre alt und leidet an Alzheimer Demenz. Wenn sie eine Zeitung in die Finger bekommt, spielt sich immer das gleiche ab. Sie sitzt dann gerne alleine am Tisch in ihrer Kittelschürze und zerreißt die vor ihr liegende Zeitung in lauter kleine Schnipsel. Sie macht kleine Häufchen, die sie mit den Händen sauber zusammenkehrt.

Und dann wischt sie die Häufchen vom Tisch auf den Boden. Irgendwie wirkt sie ruhig und ausgeglichen. Manche Kolleginnen regen sich aber über die Unordnung auf oder befürchten Ärger mit der Tochter. Ich kehre mit ihr die Papierfetzen halt einfach immer wieder weg. Sie macht da gerne mit.

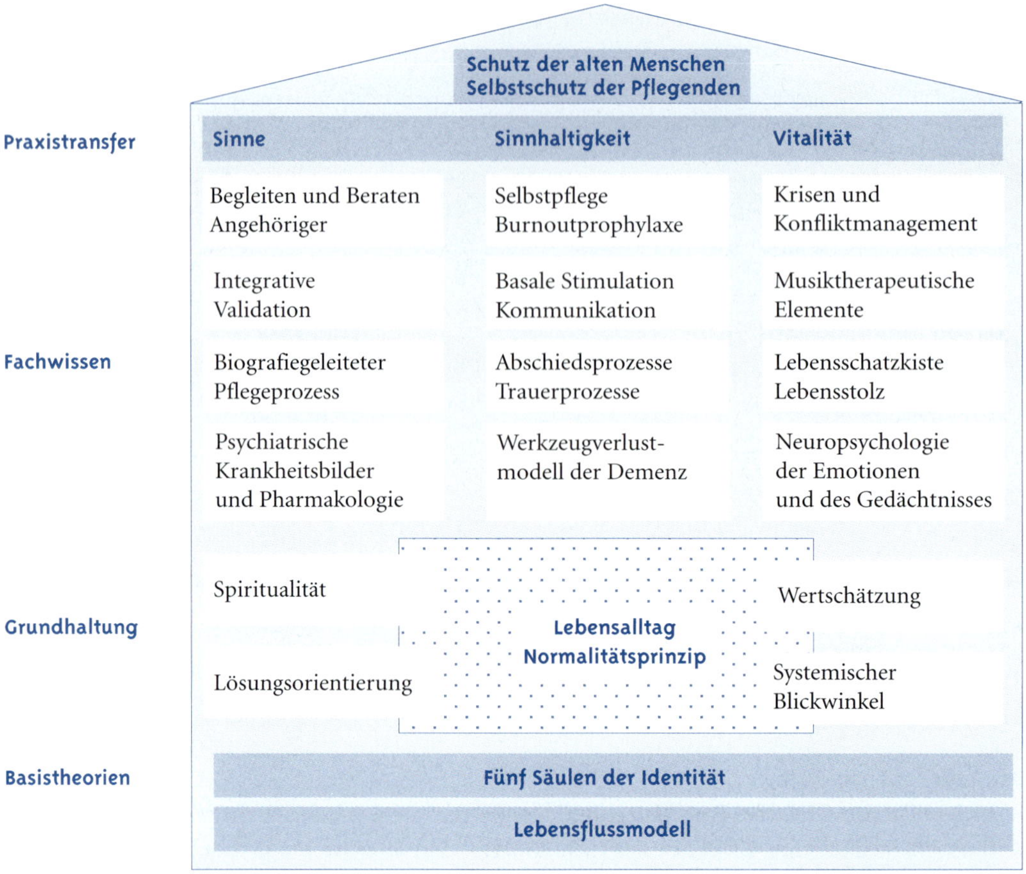

	Sinne	Sinnhaltigkeit	Vitalität
	Begleiten und Beraten Angehöriger	Selbstpflege Burnoutprophylaxe	Krisen und Konfliktmanagement
	Integrative Validation	Basale Stimulation Kommunikation	Musiktherapeutische Elemente
	Biografiegeleiteter Pflegeprozess	Abschiedsprozesse Trauerprozesse	Lebensschatzkiste Lebensstolz
	Psychiatrische Krankheitsbilder und Pharmakologie	Werkzeugverlust-modell der Demenz	Neuropsychologie der Emotionen und des Gedächtnisses

Schutz der alten Menschen Selbstschutz der Pflegenden

Praxistransfer

Fachwissen

Grundhaltung
Spiritualität — Lebensalltag Normalitätsprinzip — Wertschätzung
Lösungsorientierung — Systemischer Blickwinkel

Basistheorien
Fünf Säulen der Identität
Lebensflussmodell

Abbildung 4.5 Das Regensburger Modell (nach Sittard, 2006). Das Fundament bilden die **Basistheorien** des Lebensflussmodells und die fünf Säulen der Identität (→ 1.1.3 Säulen der Identität). Bei den **Grundhaltungen** steht der Lebensalltag der alten Menschen im Mittelpunkt. **Fachwissen** ist Voraussetzung für professionelles Handeln. Alle Überlegungen und Aktivitäten orientieren sich daran, dass die Sinne der Bewohner vielfältig angesprochen werden, für ihr individuelles Erleben Sinn machen und ihre Vitalität stärken. Über allem steht die Sorge um den **Schutz** gerontopsychiatrisch erkrankter Menschen und der Pflegenden

Ein weiter Toleranzspielraum ist in der Pflege Demenzkranker unerlässlich (→ Kap. 1.2.5 Toleranzspielraum). Die individuell unterschiedlichen Maßstäbe der Pflegenden müssen im Team reflektiert und ausgeweitet werden. Das ist ein Kernpunkt gerontopsychiatrischer Pflege. Warum für demenziell erkrankte Menschen andere Ordnungsmaßstäbe gelten, muss Besuchern und Angehörigen deutlich vermittelt werden.

Tipps:
▶ Tätigkeiten alter Menschen grundsätzlich wertschätzen.
▶ Biografische Anhaltspunkte zum Verständnis des Verhaltens suchen und nutzen.

Desorientiert und verwirrt

Eine Altenpflegerin berichtet. Frau Werner ist desorientiert und verwirrt. Vor ihrem Schlaganfall war sie sehr unternehmungslustig und viel unterwegs. Danach war sie plötzlich ans Bett gefesselt. Mit dieser Situation wird sie aber nicht fertig. Sie versucht aus dem Bett zu steigen, obwohl sie weder stehen noch gehen kann. An ihrem Bett sind daher links und rechts Bettgitter angebracht und zusätzlich wird sie noch bei großer Unruhe mit einer Schutzdecke fixiert. An manchen Tagen schreit sie ständig um Hilfe. Jedes Mal, wenn man dann ins Zimmer kommt und sie nach ihren Wünschen fragt, möchte sie aufstehen: „Ich muss zur Bank, helfen Sie mir doch bitte", oder „Ich muss zum Telefonieren", waren ihre häufigsten Antworten. Einmal bin ich dann doch ungeduldig geworden und war etwas barsch zu ihr. Da wurde sie ganz traurig und sagte: „Jetzt werden Sie auch schon so grantig wie die anderen, wo Sie doch sonst immer so nett waren." Ich bin sehr erschrocken, dass sie das trotz ihrer Verwirrtheit mitgekriegt hatte. Ab diesem Tag habe ich mich bemüht, immer freundlich und geduldig mit ihr zu sein, was sie mir auch gedankt hat.

Es ist ein Irrtum mit weit reichenden Folgen für die Beziehung zwischen pflegebedürftigen alten Menschen und Pflegenden, wenn angenommen wird, dass jemand, der nicht mehr ganz „bei Verstand" ist, die Vorgänge in seiner Umwelt grundsätzlich nicht mehr wahrnehmen kann. Die Sensibilität demenzkranker Menschen für gefühlsmäßige Reaktionen wichtiger Bezugspersonen – hier der Altenpflegerin – ist keineswegs außer Kraft gesetzt, sie kann sich sogar verfeinern.

Tipps:
▶ Versetzen Sie sich in die Lage des anderen: Wie fühlen Sie sich, wenn Sie etwas Wichtiges erledigen möchten, daran aber gehindert werden? Können Sie sich vorstellen, was es bedeutet, plötzlich nicht mehr stehen und gehen zu können?
▶ Nehmen Sie den kranken alten Menschen für voll und sehen Sie nicht nur seine kranken Anteile.

Veränderung der Lebensumstände

Eine Altenpflegerin berichtet. Frau Folkert leidet an Sprachstörungen und Verfolgungswahn. Ich ging zu ihr und erklärte ihr langsam, dass sie in ein anderes Zimmer kommt. Ich bat sie, mitzukommen und das neue Zimmer zu besichtigen. Erst nahm sie alles ruhig auf, wie mir schien. Inzwischen brachten meine Kolleginnen aber schon die alte Dame, die nun den Platz von Frau Folkert einnehmen sollte. Frau Folkert fing daraufhin zu weinen und zu schreien an, bebte am ganzen Körper und schrie: „Warum werde ich verhaftet, ich darf doch mein Zimmer nicht verlassen" und „Jetzt werde ich geköpft". Sie hörte auch meine beruhigenden Worte nicht mehr, es war nur noch die Angst, schreckliche Angst, in ihr. Ich nahm sie mit aufs Schwesternzimmer, bat eine andere Heimbewohnerin, ihr eine Tasse Tee zu holen, und gab ihr ein leichtes Beruhigungsmittel. Ich wartete, bis die Erregung abflachte und führte sie dann in ihr neues Zimmer. Sie war immer noch so verängstigt, dass sie es nicht wagte, sich auf einen Stuhl zu setzen.

Plötzliche Veränderungen des gewohnten Lebensrhythmus, wie z. B. der Umzug ins Altenheim, die Verlegung in ein anderes Zimmer im Heim oder ein Krankenhausaufenthalt, erleben demenzkranke Menschen als Krise. Sie reagieren mit Erregungszuständen, Verwirrtheit und paranoiden Verhaltensweisen auf solche Situationen.

▶ Erregungszustände, Verwirrtheit und paranoide Verhaltensweisen sollten Sie in solchen Situationen als Möglichkeiten des erkrankten Menschen sehen, auf die bedrohlichen Veränderungen zu reagieren und seine Ängste zu signalisieren.

▶ Akzeptieren Sie die Befürchtungen des demenzkranken Menschen. Der Versuch, wahnhafte Ideen ausreden zu wollen bewirkt anstelle der erhofften Beruhigung allenfalls eine Steigerung vorhandener Ängste.

▶ Professionelle Pflege vermeidet solche Situationen.

Paranoides Verhalten

Beispiel

Eine Altenpflegerin berichtet. Eine Patientin vermisste ihren Geldbeutel. Sie glaubte, dass nur ich ihren Geldbeutel gestohlen haben konnte, weil ich die einzige war, die häufiger ihr Zimmer betrat und manchmal aufräumte. Da ich meine Unschuld nicht beweisen konnte, hatte ich natürlich ein ungutes Gefühl dieser Frau gegenüber. Ich sprach mit der Stationsschwester darüber, die der Frau ins Gewissen redete – ohne Erfolg. Ein paar Tage später habe ich beim Aufräumen unter der Sofadecke den Geldbeutel gefunden. Die Patientin war sehr froh, als ich ihr den Geldbeutel gab, hat sich aber weder bei mir wegen der falschen Verdächtigungen entschuldigt noch irgendwie mit mir darüber gesprochen.

Gedächtnis ist das Werkzeug, um sich im Zeitgitter von Vergangenheit, Gegenwart und Zukunft zurecht zu finden. Störungen gefährden massiv die persönliche Identität. Die Betroffenen entwickeln Lösungen, die zusätzliche Konflikte mit der Umgebung provozieren:

▶ Gedächtnislücken werden durch Konfabulieren, d. h. mit spontanen Einfällen und Geschichten ausgefüllt, um die Schwäche zu vertuschen.

▶ Alte Menschen, die infolge ihrer krankheitsbedingten Gedächtnisstörung z. B. ihr Geld nicht wieder finden, fühlen sich häufig von Personen der nächsten Umgebung bestohlen. Das nicht akzeptierbare eigene Versagen wird dadurch vom Ich abgewehrt, dass andere Personen verdächtigt werden. Dies kann bis hin zu einem Verfolgungswahn eskalieren.

4.5

1. Gerontopsychiatrische Lösungskiste
2. Wegweiser für den Umgang mit demenzkranken alten Menschen

Tipps:

▶ Interpretieren Sie paranoide Verhaltensweisen, Verdächtigungen und Beschuldigungen nicht als persönlichen Angriff, sondern als krankheitsbedingte Selbstschutzmaßnahmen.

▶ Nehmen Sie keine moralischen Wertungen wie „ungerecht, undankbar, unschuldig" vor, da paranoide Handlungen nicht dem freien Willen unterliegen. Auf die moralische Einsicht abzielende Maßnahmen wie „ins Gewissen reden" helfen nicht weiter, machen den kranken alten Menschen allenfalls noch misstrauischer („Alle haben sich gegen mich verschworen").

▶ Spiegeln Sie dem alten Menschen sein Gefühl wider: „Das ist ja unerhört, einer alten Dame den Geldbeutel zu entwenden. Lassen Sie uns mal auf die Suche gehen."

▶ Unterstützen Sie geduldig den alten Menschen bei der Suche nach verschwundenen Gegenständen, wobei nicht der Nachweis der eigenen Unschuld im Vordergrund stehen sollte, sondern das Bestreben, ihm aus der belastenden Situation herauszuhelfen.

Den Rahmenempfehlungen zum Umgang mit herausforderndem Verhalten bei Menschen mit Demenz (Dt. Bundesministerium für Gesundheit, 2007) lassen sich vielfältige Anregungen für die Pflegepraxis entnehmen.

Pflegende und Pflegeorganisationen können sich jedoch von Demenzkranken noch viel weiter gehender herausfordern lassen. Sie können von Demenzkranken etwas lernen:

Direkt

- ▶ kreative Problemlösungen,
- ▶ den Augenblick leben,
- ▶ Menschen bewusst wahrnehmen,
- ▶ Lebensstolz auf das Geleistete,
- ▶ kein Blatt vor den Mund nehmen.

Indirekt

- ▶ Jeder Mensch ist einzigartig,
- ▶ Entschleunigung,
- ▶ Toleranz,
- ▶ Flexibilität.

5 Kommunikation: miteinander in Beziehung treten

Was Sie in diesem Kapitel erwartet

Wissen Sie, dass Sie mehrere Sprachen beherrschen? Auf jeden Fall zwei. Die verbale und die nonverbale Kommunikation. Die Sprache des Gesichts, der Körperhaltung und die von Herz zu Herz sagt in der Pflege oft mehr als alle Worte. Eine aufmunternde Geste, ein interessierter Blick oder eine liebevolle Berührung zählen ebenso zur Kommunikation wie das Gespräch. Im Vier-Seiten-Modell der Kommunikation wird deutlich, dass Menschen über vier Sende- und Empfangsantennen verfügen: es geht nicht nur um die Sache, sondern auch um Selbstoffenbarung, Beziehung und Appell. Missverständnisse bleiben da nicht aus. Altenpflegerinnen brauchen daher professionelle Kommunikationswerkzeuge: Aktives Zuhören, Ich-Botschaften, Wahrnehmungsüberprüfung und Feedback gehören in die Werkzeugkiste.

Im Kommunikationsmodell der Transaktionsanalyse wird deutlich, wodurch unsere Kommunikationsmuster bestimmt werden, inwieweit das Kind-Ich, das Erwachsenen-Ich oder das Eltern-Ich eine Rolle spielen. Pflegende können sich mit diesem Modell bewusst machen, ob und wie sie in der Kommunikation mit anderen Menschen z. B. Wertschätzung gezeigt haben.
In der Beratungsarbeit, ob mit pflegebedürftigen Menschen oder ihren Angehörigen, sind insbesondere Fragen der Auftragsklärung wichtig: Wer will was von wem? Wer will was von wem nicht?
Das elementare Bedürfnis, mit anderen Menschen in Beziehung treten zu können, begleitet Menschen ein Leben lang, auch im Alter. Und Beziehung ist ganz wesentlich Kommunikation.

5.1 Grundlagen der Kommunikationspsychologie

Wenn zwei Menschen miteinander kommunizieren, begeben sie sich in einen wechselseitigen Informationsfluss. In der trockenen Sprache der Nachrichtentechnik bedeutet das, dass ein Sender einem Empfänger über seine verbalen und nonverbalen Kommunikationskanäle Informationen übermittelt. Der Empfänger entschlüsselt die Information mit seinen Kommunikationskanälen. Reagiert der Empfänger auf die erhaltene Botschaft durch ein Feedback (Rückmeldung, Rückkoppelung) spricht man von Interaktion.

Die fünf Grundsätze der Kommunikationspsychologie
Der Kommunikationsforscher Paul Watzlawick hat für das Verständnis von zwischenmenschlicher Kommunikation fünf Grundsätze (Axiome) aufgestellt.

Man kann nicht nicht kommunizieren. Ausgangspunkt ist die Einsicht, dass Menschen, die sich wahrnehmen und in Beziehung treten können, zwangsläufig miteinander kommunizieren. Es ist unmöglich, in Situationen, in denen man andere Menschen von Angesicht zu Angesicht sieht, nicht zu kommunizieren. Zwischen zwei Menschen, die sich im Lift begegnen, findet ein

Nachrichtenfluss statt, auch wenn sie kein Wort wechseln: Blicke, Gesichtsausdruck oder Körperhaltung teilen dem anderen etwas mit, und sei es auch nur: „Ich will nicht mit dir reden".

Jede Kommunikation enthält einen Inhalts- und einen Beziehungsaspekt. Der Inhaltsaspekt einer Kommunikation betrifft den Sachverhalt: Was wird gesagt? Der Beziehungsaspekt sagt etwas darüber aus, wie die Nachricht gemeint ist, wie der Sender seine Beziehung zum Empfänger definiert. Daraus ergeben sich für den Empfänger wichtige Zusatzinformationen, z. B. wie der Sender über den Empfänger denkt oder wie der Empfänger die Nachricht verstehen soll, ob der Sender z. B. eine Antwort erwartet.

Jede Kommunikation enthält eine Verlaufsstruktur. Menschen neigen dazu, ihr Verhalten als Reaktion auf etwas Vorangegangenes zu erleben. Dabei beurteilt jeder das Geschehen aus seiner Sicht. So entstehen Muster wie „Du bist schuld"/„Nein, du bist schuld" oder „Du hast angefangen"/„Nein, du". Dieses Spiel kann endlos weitergehen, wenn nicht einer der Kommunikationspartner bereit ist, zunächst auf seine Interpretation der Problementstehung zu verzichten und auf den anderen einzugehen.

Abbildung 5.1 Erst die beteiligten Personen geben dem an sich unendlichen und nicht strukturierten Kommunikationsablauf eine Struktur, sie interpunktieren ihre Interaktion. Da sie das in der Regel nicht zusammen machen und unterschiedliche Sichtweisen haben, ist ein Streit oft unvermeidbar (nach Schulz von Thun, 1989)

Digitale und analoge Kommunikation. Bei der digitalen Kommunikation sind die verwendeten Zeichen, wie Worte, Schriftzeichen, Zahlen, relativ eindeutig zu entschlüsseln: Der Begriff Hose steht z. B. für die Sache Hose. Analoge Kommunikation findet meist auf der nonverbalen Ebene statt, mit mimischen Zeichen oder bildhaften Botschaften. Diese Zeichen sind nicht immer eindeutig zu interpretieren: Ein Stirnrunzeln kann z. B. Ausdruck des Erstaunens oder der Missbilligung sein.

Symmetrische und komplementäre Kommunikation. Kommunikation kann symmetrisch und/oder komplementär verlaufen. Eine symmetrische Beziehung basiert auf Gleichgewicht, ist spiegelbildlich angelegt. Die Kommunikationspartner versuchen einander in Stärken und Schwächen ebenbürtig zu sein. Ergänzt das Verhalten des einen Partners das des anderen, handelt es sich um eine komplementäre Kommunikation. Diese Beziehung basiert auf einander ergänzenden Unterschiedlichkeiten.

5.2 Nonverbale Kommunikation: Wie wir ohne Worte reden

Menschen verfügen über weitaus mehr Möglichkeiten als das geschriebene und gesprochene Wort, um Botschaften an ihre soziale Umgebung zu übermitteln. Kleidung tragen wir nicht nur zum Warmhalten, sondern auch zur Kommunikation: „Ich bin ein sportlicher Typ", „Ich habe Geld", etc.

! In der Kommunikation mit anderen Menschen werden rund 70 % der Informationen nicht über das Sprechen, sondern über nonverbale Ausdrucksformen vermittelt. Dies gilt vor allem für bewusste und unbewusste Mitteilungen über die Art von Beziehungen.

Abbildung 5.2 Ein offenherziger Blick und ermunternde Körpersprache laden zu gemeinsamer Aktion ein

Körpersprache

Jeder Mensch spricht und versteht neben seiner Muttersprache zumindest eine weitere Sprache: die Körpersprache. Sie ist der oft unbewusste Kommunikationskanal zur Mitteilung von Empfindungen. Die Körpersprache kann das gesprochene Wort unterstreichen – z. B. bekräftigt eine drohende Geste die Aufforderung „Geh' mir aus dem Weg" – oder es abmildern. Zuweilen sendet der Mensch auf den beiden Kanälen auch widersprüchliche Informationen: z. B. behauptet ein älterer Mann auf der verbalen Ebene „Ich habe keine Angst vor der Operation", während ihm gleichzeitig der Angstschweiß auf der Stirn steht. Manche nonverbalen Signale ermöglichen die Verständigung mit Menschen aus anderen Ländern und Kulturkreisen, ohne deren Sprache zu sprechen. So wird Kopfnicken von den meisten Menschen als Zustimmung, eine erhobene Faust als Zorn und Winken als freundlicher Gruß interpretiert (→ Tab. 5.1). Andere Zeichen wiederum sind kulturabhängig und bleiben daher auch für Fremde unverständlich.

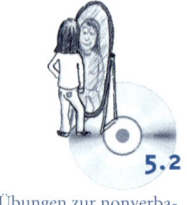

5.2
Übungen zur nonverbalen Kommunikation

Mimik und Blickkontakt

Der Gesichtsausdruck spielt bei der Übermittlung von Gefühlszuständen eine zentrale Rolle. Besonders die physiologischen Begleiterscheinungen von starken Emotionen – erröten, blass werden, weinen, Weitung der Pupillen – lassen sich kaum unterdrücken und sind für einen Kommunikationspartner offensichtlich.

▶ Mimik: Mit dem äußerst komplexen Muskelspiel unserer Mimik – Bewegungen der Mundregion, der Nase, der Augenbrauen usw. – können wir Gemütsbewegungen wie Trauer, Freude oder Angst differenziert Ausdruck verleihen.

▶ Blickkontakt: Ein wichtiges Kommunikationsmittel ist der Blickkontakt. Es irritiert, wenn ein Gesprächspartner keinen Blickkontakt aufnimmt. Andererseits sind „tiefe" Blicke Zeichen von Vertrautheit, die bei Verliebten erfreuen, bei Fremden aber auch Grenzen verletzen können.

Gestik und Körperhaltung

Während durch die Mimik vor allem die Art von Gefühlszuständen signalisiert wird, unterstreichen Gestik und Körperhaltung deren Intensität. Die Körperhaltung kann zudem Aufschluss darüber geben, ob ein anderer Mensch uns gegenüber freundlich, kühl, dominant oder z. B. unterwürfig eingestellt ist.

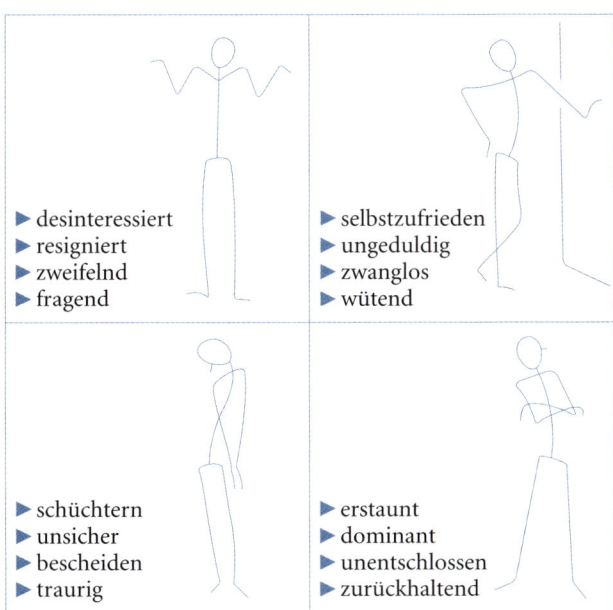

▶ desinteressiert
▶ resigniert
▶ zweifelnd
▶ fragend

▶ selbstzufrieden
▶ ungeduldig
▶ zwanglos
▶ wütend

▶ schüchtern
▶ unsicher
▶ bescheiden
▶ traurig

▶ erstaunt
▶ dominant
▶ unentschlossen
▶ zurückhaltend

Abbildung 5.3 Ausdruck emotionaler Zustände durch die Körperhaltung (nach Sarbin & Hardyck, 1953). Verblüffend schnell lösen selbst diese Strichmännchen beim Betrachter einen Eindruck aus, ohne dass er etwas über die Mimik und die Situation etc. weiß

Geste	Bedeutung
Händeschütteln	Begrüßung
Kopfnicken	Zustimmung
Faust ballen	Ärger
Handflächen reiben	Erwartung
Hände reiben	Frieren
Hand heben	Gruß oder Achtung
Heranwinken	Komm her
Mit dem Finger zeigen	Die Richtung angeben
Mit den Achseln zucken	Ich weiß nicht
Schulter klopfen	Ermutigen
Magen reiben	Hunger
Mit der Hand winken	Abschied

Manche Gesten können ebenfalls relativ eindeutig interpretiert werden. Sie sind auch für Menschen mit Sprachstörungen und Hörbehinderungen verständlich.

> Medikamente können die Kommunikationsfähigkeit beeinflussen. Höher dosierte Neuroleptika bewirken eine starre und relativ unbewegliche Mimik, eine schleppende Sprechweise und verlangsamte Blickbewegungen. Diese Einschränkung der nonverbalen Ausdrucksmöglichkeiten kann auf einen Gesprächspartner sehr irritierend wirken.

5.3 Kommunikationsmodelle

Altenpflege bedeutet Handeln in zwischenmenschlichen Beziehungen. Diese werden vor allem durch Gespräche, Zuhören und Mitteilen, Fragen und Antworten aufgenommen und gestaltet. Wie wichtig das Gespräch für die Pflege ist, wird schlagartig deutlich, wenn sich ein Mensch nicht mehr sprachlich ausdrücken kann. Dies wird oft als große psychische Belastung erlebt und lässt das Gefühl von Hilflosigkeit aufkommen. Dann kommt es auf die nonverbale Kommunikation an.

5.3.1 Das Vier-Seiten-Modell der Kommunikation

So wie Altenpflegerinnen lernen, einen Bewegungsablauf anatomisch zu verstehen, können sie auch lernen, die Anatomie zwischenmenschlicher Beziehungsabläufe zu erkennen und zu analysieren. Hilfreich dabei ist das Vier-Seiten-Modell der Kommunikation des Psychologen Friedemann Schulz von Thun, nach dem eine Nachricht vier Aspekte hat:

(1) **Sachinhalt:** Der Sachinhalt einer Nachricht bezieht sich auf die Übermittlung der Sachinformationen, z. B. „Morgen um 15.00 Uhr ist Dienstbesprechung".

(2) **Selbstoffenbarung:** Jede Nachricht enthält auch Informationen über die Befindlichkeit des Senders, die dieser als bewusste Selbstdarstellung oder als unfreiwillige Selbstenthüllung mitliefert. Aus diesen Informationen gewinnt der Empfänger ein Bild vom Sender.

(3) **Appell:** Der Appellaspekt einer Nachricht bezieht sich auf die dabei übermittelten Wünsche des Senders an den Empfänger: „Wozu ich Dich veranlassen will". Man will auf den anderen Einfluss nehmen.

(4) **Beziehung:** Bei jeder Botschaft vermittelt der Sender auch Informationen über seine Beziehung zum Empfänger im Sinne von „Das halte ich von Dir" und „So stehen wir zueinander". Will man bei Konflikten auf der Beziehungsebene der offenen Klärung ausweichen, zieht man sich gern auf die sachliche Ebene zurück mit den Worten „Das gehört nicht zur Sache" oder „Zurück zum Thema". Je mehr jedoch die so genannten nicht-sachlichen Anteile aus der verbalen Kommunikation verdrängt werden, desto negativer bleiben sie wirksam.

Vier Aspekte beim Empfangen einer Nachricht
So wie die gesendete Nachricht auf vier Ebenen Informationen enthält, kann auch das Empfangen einer Nachricht auf vierfache Art und Weise geschehen mit: dem Sachohr, dem Selbstoffenbarungsohr, dem Beziehungsohr oder dem Appellohr.

„Selbstoffenbarungs-Ohr":
Was ist das für einer?
Wie geht es ihm?
Was ist mit ihm los?

„Beziehungs-Ohr":
Wie steht er zu mir?
Wie findet er mich?
Was denkt er über mich?

„Sach-Ohr":
Wie ist der Sachverhalt
zu verstehen?
Um welche Informationen
handelt es sich?

„Appell-Ohr":
Was soll ich tun,
denken, fühlen?
Was wird von mir erwartet?

Abbildung 5.4 Der
vierohrige Empfänger.
Seine Reaktion und sein
weiteres Verhalten im
Kommunikationsprozess
hängen stark davon ab,
mit welchem Ohr er
gerade hört

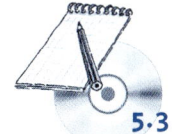

5.3

Welche Botschaft hören
Sie?

Je nachdem, mit welchem Ohr der Empfänger hört, wird er darauf reagieren.
Die Tabelle 5.1 zeigt, wie das Vier-Seiten-Modell der Kommunikation im Pflegealltag aussehen
kann.

Tabelle 5.1 Vier-Seiten-Modell der Kommunikation im Pflegealltag

Altenpflegerin A. kommt ins Stationszimmer und trifft dort auf ihre Bereichskollegin Schwester B., die sich mit der Stationsleiterin unterhält. Schwester B. wendet sich ihr zu und begrüßt sie mit dem Satz: „Du, unter dem Bett von Frau L. liegen lauter zerknüllte Tempotaschentücher". Wie mag die Anatomie dieser Nachricht aussehen?

Mögliche Botschaften des Senders (Schwester B.)		Mögliche Interpretationen bzw. Reaktionen des Empfängers (Schwester A.)	
Sachinhalt	Überprüfbare Aussage zum Zustand des Fußbodens unter dem Bett von Frau L.	„Ja, das ist mir auch aufgefallen." „Ich habe die Taschentücher wohl übersehen."	Sachohr
Selbstoffen-barung	Unzufriedenheit darüber, sich um die Sauberkeit in den Zimmern kümmern zu müssen bzw. dies allein tun zu müssen.	„Ich habe mich heute früh geärgert, weil es auf dem Pflegewagen wie Kraut und Rüben ausgeschaut hat." „Ich kann mich nicht um alles kümmern."	Selbstoffen-barungsohr
Appell	Aufforderung an Schwester A., sich um die Beseitigung der Tempo-taschentücher zu kümmern oder in Zukunft zumindest darauf zu achten.	„Ich werde das gleich erledigen." „Ich werde Frau B. bitten, sich darum zu kümmern.	Appellohr
Beziehung	Nicht eindeutig. Vielleicht möchte sie Schwester A. signalisieren, dass sie sie für unzuverlässig hält.	„Sie sind wohl gar nicht zufrieden mit meiner Arbeit?" „Haben Sie eigentlich etwas gegen mich?" „Dauernd müssen Sie meine Arbeit kritisieren."	Beziehungs-ohr

Wie wird die Kommunikation zwischen Schwester A. und Schwester B. weitergehen? Der Verlauf hängt davon ab, mit welchem Ohr Schwester B. die Äußerungen von Schwester A. hört und wie sie ihrerseits darauf reagiert. Die Entwicklung eines handfesten Streites ist dabei nicht ausgeschlossen und am Ende streiten sie vielleicht darüber, wer angefangen hat.

Vielleicht schaltet sich aber auch die Stationsschwester ein, die kürzlich ein Seminar für Führungskräfte besucht hat, und schlägt zur Konfliktlösung vor, dass die Beteiligten offen aussprechen, wie die Botschaft gemeint war bzw. wie sie verstanden wurde.

Meta-Kommunikation im Pflegealltag

Bei Kommunikationsproblemen und anderen Konflikten kann es eine große Hilfe sein, auf die meta-kommunikative Ebene zu gehen. Die Art der zwischenmenschlichen Kommunikation wird dann selbst zum Gegenstand der Kommunikation. Praktisch kann das so aussehen, dass die Beteiligten innehalten und versuchen, eine Hubschrauberperspektive einzunehmen. Aus einer gewissen Distanz heraus schauen sie sich an, wie sie miteinander kommunizieren. Bei Ärger, Streit und unlösbar scheinenden sachlichen Differenzen können sie dabei z. B. überprüfen:

▶ Was läuft zwischen uns ab?

▶ Wie stehen wir zueinander?

▶ Weshalb ist eine sachliche Konfliktlösung nicht möglich?

▶ Gibt es Verhaltensweisen auf einer oder auf beiden Seiten, die zur Beziehungsstörung führen?

Mit Hilfe der Hubschrauberperspektive wird es möglich, Konflikte auf der Ebene anzusprechen, auf der sie sich auch tatsächlich abspielen – und dies ist Voraussetzung für eine konstruktive Problemlösung. Viele Probleme eskalieren z. B. deshalb, weil versucht wird, Konflikte, die auf der Beziehungsebene schwelen, auf der Sachebene auszutragen.

Abbildung 5.5 Metakommunikation. Bei Ärger, Streit und unlösbar scheinenden sachlichen Differenzen kann es eine große Hilfe sein, den Konflikt aus einer gewissen Distanz heraus zu betrachten. Die Beteiligten halten inne und reden darüber, was in ihrer Kommunikation schief läuft (nach Schulz von Thun, 1981)

Das Verhaltenskreuz

Mit dem Verhaltenskreuz von Friedemann Schulz von Thun gibt es ein weiteres Modell, um sich die Art der Beziehung zwischen zwei Menschen bewusster zu machen (→ Abb. 5.6). Es beinhaltet die Dimensionen Lenkung und Emotionen.

Lenkungsdimension. Unter Lenkung/Bevormundung versteht Schulz von Thun einen Verhaltensstil „der darauf angelegt ist, den Empfänger in seinem Denken und Handeln weitgehend unter den eigenen Einfluss zu bringen, z. B. durch Anweisungen, Vorschriften, Fragen, Verbote usw. Dies deckt sich aber nicht mit den Zielen einer professionell verstandenen Altenpflege, die auch hilfsbedürftigen alten Menschen Entscheidungsfreiheit und Handlungsspielräume lässt. Geht es nicht ohne Lenkung, gilt die Regel: So viel wie nötig, so wenig wie möglich. So kann es durchaus einmal angezeigt sein, einen alten Menschen aufgrund von Krankheitssymptomen zu fixieren, wenn erhebliche Selbstverletzungsgefahr besteht, doch sollte die Maßnahme regelmäßig auf ihre Notwendigkeit hin überprüft werden.

Lenkungsdimension

Stärkung von Eigenverantwortung und Selbstbewusstsein

Lenkung/ Bevormundung

Geringschätzung   Wertschätzung

emotionale Dimension

Abbildung 5.6 Das Verhaltenskreuz und seine Dimensionen. Die **Lenkungsdimension** einer Beziehung wird anhand der Pole Lenkung/Bevormundung sowie Stärkung von Eigenverantwortung und Selbstbewusstsein ermittelt, die **emotionale Dimension** anhand der Pole Wertschätzung und Geringschätzung. Bei dem hier eingezeichneten × handelt es sich um die Beobachtung einer Pflegenden, die ihrer Kollegin zugesehen hat, wie diese liebevoll einen dementen Menschen in einer beschützenden Wohngruppe davon abgehalten hat, Blumenerde zu essen. Zu sehen ist eine hohe Wertschätzung auf der emotionalen Dimension und eine starke Einschränkung auf der Lenkungsdimension (nach Schulz von Thun)

> **!**
>
> Eine Fixierung ohne Einwilligung des alten Menschen ist nur bei Notwehr (§ 32 StGB) zulässig oder bei Notstand (§ 34 StGB), bei dem eine unmittelbar drohende Gefahr für den Betroffenen oder andere ausgeht. In diesen Fällen wird die körperliche Unversehrtheit wichtiger erachtet als die Bewegungsfreiheit. Ansonsten liegt immer eine strafbare Handlung vor (Freiheitsberaubung).

Emotionale Dimension. Die emotionale Dimension umfasst die Pole Wertschätzung und Geringschätzung. Wertschätzung bedeutet nicht, alle Menschen von Herzen zu mögen, sondern sein Gegenüber ernst zu nehmen mit seinen Gefühlen, seinem Denken, seinen Bedürfnissen, mit allem, was ihn prägt und geprägt hat. Das heißt auch, negative Gefühle und Konflikte nicht zu überdecken, sondern sie in einer auf gegenseitiger Achtung beruhenden Beziehung zu bearbeiten.

Geringschätzung drückt sich in Verhaltensweisen aus, die dem anderen signalisieren, ihn nicht ernst zu nehmen, beispielsweise jemanden lächerlich zu machen. Diese Gefahr besteht insbesondere dann, wenn eine Beziehung durch große Unterschiede bzw. Ungleichheiten gekennzeichnet ist, etwa beim Zusammentreffen von

- ▶ jungen und alten Menschen,
- ▶ gesunden und kranken Menschen,
- ▶ gut bzw. komplett bekleideten Menschen und Menschen im Nachthemd, Schlafanzug oder auch ohne Kleidung,
- ▶ unabhängigen Menschen und Menschen, die von ihnen abhängig sind,
- ▶ Menschen mit vielen potenziellen Gesprächspartnerinnen und Menschen, die nur über wenige oder gar keine verfügen.

Alle diese von Asymmetrie geprägten Konstellationen finden sich im Pflegealltag wieder und verdeutlichen die Gefahr, bewusst oder unbewusst in einen asymmetrischen Kommunikationsstil zu verfallen und das Gegenüber gering zu schätzen.

5.3.2 Die Transaktionsanalyse

Die Transaktionsanalyse (TA) ist ebenfalls eine Methode zur Analyse und zum Verständnis menschlicher Beziehungen. Der Begründer Eric Berne (1980) – ein amerikanischer Psychologe – entwickelte damit ein sehr anschauliches und für die Analyse beruflicher Beziehungsmuster praktikables Modell. Es ermöglicht eine schnelle und kompetente Bewertung dessen, was zwischen zwei Menschen beziehungsmäßig abläuft.

Kommunikationseinheiten in der Transaktionsanalyse

Die grundlegende Kommunikationseinheit sozialer Aktionen bezeichnet man in der Transaktionsanalyse als Anstoß. Ein solcher Anstoß kann z. B. ein „Hallo" sein, eine liebevolle Berührung oder Kritik. Anstöße zu geben oder zu erhalten bedeutet immer, jemandem Aufmerksamkeit zu widmen oder selbst Aufmerksamkeit zu erhalten. Positive Anstöße werden in der Transaktionsanalyse „Streicheleinheiten" genannt, bei negativen spricht man von „kalter Dusche".

Menschen brauchen Anstöße. Wenn sie keine Streicheleinheiten bekommen können, dann sind ihnen kalte Duschen immer noch lieber als ignoriert zu werden. Dies zeigt sich auch im Pflegealltag, wenn ein alter Mensch immer wieder nach den Pflegenden ruft oder die Klingel benutzt, obwohl ihm im Grunde genommen im Moment gar nichts fehlt. Reagieren die Pflegenden dann u. U. etwas unfreundlich darauf, ist ihm dies noch lieber, als gar nicht beachtet zu werden. Für Menschen ist es fast unerträglich, keine Anstöße von Mitmenschen zu bekommen.

Bausteine der Transaktionsanalyse: Ich-Zustände

Die grundlegenden Bausteine der Transaktionsanalyse bestehen aus den drei Ich-Zuständen Eltern-Ich, Erwachsenen-Ich und Kind-Ich. Es wird davon ausgegangen, dass Menschen aus diesen Ich-Zuständen heraus miteinander kommunizieren.

Eltern-Ich. Das Eltern-Ich enthält Einstellungen, Wertvorstellungen und Verhaltensweisen, die insbesondere in jungen Jahren, wenn der Mensch noch stark beeinflussbar ist, von äußeren Vorbildern wie Eltern, Erzieherinnen und Lehrerinnen sowie durch Belohnungen und Bestrafungen erworben wurden. Es kann sich auf fürsorgliche, strenge oder kritische Weise äußern.

Erwachsenen-Ich. Das Erwachsenen-Ich beginnt sich im Alter von etwa einem Jahr zu entwickeln, wenn das Kind spürt, dass es seine Umwelt und sein Befinden aktiv gestalten kann. Es ist auf die Gegenwart gerichtet, sammelt Informationen, verhält sich anpassungsfähig. Es überprüft die Realität, schätzt Wahrscheinlichkeiten ein und versucht, die Umgebung auf rationale Weise zu beeinflussen.

Kind-Ich. Beim Kind-Ich handelt es sich um den unverbildeten, freien und spontanen Anteil im Menschen, der intuitiv und neugierig ist (natürliches Kind-Ich). Durch die mit der Erziehung verbundene soziale Konditionierung lernt das Kind, seine wahren Gefühle zu verbergen oder Wünsche durch den Griff in die Gefühlskiste, z. B. im Sinne von „Ich bin ein hilfloses Kind" oder durch braves Parieren zu erreichen (angepasstes Kind-Ich). Bei Trotz und Rebellion schimmert noch die urwüchsige Energie des freien Kind-Ichs durch.

Arten von Transaktionen

Abhängig von den verschiedenen Ich-Zuständen, aus denen heraus Menschen miteinander kommunizieren, gibt es drei Arten von Transaktionen: die komplementäre Transaktion, die Über-Kreuz-Transaktion und die verdeckte Transaktion.

Komplementäre Transaktion. Diese findet statt, wenn Sender und Empfänger auf einer Wellenlänge in Kontakt kommen. Die Kommunikationskanäle verlaufen parallel.

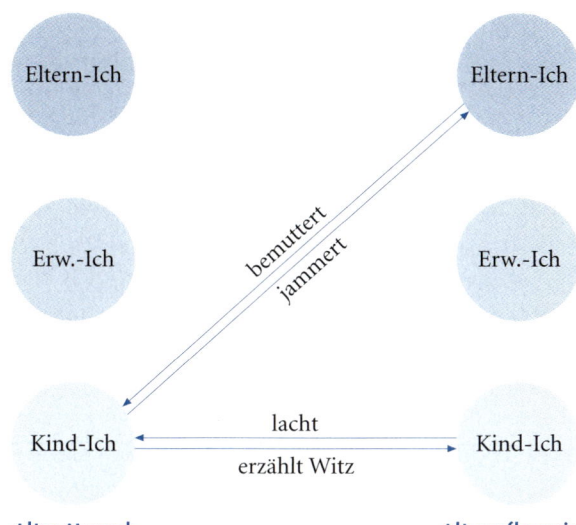

Abbildung 5.7 Komplementäre Transaktion. Ein alter Mensch erzählt einen Witz. Die Altenpflegerin lacht herzlich. Beide kommunizieren aus dem freien Kind-Ich heraus. Oder: Ein alter Mensch jammert. Die Altenpflegerin reagiert bemutternd aus dem fürsorglichen Eltern-Ich: tröstende Worte, in den Arm nehmen etc.

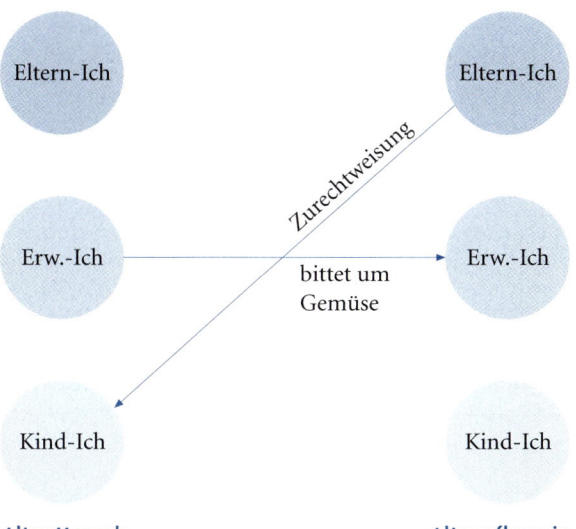

Abbildung 5.8. Über-Kreuz-Transaktion: Ein alter Mensch bittet beim Mittagessen aus dem Erwachsenen-Ich heraus um Gemüse statt Fleisch. Die Altenpflegerin reagiert aus dem strengen Eltern-Ich mit einer Zurechtweisung: „Wir können doch nicht jedes Mal eine Extrawurst braten"

Über-Kreuz-Transaktion. Darunter versteht man Kommunikationsformen, die nicht parallel, sondern über Kreuz verlaufen. Dies ist z. B. der Fall, wenn der Sender seine Botschaft aus dem Erwachsenen-Ich an das Erwachsenen-Ich des Empfängers sendet, dieser aber aus dem Eltern-Ich oder Kind-Ich reagiert.

Verdeckte Transaktionen. Diese finden statt, wenn Menschen das eine sagen und das andere meinen und damit verborgene oder verdeckte Botschaften aussenden. Oft wird die verborgene Ebene der Transaktion durch nonverbale Kommunikation ausgedrückt, wenn z. B. ein alter Mann die Frage, ob er Schmerzen habe, verneint, zugleich aber mit seiner Mimik und seinem Tonfall das Gegenteil ausdrückt.

5.3

Entdecken einer mütterlichen Seite

Psychospiele

Verdeckte Transaktionen werden in der Transaktionsanalyse als psychologische Spiele bezeichnet, die für eine gesunde Kommunikation schädlich sind. Eines dieser Spiele, dem man oft in Beratungssituationen begegnet, ist das „Ja, aber-Spiel".

Ja, aber ...-Spiel. Ein Angehöriger fragt z. B. um Rat und leitet damit eine komplementäre Transaktion aus dem Erwachsenen-Ich zum Erwachsenen-Ich ein. Bietet die Altenpflegerin dann einen Rat, eine Antwort oder eine Lösungsmöglichkeit an, bekommt sie immer die Antwort: „Ja, aber ...". Egal wie kreativ und emsig sie sich um eine Lösung bemüht, ihr Gegenüber findet stets ein Haar in der Suppe. Der Angehörige möchte in diesem Fall nicht wirklich eine Antwort auf seine Frage, sondern den Status quo beibehalten oder eventuell auch beweisen, dass er nicht dumm ist.

5.3

Checkliste für Psychospiele

Um Psycho-Spiele zu erkennen und darauf zu reagieren, gibt es folgende Faustregel: Wenn eine bestimmte Transaktion einmal ohne befriedigende Lösung abläuft, ist das schade, aber normal. Wenn sie zweimal vorkommt, ist das ein Zufall. Wenn sie innerhalb kurzer Zeit jedoch dreimal oder öfter vorkommt, tut man gut daran zu vermuten, dass hier ein Psycho-Spiel gespielt wird. In diesem Fall kann es hilfreich sein, sich mit dem Betreffenden das Problem auf der Metaebene anzuschauen.

Das Lebensdrehbuch: Gebote, Verbote und Grundhaltungen

Jeder Mensch entwickelt in der Kindheit ein grundlegendes Bild von sich, von anderen und davon, wie das Leben abzulaufen hat. Geprägt durch die Transaktionen zwischen den Elternteilen sowie der Eltern mit ihren Kindern wird in den (kindlichen) Seelen eine Art Lebensdrehbuch (auch Skript genannt) geschrieben. Eine Fülle von Geboten und Verboten macht bereits dem jungen Menschen klar, was er zu tun oder zu lassen hat und wie er zu sein hat, wie z. B. „Sei perfekt", „Sei stark", „Mach mir Freude" (→ 12.3 Burnout).

Schlagwortartig lassen sich individuelle Lebenseinstellungen in vier Grundmuster zusammenfassen.

Ich bin in Ordnung, du bist in Ordnung. Menschen mit dieser Grundhaltung haben ein gesundes Selbstbild, sind zufrieden mit ihren Stärken und Schwächen, ohne dabei egozentrisch zu sein. Sie sind selbstkritisch und wollen sich weiterentwickeln. Sie respektieren die Individualität anderer und deren Recht, abweichende Meinungen und Verhaltensweisen zu haben. Sie sind Problemlöser und treiben selten Psycho-Spiele.

Ich bin in Ordnung, du bist nicht in Ordnung. Menschen mit dieser Haltung fühlen sich anderen überlegen. Sie schätzen andere gering ein, weil sie nicht wie sie selbst sind, und misstrauen jedem, der ihnen überlegen zu sein scheint. Sie weisen anderen gern nach, Versager zu sein, manchmal spielen sie auch die Retterrolle.

Ich bin nicht in Ordnung, du bist in Ordnung. Menschen mit dieser Haltung fühlen sich anderen grundsätzlich unterlegen. Jeder andere schafft seine Angelegenheiten besser, ist kompetenter und bewundernswerter. Diese Menschen sind oft deprimiert, ängstlich und schuldbeladen. Und sie spielen oft Spiele, in denen sie die Opferrolle einnehmen, z. B.: „Tritt mich".

Ich bin nicht in Ordnung, Du bist nicht in Ordnung. Diese Grundhaltung ist sicherlich die destruktivste. Alles ist nutzlos, man könnte genauso gut aufgeben. Ein Mensch mit dieser Haltung verachtet nicht nur sich selbst, sondern auch die anderen. „Wenn ich gekränkt bin, dann kränke ich auch die anderen."

Altenpflegerinnen können ihre grundsätzlichen Lebenseinstellungen ebenso wenig außen vor lassen wie die Bewohnerinnen in ihren Einrichtungen oder wie die Ärzte oder die Angehörigen. Sie tragen sie stets mit sich herum, so dass sie auch im Pflege-Alltag wirksam sind. Wie dort miteinander umgegangen wird, wie Konflikte gelöst und Belastungen verarbeitet werden, hängt auch von diesen Einstellungen ab. Insofern ist es wichtig, sich ihrer bewusst zu sein und sie gegebenenfalls zu verändern.

5.4 Kommunikationswerkzeuge: einander verstehen lernen

Das Gespräch gehört zu den Aufgaben von Altenpflegerinnen wie die medizinisch-pflegerische Versorgung. Dabei geht es in erster Linie um die vertrauensvolle Begegnung von Mensch zu Mensch auf der Basis einer akzeptierenden Grundhaltung und gleichberechtigten Beziehung.

5.4.1 Passende Anrede und Sprache wählen

Die Form der Anrede im Altenheim ist ein Dauerthema. Zu Zeiten, als überwiegend körperlich pflegebedürftige, aber psychisch gesunde alte Menschen die Klientel der Altenpflegerinnen ausmachten, stand der Kampf gegen das herablassende und entwürdigende Duzen alter Menschen im Mittelpunkt. Seit die Anzahl demenziell erkrankter alter Menschen aber rasant zunimmt, wendet sich das Blatt. Obwohl die Vorschriften in der Regel das „Sie" vorgeben, kann ein „Du" manchmal die heilsamere Lösung sein, nämlich dann, wenn der an einer Demenz Erkrankte so am besten in seiner Welt erreicht werden kann.

Die Sprachwissenschaftlerin Svenja Sachweh (2002, 2003) hat sich intensiv mit der Kommunikation in der Altenpflege beschäftigt und gibt folgende Tipps zur Frage der Anrede:

► Alle Bewohnerinnen unabhängig von körperlicher und geistiger Verfassung zu siezen und mit dem Nachnamen anzusprechen, diesen Grundsatz jedoch nicht sklavisch zu befolgen.

► Die alten Menschen zu fragen, wie sie es gern hätten, denn ausschlaggebend sind die Wünsche und Bedürfnisse der Bewohnerinnen. Mehr noch als Höflichkeit und Respektbezeugungen schätzen manche Pflegebedürftige die mit dem Du verbundene Vertrautheit, Geborgenheit und Familiarität.

► Demenziell erkrankte alte Menschen, die auf ihren Nachnamen nicht mehr reagieren, nach Rücksprache mit den Angehörigen mit dem Vornamen anzureden und dennoch zu siezen.

▶ Nicht das Duzen zu übernehmen, wenn ein demenziell erkrankter alter Mensch damit beginnt, sondern beim Sie zu bleiben, es sei denn, er fordert bewusst zum Du auf oder der Betroffene kann dadurch in seiner Welt besser erreicht werden.

▶ Bewohnerinnen, die gesiezt werden wollen, nicht versehentlich zu duzen, denn dies kann auch psychisch gesunde Bewohnerinnen erheblich verunsichern oder verärgern und an Demenz erkrankte Menschen zusätzlich verwirren.

▶ Auch im Streitfall nicht vom Sie zum Du und zu verniedlichenden Namen überzugehen, da dies zum einen blanke Machtausübung bedeutet und zum anderen im Verhaltenskreuz für Geringschätzung und Bevormundung steht (→ Abb. 5.6).

Im Rahmen ihrer sprachwissenschaftlichen Untersuchungen hat Svenja Sachweh festgestellt, dass in der Kommunikation von Altenpflegerinnen mit pflegebedürftigen alten Menschen viele Elemente aus der Babysprache auftauchen. Neben einer höheren Tonlage und der einem Singsang ähnlichen Sprachmelodie verwenden Altenpflegerinnen gern Kosenamen – z. B. Hänschen, Mariechen, Schätzle –, Verniedlichungen – z. B. Händchen, Bächlein, Schlückchen – und Doppelformen wie Kack-Kack oder Happi-Happi.

Es gibt Fälle, in denen die Babysprache in einer herablassenden und kränkenden Art gebraucht wird, um die eigene Machtposition zu unterstreichen, alte Menschen zu bestrafen oder ihnen den eigenen Willen aufzuzwingen. Überwiegend wird sie jedoch in einer wohlmeinenden Funktion gebraucht: zum einen, um durch Vereinfachung den sprachbeeinträchtigen alten Menschen das Verstehen zu erleichtern; zum anderen, um eine liebevolle emotionale Beziehung auszudrücken, um zu trösten oder zu ermuntern. Deshalb mögen einige Bewohnerinnen diese Form der Kommunikation oder werden dadurch in ihrer Welt erreicht. Eine Musterlösung gibt es jedoch nicht: Die Herausforderung bleibt, immer wieder neu nach Wegen wertschätzender Kommunikation zu suchen.

! Prüfen Sie Ihr Verhalten auf seine Umkehrbarkeit: „Würde ich mich als Mensch akzeptiert fühlen, wenn der andere sich in dieser Situation mir gegenüber so verhalten würde, wie ich jetzt ihm gegenübertrete?", „Kann er sich das gleiche Verhalten mir gegenüber erlauben?"

Momo

5.4

5.4.2 Aktiv zuhören: mit ganzem Ohr und offenen Augen dabei sein

Es ist nicht damit getan, sein Gegenüber zu akzeptieren und sich auf ihn einzustellen, sondern es kommt auch darauf an, ihn diese offene Grundhaltung spüren zu lassen. Eine zentrale Rolle spielt hierbei das aktive Zuhören. Ob im Gespräch, während der Grundpflege oder beim Spazierengehen, es ist wesentlich, vierohrig zu empfangen, was der andere sendet: Sachinhalte, Selbstoffenbarungen, Beziehungsaussagen und Appelle. Der alte Mensch erkennt sowohl am nichtsprachlichen als auch sprachlichen Verhalten, inwieweit ihm Aufmerksamkeit geschenkt wird. Die Beachtung der folgenden Aspekte unterstützt das aktive Zuhören:

▶ durch Körperhaltung, Mimik und Gestik Zuwendung und Aufmerksamkeit signalisieren,

▶ Tonfall, Sprechgeschwindigkeit und Lautstärke auf den alten Menschen „einstimmen",

▶ mit kleinen sprachlichen Verstärkern wie „ja", „aha" oder „hm" signalisieren, dass man zuhört und versteht,

▶ Reverbalisierung: Wiederholung des Gesagten mit eigenen Worten, die das sichere Gefühl vermitteln: „Ich wurde verstanden",

- Reflexion: in eigenen Worten spiegeln, welche Botschaften, Gefühlszustände und Empfindungen angekommen sind, d.h. nicht Urteil, Meinung, Argument oder Ratschlag, sondern nur: „Ich habe gehört (oder gefühlt), dass …"

Aktives Zuhören ist mit vielen positiven Aspekten verbunden. Es fördert die:

- vertrauensvolle Beziehung. Ein Gefühl des Verstandenwerdens, der Verbundenheit entsteht.
- offene Kommunikation über Gefühle. Wenn ein Mensch spürt, dass ein anderer seine Gefühle versteht und akzeptiert, ermöglicht ihm dies, offener darüber zu reden und besser mit seinen Gefühlen zurechtzukommen.
- Aussprache über Probleme. Wer ein Problem mit einem anderen Menschen besprechen

Abbildung 5.9 Wenn die Kommunikation krankheitsbedingt auf verbalem Wege nicht mehr so gut klappt, können spielerische Elemente wie eine Puppe die Kommunikation in Gang bringen oder erleichtern

kann, statt allein darüber nachzugrübeln, ist der Problemlösung in der Regel schon einen wesentlichen Schritt näher gekommen.
- Selbstreflexion. Wer Gefühle aussprechen kann, ist eher in der Lage, sein Fühlen und Denken zu analysieren und gegebenenfalls zu korrigieren.
- Entschlüsselung verschlüsselter Botschaften. Auf verschlüsselte Botschaften und scheinbar zufällige Bemerkungen zu hören, erleichtert die Identifizierung und Bearbeitung dahinter steckender Probleme.

5.4

Religiöse Elemente als Anknüpfungspunkte

Beispiel

Fallbeispiel. Ein alter Mann sagt zur Altenpflegerin: „Mit einem alten Mann will niemand etwas zu tun haben." Wie reagiert sie darauf am besten? Mit einem oberflächlichen Ratschlag oder einer gut gemeinten Belehrung wie: „Ihnen geht es doch im Vergleich zu Herrn X. noch recht gut"? Oder sollte sie es eher mit der Reverbalisierung versuchen: „Habe ich das richtig verstanden, dass Sie gesagt haben, dass niemand etwas mit Ihnen zu tun haben möchte?" Oder wäre es besser, das bei ihr angekommene Gefühl zu reflektieren: „Fühlen Sie sich alleingelassen und sind traurig darüber?" Wie würden Sie reagieren?

5.4.3 Wahrnehmungen überprüfen

Oft sendet ein Gegenüber verschiedene Botschaften aus. Wenn man sich hinsichtlich der Einschätzung der Gefühlslage des anderen unsicher ist, bietet sich die Methode der Wahrnehmungsüberprüfung an. Sie besteht aus zwei Schritten:

- Teilen Sie dem anderen mit, welche nonverbalen Signale Sie bei ihm wahrnehmen, z. B.: „Sie sind heute so schweigsam".
- Teilen Sie dem anderen dann Ihre Interpretation seiner nonverbalen Signale mit. Bringen Sie dabei Ihr Bedürfnis zum Ausdruck, ihn richtig verstehen zu wollen. „Geht es Ihnen nicht gut? Sind Sie wegen irgendetwas traurig?"

Die Wahrnehmungsüberprüfung ermöglicht es dem anderen, offener über seine Gefühle zu reden und verringert die Wahrscheinlichkeit von aufkommenden Missverständnissen. Dabei geht es weder um Missbilligung noch Zustimmung, sondern sozusagen von Herzen kommend wird mitgeteilt, wie der eine vom anderen wahrgenommen wird.

5.4.4 Ich-Botschaften senden

In der Kommunikation macht es einen großen Unterschied, ob wir unsere Anliegen in Ich-Botschaften oder Du-Botschaften senden. Ich-Botschaften heißt, über die eigenen Gefühle, Stimmungen und Wünsche zu reden. Bei einer Du-Botschaft nehmen wir das Verhalten des anderen zum Anlass, ein Urteil über ihn zu fällen (Gordon, 1972). Ein Beispiel: Eine Altenpflegerin ist mit der Dienstplangestaltung ihrer Kolleginnen unzufrieden. Eine Du-Botschaft wäre: „Ihr seid einfach rücksichtslos!", was die Kolleginnen sicherlich in eine Verteidigungshaltung brächte. Mit einer Ich-Botschaft wie „Ich bin enttäuscht" würde sie hingegen ihren Kolleginnen unmissverständlich mitteilen, was in ihr vorgeht und damit die Kommunikation über ihr Problem erleichtern.

Positive Aspekte von Ich-Botschaften:

▶ Der andere erkennt, dass *ich* ein Problem habe, ausgelöst durch sein Verhalten. Er bekommt die Wirkung seines Verhaltens übermittelt, ohne durch einen Vorwurf oder Angriff zu Widerstand provoziert zu werden.

▶ Dem anderen wird zugetraut, dass er meine Bedürfnisse respektiert und auf sie eingeht. Das ermöglicht ihm, sein Verhalten zu reflektieren und etwas daran zu ändern.

▶ Ich-Botschaften des einen Menschen fördern Ich-Botschaften des anderen.

▶ Die Beziehung zwischen beiden Gesprächspartnern und ihre Fähigkeiten zur Konfliktlösung verbessern sich.

5.4.5 Feedback geben und nehmen

Feedback (Verhaltensrückmeldung) ist eine Art Kontrollinstrument im Bereich der zwischenmenschlichen Kommunikation, mit dessen Hilfe überprüft werden kann, ob Botschaften zwischen Gesprächspartnern auch richtig ankommen. Dementsprechend ermöglicht die Anwendung von Feedback, Störungen in einer Beziehung frühzeitig zu erkennen und gegebenenfalls zu beheben. Grundvoraussetzung für Feedback ist die Übereinkunft, dass es vom Gesprächspartner auch tatsächlich gewünscht wird.

Feedback zu geben bedeutet, einem Gesprächspartner mitzuteilen, wie sein Verhalten wahrgenommen, verstanden und erlebt wird und welche Wirkung dieses Verhalten auf die eigene Person hat. Dabei geht es nicht darum, den anderen zu verändern. Vielmehr handelt es sich um einen Prozess, der Veränderungen auslösen kann, die jedoch von beiden beteiligten Parteien gemeinsam überlegt werden müssen. Regeln einer gelungenen Feedbackgabe sind:

▶ Wahrnehmungen als Wahrnehmungen, Vermutungen als Vermutungen und Gefühle als Gefühle mitteilen und nicht die Persönlichkeit des anderen analysieren bzw. diagnostizieren,

▶ Rückmeldungen auf konkret begrenztes Verhalten beziehen, nicht auf die Persönlichkeit des anderen,

▶ positive Gefühle und Wahrnehmungen rückmelden,

▶ Rückmeldungen zeitnah geben und nicht für einen späteren Zeitpunkt sammeln,

▶ faire Voraussetzungen schaffen: Jeder kann Sender und Empfänger sein.

Ein Feedback entgegennehmen heißt, von einem Gesprächspartner erfahren, wie das eigene Verhalten wahrgenommen, verstanden und erlebt wird und welche Wirkung dieses Verhalten auf ihn hat.

Regeln einer gelungenen Feedbackannahme sind:

▶ dem anderen aufmerksam zuhören, um seine Botschaft richtig zu verstehen und Unverstandenes durch Nachfragen klären,

▶ keine Verteidigungshaltung einnehmen, sich also nicht rechtfertigen oder sein Verhalten klar stellen wollen,

▶ entscheiden, was von der Rückmeldung der eigenen Weiterentwicklung dienlich ist,

▶ konstruktive Verhaltensrückmeldung als förderlich für die Gesprächsbeziehung akzeptieren.

Ein kommunikationsstarkes Arbeitsteam wird diese hilfreichen Kommunikations-Werkzeuge nicht nur zur Reflexion des Umgangs mit den pflegebedürftigen alten Menschen, sondern auch zur Entwicklung eines offenen Miteinanders nutzen.

5.5 Kommunikation im Beratungsgespräch

Alte Menschen und deren Angehörige haben einen großen Beratungsbedarf, der von den Pflegenden entsprechende Beratungskompetenz verlangt. Im Berufsfeld der Altenpflege ist Beratungskompetenz in verschiedenen Bereichen erforderlich:

▶ bei der Einschätzung von Bedarfslagen in Pflegehaushalten und zur Beurteilung der Pflegequalität im Rahmen des § 37 SGB XI,

▶ bei der Beratung von pflegenden Angehörigen im Rahmen der ambulanten Pflege,

▶ bei der Beratung von pflegebedürftigen alten Menschen,

▶ bei der Anleitung von pflegenden Angehörigen im Rahmen von Pflegekursen nach § 45 SGB XI,

▶ in der Rolle der Fachkraft im Case-Management,

▶ bei der kollegialen Beratung,

▶ bei der Beratung und Anleitung von ehrenamtlichen Helfern.

Beratung ist

▶ eine komplexe zwischenmenschliche Interaktion,

▶ für die es einen Auftrag braucht,

▶ die ein Ziel hat,

▶ die eine methodische Vorgehensweise verlangt,

▶ die inhaltlich und zeitlich begrenzt ist,

▶ und dem Ratsuchenden Entscheidungsfreiheit lässt.

In der Rolle einer Beraterin begleiten Pflegende andere Menschen in deren Prozess der Lösungssuche in Krisen. Um professionell und wohlüberlegt handeln zu können, ist eine gut gefüllte beraterische Werkzeugkiste unerlässlich. Ansonsten besteht die Gefahr, sich allzu schnell aufs Glatteis zu begeben und einzubrechen. Damit ist weder den alten Menschen, den Angehörigen noch Ihnen gedient.

Abbildung 5.10 Die Helferfalle (aus Weidenmann 2002)

5.5.1 Grundfragen der Auftragsklärung

Zu den Basiswerkzeugen der Beratung gehören die Grundfragen der Auftragsklärung. Diese Checkliste von W-Fragen ermöglicht es Ihnen, vor, während und in der nachgehenden Reflexion von Beratungsgesprächen, systemische Zusammenhänge im Auge zu behalten und mögliche Probleme rechtzeitig zu erkennen.

Tabelle 5.3 Grundfragen der Auftragsklärung, mit denen man bei einer Beratung Angehöriger systemische Zusammenhänge im Auge behält (nach Schlippe & Schweitzer, 1996)

Grundfragen der Auftragsklärung	Beispiel	Umkehrungen der Grundfragen	Beispiel
Wer will was?	Wer ist mein Auftraggeber? Ist es der, der vor mir sitzt oder ein anderer?	Wer will nichts?	Ist mein Gegenüber vielleicht gar kein Rat- oder Pflegesuchender?
Von wem?	Bin ich es überhaupt (bzw. der ambulante Dienst), der hier angefragt ist?	Von wem nicht?	Welche Anbieter halten sich irrtümlicherweise für angesprochen?
Ab wann?	Gibt es jetzt schon einen Auftrag für mich?	Wann noch nicht?	Ist es für eine Beratung zu einer längerfristig sinnvollen Maßnahme wie z. B. Heimumzug noch zu früh?
Bis wann?	Ist es schon zu spät?	Wann nicht mehr?	Ist die Nachfrage bereits erloschen?
Wie viel?	Wie viel an pflegerischer Dienstleistung ist gewünscht?	Was nicht?	Welche Dienstleistungen/ Angebote meinerseits sind vielleicht nicht gewünscht?
Wozu?	Was genau soll hier zu welchem Endzweck gemacht werden? Was soll letztlich dabei herauskommen?	Wozu nicht?	Über welche Zielsetzung besteht eventuell gar keine Vereinbarung?
Mit wem?	Wie einig oder uneinig sind sich verschiedene Beteiligte untereinander bezüglich der gewünschten Dienstleistung?	Gegen wen?	Will mich ein Beteiligter in eine Koalition gegen einen anderen Beteiligten verwickeln?

Die Grundfragen der Auftragsklärung können auch zur Klärung dessen beitragen, welche Aufträge sich die Pflegeexperten selber geben.

5.5.2 Vier Werkzeuge für eine Beratung

Hilfreich für eine gute Beratung ist der souveräne Gebrauch verschiedener Beratungswerkzeuge.

5.5

Sprachspiegel – bevorzugte Sinneskanäle

Ich selbst als Person. Hier geht es insbesondere um die Grundhaltungen der Beraterin:

▶ Echtheit: Ich bin die Person, die ich bin. Ich drücke aus, was ich fühle. Meine verbalen Äußerungen stimmen mit meinem nonverbalen Verhalten überein. Ich bin dem Ratsuchenden mit meinem authentischen Verhalten ein Modell.

▶ Emotionale Wärme: Ich akzeptiere den ratsuchenden Menschen, egal, wie er sich verhält. Meine emotionale Wärme und Anerkennung nehmen ihm Spannungs- und Angstgefühle. So kann er Vertrauen gewinnen, sich eher selber achten und Ermutigung zur Lösung seines Problems erfahren.

▶ Einfühlungsvermögen: Ich nehme den anderen in seiner inneren Welt, in seinen Gefühlen wahr. Ich fühle mich in ihn ein.

Umschreibendes Zuhören (Paraphrasieren). Ich wiederhole das, was mir der andere inhaltlich sagt, mit meinen Worten, ich mache sozusagen eine Inhaltsangabe. Mit dem Paraphrasieren können wir uns versichern, ob wir den Ratsuchenden richtig verstanden haben. Denn jeder Mensch nimmt vor seinem eigenen Erfahrungshintergrund wahr. Worte erzeugen in unterschiedlichen Menschen unterschiedliche Bilder. Folgende Einstiegsformulierungen eignen sich für das umschreibende Zuhören:

▶ Ihnen ist wichtig, dass …

▶ Sie glauben also, dass …

▶ Verstehe ich Sie richtig, dass …

▶ Sie meinen also …

▶ Wenn ich Sie richtig verstanden habe, dann geht es Ihnen um …

Aktives Zuhören (Verbalisieren emotionaler Erlebnisinhalte). Ich gebe mit Worten die Gefühle wieder, die ich beim Ratsuchenden wahrnehme, und achte deshalb vor allem auf seine nonverbalen Zeichen (Mimik, Gestik, Körperhaltung, Klang der Stimme, Tonfall). So erlebt der Ratsuchende, dass seine Gefühle „gesehen" werden. Menschen in Krisensituationen haben oft zwiespältige Gefühle. Als Beraterin ist es wichtig zu wissen, dass das normal ist. Wichtig beim aktiven Zuhören ist es, auf den eigenen Ton zu achten, sich wertschätzend und warmherzig zu verhalten.

5.5

Anleitung zum „aktiven Zuhören"

Den Rahmen ändern (Reframing). Ich biete neue Sichtweisen an, damit der Ratsuchende seine Situation in einem anderen Licht betrachten kann. Dinge sind nicht unbedingt so, wie sie sind, sondern so, wie wir sie sehen. Menschen haben in Krisensituationen oft einen eingeengten Blick auf ihre Situation. Als Beraterin kann man andere Sichtweisen und Bewertungen anbieten. Auf diese Weise kann eine schwierig erscheinende Situation plötzlich einen neuen Sinn bekommen, sich anders anfühlen und neue Lösungswege können sich auftun. Manchmal genügen schon einfache sprachliche Umformulierungen, die dem Ratsuchenden eine neue Sicht seiner Lage oder seines Verhaltens ermöglichen können, z. B.:

▶ statt ängstlich: vorsichtig, sorgsam

▶ statt aggressiv: dynamisch, temperamentvoll, die eigene Stärke unterschätzen

▶ statt depressiv: still, sich über vieles Gedanken machen

Reframing

▶ statt empfindlich: sensibel, feine Antennen haben, große Wahrnehmungsfähigkeit

▶ statt labil: flexibel, offen für Neues, mit-leiden, sich mit-freuen können (vgl. Bamberger 2005, S. 67–77).

Wie fühlt es sich z. B. jeweils an, wenn Sie sich als stur oder eher als willensstark bezeichnen?

5.5.3 Die fünf Schritte eines Beratungsgesprächs

Beratungskompetenz zeigt sich in der Fähigkeit, ein Beratungsgespräch strukturiert zu führen. Führung heißt, dass die Beraterin für den Beratungsprozess verantwortlich ist, den Beratenen durch diesen Prozess leitet und die Spielregeln nicht aus der Hand gibt. Für den Inhalt des Beratungsprozesses sind allerdings beide verantwortlich.

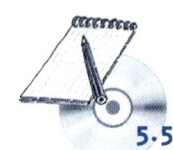

Auf schwierige Botschaften reagieren

Die fünf Schritte eines Beratungsgesprächs laufen idealtypisch in der dargestellten Reihenfolge ab. Aber je nach Beziehungsdynamik zwischen den Beteiligten und Komplexität der zu besprechenden Themen wird man immer wieder einmal einen oder zwei Schritte zurück gehen müssen, um noch etwas genauer zu klären, bevor man fortfährt. Sich an den folgenden fünf Schritten zu orientieren, verschafft dem Berater wieder sicheren Boden, wenn er im Eifer des Geschehens den Überblick verloren hat (Reinhardt, 2006):

In Kontakt kommen

▶ 1. Schritt: den Kreis für die Beratung abgrenzen,

▶ 2. Schritt: herausfinden, worum es geht,

▶ 3. Schritt: bisherige Lösungsversuche sammeln,

▶ 4. Schritt: gemeinsam weitere Lösungsideen entwickeln,

▶ 5. Schritt: eine Vereinbarung treffen.

Weg gehen.

Fünf Schritte eines Beratungsgesprächs

Beratung ist keine Einbahnstraße. Berater lernen im Beratungsprozess auch von den pflegenden Angehörigen. Mit großem Ideenreichtum und Improvisationstalent finden Angehörige manchmal sehr kreative Lösungen für Probleme und werden zu wahren Experten.

Beispiel

Fallbeispiel. Zunehmende Wortfindungsstörungen machten dem 85-jährigen demenziell erkrankten Josef psychisch schwer zu schaffen und er reagierte mit aggressiver Anspannung. Die Angehörigen konnten dem ambulanten Pflegedienst weitergeben, dass er in solchen Situationen gut erreichbar war, wenn sie ein Lied anstimmten. Fröhlich fiel er in den Gesang ein und beherrschte die Texte alter Volkslieder und Schlager. Selbst wenn er mit einem Text nicht weiter wusste, sang er erfinderisch irgendetwas lautmalerisch Ähnliches weiter. Die Stimmung war gerettet. Mit Musik geht alles besser.

Beratungen können auch scheitern. Es gibt Menschen mit sehr starren Weltbildern, bei denen man von einer besonders ausgeprägten Fähigkeit zur Beratungsresistenz sprechen kann. Egal, wie engagiert und professionell jemand versucht, einen solchen Menschen zu beraten, er wird scheitern. Bevor Sie also allein an Ihren beraterischen Kompetenzen zweifeln, sollten Sie problematische Beratungsverläufe im Rahmen einer Fallsupervision klären.

Fallbeispiel. Ein Patient ist überzeugt, dass er bereits tot sei. Alle Überzeugungsversuche des Arztes schlugen fehl. Dabei hatte er auf die Körpertemperatur, auf die Atemfunktion und vieles andere hingewiesen. Schließlich sagt er zum Patienten: Sagen Sie mal, bluten Leichen eigentlich? Der Patient sagt: Natürlich nicht. Der Arzt nimmt eine bereits vorbereitete Nadel und sticht den Patienten in die Hand. Es beginnt zu bluten. Der Arzt: „Was sagen Sie jetzt?" Der Patient antwortet: „Ich habe mich getäuscht. Leichen bluten doch." (aus Trenkle, 1994, S. 53)

Die Werkzeuge des Beratungsprofis verbessern natürlich auch die Qualität bei allen anderen Beratungsanlässen, wie z. B. bei der kollegialen Beratung (→ 12.4 Supervision).

6 Älter werden – in der Selbst- und Fremdwahrnehmung

Was Sie in diesem Kapitel erwartet

Was hört sich besser an: „Alte im Altenheim" oder „Senioren in der Seniorenresidenz"? Beim Nachdenken über diese Frage stoßen Sie vielleicht auf Aspekte Ihrer eigenen Bilder vom Altern. Diese hängen auch davon ab, wie alt Sie selbst sind: Je älter jemand selber wird, um so weiter schiebt er die Grenze hinaus, ab der er jemanden zu den Alten zählt. In unserer Gesellschaft werden das Altern und damit auch die Alten eher durch die negativ getönte Brille gesehen.
Geht es abwärts mit der geistigen Leistungsfähigkeit im Lauf der Jahre? Was hat es mit fluider und kristalliner Intelligenz auf sich? Die Gerontopsychologie liefert Antworten zu diesen Fragen. Im Alter lässt das Wahrnehmungstempo nach, aber mit Erfahrung lässt sich vieles wettmachen. Die Alltagspsychologie lehrt: Wer rastet, der rostet. Das stimmt! Gedächtnis und geistige Leistungsfähigkeit lassen sich trainieren. Das Gehirn ist auch im Alter plastisch, man muss es nur gebrauchen. Wer kompetent älter wird, blendet die unausweichlichen Veränderungsprozesse nicht aus, die vor allem mit dem hohen Alter ab 80 verbunden sind. Er trainiert das, was bleibt. Er wählt seine Aktivitäten entsprechend seiner Ressourcen aus. Und er nimmt Hilfe in Anspruch, wo notwendig.

6.1 Strukturwandel des Alters und Bilder von alten Menschen

Deutsches Zentrum für Altersfragen

Die demografische Ausweitung der Altersphase hat dazu geführt, dass heute in Deutschland etwa 22 % der Bevölkerung über 60 sind. Der Anteil der über 60-jährigen wird auf über ein Drittel und mehr wachsen, was neben anderen Einflussfaktoren zur stärkeren Differenzierung der Altersphase und der Lebensrhythmen der Menschen führt.

Aufgrund der verbesserten materiellen Bedingungen haben sich die Lebensstile gesunder Menschen über sechzig gewaltig verändert: Man spricht von den jungen Alten. In den Werbespots, die auf den größer werdenden Markt dieser jungen Alten zielen, geht es um Jugendlichkeit, Körper, Gesundheit und Aktivität. Neben diesem positiven Altersbild der frühen Altersphase hat sich ein negatives der späten Altersphase entwickelt. Mit den alten Alten werden Krankheit, Gebrechlichkeit, Demenz und Pflegebedürftigkeit assoziiert. Den Strukturwandel des Alters kennzeichnen zudem Feminisierung (Verweiblichung) und Singularisierung.

► Feminisierung des Alters: Die Altersgesellschaft ist zu zwei Dritteln eine Frauengesellschaft, im höheren Alter sogar zu drei Vierteln. Bedingt ist dieses Ungleichgewicht der Geschlechter durch die höhere Lebenserwartung der Frauen, nicht zuletzt fehlen Männer infolge des Zweiten Weltkrieges. Da in der Altenpflege überwiegend Frauen arbeiten, ob professionell in den Einrichtungen der Altenhilfe oder als pflegende Tochter und Schwiegertochter zuhause, bedeutet dies: Frauen pflegen Frauen.

► Singularisierung (Vereinzelung) des Alters: Die familiären Strukturen haben sich aufgrund von häufigeren Trennungen/Scheidungen und neuen Lebensformen gravierend verändert:

Noch nie haben in so großer Anzahl mehrere Altersgenerationen nebeneinander gelebt. Und immer mehr alte Menschen leben allein.

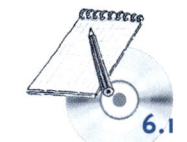

Durch welche Brille werden alte Menschen gesehen?

Wird ein Mensch zur Gruppe der alten Menschen gerechnet, findet diese Zuschreibung oft vor dem Hintergrund von Stereotypen statt (→ 2.2.2 Wahrnehmungstendenzen). Viele verbinden Alter grundsätzlich mit einen körperlichen, geistigen und sozialen Abstieg. Dieses Urteil ist jedoch auch abhängig vom Lebensalter, der momentanen Lebenssituation und dem Erfahrungshintergrund des Beurteilers. Jüngere Menschen betrachten die Leistungsfähigkeit älterer Menschen eher negativ. Je älter man wird, umso positiver wird das Bild. Junge Menschen, die mit älteren zusammenleben oder engen Kontakt pflegen, sehen den Verhaltensspielraum alter Menschen differenzierter und positiver als andere. Auch das Selbstbild, das persönliche Wertesystem und die Einstellung gegenüber dem eigenen Altern spielen eine wichtige Rolle. Und nicht zuletzt sind es die eigenen Erfahrungen mit alten Menschen sowie deren Darstellung im Rahmen der schulischen Bildung und der Massenmedien, die das Bild von alten Menschen bestimmen.

Pflegende könnten sagen: „Wieso ist die Vorstellung vom gebrechlichen alten Menschen ein Stereotyp? So und nicht anders ist doch die Realität, die wir tagtäglich erleben!" Sie haben recht, denn von Berufs wegen oder als pflegende Angehörige haben sie ja mit kranken und behinderten alten Menschen zu tun, die auf Hilfe angewiesen sind. Aber die überwiegende Mehrheit (96 %) der alten Menschen ist in der Lage, selbständig zu leben und die Herausforderungen ihres Alterns kompetent zu meistern.

Weitaus seltener begegnet man dem positiv gefärbten Stereotyp vom weisen, abgeklärten und ausgeglichenen alten Menschen, der sorgenfrei den Herbst seines Lebens genießt und seinen Interessen nachgehen kann. Dabei werden die negativen Seiten des Alterns ausgeblendet.

Wie sehen sich alte Menschen selbst?

Man ist so alt, wie man sich fühlt. Ein gesunder Siebzigjähriger, der von sich sagt: „Ich fühle mich noch nicht alt", will damit weder sein kalendarisches Alter noch seine körperlichen Veränderungen verleugnen. Vielmehr will er damit die Kontinuität seiner persönlichen Identität ausdrücken: „Ich bin in meinem Inneren der Mensch geblieben, der ich immer war. Meine Wesenszüge, Fähigkeiten und Bedürfnisse, die meine individuelle Persönlichkeit ausmachen, sehe ich durch die Anzahl der Lebensjahre in ihrem Kern unverändert."

Befragungen haben ergeben, dass sich zwischen dem Fremdbild und dem Selbstbild alter Menschen eine Kluft auftut:

▶ Die Zeit nach dem sechsten Lebensjahrzehnt wird im Erleben der älteren Menschen auch positiv gesehen. Die nachlassende körperliche Leistungsfähigkeit wird zwar als Einschränkung empfunden, doch werden auch die Vorteile, wie die freiere Verfügbarkeit über die Zeit, betont.

▶ Ältere Menschen sehen sich nach wie vor als aktiv, interessiert am Geschehen in der Welt sowie zur selbstverantwortlichen Lebensführung fähig.

▶ Im Allgemeinen sehen sich jene ältere Menschen als jünger an, die der Ansicht sind, ihr Leben noch gut selbst im Griff zu haben, über ein positives Selbstwertgefühl verfügen und mit ihrem Gesundheitszustand zufrieden sind.

6.2 Altern als Veränderungsprozess

Älterwerden ist ein dynamischer Wandlungsprozess, der von Geburt an über die gesamte Lebensspanne bis hin zum Tod reicht (→ 1.1.1 Lebensspanne). Im Wechselspiel zwischen biologischen Reifungsprozessen und Anpassungsprozessen an die jeweiligen sozialen und materiellen Umweltbedingungen entwickeln Menschen ihre einmalige Persönlichkeitsstruktur. Fähigkeiten wandeln sich oder nehmen ab, neue Fähigkeiten kommen hinzu. Dies gilt für alle Menschen, allerdings bei jedem auf eine individuelle Art. Man spricht daher vom differentiellen Altern. Für Pflegende bedeutet dies, sich immer wieder die Einzigartigkeit jedes einzelnen alten Menschen bewusst zu machen.

6.2.1 Perspektiven auf das Alter

Ein Blick auf den Kalender oder in die Geburtsurkunde müsste eigentlich genügen, um sich ein Bild vom Alter eines Menschen machen zu können. Befragungen haben jedoch ergeben, dass sich nur wenige Menschen genau so alt fühlen, wie es ihrem kalendarischen Alter entspricht. Jeder entwickelt also ein bestimmtes Selbstbild seines eigenen Alters, unterliegt darüber hinaus aber auch der Beurteilung der ihn umgebenden Menschen. Man kann deshalb verschiedene Ausgangspunkte zur Einschätzung des Alters nehmen.

Das kalendarische Alter

Das kalendarische Alter bezieht sich auf die konkrete Anzahl der Lebensjahre. Mit zunehmendem Lebensalter wird dem Menschen bewusster, dass seine Tage gezählt sind. Eine Vielzahl rechtlicher Bestimmungen orientiert sich ebenfalls am Lebensalter, wie z. B. aktives und passives Wahlrecht, Volljährigkeit und Erreichen des Rentenalters. Das kalendarische Alter entscheidet also auch über den Zugang zu und den Ausschluss von gesellschaftlicher Einflussnahme. Die tatsächlichen Fähigkeiten und Wünsche des einzelnen Menschen spielen dabei nur eine untergeordnete oder gar keine Rolle, wie z. B. bei der gesetzlichen Bestimmung des Rentenalters. Das kalendarische Alter stellt jedoch keinen zuverlässigen Maßstab für die geistige und körperliche Leistungsfähigkeit eines Menschen dar (→ 6.4.1 Leistungsfähigkeit).

Das soziale Alter

Alter wird in unserer Gesellschaft auch nach sozialen Kriterien bestimmt, es gibt verschiedene Altersstufen. So unterscheiden wir die Phasen der Kindheit und Jugend, des Erwachsenseins und Altseins. Im Laufe der Sozialisation erwirbt jeder Mensch eine Vorstellung davon, welche Verhaltensweisen in welcher Altersstufe normalerweise erwartet werden. So braucht man sich beispielsweise im jüngeren Erwachsenenalter für bestimmte Führungspositionen gar nicht erst zu bewerben, da man dafür noch als zu jung angesehen wird, auch wenn die Position leistungsmäßig voll ausgefüllt werden könnte. Zu alt kann in manchen Berufszweigen bereits ein Vierzigjähriger sein, wenn kein Arbeitskräftebedarf besteht. Das soziale Alter wird also wesentlich durch die jeweiligen gesellschaftlichen Bedürfnisse bestimmt.

Das funktionale Alter

Funktionale Altersdifferenzierung bedeutet, dass Alter nicht schematisch, sondern der jeweiligen Funktionsfähigkeit entsprechend definiert wird. Dazu gehören biologische, psychologische und soziale Funktionen. Es kann also jemand deutliche physiologische Alterserscheinungen zeigen und im Sinne des biologischen Alters schon recht alt sein, sich gleichzeitig jedoch geistig rege fühlen und in seinem Beruf voll leistungsfähig sein. Die funktionale Altersdefinition ignoriert das kalendarische Alter nicht, ermöglicht jedoch eine differenzierte Bewertung der tatsächlichen physischen, psychischen und sozialen Situation des einzelnen Menschen. Die schematische Einräumung von Rechten und Pflichten sowie die Ausgliederung aus gesellschaftlichen Aufgabenstellungen, wie sie durch die alleinige Anwendung des kalendarischen Alters und die Zuordnung zu bestimmten Altersgruppen erfolgt, könnte also zugunsten einer größeren individuellen Flexibilität überwunden werden.

6.2.2 Entwicklungsaufgaben

Jeder Mensch ist vor die Herausforderung gestellt, sein Älterwerden zu bewältigen. Nach der Theorie der Entwicklungsaufgaben von Havighurst (1963) muss sich der alternde Mensch mit typischen Entwicklungsaufgaben auseinander setzen:
▶ abnehmender körperlicher Leistungsfähigkeit,
▶ Berufsaufgabe und Einkommenseinbußen,
▶ Partnerverlust,
▶ der Rolle des Älterwerdenden.

Die Einteilung der Lebensspanne in Entwicklungsphasen und -aufgaben bietet einen Orientierungsrahmen. Es wird sichtbar, was zu bestimmten Zeiten im Lebensfluss zur Entwicklung ansteht. Oft markieren krisenbehaftete Wendepunkte in der Biografie eines Menschen den Übergang von einer in die folgende Lebensphase. Mit diesem entwicklungspsychologischen Blick können wir manche Charakterzüge oder Verhaltensauffälligkeiten bei alten Menschen, aber auch bei uns selbst, lebensgeschichtlich besser einordnen.

Das Modell der psycho-sozialen Entwicklung nach Erik Erikson umfasst die gesamte Lebensspanne. Es geht davon aus, dass jeder Mensch in verschiedenen Lebensaltersstufen bestimmte schicksalhafte Herausforderungen bewältigen muss, die aber gleichzeitig auch Entwicklungschancen bieten. Diese krisenhaften Übergänge sind Zeiten erhöhter seelischer Verwundbarkeit. Werden sie positiv bewältigt, gewinnt der Mensch an persönlicher Stärke, andernfalls bleibt er in nicht-adäquaten Lösungsmustern früherer Entwicklungsstadien hängen. Erikson hat acht Stadien der psycho-sozialen Entwicklung mit jeweils unterschiedlichen Aufgaben benannt. Altenpflegerinnen begegnen vor allem Menschen im letzten Stadium der psychosozialen Entwicklung: Lebenserfülltheit und Integrität gegenüber Verzweiflung (hohes Alter).

Der alt gewordene Menschen wird im Rückblick auf sein Leben nur dann zufrieden sein, wenn er seine einmalige Lebensgeschichte und seine Persönlichkeit insgesamt bejahen kann. Auf der Grundlage der Haltung „Ich bin, was ich bin und das ist in Ordnung" lässt sich die unabwendbare Erkenntnis des künftigen Todes annehmen. Gelingt dies nicht, droht der alte Mensch in Unzufriedenheit mit sich selbst, Anklagen gegen das Schicksal und Verzweiflung zu versinken. Ob sich eher eine lebensbejahende oder am Leben verzweifelnde Haltung entwickelt, hängt auch wesentlich davon ab, wie die Krisen und Lebensaufgaben in den früheren Lebensphasen gelöst wurden und ob viele unbearbeitete seelische Altlasten mitgeschleppt werden. Im Gegensatz zum früheren Therapiepessimismus sieht man heute eine psychotherapeutische Behandlung alter Menschen als genau so angezeigt und hilfreich wie bei jungen.

> Im Rahmen der biografiegeleiteten Pflege (→ 1.2) richten Altenpflegerinnen ihren Blick auch auf die mittlere Lebensphase des jetzt pflegebedürftigen alten Menschen. Sie finden dort viele Schlüssel zum Verständnis seiner aktuellen Motive und Verhaltensmuster. Prägungen in den beruflichen und familiären Rollen dieser Lebensphase wirken im hohen Alter nach.

6.2.3 Alternsmodelle

In der Gerontologie wurden verschiedene Alternsmodelle entwickelt, die in die Praxis der Altenpflege einfließen. Mit ihnen verbinden sich ebenfalls verschiedene Vorstellungen vom Alter.

Die Aktivitätstheorie: Wer rasten muss, der rostet?

Die gesellschaftliche Realität sieht für ältere Menschen oft so aus, dass sie aufgrund der Auflösung der Großfamilie und der Eigenheiten der modernen Arbeitsgesellschaft immer weniger gesellschaftlich notwendige Aufgaben erfüllen können. Dieser Funktionsverlust begrenzt erheblich ihren Verhaltensspielraum, zwingt zur Inaktivität und vermittelt das Gefühl der Überflüssigkeit. Die Aktivitätstheorie geht nun davon aus, dass ein zufriedenes Leben für ältere Menschen nur dann möglich ist, wenn sie noch aktiv Einfluss nehmen, ihre Leistungsfähigkeit entfalten und gesellschaftlich nutzbringende Funktionen übernehmen können. Eine an der Aktivitätstheorie orientierte Altenarbeit hat deshalb vordringlich die Aktivierung älterer Menschen im Auge, wie das z. B. mit der Gründung von Altenclubs, Seniorentagesstätten und ähnlichen Einrichtungen in den vergangenen Jahrzehnten angestrebt wurde.

Nun sind zwar eine aktive Lebensgestaltung und ein Training von Fähigkeiten wichtig, aber: „Wer rastet, der rostet" ist nur die eine Seite der Medaille, denn: „Wer nicht rastet, der erschöpft sich". Manche der jungen Alten sind rastlos aktiv, um dem Nachdenken über die eigene Lebenssituation davonzulaufen. Gesundes Altern ist jedoch ein aktiver Prozess des Akzeptierens von Leistungsveränderungen, des Abschiednehmens von Möglichkeiten und des Auftuns neuer Möglichkeiten. Problematisch wird der Aktivierungsansatz in der Altenpflege auch dann, wenn auf Teufel komm raus aktiviert wird, ohne die Selbstbestimmung und die individuellen Bedürfnisse pflegebedürftiger alter Menschen zu achten.

6.2

Die Freiheit des Alters

Die Disengagement-Theorie: Ersehnter Rückzug aufs Altenteil?

Die Disengagement-Theorie geht davon aus, dass der Übergang ins höhere Alter einen natürlichen Rückzug aus Aktivitäten und Verpflichtungen mit sich bringt. Alter Mensch und Gesellschaft seien etwa zur gleichen Zeit bereit, ihre Bindungen zueinander zu lösen. Der ältere Mensch wünschte sich geradezu eine Reduzierung der geforderten Aktivität und seiner sozialen Kontakte, um sich in Ruhe seinem Lebensabend widmen zu können und sich langsam auf das Lebensende einzurichten. Deshalb wird eine auf Engagement und Aktivität hin ausgerichtete Lebensführung sogar als problematisch angesehen.

Die harmonische Übereinstimmung der Bedürfnisse von Gesellschaft und Individuum muss jedoch bezweifelt werden. Wer beispielsweise unfreiwillig in Rente gehen muss, wird unter diesem Funktionsverlust sicherlich leiden, während jemand, der sich intensiver seinen Hobbys oder sozialen Aktivitäten widmen möchte, mit dem beruflichen Rückzug ganz zufrieden sein wird. Die individuellen Unterschiede werden ebenso wie bei der Aktivitätstheorie zu wenig berücksichtigt. Vorübergehender Rückzug auf sich selbst, als Reaktion auf Belastungssituationen (z. B. Partnerverlust, Pensionierung), darf nicht als dauerhaftes Bedürfnis oder gar alterstypische Persönlichkeitsveränderungen missverstanden werden. In der Regel ist nach geglückter Anpassung an die neue Lebenssituation ein erneutes Bedürfnis nach sozialer Betätigung festzustellen. Es hängt also von der Persönlichkeitsstruktur und den individuellen Konfliktverarbeitungsmustern ab, ob jemand im Alter aktiv sein will oder eher ein Bedürfnis nach Rückzug hat.

Das Kompetenzmodell des Alterns

Das Kompetenzmodell des erfolgreichen Alterns haben Baltes & Baltes (1990) und ihr Forschungsteam entwickelt. Ausgangspunkt ist, dass im Alter die bio-psycho-sozialen Leistungs- und Kapazitätsreserven im Schnitt abnehmen, sich jedoch zugleich vorhandene Ressourcen nutzen und neue erwerben lassen, um ein stabiles Funktionsniveau, ein positives Selbstbild und subjektives Wohlbefinden aufrecht zu erhalten. Die Herausforderungen des Alterns sind mit den psychologischen Anpassungsprozessen der Selektion, Optimierung und Kompensation (SOK-Modell) erfolgreich zu bewältigen,

▶ **Selektion (= Auswahl):** Alte Menschen können sich durch bewusste Auswahl auf die für sie wichtigen Lebensbereiche beschränken und den Umfang ihrer Aktivitäten den verfügbaren körperlichen, geistigen und sozialen Ressourcen anpassen.

▶ **Optimierung (= Training):** Vorhandene Fähigkeiten werden durch Übung fit gehalten, um die im Rahmen der Selektion ausgewählten Ziele auch erreichen zu können.

Abbildung 6.1 Vereinfachte Darstellung des SOK-Modells. Durch Selektion, Optimierung und Kompensation gleichen Menschen Funktions- bzw. Fähigkeitsverluste aus. (nach Martin & Kliegel, 2005)

▶ **Kompensation (= Ausgleich):** Ausgleich körperlicher und mentaler Schwächen oder irreversibler Einschränkungen durch Rückgriff auf technische Hilfen und Inanspruchnahme von sozialer Unterstützung sowie Pflege.

Als der 80-jährige Pianist Rubinstein gefragt wurde, wie er im hohen Alter immer noch so hervorragend konzertieren kann, erwähnte er drei Gründe: Erstens spiele er weniger Stücke als früher (Selektion), zweitens übe er diese häufiger als früher (Optimierung) und drittens, um sein langsamer gewordenes Spiel abzufangen, verstärke er die Kontraste zwischen schnellen und langsamen Passagen (Kompensation).

Das SOK-Modell bietet grundsätzlich auch ein sinnvolles Erklärungsmodell für die Anpassungs- und Unterstützungsprozesse im Alten- und Pflegeheim. Dieses Modell kann sowohl mit Blick auf selbständig lebende wie auch pflegebedürftige alte Menschen angewandt werden. Pflegende, die sich daran orientieren, verfolgen das Ziel, die betreuten alten Menschen bei der Verbesserung (= Optimierung) ihrer Lebensaufgabe Altern zu unterstützen. Dies geschieht dadurch, dass mit den verfügbaren Ressourcen der alten Menschen gearbeitet wird, um die Jahre mit Leben zu füllen, ohne sie über die Grenzen ihrer physischen und mentalen Reserven quälend aktivieren zu wollen. Zum anderen gehören dazu Kompensationsangebote, die bis zur Gestaltung eines therapeutischen Milieus reichen und bei schwer demenzkranken alten Menschen auch die Übernahme eines stellvertretenden Ichs einschließen können.

Der komplexen Wirklichkeit des Alterns entspricht am ehesten eine Sichtweise, die individuelle Veränderungen und Umwelteinflüsse in einem Wechselwirkungsprozess betrachtet. Im sozialpsychologischen Transaktionsmodell (Transaktion = wechselseitige Beziehung) lassen sich auch die drei Anpassungsprozesse Selektion, Optimierung und Kompensation wieder finden.

6.2.4 Der menschliche Körper und seine Jahreszeiten

Der Alterungsprozess macht vor keinem Menschen halt. Das Altern ist genetisch vorprogrammiert und kann nicht verhindert werden, auch wenn im Anti-Aging so mancher Jungbrunnen angepriesen wird. Leistungseinbußen sind jedoch durch geregelte Lebensweise, gesunde Ernährung und aktives Training der Körperfunktionen lange Zeit kompensierbar. Dies ist einer der Gründe für die großen Unterschiede in der körperlichen Leistungsfähigkeit bei alten Menschen. Der Körper ist Ausdruck geschichteter Lebenszeit. Erfahrungen, Lebenschancen und Behinderungen bilden sich in ihm ab. Folglich sieht der Alternsprozess bei jedem Menschen anders aus.

Das körperliche Erscheinungsbild

Der biologische Alterungsprozess zeigt sich zuerst in Veränderungen des körperlichen Erscheinungsbildes. Das Haar wird grau, dünner und verliert an Elastizität. Besonders bei Männern kann es aufgrund hormoneller Prozesse zu Haarausfall kommen. Besonders markant sind Veränderungen im Gesicht: „Krähenfüße" um die Augen, Falten und schlaffere Gesichtshaut sind Folgen eines Verlustes an Elastizität (Veränderungen des Bindegewebes) und einer Abnahme der Fettdepots unterhalb der äußeren Hautschicht. Aus diesen Gründen reagiert die Haut, die trotz anderer Verlautbarungen der Kosmetikindustrie nicht in erster Linie um der Schönheit willen da ist, sondern eine wichtige Schutzfunktion erfüllt, im Alter empfindlicher auf Temperaturschwankungen und Verletzungen. Man bekommt als alter Mensch z. B. schneller blaue Flecken, die Verkümmerung der Schweißdrüsen führt zu einem trockenen Erscheinungsbild der Haut, die Änderung der Pigmentierung zu den so genannten Altersflecken.

Die Bewegungsfähigkeit kann durch eine Abnahme der Muskelmasse – in Verbindung mit einer verringerten Elastizität des Bindegewebes – eingeschränkt werden. Die beste Therapie dagegen ist ein ausgewogenes Maß an Aktivität. Problematisch wird es allerdings bei chronisch-degenerativen Veränderungen (Rheuma, Arthritis), wie sie im Alter häufiger auftreten. Die Schmerzempfindlichkeit verleitet zu Schonhaltungen, die in einer Art Teufelskreis die Bewegungsfähigkeit weiter einschränken. Durch Veränderungen am Skelett wird der alternde Körper kleiner. Die Bandscheiben machen einen Schrumpfungsprozess mit, so dass sich der Abstand zwischen den Wirbeln verringert. Die Knochen verlieren an Kalzium, werden dünner und brüchiger. Eine gebeugte Körperhaltung und ein erhöhtes Verletzungsrisiko sind die Folge.

Die wichtigsten Körperfunktionen

Mit zunehmendem Alter lassen zwar die Organe des Verdauungstraktes in ihrem selbständigen Bewegungsvermögen (Peristaltik) nach und es werden weniger Verdauungssäfte (zur Verdauung von Proteinen) produziert; das Magen-Darm-System bleibt jedoch in der Regel bis ins hohe Erwachsenenalter hinein ausreichend intakt. Chronische Verstopfungen sind daher eher auf einseitige Kost, den Missbrauch von Abführmitteln und zu wenig Bewegung zurückzuführen, nicht selten sind sie auch psychosomatisch bedingt. Die Nieren- und Blasenfunktion verschlechtert sich jedoch objektiv mit zunehmendem Alter und führt zu einer erhöhten Anfälligkeit für Infektionen des urogenitalen Traktes.

Körperliche Anstrengungen bewältigen Menschen bekanntlich nur soweit, wie es das Herz-Kreislauf-System von seinem Leistungsvermögen her zulässt. Mit fortschreitendem Alter verringert sich jedoch die Elastizität der Blutgefäße, sie verhärten sich zunehmend durch Ablagerungen an den Gefäßwänden. Dadurch kommt es zu geringeren Durchflussmengen und oft auch zu einem Anstieg des Blutdruckes, was wiederum das Herz stärker belastet. Dies erhöht das Risiko für Arteriosklerose, Herz- oder Nierenversagen und Schlaganfall. Ursachen für die Gefäßveränderungen können einmal erbliche Defekte des Fettkreislaufes, zum anderen aber auch z. B. Bewegungsmangel oder Ernährungsfehler sein. Aufgrund der verringerten Elastizität des Bindegewebes unterliegt auch die Lungenfunktion Einschränkungen.

Die Sinnesorgane

Einschränkungen der Sinnesleistungen sind insofern von besonderer Bedeutung, als die Orientierung in der Umwelt und die soziale Integration dadurch empfindlich gestört werden können. Schwerhörigkeit und nachlassende Sehschärfe können zu größerer sozialer Isolation führen.

Gesichtssinn. Die Altersweitsichtigkeit ist ein weit verbreitetes Phänomen. Grund dafür ist die nachlassende Elastizität der Augenlinse, so dass das Auge weniger gut auf nahe Dinge fokussiert werden kann. Linse und Hornhaut verlieren an Transparenz, was Schwierigkeiten bei der Helligkeitsanpassung und beim Nachtsehen bewirkt.

Gehörsinn. Einbußen beim Gehörsinn wirken sich direkt auf die Kommunikationsfähigkeit aus. Indirekt kann die verminderte Hörfähigkeit das Selbstkonzept beeinflussen (Selbstunsicherheit) und manchmal zu erheblichen psychischen Störungen (Depression, paranoide Reaktionen) führen. Besonders der so genannte Party-Effekt bereitet Schwierigkeiten, wenn also die Stimme eines Gesprächspartners durch laute Hintergrundgeräusche überlagert wird. Menschen ziehen sich aus sozialen Beziehungen zurück, wenn sie nicht durch ständiges Nachfragen („Wie bitte") ihre Leistungsschwäche vor anderen eingestehen wollen.

Geschmacks- und Geruchssinn. Was altersbedingte Änderungen des Geschmacks- und Geruchssinnes anbelangt, so gibt es Hinweise, dass beide Sinne in ihrer Differenzierungsfähigkeit etwas nachlassen. In der Forschung wird aktuell der Frage nachgegangen, inwieweit pathologische Veränderungen des Geruchssinnes ein Frühwarnzeichen für eine demenzielle Entwicklung sein könnten.

Haut- und Körpersinne. Die Haut- und Körpersinne bleiben weitgehend intakt, was beispielsweise bei der Grundpflege beachtet werden muss. Selbst wenn die Kommunikationsfähigkeit durch Einbußen beim Gehör- und Gesichtssinn erheblich eingeschränkt oder nicht mehr gegeben ist, spürt und versteht ein Mensch noch die Sprache der Hände des Pflegenden.

6.2.5 Liebe und Partnerschaft: Gehört sich das noch im Alter?

Schmachten, Turteln, Flirten, Begehren oder Eifersucht gehören genauso zum Leben im Alter wie das Bedürfnis nach körperlicher Nähe, von Zärtlichkeit bis Sexualität. Auch in Sachen Sexualität ist man immer so alt, wie man sich fühlt – zumindest solange, bis die physiologischen Begleiterscheinungen des hohen Alters über 80 dann über die körperliche Lust obsiegen.

Alte Menschen sind keine geschlechts- und körperlosen Wesen. Emotionale Bindungen finden selbstverständlich auch in dieser Lebensphase ihren Ausdruck in körperlicher Zuneigung, selbst wenn die sexuelle Vereinigung zugunsten anderer Formen des Zärtlichkeitsaustausches bei manchen alten Menschen an Gewicht verliert.

Beziehungspflege

6.2

Sexuelles Funktionsvermögen

Ein weit verbreitetes Vorurteil besteht darin, dass mit den Wechseljahren auch die sexuelle Funktionstüchtigkeit beeinträchtigt sei und es zu einer natürlichen Verringerung sexueller Bedürfnisse komme. Das Aufhören der Menstruation ist bei Frauen das äußere Zeichen hormoneller Veränderungen, die mit unangenehmen körperlichen Begleiterscheinungen in Form von Hitzewallungen, Herzklopfen, Schwindel und Schweißausbrüchen sowie psychosomatischen Beschwerdebildern und depressiven Verstimmungen einhergehen können. Diese sind aber weniger die Folge einer hormonellen Störung als vielmehr einer noch nicht geglückten psychischen Verarbeitung dieser Herausforderung. Nicht verbunden ist mit der Menopause ein Verlust der sexuellen Empfindungsfähigkeit, häufig kommt es sogar zu einer Steigerung.

Die Auswirkungen der verringerten Produktion von Sexualhormonen verlaufen bei Männern offensichtlich weniger dramatisch. Neuere Untersuchungen lassen darauf schließen, dass die Zeugungsfähigkeit davon bis ins hohe Alter unberührt bleibt. Allein das Bewusstsein einer Einschränkung der Zeugungsfähigkeit kann jedoch bei Männern zu sexuellen Störungen bis hin zur Impotenz führen. Problematisch kann sich die Pensionierung auswirken, wenn die Leistungsfähigkeit und damit die Männlichkeit infrage gestellt werden. Die erektile Dysfunktion (= Probleme mit der Erektionsfähigkeit) ist ein stark tabuisiertes Problem, mit dem sich betroffene Männer nur mit großer Überwindung ihrem Arzt offenbaren. Dies ist allerdings unbedingt erforderlich, nicht nur weil medikamentös und psychotherapeutisch die Lebensqualität wieder entscheidend verbessert werden kann, sondern weil ernste Erkrankungen (z. B. des Herz-Kreislaufsystems) dahinter stecken können.

Erotische und sexuelle Bedürfnisse

Abbildung 6.2 Liebe und Zärtlichkeit verbinden auch im Alter

Der Wunsch nach sexueller Aktivität bleibt bei älteren Menschen eher bestehen, wenn sie positive Erfahrungen in diesem Lebensbereich machen konnten. Wer negative Erfahrungen sammeln musste, wird vielleicht froh sein, wenn ihm sein Alter eine Begründung für den Rückzug von ehelichen Pflichten ermöglicht. Wer als alter Mensch eine positive Grundeinstellung zu intimen Partnerschaften bewahrt hat, kann bis ins hohe Alter sexuell aktiv sein (Abb. 6.3).

Ungebrochene sexuelle Aktivität ist auch ein Zeichen für ungebrochenes Selbstbewusstsein. Mit intimen Partnerschaften ist gerade für ältere Menschen mehr als nur körperliche Befriedigung verbunden: vor allem die Erfahrung des Liebenkönnens, des Geliebtwerdens, der Bestätigung ihrer Individualität und des Akzeptiertwerdens mit allen Alterserscheinungen. Wenn sexuelle Aktivitäten im Alter dennoch aufgegeben werden, so hat dies weniger etwas mit nachlassenden Bedürfnissen als vielmehr mit den folgenden Gründen zu tun:

▶ Verlust des Ehepartners: Neue Partnerschaften fallen schwer, wenn man die meiste Zeit seines Lebens mit einem Partner verbracht hat. Oft besteht noch eine enge gefühlsmäßige Bindung, weshalb neue intime Beziehungen als Treulosigkeit empfunden werden.

▶ Geschlechtsspezifische Ursachen: Bei allein stehenden und verwitweten Frauen ist ein deutliches Nachlassen sexueller Aktivitäten

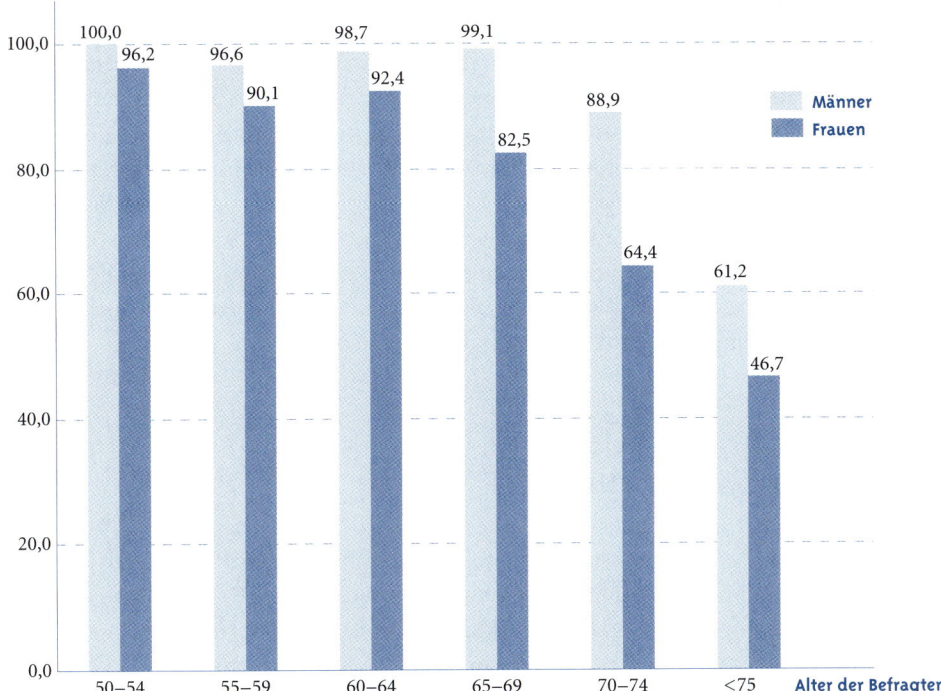

Prozent der Befragten

	Männer	Frauen
50–54	100,0	96,2
55–59	96,6	90,1
60–64	98,7	92,4
65–69	99,1	82,5
70–74	88,9	64,4
<75	61,2	46,7

Alter der Befragten

■ Männer
■ Frauen

Abbildung 6.3 Wunsch nach Geschlechtsverkehr ab dem 50. Lebensjahr (nach Bucher et al. 2001). Die Ergebnisse einer Befragung von 641 Männern und 857 Frauen in der deutschsprachigen Schweiz zu ihrem sexuellen Interesse machen deutlich, dass es bei Männern erst nach dem 75. Lebensjahr zu einem signifikanten Rückgang des Wunsches nach Geschlechtsverkehr kommt, bei den Frauen etwas früher und deutlicher

zu verzeichnen, was aber vor allem mit der gesellschaftlichen Norm vom aktiven Mann und der passiven Frau zusammenhängt, der es nicht ansteht, initiativ zu sein. Witwer gehen in der Regel schneller wieder Partnerschaften ein, was auch an der verbreiteten Ansicht liegen kann, dass ein älterer Mann eine Frau braucht, die ihn versorgt.

▶ Gesundheitszustand: Einschränkungen des körperlichen Wohlbefindens durch akute oder chronische Erkrankungen können zu einer erheblichen Reduktion sexueller Aktivitäten bis hin zum völligen Erlöschen der Sexualfunktion führen. Die sexuelle Reaktivierung nach längerer Krankheit oder überstandenen Operationen (z. B. Prostata-Operation) gestaltet sich wesentlich problematischer als in jüngeren Jahren.

▶ Moralvorstellungen: Moralvorstellungen, die im Verlauf der primären Sozialisation übernommen wurden, wirken im Alter nach.

▶ Tabuisierung: Tabuisierung der Sexualität ganz generell und negative Einstellung gegenüber Sexualität im Alter.

Ja dürfen denn die das noch?

Wissenschaftlich lässt sich keinerlei Beweis einer Altersgrenze sexueller Bedürfnisse und Fähigkeiten erbringen; vielmehr spricht – vom Können und Wollen her gesehen – alles für die Beibehaltung sexueller Aktivitäten bis ins hohe Alter. Dennoch schränken bis heute die gesellschaftlichen Vorurteile diesen Lebensbereich alter Menschen erheblich ein.

Das traditionelle Bild von Partnerschaft im Alter sieht ungefähr so aus: Die Alten sitzen auf der Bank, heitere Ruhe und Abgeklärtheit des Alters schwebt über ihrer Beziehung, Besinnlichkeit und nicht Sinnlichkeit steht im Vordergrund. Diesem Bild entsprechend sind körperliche Zuneigungsbeweise (z. B. sich umarmen, sich küssen) verpönt und wirken, wenn nicht anstößig, zumindest aber ungewöhnlich. Insbesondere allein stehenden älteren Menschen wird durch diese Vorurteile die Entwicklung intimer Freundschaften erschwert. Die eigenen Bedürfnisse werden oft als unmoralisch oder nicht altersangemessen unterdrückt, um Spott zu vermeiden. Verwitwete sehen sich in manchen Familien auch der Bevormundung durch die eigenen erwachsenen Kinder ausgesetzt, die auf neue Partnerschaften teilweise ablehnend reagieren. Den gleichen Vorurteilen sehen sich ältere Menschen in Heimen gegenüber. Das Privatleben und die Intimsphäre sind nicht nur durch die räumlichen und organisatorischen Verhältnisse, sondern auch durch negative Einstellungen auf Seiten mancher Heimleitungen und Altenpflegerinnen eingeschränkt. Eine Änderung dieser Einstellungen sowie die Gestaltung einer Heimumwelt, die auch intime Beziehungen ermöglicht, kann neue Wege ebnen.

6.3 Soziale Netzwerke im Alter

„Und Gott der Herr sprach: es ist nicht gut, dass der Mensch allein sei; ich will ihm eine Gehilfin machen, die um ihn sei.“ (Schöpfungsgeschichte, I. Buch Mose)

Nicht nur die Bibel, auch die Evolutionsbiologen und die Sozialwissenschaftler sehen den Menschen als gesellschaftliches Wesen. Soziale Beziehungen gehören zu den Grundbedürfnissen des Menschen, wie die Bedürfnisse nach Nahrung, Wärme oder Schlaf. Das Bedürfnis nach zwischenmenschlichen Beziehungen ist freilich nicht bei allen Menschen in gleicher Weise ausgeprägt; der eine hat einen größeren, der andere einen geringeren Bedarf an Sozialkontakten. Nahezu jeder Mensch ist Teil eines sozialen Netzwerks von Bindungen und Kontakten.

6.3.1 Alleinsein und Einsamkeit

Alleinsein und Einsamkeit fallen zwar manchmal, aber keineswegs immer zusammen. Nicht jeder, der allein lebt, ist einsam und nicht jeder Einsame lebt allein. Für Menschen mit einem geringen sozialen Bedürfnis kann die Tatsache des Alleinseins durchaus positiv erlebt werden. Einsamkeit ist also nichts objektiv Definierbares, sondern ein Gefühlszustand. Das Gefühl der Einsamkeit entsteht dann, wenn die Wünsche und Bedürfnisse eines Menschen nach sozialen Kontakten, Wärme und Zärtlichkeit einerseits und seine Lebenswirklichkeit andererseits auseinander klaffen.

Tabelle 6.1 Einsamkeitsgefühle (aus Noll & Schöb 2001). Die Prozentzahlen stellen den Anteil der Menschen dar, die auf die Frage, ob sie sich einsam fühlen, mit „stimmt ganz und gar“ und „stimmt eher“ geantwortet haben. Die Gesamtzahlen umfassen alle Befragten ab 18 Jahren, so dass die Zunahme von Einsamkeitsgefühlen ab der Altersgruppe der 70-jährigen deutlich wird

Gesamt Befragte	ab 18 Jahren		40–54 Jahre		55–69 Jahre		70 Jahre und älter	
	West	Ost	West	Ost	West	Ost	West	Ost
„Ich fühle mich oft einsam“ (in %)	16	16	15	13	14	13	27	38

Einsamkeitsgefühle sind als Signal für eine umfassende Störung des sozialen Beziehungssystems zu werten. Vier Gruppen von Gefühlen treten im Zusammenhang mit Einsamkeit auf.

Gefühle bei Einsamkeit:

▶ Verzweiflung (hilflos, hoffnungslos, verlassen),
▶ geringe Selbstachtung (Selbstunsicherheit, Selbstvorwürfe),
▶ Depression (niedergeschlagen, leer, traurig, isoliert),
▶ ungeduldige Langeweile.

Obwohl alte Menschen häufiger allein leben als jüngere Erwachsene, fühlen sie sich weitaus seltener als landläufig angenommen sozial isoliert oder einsam. Das Vorurteil von *den* einsamen alten Leuten bedarf daher einer Korrektur. Ob sich alte Menschen einsam fühlen oder nicht, hängt von mehreren Umständen ab, nicht zuletzt von den persönlichen Ressourcen zur Krisenbewältigung (z. B. Verlust wird als persönliche Herausforderung gesehen).

Einsamkeitsfördernde Bedingungen im Alter:

▶ Austritt aus dem Berufsleben,
▶ Verlust von Bezugspersonen (Verwitwung, Wegzug der Kinder),
▶ Hochaltrigkeit,
▶ Kinderlosigkeit,
▶ Wohnungswechsel,
▶ Verschlechterung der materiellen Situation,
▶ Einschränkungen durch Krankheiten und Behinderungen,
▶ Verwitwete ältere Menschen fühlen sich eher einsam, als solche, die ihr Leben lang allein waren.
▶ Alleinlebende Frauen leiden mehr unter Einsamkeit als allein lebende Männer.
▶ Ältere Ehepaare klagen weniger über Einsamkeit als verwitwete ältere Menschen, die bei Kindern oder Verwandten leben.

Aus dem Gefühl der Einsamkeit heraus entwickeln ältere Menschen manchmal Einstellungen und Verhaltensweisen, die von der sozialen Umgebung als belastend erlebt werden:

▶ resignierte oder gereizt-mürrische Stimmungslage,
▶ Misstrauen und ablehnendes Verhalten gegenüber fremden Personen,
▶ Rückzug auf eigene Probleme und Abkapselung von der sozialen Umwelt,
▶ Festhalten am eingespielten Tagesrhythmus und Widerstand gegen Änderungsvorschläge,
▶ Verständnislosigkeit und Misstrauen gegenüber allem Neuen,
▶ Entwicklung psychosomatischer Störungen,
▶ Doctor hopping: soziale Kontakte und Zuwendung werden über Arztbesuche organisiert.

Soziale Isolierung erfolgt nicht von heute auf morgen, sondern stellt einen längeren Prozess dar, der im Alter nur an Schärfe gewinnt. Alte Menschen müssen dabei unterstützt werden, bestehende Kontakte zu pflegen und verloren gegangene zu ersetzen, wenn man sie nicht der Gefahr aussetzen will, dem gesellschaftlichen Leben langsam zu entgleiten. Vergleichbar dem Ersatz fehlender Gliedmaßen können bei drohender Vereinsamung prothetische soziale Netze geknüpft werden.

6.3.2 Prothetische soziale Netzwerke

Als soziales Netzwerk bezeichnet man die Beziehungen, in die ein Mensch eingebunden ist. Dünnt sich dieses Beziehungsnetz im Alter aus, ist es eine gesellschaftliche Aufgabe, für Ausgleich zu sorgen. So wie man den Verlust von Gliedmaßen mittels Prothesen einigermaßen zu

6.3

Mein soziales Netzwerk

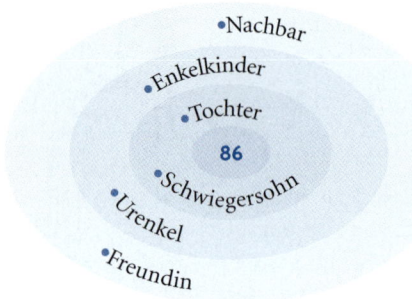

•Nachbar

•Enkelkinder

•Tochter

86

•Schwiegersohn

•Urenkel

•Freundin

Abbildung 6.4 Soziales Netzwerk einer
86-jährigen Frau

kompensieren versucht, kann man prothetische soziale Netzwerke knüpfen. Soziale Netzwerke lassen sich unterscheiden nach:

▶ dem Grad emotionaler Nähe,

▶ Größe: Anzahl der dazugehörigen Personen,

▶ Dichte: Häufigkeit des Kontaktes,

▶ Stabilität: Häufigkeit der Veränderungen und

▶ Offenheit: Verbindungen zu anderen Netzwerken.

Der Nutzen sozialer Netzwerke besteht in der emotionalen Unterstützung, der praktischen Hilfe im Alltag, der geistigen Anregung und der Kontaktförderung.

Ein Mensch kann Einsamkeitsgefühle empfinden, auch wenn er in ein soziales Netzwerk eingebunden ist und ihm Interaktionspartner zur Seite stehen. Man vermutet, dass sehr alte Menschen auch deshalb mehr unter Einsamkeit leiden, weil durch den Tod von Freunden und Bekannten zunehmend die vertraute Beziehung zu Gleichaltrigen fehlt. In der Berliner Altersstudie (BASE, 1996) nannten nur 1 % der befragten alten Menschen (von 70 bis 103 Jahren) Freunde, die um mehr als 40 Jahre jünger waren, und nur 4 % 20 bis 40 Jahre jüngere Freunde. Vielfältige Begegnungen zwischen Alt und Jung spielen sich vor allem in familiären Netzwerken älterer Menschen ab.

Die Integration in den Kreis von Freunden und Nachbarn verschlechtert sich mit der Zunahme von körperlichen und mentalen Funktionseinbußen, wie sich überhaupt das soziale Netzwerk im Alter verkleinert. Abschiednehmen von Möglichkeiten, Orten und Freunden wird ein mit zunehmendem Lebensalter immer wahrscheinlicherer Vorgang. Das soziale Netz dünnt sich aus. Mit Maßnahmen der prothetischen Netzwerkbildung kann man dem entgegen steuern:

▶ Erweiterung der Nachbarschaftshilfe durch bürgerschaftliches Engagement,

▶ Knüpfung eines engmaschigen Netzes der ambulanten Altenhilfe,

▶ Ausbau bestehender Kommunikationssysteme (z. B. telefonische Kontaktbrücke),

▶ stellvertretende Übernahme sozialer Rollen durch Altenpflegerinnen (z. B. Gratulation zum Muttertag; Zärtlichkeit im Kontakt), bei gleichzeitigem Selbstschutz durch genügend Abgrenzung.

Abbildung 6.5 Auch Tiere können wichtige
Begleiter sein.

Im Rahmen der multidisziplinären Berliner Alterstudie wurde eine Untersuchung zum Thema Einsamkeit, Zärtlichkeit und subjektiver (negativer bzw. positiver) Zukunftsorientierung im Alter durchgeführt (Lang, 1998), die folgende Ergebnisse erbrachte:

► Fehlende zärtliche Kontakte und kleine soziale Netzwerke sind Risikofaktoren für Einsamkeitsgefühle.
► Hohe emotionale Dichte im sozialen Netzwerk und eine optimistische Zukunftsperspektive sind Schutzfaktoren gegen Einsamkeitsgefühle.

6.4 Persönlichkeit alternder Menschen

Die Gesamtpersönlichkeit eines Menschen setzt sich aus verschiedenen Persönlichkeitsbereichen zusammen. Zwar haben viele Menschen Persönlichkeitsmerkmale gemeinsam (z. B. bestimmte Fähigkeiten, Charakterzüge, körperliche Merkmale), dennoch stellt jeder aufgrund der unterschiedlichen Kombination der Einzelmerkmale ein unverwechselbares Unikat dar.

Das Blickwinkel-Modell der Persönlichkeit

Das Blickwinkelmodell der Persönlichkeit ermöglicht es, differenziert auf die Persönlichkeit und alternstypische Veränderungen eines Menschen zu blicken (→ Abb. 6.6).

Der Ausprägungsgrad von Persönlichkeitsmerkmalen hängt auch von angeborenen Dispositionen ab – besonders morphologische und physiologische Merkmale. Entscheidend sind jedoch die individuelle Lerngeschichte und die aktuellen Umweltbedingungen eines Menschen.

Es stellt sich die Frage, ob es Grundmuster typischer Persönlichkeitsmerkmale gibt, die einen Menschen überdauernd charakterisieren. Die Persönlichkeitstypologien und Persönlichkeitstheorien versuchen eine Antwort auf diese Frage zu geben. Die Modelle ermöglichen eine schnelle Einschätzung anderer Menschen. Ihre Gefahr besteht jedoch darin, dass es einen Typ in Reinform kaum gibt und man so die Einzigartigkeit eines Menschen aus den Augen verliert. Zwei Modelle sollen dies beispielhaft veranschaulichen.

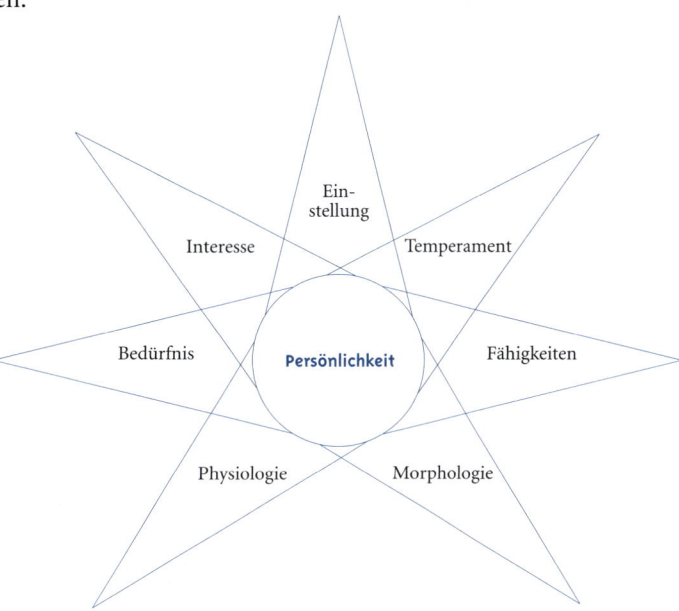

Abbildung 6.6. Blickwinkelmodell der Persönlichkeit (nach Guilford 1970). Morphologische Merkmale: biologisch gegebene äußere Ausstattung wie z. B. Körpergröße, Gesichtszüge, Haarfarbe. Physiologische Merkmale: biologisch gegebene, nicht unmittelbar sichtbare Funktionen wie z. B. Pulsschlag, Stoffwechsel. Bedürfnisse: Wünsche nach bestimmten Zuständen, wie z. B. nach körperlichem Behagen, Zuneigung. Interessen: Wünsche nach bestimmten Tätigkeiten, wie z. B. Handarbeit, Denken, Spielen. Einstellungen: Haltungen und Meinungen zu sozialen Sachverhalten, wie z. B. gegenüber Ausländern, alten Menschen. Temperament: Impulsivität, zuversichtliche Grundstimmung: das individuelle emotionale System eines Menschen. Fähigkeiten: Handgeschick, logisches Denken, Gedächtnis, Musikalität, Kreativität

Die Temperamentenlehre. Die unendliche Vielfalt menschlicher Eigenschaften und Wesenszüge hat schon den antiken Arzt Hippokrates (400 Jahre v. Chr.) dazu veranlasst, diese auf vier Grundtypen zurückzuführen, die auch heute noch zur Charakterisierung von Menschen gebraucht werden. Nach seiner Temperamentenlehre gibt es vier menschliche Temperamente bzw. Typen, die auf vier Körpersäfte mit unterschiedlicher Fließgeschwindigkeit zurückgeführt werden können:

▶ der sanguinische Typ (Blut),
▶ der cholerische Typ (gelbe Galle),
▶ der melancholische Typ (schwarze Galle),
▶ der phlegmatische Typ (Schleim).

Je nachdem, welcher dieser Körpersäfte bei einem Menschen besonders dominant ist, prägt dies auch sein Temperament und damit seine Eigenschaften. In moderner Lesart könnte man von einem bio-psychologischen Persönlichkeitsmodell sprechen, weil biologisch-körperliche Merkmale mit psychologischen Charaktereigenschaften in Verbindung gebracht werden.

Die faktorenanalytische Persönlichkeitstheorie. Wenn umgangssprachlich die Rede davon ist, jemand sei extravertiert, dann wird diesem Menschen Kontaktfreudigkeit zugeschrieben. Hier hat eine moderne psychologische Theorie Eingang in den allgemeinen Sprachgebrauch gefunden: die faktorenanalytische Persönlichkeitstheorie von Hans Jürgen Eysenck (1987). Die Fülle menschlicher Persönlichkeitseigenschaften wurde von ihm auf zwei bipolar angeordnete Grunddimensionen reduziert:

▶ Extraversion versus Introversion,
▶ emotionale Stabilität versus emotionale Labilität.

Die zwei Dimensionen der Persönlichkeitstheorie nach Eysenck ergeben mit den zugeordneten vier Temperamentstypen eine Art Drehscheibe zur Persönlichkeitseinordnung.

Die Auseinandersetzung mit dem Altern ist kein isoliertes Geschehen, sondern wird davon beeinflusst, zu welcher Persönlichkeit sich ein Mensch entwickelt und wie er die bisherigen Herausforderungen und Krisen seines Lebens gemeistert hat. Davon hängt ab, auf welche Werkzeuge zur Krisenbewältigung er zurückgreifen kann.

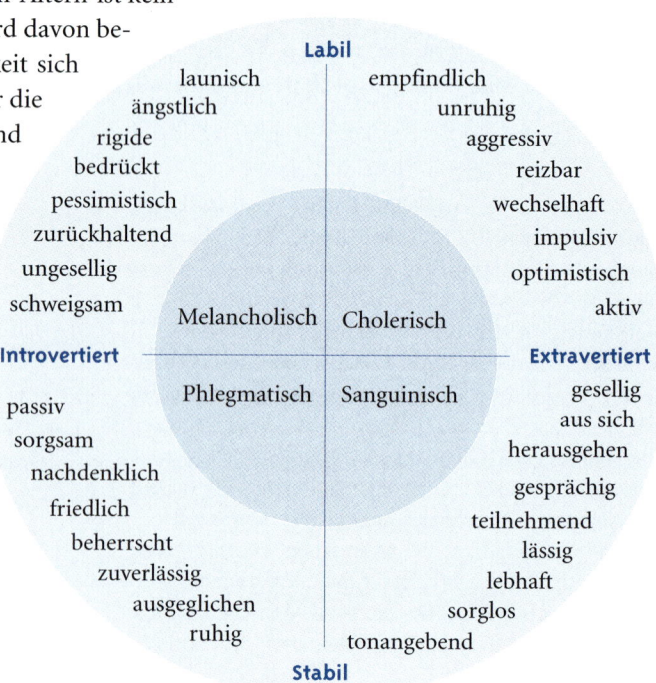

Abbildung 6.7 Die vier Quadranten von Eysencks Persönlichkeitskreis (aus Zimbardo & Gerrig, 2004). Menschliche Eigenschaften werden in vier Quadranten aufgeteilt. Die im Kreis aufgeführten Eigenschaften beschreiben Menschen in Kombination mit den beiden Dimensionen labil/stabil bzw. introvertiert/extravertiert. Beispielsweise ist eine sehr introvertierte Person, die auch sehr labil ist, mit großer Wahrscheinlichkeit auch ein ängstlicher Typ

6.4.1 Leistungsfähigkeit des älteren Menschen

Unter den Bedingungen der Leistungsgesellschaft gilt nur der Mensch als „profitabel", dessen geistige und körperliche Fähigkeiten sich ungeschmälert einsetzen lassen. Die überdurchschnittlich hohe Arbeitslosigkeit älterer Arbeitnehmer spricht hier eine deutliche Sprache. Körperliche Einschränkungen lassen sich nur bis zu einem gewissen Grad kompensieren, so dass Leistungseinbußen unvermeidlich werden. Muss dies aber auch für die geistige Leistungsfähigkeit und Beweglichkeit gelten? Können solche Schwächen durch Training abgemildert oder durch einen im Verlauf des Lebens erworbenen Kenntnis- und Erfahrungsschatz wettgemacht werden? Die gerontopsychologische Forschung hat sich mit diesen Fragen beschäftigt und Antworten gefunden, die zu einer differenzierten Betrachtung der altersbedingten Verlust- und Gewinn-Bilanz im Bereich der geistigen Leistungsfähigkeit beitragen.

Nach dem Defizit-Modell der geistigen Entwicklung des Menschen verläuft diese nach einem einfachen Drei-Phasen-Schema: Der kontinuierlichen positiven Entwicklung im Kindes- und Jugendalter folgt eine Phase maximaler Schaffenskraft im frühen Erwachsenenalter, die dann langsam, aber unaufhaltsam absinkt. Ob wir mit unserer geistigen Leistungsfähigkeit tatsächlich ab einem bestimmten Zeitpunkt auf dem absteigenden Ast sitzen, soll in diesem Abschnitt anhand verschiedener Kritikpunkte am Defizit-Modell überprüft werden.

Der Unterschied zwischen fluider und kristalliner Intelligenz

Schon die Alltagserfahrung lehrt, dass man nicht von *der* Intelligenz sprechen kann. So kann jemand über besondere sprachliche Fähigkeiten verfügen, sich aber mit dem räumlichen Vorstellungsvermögen recht schwer tun. Das Verhältnis zwischen den einzelnen Fähigkeiten ist kein statisches: manche können sich im Laufe des Lebens verbessern, manche verschlechtern. Die einzelnen Fähigkeiten lassen sich zwei Arten von Intelligenz zuordnen, die relativ unabhängig voneinander sind, aber eine funktionale Einheit bilden.

Fluide Intelligenz (die Hardware). Die fluide (flüssige) Intelligenz umfasst jene Fähigkeiten, die eine Umstellung auf neue und unbekannte Anforderungen ermöglichen, wie z. B. Kombinationsfähigkeit, Wendigkeit und Orientierungsfähigkeit in neuen Situationen. Sie ist Ergebnis biologischer Faktoren und grundlegender sensorischer Strukturen unseres Denkapparates, nicht aber von Erfahrungs- oder Erziehungseinflüssen. Tatsächlich unterliegen diese Fähigkeiten in der zweiten Lebenshälfte einer Verschlechterung, u. a. kommt es zu einer Verlangsamung der Reaktionsfähigkeit. Wäre da nicht noch die kristalline Intelligenz, müssten wir dem negativen Bild des Defizit-Modells Recht geben.

6.4
Wahrnehmungstempo

Kristalline Intelligenz (die Software). Die kristalline Intelligenz – auch pragmatische Intelligenz genannt – drückt sich in all jenen Fähigkeiten aus, die mit Erfahrungswissen, Allgemeinwissen und Sprachverständnis zusammenhängen. In der Regel erfolgt mit dem Älterwerden ein Zuwachs. Die Lebenskurve dieser Art von Intelligenz ist bis ins höhere Alter hinein stabil und nimmt eigentlich nur dann ab, wenn Menschen demenziell erkranken oder einer völligen Verarmung an Umweltanregungen ausgesetzt sind.

Veraltendes Wissen und beständiges Wissen

Ähnlich wie es bei der Intelligenz zwei Arten von Fähigkeiten gibt, lassen sich auch zwei Arten von Wissen unterscheiden, die sich ebenfalls unterschiedlich entwickeln können.

Beständiges Wissen. Der Mensch erwirbt im Laufe seines Lebens Kenntnisse, die von bleibendem Wert sind. Je älter man wird, um so größer kann diese Art von Wissen werden. Es gibt also einen Kenntnisschatz, der bei entsprechender Aktivität im Laufe des Lebens zunimmt und auf den wir uns unabhängig von unserem Alter auch verlassen können.

Veraltendes Wissen. Die atemberaubende technische Entwicklung unserer Zeit, neue wissenschaftliche Erkenntnisse und sich rasch wandelnde gesellschaftliche Bedingungen lassen einmal gelerntes Wissen schnell veralten. Da die Phase der institutionalisierten Wissensvermittlung (Schule, Berufsausbildung) in der ersten Lebenshälfte angesiedelt ist, erwerben ältere Menschen dieses neue Wissen oft nur begrenzt, was einen Mangel an intellektueller Leistungsfähigkeit vortäuschen kann.

Verstand ist trainierbar

Vom Alternsprozess ist natürlich auch das Gehirn betroffen. Neurophysiologische Untersuchungen zeigen, dass es tatsächlich zu einem Abbauprozess der Hirnsubstanz kommt, so dass aus biologischem Blickwinkel das Defizit-Modell bestätigt wird. Die Abnahme des Hirnvolumens entsteht durch die Schrumpfung der Verbindungen zwischen den Nervenzellen, entgegen landläufiger Meinung nicht durch ein Absterben von Hirnzellen. Die Auswirkungen zeigen sich insbesondere bei der fluiden Intelligenz, aber auch bei Gedächtnisleistungen, die in besonderer Verbindung mit der Funktion des Hippocampus stehen. Viele Forschungsergebnisse belegen jedoch, dass sich auch im Alter neue Nervenverbindungen bilden können. Wie die Gerontologengruppe um Wolf Oswald (2001) in der SIMA-Studie (Selbständigkeit im höheren Lebensalter) beeindruckend nachweisen konnte, wirkt eine Kombination aus Gedächtnis- und Bewegungstraining dem Hirnalterungsprozess entgegen. Gedächtnisleistungen werden dadurch verbessert, die Selbständigkeit gefördert und leichte demenzielle Symptome verzögert.

Die geistige Beweglichkeit und Leistungsfähigkeit älterer Menschen hängt wesentlich vom Training der vorhandenen Fähigkeiten ab: Art und Dauer der Schulbildung, der Berufsausbildung und der beruflichen Wirklichkeit haben mehr Einfluss als die Anzahl der Lebensjahre. Wer unter intellektuell anspruchslosen, vielleicht sogar monotonen Arbeitsbedingungen sein Brot verdienen musste, wird sich im Alter mit der Umstellung auf neuartige Situationen schwerer tun und wahrscheinlich von sich aus nur wenig geistige Aktivitäten entwickeln können. Wer als alter Mensch auf sich allein gestellt lebt und die anstehenden Lebensprobleme eigenverantwortlich lösen muss, hat mehr geistiges Training und Anreiz für intellektuelle Aktivitäten als ein Heimbewohner, dem eine Fülle von Aufgaben abgenommen ist.

6.4

Empfehlungen für
mentale Fitness

6.4.2 Lernen: Was Hänschen nicht lernt, lernt Hans nimmermehr?

Landläufig herrscht auch heute noch die Überzeugung vor, dass Erwachsene mit zunehmendem Alter in ihrer Lernfähigkeit nachlassen. Hierzu trägt nicht zuletzt das Defizit-Modell bei. Die Wirklichkeit sieht jedoch anders aus. Zunächst einmal ist festzustellen, dass nicht nur in der Schule gelernt wird, sondern jeder Mensch sein ganzes Leben hindurch auf den Erwerb neuer Kenntnisse angewiesen ist. Dies ist nicht nur angesichts der geforderten Anpassung an neue Technologien im Arbeitsprozess wichtig, sondern auch zur befriedigenden Gestaltung zwischenmenschlicher Beziehungen, bei der Übernahme neuer sozialer Rollen und bei der Bewertung politischer und kultureller Entwicklungen. Längsschnittuntersuchungen haben ergeben, dass mit dem Altern keinesfalls eine generelle Verschlechterung der Lernfähigkeit eintritt. Offenbar ist auch beim Lernen nicht allein das kalendarische Alter die entscheidende Bedingung für eine positive oder negative Entwicklung, sondern die aktuelle Situation und die bisherige Lebensgeschichte.

Einflussfaktoren auf die Lernfähigkeit

Gesundheitliche Probleme. Leidet ein älterer Mensch unter erheblichen Leistungseinbußen im Bereich der Sinnesorgane, so wird die angemessene Aufnahme von Informationen, die er zur Aufrechterhaltung seiner Lern- und Entscheidungsfähigkeit braucht, erschwert. Alte Menschen, die von ihren Augen oder Ohren im Stich gelassen werden, sind der Gefahr geistiger Isolation ausgesetzt, wenn sie keine technischen Hilfsmittel nutzen. Akute und chronische Krankheiten können ebenfalls Ursachen für eine eingeschränkte Lernfähigkeit sein. Alte Menschen, die an einer Demenzerkrankung leiden, sind wegen des damit verbundenen Verlusts der kognitiven Werkzeuge (besonders des Gedächtnisses) in ihrer Lernfähigkeit massiv eingeschränkt.

Einstellungen und Erwartungen. Angst und Selbstzweifel sind keine guten Lehrmeister. Wer im Verlauf seines bisherigen Lebens schlechte Erfahrungen mit Lernsituationen gemacht hat, wird auch im Alter seine Lernfähigkeit gering einschätzen. Auch das Klischee von der geringen Leistungsfähigkeit alter Menschen beeinträchtigt das Selbstbild älterer Menschen. Wer gute Erfahrungen mit Lernen gemacht hat, wird sich erfolgsmotiviert in neuen Lernsituationen zurechtfinden.

Sozioökonomische Bedingungen. Die Möglichkeiten, neue Erfahrungen zu sammeln, hängen auch von der ökonomischen Situation des Einzelnen ab. Wer von den älteren Mitbürgern kann sich Urlaub im Ausland, Bildungsreisen und ähnliche kostspielige Aktivitäten schon leisten?

Soziales Eingebundensein. Soziale Isolation und Einsamkeit sind keine guten Voraussetzungen für eine aktive Auseinandersetzung mit der Umwelt. Menschen, die ganz auf sich zurückgezogen in ihrer Innenwelt leben, haben soviel mit sich selbst zu tun, dass sie weder genug Ansporn noch geistige Energie aufbringen können, um Neues zu lernen.

Biographische Fakten. Die Lernfähigkeit eines älteren Menschen hängt wesentlich davon ab, welche Bildungsmöglichkeiten ihm in seinem bisherigen Leben geboten wurden. Dazu gehören die Schulbildung ebenso wie die berufliche Bildung. Auch die konkreten Arbeits- und Lebensbedingungen der mittleren Lebensjahre sind bestimmend für die Lernfähigkeit im Alter. Wer seine geistigen Anlagen voll entwickeln und ausbilden konnte, hat mit hoher Wahrscheinlichkeit bessere Bedingungen für Lernprozesse im höheren Alter.

Motivationale Bedingungen. Grundlegend für die Lernfähigkeit ist das Vorhandensein eines Bedürfnisses nach Lernen. Manches gut gemeinte Angebot von Seniorentagesstätten, Altenclubs oder Seniorenzentren ist nicht wegen der mangelnden Lernfähigkeit alter Menschen gescheitert, sondern wegen eines Mangels an Motivation. Brachliegende Fähigkeiten lassen sich nur wecken, wenn Eigeninitiative und Eigenverantwortung angesprochen werden. Nicht das einfache Mitmachen regt zur geistigen Aktivität an, sondern die Möglichkeit zur Mitgestaltung und zum kritischen Mitdenken.

6.4

Eine hundertjährige Frau im Interview

Funktionale Besonderheiten. Hierher gehören die nachlassende flüssige Intelligenz und die Auswirkungen der Kristallisierung der Intelligenz: Erfahrung kann sich nachteilig auswirken, wenn die vorhandenen Kenntnisse veraltet sind und eine optimale Problemlösung verhindern.

Des weiteren spielt die nachgewiesene Verlangsamung der Verarbeitungsprozesse eine Rolle, die sich auch auf die Gedächtnisfunktionen auswirkt: Der alte Mensch zeigt seine Fähigkeit zu lernen am ehesten dann, wenn er nicht unter Zeitdruck gesetzt wird und man ihm seinen individuellen Rhythmus lässt.

Was Hänschen nicht lernt, lernt Hans schwerer

Aufgrund der Schwachpunkte in den Lern- und Gedächtnisprozessen der älteren Menschen sind einige grundlegende Regeln zu beachten:

▶ Bildungsangebote für gesunde junge Alte sollten in Planung und Durchführung so konzipiert sein, dass sie eine Stärkung der sozialen, kreativen und politischen Kompetenzen zum Ziel haben.

▶ In der Beratungsarbeit mit pflegebedürftigen alten Menschen und deren Angehörigen im Rahmen der ambulanten Altenpflege sollte auf eine Verbesserung der lebenspraktischen Alltagsbewältigung abgezielt werden.

Im Pflegeprozess sollten die vorhandenen Ressourcen der alten Menschen (re-)aktiviert werden.

6.4

Regeln zur Verbesserung der Lernkompetenz

6.4.3 Das Gedächtnis

„Opa, nun fragst du mich schon zum dritten Mal, was es heute Abend zu essen geben wird und ebenso oft habe ich es dir schon gesagt." Wer öfters in eine solche Situation kommt, wird sich seiner Gedächtnisschwäche vielleicht schämen und solche Situationen zukünftig vermeiden, indem er sich mit Fragen an seine Umgebung zurückhält. Sich plötzlich als vergesslicher alter Mensch erleben zu müssen, steht im Widerspruch zur bisherigen Identität und kann insofern sehr belastend sein. Die Angst vor Gedächtnisschwächen rührt auch daher, dass solche Störungen ein wesentliches Symptom der Demenzerkrankungen darstellen.

Das Gedächtnis ist ein unverzichtbares Werkzeug (→ 4.4 Werkzeugverlust-Modell bei Demenz) dafür, dass ein Mensch seine Identität aufrecht erhalten und selbständig leben kann. Es erlaubt ihm, sich an Vergangenes zu erinnern und sich – darauf aufbauend – Gedanken über die Zukunft zu machen. Mit Gedächtnis sind die kognitiven Prozesse verbunden, die dem Einprägen, Behalten und Wiedererinnern von Erfahrungen und Informationen dienen. Retrospektives Gedächtnis werden Gedächtnisleistungen genannt, die auf in der Vergangenheit Erworbenes zurückgreifen. Als prospektives Gedächtnis wird die Fähigkeit bezeichnet, sich selbständig zum richtigen Zeitpunkt an zukünftige Dinge (geplante Handlungen) zu erinnern.

Unterliegt das Gedächtnis altersbedingten Veränderungen? Die Frage kann so global nicht beantwortet werden, weil es *das* Gedächtnis nicht gibt, sondern verschiedene Funktionen, die vereinfacht in einem Drei-Speicher-Modell des Gedächtnisses zusammenwirken.

Drei-Speicher-Modell des Gedächtnisses

Sensorischer Speicher. In diesen Speicher fließen alle Informationen, die über die Sinnesorgane aufgenommen werden. Seine Aufnahmekapazität ist gigantisch groß, die einfließenden Informationen werden jedoch nur für maximal eine Sekunde festgehalten. Es entsteht ein flüchtiges Abbild, Klangbild, Duftbild des soeben Wahrgenommenen, das sofort wieder verschwindet, wenn keine Aufmerksamkeit darauf gerichtet wird. Dieser Speicher wird in anderen Gedächtnismodellen auch als ein Teil des Kurzzeitspeichers verstanden.

Kurzzeitspeicher. Erst im Kurzzeitspeicher wird uns eine Information bewusst. Worauf wir unsere Aufmerksamkeit richten, ist von unseren Vorerfahrungen, momentanen Bedürfnissen und Erwartungen abhängig. In dieser Vorschaltstelle des eigentlichen Gedächtnisses werden alle Informationen vorübergehend gespeichert (eine bis drei Minuten), die zu einer Orientierung in der aktuellen Situation notwendig sind und auf Warteposition stehen, um eventuell dauerhaft ins Langzeitgedächtnis überführt zu werden. Dieser Speicher wird auch als Arbeitsspeicher oder Arbeitsgedächtnis bezeichnet, er ist recht störanfällig. Bei Aufgaben, die einen unmittelbaren Gebrauch des Kurzzeitgedächtnisses erfordern, lassen sich bei Menschen unterschiedlichen Alters nur minimale Unterschiede feststellen, so keine krankhaften Veränderungen der zentralnervösen Verarbeitungsmechanismen vorliegen. Mit zunehmendem Alter wird es jedoch schwieriger, seine Aufmerksamkeit gleichzeitig auf die Aufnahme mehrerer Informationen zu richten. Auch verlängert sich der Zeitaufwand, der bei der Suche nach Informationen im Kurzzeitgedächtnis benötigt wird. Ältere Menschen sind also bei der Aufnahme neuer Informationen leichter irritierbar und durch ungünstige Umgebungsbedingungen (z. B. Zeitdruck, Lärm) störbarer als jüngere.

6.4
Gedächtnisverarbeitung

Langzeitspeicher (Langzeitgedächtnis). Viele Informationen brauchen wir nur zur kurzfristigen Orientierung, weshalb es sinnvoll ist, sie gar nicht erst zu einer dauerhaften Gedächtnisspur werden zu lassen. In den Langzeitspeicher des Gedächtnisses werden nur solche Informationen überführt, die von verschiedenen Prüfinstanzen (wie Wertvorstellungen, emotionale Bedeutung, Interessen) als erinnerungswürdig zugelassen werden. Der Langzeitspeicher ist das eigentliche Gedächtnis, dessen Anatomie und Funktionsweise die neuropsychologische Hirnforschung mit modernen wissenschaftlichen Untersuchungsmethoden immer differenzierter zu erklären versucht. Es wird in vier Gedächtnisformen aufgeteilt:

Tabelle 6.2 Das Langzeitgedächtnis wird je nach Inhalt in vier Gedächtnisformen unterschieden, die hierarchisch aufgebaut sind. Das episodisch-autobiographische Gedächtnis ist das komplexeste und gegen Störungen (Hirnschäden, psychische Traumata) besonders empfindlich. Darunter folgt das Wissensgedächtnis, unter dem wiederum das Prozedurale und das Priming-Gedächtnis angesiedelt sind (nach Markowitsch, 2002)

Episodisch-auto-biographisches Gedächtnis	Wissensgedächtnis	Prozedurales Gedächtnis	Priming-Gedächtnis
Meine Hochzeit Meine Examensfeier als Altenpflegerin Mein letztes Erlebnis mit einer Bewohnerin beim Baden	$2 \times 2 = 4$ Die Länder der Bundesrepublik Die vier Formen des Langzeitgedächtnisses	Autofahren Kaffeemaschine bedienen Musikinstrument spielen Katheter legen	Die Wirkung von beiläufigen Werbespots ergibt sich daraus, dass die Wahrnehmung von Produkten unbewusst gebahnt wird
Das Gedächtnis für einzelne Ereignisse in der eigenen Lebensgeschichte, die Ort und Zeit zugeordnet werden können	Das Gedächtnis für objektives Faktenwissen, schulisches und Allgemeinwissen	Das Gedächtnis für weitgehend automatisierte kognitive und motorische Fertigkeiten	Das Gedächtnis für unbewusst wahrgenommene Informationen
Bewusst	Bewusst	Bewusst/Unbewusst	Unbewusst

Bei den komplizierten neurologischen Verarbeitungsmechanismen kann es leicht passieren, dass auch wichtige Informationen auf Nebenstraßen des Nervensystems auf nimmer Wiedersehen verschwinden (eine leidvolle Erfahrung vieler Prüflinge). Wie gut dieser Aneignungsprozess funktioniert hängt davon ab:

▶ wie das zu merkende Material geordnet ist: z. B. Kategorisierung nach übergeordneten Gesichtspunkten;

▶ ob Merktechniken beherrscht werden: z. B. durch Eselsbrücken Verknüpfungen zwischen gespeicherten und neuen Informationen herstellen;

▶ inwieweit hirnorganische Abbauprozesse vorliegen.

Für ältere Menschen liegt das Problem nicht darin, bereits gespeicherte Daten wieder abzurufen – daher auch die gute Erinnerung an weiter zurückliegende Ereignisse. Schwierigkeiten macht vielmehr die Überführung von neuen Informationen in den dauerhaften Gedächtnisspeicher (Aneignung). Die Aufnahme neuer Informationen wird überdies dadurch erschwert, dass durch die Fülle des bereits gespeicherten Materials im Gedächtnisspeicher umgeräumt, neu bewertet oder gelöscht werden muss. Grundsätzlich gilt, dass die Gedächtnisleistung wesentlich von Trainingseffekten abhängt: Ältere Menschen müssen sich daher aktiv um ihr Gedächtnis kümmern und es in Schwung halten.

6.4

Gedächtnisübungen

7 Zusammenarbeit mit Angehörigen: daheim und im Heim

Was Sie in diesem Kapitel erwartet

Haben Sie als Altenpflegerin manchmal das Gefühl, dass es schwierig ist, mit Angehörigen pflegebedürftiger Menschen umzugehen? Und als Angehörige? Fühlen Sie sich von den Altenpflegerinnen verstanden und unterstützt?

Die Zusammenarbeit zwischen Angehörigen und professionell Pflegenden ist für beide Seiten keine einfache Sache. Auch nicht für den Dritten im Bunde, den pflegebedürftigen alten Menschen. Sonst gäbe es nicht bei allen Beteiligten immer wieder Klagen:

- Angehörige beklagen, dass sie mit ihren Hinweisen und Informationen übergangen würden.
- Pflegende beklagen mangelndes Verständnis und ungerechtfertigte Vorwürfe.
- Pflegebedürftige beklagen sich einmal über die eine, ein andermal über die andere Seite.

Es gehört zum Tätigkeitsprofil der Pflegeprofis – ob in der ambulanten oder stationären Altenpflege –, zum Wohle aller Beteiligten tragfähige Arbeitsbeziehungen zu entwickeln. Ziel ist eine gelungene Partnerschaft, von der alle Beteiligten profitieren können. In diesem Kapitel bekommen Sie professionelles psychologisches Rüstzeug, um die Herausforderungen in der Zusammenarbeit gut bewältigen zu können.

Angehörige alter Menschen erleben durch deren Pflegebedürftigkeit widersprüchliche Gefühle und konfrontieren damit die Pflegenden. Problematische Verhaltensweisen Angehöriger bekommen sofort ein anderes Gesicht, wenn den professionell Pflegenden ein Perspektivenwechsel gelingt. Kontrolle, Misstrauen, Vorwürfe, Forderungen, Beschwerden, Rechtfertigung etc. von Angehörigen sind in aller Regel nichts anderes als Lösungsversuche, um mit der emotional belastenden Situation zurechtzukommen. Bevor Pflegende der Forderung nachkommen können, Angehörige als Partner und Ressourcen in der Pflegetätigkeit wahr- und anzunehmen, muss dieser mentale Dreh erfolgen.

7.1 Angehörige pflegen Angehörige

7.1
Assoziationen zu Angehörigen

Circa 90 % der alten Menschen mit Pflegebedarf werden in den Familien versorgt, wobei Frauen die Hauptpflegepersonen sind, zumeist Ehefrauen, Töchter und Schwiegertöchter. Die Altenpflege in der Familie ist als Mythos von der eigentlich erstrebenswerten und guten Pflege in den Köpfen aller Beteiligten lebendig:

- in den Köpfen der alten Menschen – auch wenn sie sagen, den Kindern nicht zur Last fallen zu wollen,
- in den Köpfen der Angehörigen – „Sie hat mich als Kind gepflegt, jetzt pflege ich sie",
- und natürlich auch in den Köpfen der Pflegekräfte – man betrachte nur die Ergebnisse von Befragungen, bei denen eine eigene spätere Übersiedlung ins Altenheim nur als absolute Notlösung bezeichnet wird.

Pflegende Angehörige sind vielfältigen Belastungsfaktoren ausgesetzt. Das Wissen darum erleichtert es professionell Pflegenden, sich in deren Seelenlage einzufühlen und ihren eigenen Standpunkt zu finden.

7.1.1 Belastungssituation pflegender Angehöriger

Pflegende Angehörige gehen vor allem mit Demenzkranken einen oft langen und beschwerlichen Weg, der aus der gemeinsamen Vertrautheit in eine zunehmende gegenseitige Fremdheit führt – bei gleichzeitiger starker Gebundenheit durch die Pflegebeziehung. Trauer, Enttäuschung, Wut über die Erkrankung des Angehörigen, Hilflosigkeit, Unsicherheit und Angst im Umgang mit dem unfassbaren Geschehen tauchen auf. Solange kein Wissen um die Krankheitsbilder der Demenz und die daraus resultierenden Symptome vorhanden ist, kann das ungewöhnliche Verhalten des Pflegebedürftigen nicht eingeordnet und verstanden werden. Hinzu kommen erhebliche physische und psychische Belastungen durch konkrete Pflegeaufgaben: schweres Heben, Ekel vor Ausscheidungen, zeitliche Beanspruchung, Verwirrtheitszustände, aggressive Verhaltensweisen, Erschöpfung durch Schlafmangel wegen des veränderten Tag-/Nachtrhythmus von Demenzkranken. In einer Untersuchung von Gräßel (2001) zeigte sich, dass sich über 40 % der Angehörigen stark bis sehr stark durch die Pflege belastet fühlen.

Die generellen Belastungen pflegender Angehöriger werden durch das jeweilige Verwandtschaftsverhältnis noch in besonderer Weise zugespitzt. Von der Beziehungsdynamik her macht es einen Unterschied, ob ein erwachsenes Kind einen Elternteil oder ein Ehepartner den anderen pflegt.

Tabelle 7.1 Belastungsausmaß pflegender Angehöriger von Demenzkranken (nach Gräßel, 2001)

Grad der Belastung	Prozentzahl der Angehörigen
Nicht bis gering belastet	34 %
Mittelgradig belastet	25 %
Stark bis sehr stark belastet	41 %

Tabelle 7.2 Die Pflege alter Menschen lastet überwiegend auf den Töchtern (nach Schönberger & Kardoff v., 1997)

Pflegende Kinder alter Menschen über 80	Häufigkeit
Töchter	44 %
Schwiegertöchter	17 %
Söhne	4 %

Pflegende (Schwieger-)Töchter

Die häusliche Pflege von Angehörigen liegt auf der Generationsebene der Kinder überwiegend in der Hand der Töchter und Schwiegertöchter.

Waren die Eltern bislang immer in der Rolle der Starken und Gebenden, so sind sie jetzt als Pflegebedürftige in der Situation von Abhängigkeit und Hilflosigkeit. Die Kinder und Schwiegerkinder müssen Abschied nehmen von dem Angehörigen, wie sie ihn gekannt haben, also einen Trauerprozess durchleben.

Pflegende Töchter leiden unter der Rollenumkehr besonders, wenn filiale Reife und Autonomie fehlen (→ 7.1.4 Filiale Reife). Das verspätete – und meistens erfolglose – Werben um mehr Anerkennung resultiert zum Teil auch aus Benachteiligungsgefühlen gegenüber den Geschwistern.

Zentrale Problembereiche pflegender (Schwieger-)Töchter:

► Vereinbarkeit von Beruf, eigener Lebensplanung und eigener Interessen mit der Pflege,
► Vereinbarkeit der Anforderungen der eigenen Familie und des Pflegebedürftigen,
► biografisch belastete, zumindest oft ambivalente Beziehungen zu dem pflegebedürftigen (Schwieger-)Elternteil,
► Spannung zwischen Rollenverpflichtungen und Schuldgefühlen beim Wunsch nach eigener Lebensgestaltung,

- ► Konflikte bei der Einbindung des Ehemannes /Partners in die Pflege (vgl. Schönberger & Kardoff v., 1997).

Pflegende (Ehe-)Partner

Pflegende Partner wachsen oft unmerklich in Pflegeaufgaben hinein. Aus gewöhnlichen Hilfen im Rahmen der emotionalen persönlichen Verbindung werden Pflegeleistungen. Ehepartner leiden mehr unter dem Verlust der Persönlichkeit des anderen als pflegende Kinder und andere Verwandte.

Psychodynamik beim Gepflegten. Der gesunde Partner kann noch Dinge tun, die dem Gepflegten aufgrund seiner Erkrankung und Behinderung nicht mehr möglich sind. Gemeinsame Pläne können nicht mehr realisiert werden, was zu Gefühlen von Neid und Verbitterung führen kann. Regressives Verhalten ist dann ein Weg des Gepflegten, um den Partner an sich zu binden (→ 3.2.4 Psychische Reaktionen auf Krankheit).

Psychodynamik beim Pflegenden. Unterdrückte Wünsche nach mehr eigenem Leben lassen Schuldgefühle wachsen und werden durch Überfürsorglichkeit kompensiert. Geht der pflegende Partner völlig in der Pflege auf, ermöglicht dies den sekundären Gewinn, trotz aller Opfer unentbehrlich zu sein. Infolge psychischer und physischer Dauerbelastung und wegen der erlebten Ausweglosigkeit können Aggressionen entstehen. Die oft eingeschränkten Sozialkontakte erhöhen die gegenseitige Abhängigkeit und Verklammerung, was zu einer dauerhaften Anspannung führt und die Überforderung verstärkt. Zu den zentralen Problembereichen pflegender (Ehe-)Partner gehören:
- ► körperliche und seelische Erschöpfung, die die Gesundheit des Pflegenden beeinträchtigen,
- ► Gefahr der Verschlimmerung bestehender eigener Erkrankungen,
- ► Aufgehen in der Pflege des Ehepartners ohne die notwendige Selbstpflege,
- ► große Zurückgezogenheit erschwert den Zugang für Fachkräfte zur rechtzeitigen Hilfe,
- ► kaum Inanspruchnahme von Fremdhilfe (betrifft vor allem pflegende Ehefrauen),
- ► Selbstüberforderung und Fehleinschätzung der eigenen Leistungsfähigkeit können zu gefährlicher Pflege, zu Gewalt gegen Pflegebedürftige oder zu unvorbereitetem Umzug ins Heim führen (vgl. Schönberger & Kardoff v., 1997).

Belastungen im Verlauf des Krankheitsprozesses. Innerhalb kurzer Zeit müssen sich Angehörige in eine Fülle neuer Tätigkeiten einarbeiten (Infos über die Erkrankung einholen, Gespräche mit Ärzten führen, Hilfen zur Finanzierung von Pflegeleistungen organisieren, Unterstützung durch ambulante Pflegedienste organisieren, Anträge auf Pflegestufe stellen etc.). Gewohnte Tagesabläufe müssen umstrukturiert und an die neue Situation angepasst werden. Besonders die zunächst unerklärlichen Persönlichkeits- und Verhaltensänderungen machen den Angehörigen zu schaffen. Der Krankheitsprozess bei Demenz verläuft schleichend, so dass anfangs noch nicht zu erkennen ist, dass z. B. die zunehmende Vergesslichkeit bereits ein Anzeichen der Erkrankung und kein normales Altern ist. Die Erkrankten verstecken erste Anzeichen aus Scham oder Angst und versuchen die Fassade aufrecht zu erhalten. Mit fortschreitender Erkrankung nimmt die soziale Isolation zu, da der pflegebedürftige Angehörige nicht mehr allein gelassen werden kann. Diese Situation wird einerseits als belastend empfunden, andererseits hindern Schuldgefühle daran, sich außerhalb des Hauses zu entspannen und für Zerstreuung zu sorgen.

Die Motivation des Pflegenden

Gräßel (1998) hat pflegende Angehörige danach gefragt, was der Hauptgrund für die Übernahme der häuslichen Pflege ist (→ Tab. 7.3). Die Vielzahl der Antworten ließ sich zwei grundlegenden Motiven zuordnen, dem Motiv der Zuneigung und dem Motiv der Verpflichtung. Beim Motiv Zuneigung pflegen die Angehörigen hauptsächlich aus einer positiven emotionalen Verbundenheit heraus. Handlungsleitend ist der selbstbestimmte Wunsch der Pflegeperson, mit dem geliebten Angehörigen so lange wie möglich zusammen zu sein. Beim Motiv Verpflichtung erfolgt die Pflege hauptsächlich aus fremdbestimmten Gründen, z. B. aufgrund moralischer Vorstellungen, die im Laufe der Erziehung verinnerlicht wurden oder vom aktuellen sozialen Umfeld als Anspruch herangetragen werden.

Die beiden Motive tauchen natürlich nur selten in Reinform auf, oft spielen beide Motive eine Rolle. Das Pflegemotiv von Angehörigen hängt auch mit der Verwandtschaftsbeziehung zusammen. Bei der häuslichen Pflege eines Ehepartners wurde häufiger Zuneigung angegeben (68 %) als bei der Pflege eines Elternteils (32 %) oder Schwiegerelternteils (10 %).

Tabelle 7.3 Die Durchschnittswerte der von pflegenden Angehörigen subjektiv empfundenen Belastung (nach Gräßel, 1998). Die Belastung ist höher, wenn die Pflege fremdbestimmt oder aus Verpflichtung erfolgt

Hauptgrund für die häusliche Pflege	Häufigkeit (in Prozent)	Belastung (Wert auf der häuslichen Pflegeskala)
Ich pflege aus Zuneigung zu der gepflegten Person	28,3	35,6
Ich pflege, weil ich die gepflegte Person nicht in ein Pflegeheim geben will	14,0	39,2
Ich pflege, weil es der Wunsch der gepflegten Person ist	5,4	42,9
Ich pflege, weil ich mich der gepflegten Person gegenüber dazu verpflichtet fühle	18,1	44,6

Die Kenntnis des hauptsächlichen Pflegemotivs von Angehörigen erlaubt den Mitarbeitern von ambulanten Pflegediensten ein besseres Verständnis für deren konkretes Verhalten. So lässt sich beispielsweise besser nachvollziehen, weshalb ein Ehepartner trotz erheblicher eigener gesundheitlicher Beeinträchtigungen an der häuslichen Pflege festhält oder warum es in der Interaktion zwischen pflegendem Angehörigen und Gepflegtem häufiger zu aggressiven Verhaltensweisen kommt.

7.1.2 Ambivalenz in Pflegebeziehungen

Ambivalente Gefühle sind ganz natürliche Begleiterscheinungen von engen Beziehungen. Besondere Nähe und Abhängigkeit – wie in einer Pflegebeziehung – schaffen auch widerstreitende Empfindungen, deren negativer Pol aber oft verleugnet wird. Wut, Ärger oder gar Todeswünsche gegenüber einem engen Familienangehörigen, der zudem krank und pflegebedürftig ist, werden verdrängt. Solche verdrängten Gefühle binden seelische Energie, tragen zur Erschöpfung bei und fördern psychosomatische Beschwerden. Um diese Gefühle nicht an die Oberfläche kommen zu lassen, werden sie manchmal mit rastlosem Pflegeeinsatz – bis hin zur Selbstaufgabe – in Schach gehalten.

> Ambivalente Gefühle und Motive Angehöriger sind normal. Pflegende helfen Angehörigen, wenn sie beiden Facetten zwiespältiger Gefühle Raum geben und sie anerkennen. **!**

Ambivalente Gefühle tauchen aber auch bei Entscheidungsprozessen auf: wenn es z. B. um die Frage nach einer Unterstützung durch ambulante Pflegekräfte geht oder gar um eine Heimunterbringung. Im Hin- und Her widerstreitender Gefühle und Motive können die Betroffen in eine Zerreißprobe geraten.

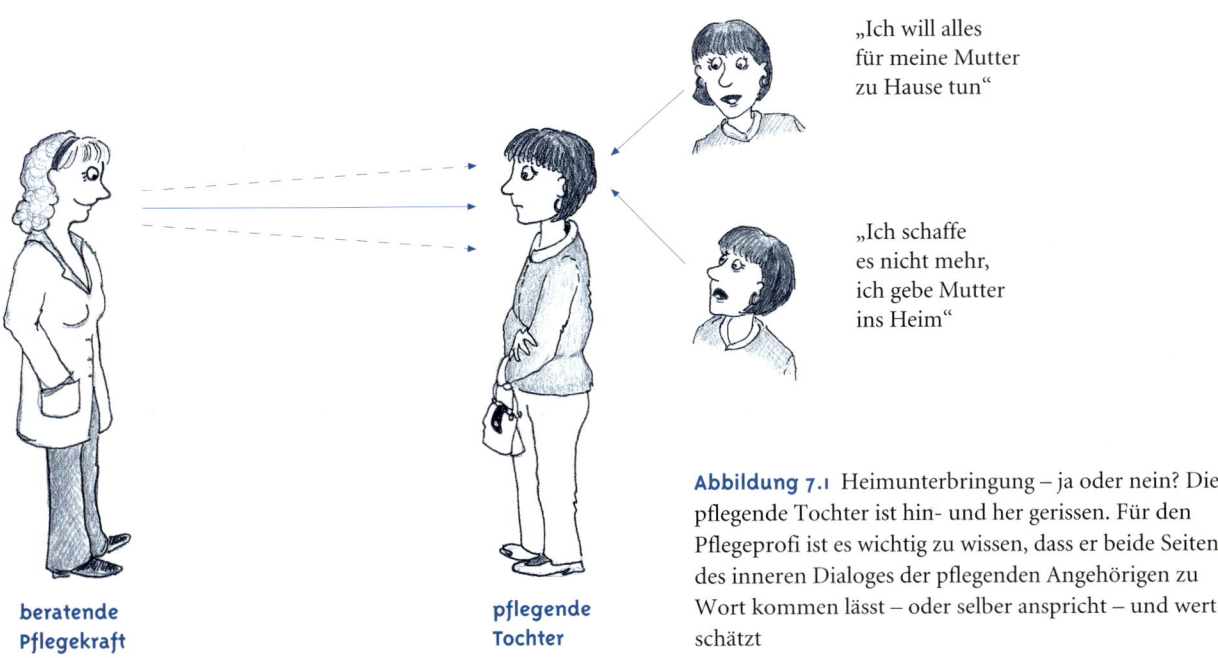

„Ich will alles für meine Mutter zu Hause tun"

„Ich schaffe es nicht mehr, ich gebe Mutter ins Heim"

beratende Pflegekraft

pflegende Tochter

Abbildung 7.1 Heimunterbringung – ja oder nein? Die pflegende Tochter ist hin- und her gerissen. Für den Pflegeprofi ist es wichtig zu wissen, dass er beide Seiten des inneren Dialoges der pflegenden Angehörigen zu Wort kommen lässt – oder selber anspricht – und wertschätzt

Aus professioneller Sicht mag der Umzug eines Pflegebedürftigen in ein Altenheim für alle Beteiligten die beste Lösung sein. Aber gut gemeinte Vorschläge, wie „Frau M., es ist wirklich das Beste, wenn Sie Ihren Mann in ein Heim geben. Sie sollten aufhören, sich zu überfordern", können in ambivalenten Situationen genau das Gegenteil bewirken. Die Betroffen verspüren darin eine Bedrohung ihrer Autonomie und geben deshalb genau der anderen Seite ihres inneren Dialoges mehr Raum. Im Fall von Frau M. wäre es der wachsende Widerstand gegen eine Heimunterbringung ihres Mannes. Mit einer neutralen professionellen Haltung (Allparteilichkeit) würden Sie als Pflegeprofi auch die andere Seite wertschätzen: „Frau M., ich bewundere den Einsatz, mit dem Sie Ihren Mann pflegen. Da macht man sich schon Gedanken, ob er diese Zuwendung auch in einem Altenheim bekäme." Auf diese Weise kann sich ein vom Pflegeprofi begleiteter Dialog zwischen den widerstreitenden Motiven Frau M. ergeben, bis sie die Kraft zu einer Entscheidung findet.

7.1.3 Barrieren für die Inanspruchnahme von Hilfen

Angesichts der Schwere, Dauer und der vielfältigen Belastungen pflegender Angehöriger erstaunt es, dass noch nicht einmal die Hälfte fachliche Hilfe in Anspruch nimmt. Ursache dafür sind neben strukturellen Hürden, wie unzureichende Informationen über Angebote, Arbeitsweisen und finanzielle Erwägungen, vor allem psychologische Barrieren:

▶ Einstellungen wie „Ich muss es alleine schaffen",
▶ Gefühle von Scheitern und persönlichem Versagen bei der Inanspruchnahme von Hilfe,
▶ Angst vor Entwertung der bisherigen Pflegeleistung, wenn Experten hinzugezogen werden,
▶ der potenzielle Verlust an Zuwendung und Dankbarkeit durch den pflegebedürftigen Menschen,
▶ Bedürfnis nach Kontrolle und Selbstbestimmung in der Gestaltung des Pflegealltags,
▶ Befürchtung, dass es seitens der Verwandten und Nachbarn als mangelnde Verantwortungsübernahme gesehen wird, wenn fremde Hilfe in Anspruch genommen wird.

Wenn diese Barrieren erkannt werden, fällt es den Angehörigen leichter, auch zu solchen Motiven zu stehen, die dafür sprechen, sich professionelle Unterstützung zu organisieren:

▶ das Eingeständnis der erlebten physischen Überforderung durch die Umstände der Pflege („Ich kann nicht mehr"),
▶ der Wunsch nach Hilfe im Umgang mit Gefühlen von Ärger und Wut,
▶ der Wunsch, dass die Beschränkung der eigenen Lebensmöglichkeiten abgemildert wird,
▶ der Wunsch, auch in der Beziehung zum (Ehe-)Partner wieder in eine bessere Balance zu kommen.

7.1.4 Filiale Reife

Die Herausforderung zur Pflege der eigenen Eltern trifft erwachsene Kinder, die in der Regel selbst schon über 50 sind. Man sollte also meinen, die emotionale Ablösung von der Herkunftsfamilie sei kein Thema mehr. Weit gefehlt, wie die kunterbunten familiären Verwicklungen von Angehörigen zeigen, die in der Altenpflege beobachtet werden können.

Margrit Blenkner (1965) beschreibt mit dem entwicklungspsychologischen Modell der filialen Reife die Haltung, aus der heraus sich erwachsene Kinder – nach erfolgter emotionaler Verselbständigung – ihren pflegebedürftigen Eltern helfend zuwenden können, als reife Erwachsene, d. h. in einer neuen Rolle und mit einer anderen Liebe. Diese Entwicklungsstufe hat ein erwachsenes Kind noch nicht erreicht, wenn es:

▶ genau das macht, was seine Eltern von ihm verlangen,
▶ generell das Gegenteil von dem tut, was die Eltern verlangen,
▶ die Eltern zu verändern versucht,
▶ den Kontakt zu den Eltern abbricht.

Eine besondere Herausforderung an die filiale Reife stellt der zunehmende Unterstützungs- bzw. Pflegebedarf der Eltern dar. So lange die eigenen Eltern bzw. ein Elternteil lebt, hat auch der erwachsene Mensch höheren Lebensalters die familiale Rolle Kind. Und als Kind konnte man in Zeiten eigener emotionaler oder materieller Nöte üblicherweise auf Unterstützung durch die Eltern zählen. Jetzt muss man erleben, dass diese ihre gewohnten Elternfunktionen nicht mehr ausfüllen können und selbst zunehmend Zuspruch und Hilfe der Kinder benötigen. Nur ein pflegender Angehöriger mit emotional selbständiger Persönlichkeit kann den schrittweisen Verlust seiner Mutter oder seines Vaters aushalten und darüber trauern, ohne handlungsunfähig zu werden. Emotionale Autonomie bedeutet, sich der verschiedenen Anteile der Beziehung zu den Eltern bewusst zu sein. Das ermöglicht selbstsicheres Verhalten, sich z. B. auch gegen elterliche Vorstellungen und Wünsche zu entscheiden. Ohne Angst vor Liebesverlust können klare Grenzen gesetzt werden.

Reflexion zur filialen Reife

Eine gelungene filiale Reife in der Pflegebeziehung zeichnet sich durch folgende Faktoren aus:

▶ Grundstimmung gegenüber den Eltern ist versöhnlich, was auch immer im Entwicklungsverlauf geschehen sein mag.
▶ Eigenständigkeit (Autonomie und Souveränität) als Erwachsener wird bewusst er- und gelebt.
▶ Eigene Bedürfnisse können ausgewogen gegen die Eltern und deren Erwartungen abgegrenzt werden.
▶ Die natürliche Vielfalt von Gefühlen (Ambivalenz), die sich in engen Beziehungen zwischen Menschen entwickeln, wird realistisch gesehen und erlebt.
▶ Stabiles Bewusstsein einer zugewandten und guten emotionalen Basis der Beziehung, mag kommen was will.
▶ Eigene Begrenzungen werden akzeptiert, die Sicherheit, dennoch richtig zu handeln bleibt unbeeinträchtigt.

Merkmale eines Mangels an filialer Reife in der Pflegebeziehung sind:

▶ kein Zugestehen eigener Freiräume,
▶ ständiges Zurückstellen eigener Bedürfnisse,
▶ Unfähigkeit zur Annahme von Hilfe,
▶ Gefühl der Unersetzbarkeit der eigenen Person,
▶ fortwährendes Verlangen nach elterlicher Anerkennung des eigenen Verhaltens,
▶ Verknüpfen des eigenen Wohlbefindens mit dem des Kranken,
▶ Leugnen objektiv vorhandener Krankheitszeichen,
▶ Nichterkennen anderer Perspektiven von Pflege.

Es ist nicht die Aufgabe von Pflegenden, familientherapeutisch tätig zu werden, wenn sie einen Mangel an filialer Reife bei Angehörigen bemerken. Die enge Bindung der Familienmitglieder und Fürsorge für das pflegebedürftige Familienmitglied sollte vielmehr wahrgenommen und wertgeschätzt werden („Wie Sie sich um Ihre Mutter kümmern, alle Achtung"). Dadurch ergibt sich die Chance, dass die Angehörigen auch für andere Themen freier werden und z. B. die Frage zulassen können: „Wie könnten Sie denn besser für sich sorgen?"

7.1.5 Unsichtbare Bindungen im Familiensystem

Zum besseren Verständnis der Verhaltensweisen von Angehörigen ist es wichtig, den Blickwinkel um allgemeine Funktionsprinzipien familiärer Systeme zu erweitern. Es gibt unsichtbare Bindungen zwischen Familienmitgliedern, die im Gesamtfamiliensystem langjährig gewachsen sind und eine mächtige Stabilisierungsfunktion haben. Aus diesen Bindungen speist sich häufig auch das Motiv für die Übernahme der Pflege.

Nach Boszormenyi-Nagy & Spark (1981) gibt es eine Familien-Verdienstbuchführung. Jedes Familienmitglied saldiert vergangenes, gegenwärtiges und zukünftiges Geben und Nehmen im Familiensystem. Wer hat sich wie intensiv um wen gekümmert? Wer schuldet wem was? Wer ist jetzt mit Geben dran? – so lauten die bewusst oder unbewusst ablaufenden inneren Dialoge der Beteiligten. Daraus werden Berechtigungen und Forderungen abgeleitet. Übernimmt ein Familienmitglied die häusliche Pflege oder betreut intensiv einen Angehörigen im Altenheim, so schlägt dies auf der Investitionsseite (Zeit, Geld, Gefühle) natürlich gewaltig zu Buche. Geschwisterrivalitäten bekommen anlässlich solcher Bilanzierungen Nahrung.

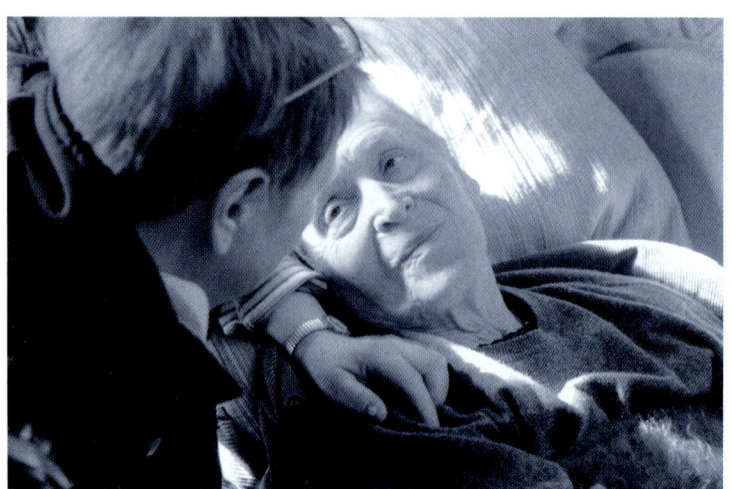

Abbildung 7.2 Auch wenn der Kontakt zu den Angehörigen sehr geschätzt wird, ist er nicht immer einfach.

Das konkrete Verhalten von Angehörigen wird stark davon beeinflusst, wer innerhalb des Familiensystems wem durch was verbunden ist und was diese Loyalität für den Einzelnen bedeutet. Vor allem geht es auch darum, welche Rolle Schuldgefühle als regulierende Kraft für die Beziehungsgestaltung haben. Eine der wichtigsten Funktionen der Loyalität in Familien besteht darin, das familiäre System zusammen zu halten. Manche Verhaltensweisen von Angehörigen, die aus Sicht der Pflegenden unkooperativ und destruktiv sind (z. B. Konflikte zwischen einzelnen Familienmitgliedern), haben paradoxerweise oft eine sinnvolle Funktion, dienen z. B. der Stabilisierung der Familienloyalität und halten über den Streit das Gesamtsystem zusammen.

7.2 Ambulanter Pflegedienst und Angehörige

In der ambulanten Pflege kommen die Pflegenden als Dienstleister in einen fremden Haushalt mit unbekannten Spielregeln. Es gibt eine lange gemeinsame Familiengeschichte der Beteiligten, mit mancherlei offensichtlichen Traditionen und Gewohnheiten, aber auch mit streng gehüteten Familiengeheimnissen. Das anfängliche Misstrauen seitens der Familienmitglieder ist verständlich, denn es besteht die Gefahr, dass Fremde hinter die Kulissen schauen können. Vertrauen braucht Zeit zum Wachsen.

7.2

Grundfragen der
Auftragsklärung

Die Angehörigen sind in der ambulanten Pflege viel intensiver in den Pflegeprozess eingebunden als im stationären Bereich: Es ist ihr „Revier" und sie sind rund um die Uhr da. Aufgrund ihrer Erfahrungen und ihres Wissens im Umgang mit dem pflegebedürftigen Menschen verfügen sie über eine unverzichtbare Kompetenz. Ambulante Pflege gelingt deshalb nur *mit* den Angehörigen, nicht gegen sie.

Dauert die Pflegebeziehung über einen längeren Zeitraum an, gehört man aufgrund der täglichen Besuche im Lebensraum der Familie irgendwie auch dazu. Man bekommt Familienfeste, wie z. B. Geburtstage mit, lernt Verwandte kennen und wird zu einer Tasse Kaffee eingeladen. Für die professionelle Distanz ist es jedoch absolut notwendig, sich des „Profi-Status'" immer bewusst zu sein, um nicht in die Rolle eines Familienmitglieds zu schlittern. Im Hinblick auf das Zeitmanagement sei jedoch auch gesagt, dass die Investition in eine gute Beziehung zur Familie eine Menge an Zeit und Geld für Beschwerdemanagement sparen hilft.

Während im Altenheim die professionell Pflegenden rund um die Uhr da sind, sind es in der ambulanten Pflege die Angehörigen, die die Revierhoheit haben. Die Pflegenden kommen in der Regel allein in die Wohnung. Sie sind gefordert, sich rasch und flexibel auf die Überraschungen vor Ort einzustellen und auch in brenzligen Situationen alleinverantwortlich mit Angehörigen zu kommunizieren. Im Altenheim ist es hingegen möglich, in einer kritischen Situation sehr rasch kollegiale Unterstützung zu organisieren.

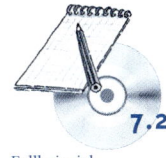

7.2

Fallbeispiel

Tagespflege

Die Tagespflege als Raum gerontopsychiatrischer Pflege unterscheidet sich von der ambulanten und stationären Pflege dadurch, dass die Tagesgäste bezüglich der Grundpflege schon „fertig" ankommen. Von vornherein stehen daher andere Erwartungen und Rituale im Vordergrund. Weil das Verhalten von Menschen immer auch kontextabhängig ist, entwickeln sich unter den Rahmenbedingungen der Tagespflege häufig ganz andere Verhaltensmuster als im gewohnten häuslichen Umfeld. Pflegende Angehörige müssen damit rechnen, dass sich die alten Menschen auch zu Hause anders als gewohnt verhalten – verloren geglaubte Fähigkeiten blitzen wieder auf, die Stimmungslage und die Motivation werden vielleicht lebendiger. Für die professionell Pflegenden in der Tagespflege ist es, wie im ambulanten und stationären Bereich, daher sehr wichtig, sich darüber auszutauschen, was in den jeweiligen Welten passiert. Zumindest zwischen Tür und Angel ist eine kurze Informationsphase nötig, auch um möglichen Verstrickungen vorzubeugen.

7.3 Heimbewohner und ihre Angehörigen

Angehörige von Heimbewohnern sind keine homogene Gruppe von Menschen. Es gibt nicht *die* Angehörigen. Jeder Einzelne bringt seine eigene Geschichte mit dem Heimbewohner und seine aktuelle Lebenssituation in die Beziehungsgestaltung mit den professionell Pflegenden ein. Die nachfolgende Einteilung der Angehörigen nach bestimmten Typen, je nach den gezeigten Verhaltensmustern, ermöglicht einen zusätzlichen Orientierungsrahmen (vgl. Daneke, 2000). Allerdings gibt es diese Typen nur ganz selten in Reinkultur, außerdem darf eine solche Typologie nicht dazu verleiten, Angehörige in eine Schublade zu stecken, aus der sie nicht mehr herauskommen.

Delegierende Angehörige

Diese Gruppe macht etwa 25 % aus. Delegierende Angehörige betrachten das Heim als Service-Einrichtung und sich selbst als Überwachungs- und Bewertungsinstanz von Pflegeleistungen nach dem Motto: „Für viel Geld kann ich eine Rundumpflege erwarten".
▶ Sie kommen unregelmäßig.
▶ Sie überwachen und bewerten die Pflegenden.
▶ Sie machen das Heim für gesundheitliche Verschlechterungen verantwortlich.
Mit hoher Wahrscheinlichkeit tragen sie offene oder unterschwellige Konflikte mit den Altenpflegerinnen aus.

Pflegende Angehörige

Diese Gruppe macht etwa 75 % aus, man kann sie in drei Untergruppen unterscheiden.

Aktiv pflegende Angehörige (25 %):

▶ setzen häufig eine häusliche Pflegebeziehung fort,

▶ kommen fast täglich,

▶ sehen ihre Aufgabe in der aktiven Pflege,

▶ geben dem Bewohner Orientierung und psychische Unterstützung,

▶ haben ein schlechtes Gewissen und versuchen dieses mit Aktivitäten zu beruhigen,

▶ tun sich schwer damit, Pflege und Betreuung abzugeben,

Diese Verhaltensweisen können dazu beitragen, dass sich der Bewohner nur schwer ins Heim integriert und Konkurrenzsituationen mit den professionell Pflegenden entstehen.

Psychosozial stabilisierende Angehörige (25 %):

▶ kommen regelmäßig,

▶ legen den Schwerpunkt auf die psychische und soziale Betreuung (Kontakte, Ausflüge etc.),

▶ überlassen die aktive Pflege den professionell Pflegenden,

▶ bringen viel Zeit mit und gehen ganz auf den Bewohner ein,

▶ die gegenseitigen Erwartungen von Bewohner und Angehörigen entsprechen sich.

Unter diesen Umständen gelingt die Integration der Bewohner am leichtesten.

Distanzierende Angehörige (25 %):

▶ kommen regelmäßig,

▶ legen den Schwerpunkt auf Nebenschauplätze (Wäsche, Finanzen etc.),

▶ haben keinen Wunsch, sich intensiver mit dem Bewohner zu beschäftigen,

▶ die gegenseitigen Erwartungen von Bewohner und Angehörigen sind widersprüchlich.

Hier zeigt sich oft eine gespannte Beziehung zwischen Bewohner und Angehörigen.

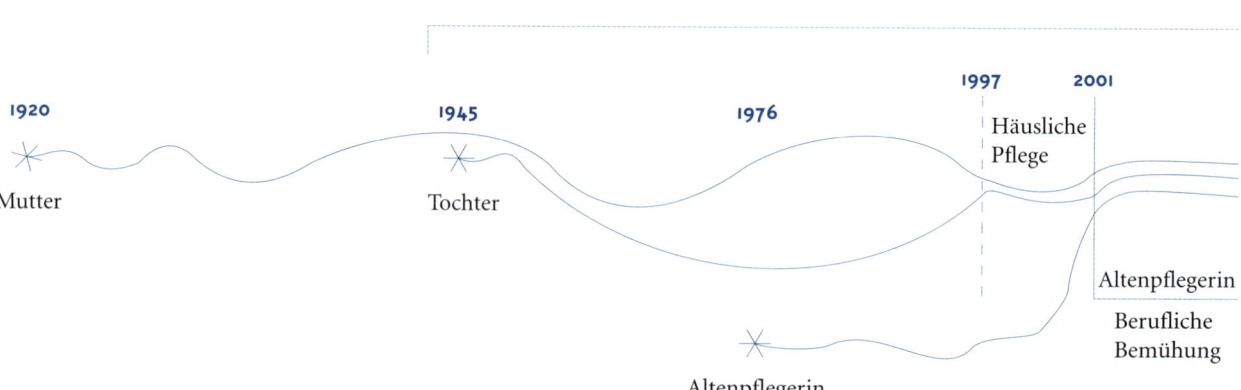

Abbildung 7.3 Die Abbildung verdeutlicht, wie kurz die gemeinsame Zeitspanne ist, auf die Altenpflegerinnen in der Beziehungsgestaltung mit den gepflegten alten Menschen zurückschauen können. Zugleich drängt sich in dieser Zeit bei den Angehörigen und den Gepflegten das ganze Ausmaß an unterschiedlichsten Gefühlen, Lösungsversuchen, notwendigen Aktivitäten zusammen. Eine Zeit großer psychischer Belastung

Aufgrund der langjährigen familiären Vertrautheit haben die Angehörigen sozusagen die älteren Rechte darauf, was die Fürsorge für ihr Familienmitglied betrifft. Andererseits nagen Schuld- und Versagensgefühle an ihnen, weil sie diese an eine Altenpflegeinstitution delegiert haben. Die Pflegenden wiederum begleiten die alten Menschen nur eine relativ kurze Zeitspanne in deren Lebensfluss und können nur Bruchstücke ihrer Lebensgeschichte erfahren. Was sind schon zwei Seiten beschriebener Biografiebogen gegen 60 Jahre gemeinsame Lebensgeschichte zwischen Tochter und Mutter? Dafür liegt jetzt im Heim die gesamte pflegerische Betreuung in den Händen der Pflegenden, die rund um die Uhr für den Bewohner da sind (→ Abb. 7.3).

Konfliktfeld Pflegende, Angehörige und zu Pflegende

Angehörige werden im anstrengenden Pflegealltag oft als zusätzliche Belastungsquelle und als Störenfriede empfunden. Mischen sie sich über das ihnen zugestandene Maß ein, kommt es zu Rivalitäten und Machtkämpfen. Fühlen sich die Pflegenden kontrolliert und kritisiert, geraten sie leicht in eine Konkurrenzsituation („Wer ist hier die ausgebildete Pflegefachkraft?") und entwickeln Abwehrstrategien. Forderungen von Angehörigen werden unterschwellig als In-Frage-Stellen der eigenen professionellen Fähigkeiten und als Bedrohung der Expertenrolle erlebt. Engagierte Angehörige wiederum empfinden, dass sie aufgrund ihrer emotionalen Nähe am besten wissen, was für Mann/Frau/Vater/Mutter gut ist. Im Heim bleibt oft wenig Raum für Angehörige, um ihre Liebe und Fürsorge leben und darstellen zu können.

Nach Daneke (2000) können sich in der Beziehung zwischen den Angehörigen, den Bewohnern und den Pflegenden regelrechte Negativ-Spiralen aufbauen:

▶ Die Angehörigen können ihre größere Vertrautheit ausspielen und den Pflegenden mangelndes Einfühlungsvermögen, zu wenig Zeitinvestment oder Pflegefehler vorwerfen.

▶ Die Pflegenden können sich in der Rolle derjenigen sehen, die wissen, was das Beste für den Bewohner ist. Sie können den „Heim"-Vorteil nutzen und die Angehörigen ins Leere laufen lassen.

▶ Die Bewohner können sich die Rivalität zunutze machen und die Kontrahenten gegeneinander ausspielen. Sie können sich einmal mit der einen und ein andermal mit der anderen Seite verbünden.

Für alle Beteiligten sind solche „Spiele" auf Dauer ziemlich anstrengend.

Beispiel

Eine Altenpflegerin berichtet. Meine Kollegin kommt zum Dienst. Sie sagt, dass sie gleich zur Bewohnerin Frau D. geht, weil heute am Samstag die Tochter kommt, die sich immer beschwert. Kurze Zeit später, wie so oft, kommt die Tochter ins Stationszimmer und sagt vorwurfsvoll: „Meine Mutter hat keine Zähne im Mund." Ich: „Ihre Mutter wollte heute keine Prothese im Mund haben". Tochter: „Hier arbeitet doch qualifizierte Pflege, wieso klappt es dann nicht mit den Zähnen?" Ich: „Ihre Mutter will sich heute die Prothese nicht einsetzen lassen, sie kneift auch fest den Mund zu und man kann Ihrer Mutter doch nicht weh tun oder sie zwingen." Tochter: „Das kann ich nicht verstehen" und wendet sich abrupt ab und lässt mich stehen.

Die Fallschilderung lässt vermuten, dass sich zwischen der Angehörigen und den Pflegenden bereits ein Beziehungs-(Macht-)kampf etabliert hat. Das kann lange nach demselben Muster so weitergehen, kostet die Beteiligten aber viel psychische Energie. Das Team könnte es mit einer Musterunterbrechung versuchen und aus dem Beziehungskampf aussteigen. Zunächst wäre eine Änderung des Blickwinkels zu empfehlen, um sich psychomental anders einzustimmen: Die Beschwerden der Tochter können als Versuch zur Lösung ihrer emotionalen Belastung gesehen werden. „Das kann ich nicht verstehen", antwortet sie auf die sachliche Argumentation der Pflegenden. Wie schwer mag es einer Tochter fallen, die unfassbaren Persönlichkeitsveränderungen ihrer Mutter zu verstehen? Das Team beschließt, etwas Unerwartetes zu tun: Man wird der Tochter beim nächsten Besuch einen kleinen Blumenstrauß überreichen und das Engagement für ihre Mutter anerkennen. Gelingt der Stimmungsumschwung, wird die Angehörige für konkrete Informationen über die Auswirkungen der demenziellen Erkrankung offener sein und vielleicht gemeinsam mit den Pflegenden erarbeiten können, worin sich Pflege- und Lebensqualität bei ihrer Mutter zeigt. Eingespielte Muster lassen sich ändern, indem man sie unterbricht, etwas hinzufügt oder weglässt oder andere Akzente setzt. Hauptsache man reagiert anders als bisher.

Letztlich sind es die Pflegebedürftigen, auf deren Rücken Machtkämpfe ausgetragen werden. In ihrer Lebenssituation sind jedoch beide, sowohl die Angehörigen wie auch die Pflegenden, ihre wichtigsten Bezugspersonen, von denen sie existenziell abhängig sind. Gerangel, Uneinigkeiten oder gar Feindseligkeiten zwischen ihnen bedeuten für die Pflegebedürftigen eine starke Einbuße an Lebensqualität.

7.4 Psychodynamik beim professionellen Pflegen

Zur professionelle Pflege gehört es, dass sich auch die Pflegenden mit den Dynamiken in ihrer Herkunftsfamilie, zur Familien-Verdienstbuchführung, zu ambivalenten Beziehungsmustern und zur eigenen filialen Reife auseinandersetzen.

7.4.1 Pflegende sind auch Angehörige

Die eigene Familiengeschichte, die aktuelle Familiensituation sowie die Wertvorstellungen und Erwartungen in Bezug auf Familie fließen in das Verhalten von Pflegenden gegenüber Angehörigen sowie in die pflegerische Arbeit ein. Vor diesem Hintergrund bewerten sie das Verhalten von Mitgliedern anderer Familiensysteme und entwickeln Erwartungen an Angehörige. Klammheimlich kann der Mythos von der familiären Pflege als bester Variante wirksam werden, was für den Bereich der stationären Pflege bedeuten kann, dass bei den Pflegenden unterschwellig das Gefühl mitschwingt, an ihnen bleibe hängen, was die „eigentlich Zuständigen" nicht bewältigen können oder wollen. Von da aus ist es nicht weit zu dem Gefühl, dass die professionelle Dienstleistung von den Angehörigen nicht angemessen anerkannt wird.

Der Blick auf die Herkunftsfamilie und die eigene filiale Reife ist für Pflegende hilfreich, um sich und auch andere im professionellen Kontakt mit Angehörigen vor unbewusst ablaufenden Projektionen und Übertragungen (→ 11.3 Abwehrmechanismen) zu schützen. Nehmen wir als Beispiel eine Altenpflegerin, die sich zu Hause aufopferungsvoll um einen hilfsbedürftigen Elternteil kümmert und das Gefühl hat, dass ihre Leistung nicht gewürdigt wird – weder von dem Angehörigen, noch von ihren Geschwistern. Trifft sie in der ambulanten oder stationären Pflege auf eine Angehörige mit ähnlicher familiärer Beziehungskonstellation, gerät sie in Gefahr der unbewussten Identifikation mit dieser Angehörigen.

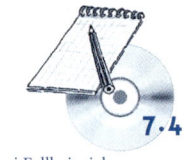

7.4

Drei Fallbeispiele

Die bewusste Beschäftigung mit diesem Themenbereich ermöglicht Pflegenden, Wachstumschancen bei sich selbst zu entdecken und die eigenen familiären Beziehungen weiter zu entwickeln. Für die Beziehungsgestaltung in der Zusammenarbeit mit Angehörigen wächst die Fähigkeit, sich selbst besser schützen und die Allparteilichkeit wahren zu können.

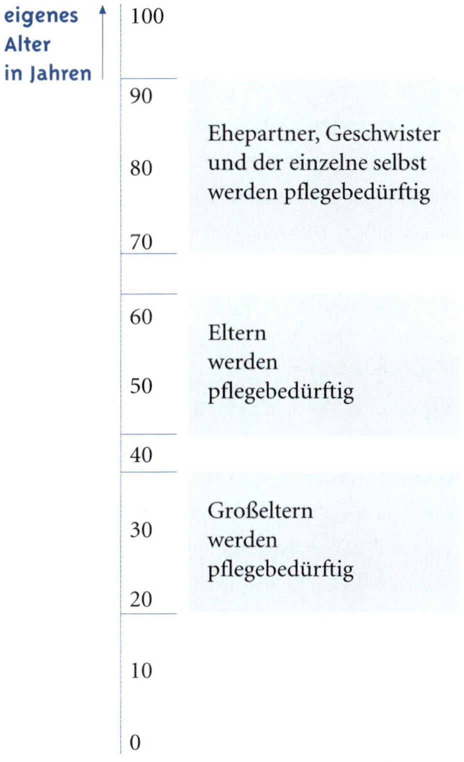

7.4.2 Verstrickungen im Beziehungsband Pflege

Zwischen den Beteiligten im Pflegeprozess, d. h. dem pflegebedürftigen Menschen, dem Pflegenden und den Angehörigen gibt es zwei grundsätzlich unterschiedliche Verbindungen:

▶ das Band der verwandtschaftlichen Beziehung und

▶ das Band der professionellen Pflegebeziehung.

Alle Beteiligten sind über den Pflegeauftrag miteinander verbunden. Wenn einer der drei am Band zieht, hat dies Auswirkungen auf die gesamte Beziehungskonstellation. Die Altenpflegerin kann dieses Band nicht loslassen, solange der Pflegeauftrag besteht, auch wenn Spannungen auftreten. Es gehört zu ihren Aufgaben, solche Spannungen und Konflikte professionell anzugehen – auch mit Rückendeckung und Unterstützung durch das Team und die Institution. Anders ist es mit dem verwandtschaftlichen Band zwischen den Angehörigen, das über die Jahrzehnte der Beziehung gewoben wurde. Dieses muss für Pflegende tabu sein, auch wenn es manchmal noch so reizt, Konflikte glätten und Ungeklärtes klären zu wollen. Wenn Pflegende sich von einer der Seiten verführen lassen, in das verwandtschaftliche Band mit hinein zu greifen, sind sie im Sinne einer Triangulation verstrickt, verbünden sich mit einem oder mehreren Familienmitgliedern gegen ein anderes.

Abbildung 7.4 Pflegebedürftigkeit im Lebensfluss

7.4
Erfahrungen mit Pflegebedürftigkeit im eigenen Lebensfluss

Beispiel

Fallbeispiel. Im Rahmen eines Beratungseinsatzes (§ 37 SGB XI) besucht eine Altenpflegerin eine Familie, in der eine alte Dame mit Pflegestufe 1 von ihrer Tochter gepflegt wird. Beim Verabschieden huscht ihr die alte Dame nach und beschwert sich zwischen Tür und Angel darüber, dass ihre Tochter sich nicht genügend um sie kümmere. Die Altenpflegerin bedankt sich bei der alten Dame und bringt zum Ausdruck, dass sie nicht darauf verzichten werde, auch die Meinung der Tochter zu hören. Seitens der Tochter wird der Konflikt so geschildert, dass sie sich natürlich kümmere, man es ihrer Mutter aber nicht recht machen könne. Im weiteren Gesprächsverlauf unterstützt die Altenpflegerin die Familienmitglieder, konkrete Abmachungen auszuhandeln.

Pflegende fühlen sich in erster Linie den pflegebedürftigen alten Menschen verpflichtet. Das kann dazu führen, in ein heimliches Loyalitätsspiel, in diesem Fall mit dem Titel „Wir zwei gegen die böse Tochter" einzusteigen. Die Altenpflegerin wittert jedoch den Braten und macht ihre neutrale Position sofort transparent. Natürlich kann es umgekehrt auch von Seiten pflegender Angehöriger Einladungen zu solchen Verstrickungen geben. Familien sind recht kreativ in der Gestaltung von Verstrickungsangeboten.

Es ist ganz normal, dass sich Pflegende im Beziehungsgeflecht zwischen den Gepflegten und deren Angehörigen hin und wieder verheddern. Kollegiale Fallbesprechungen im Team und Supervision helfen dann, sich aus der Verstrickung wieder zu lösen.

7.4

Konfrontation mit
Beschwerden

Allparteilichkeit

Allparteilichkeit heißt, sich als Pflegender nicht auf eine Seite zu schlagen, sondern alle Beteiligten zu (be-)achten. Die Pflegenden bekommen im Familiensystem auch eine Rolle zugewiesen. Es wird versucht, sie in das System zu integrieren, ob in der Rolle als Verbündete einer Seite oder als Gegner – wie auch immer. Die Falle schnappt vor allem dann ganz schnell zu, wenn sich Pflegende von der Allparteilichkeit weg bewegen und einem der Beteiligten die Schuld für das Problem zuschreiben.

 Ein Lehrsatz aus der Familientherapie lautet: Es gibt keine Schuldigen, sondern Beteiligte.

Die Verführungen zur Triangulation gehören in der Dreiecks-Beziehung zwischen professionell Pflegenden, Angehörigen und Gepflegten zum altenpflegerischen Berufsalltag. Zum professionellen Rüstzeug gehört deshalb die Reflexion eigener Schwachpunkte im Hinblick auf die eigene Familiengeschichte, Autonomie/Souveränität und filiale Reife. Nur so gehen Pflegenden schnell genug die (Warn-)Lichter auf, wenn sich Verstrickungen anbahnen. Dann können sie den notwendigen Schritt zurück gehen, um professionelle Distanz zu bewahren und Lösungen zu entwickeln.

1.1

Grundhaltungen im
Kontakt mit Ange-
hörigen

Mit dem Blick nach beiden Seiten – auf die Seite der Angehörigen und auf die Seite der eigenen Person –, ist es Pflegenden durch eine allparteiliche Haltung möglich, Verstrickungen zu vermeiden beziehungsweise schnell wieder zu lösen und den Angehörigen und sich selbst die erforderliche Wertschätzung zu geben.

Die Vierte im Bunde

Beispiel

Eine Altenpflegerin berichtet. Es ist ca. 11.30 Uhr und ich komme in die Wohnung, um eine pflegebedürftige Frau ins Bett zu bringen. Sie wird auch von ihrem Bruder mit versorgt, der sehr kritisch ist. Dieser befindet sich gerade in der Wohnung. Als ich die Türe aufschließe, schreit er mir entgegen: „Wenn das noch einmal passiert, könnt ihr was erleben, dann nehmen wir eine andere Sozialstation!" Ich: „Herr H., was meinen Sie denn?" Er: „Es hat gestern abend jemand mit Stuhlgang beschmierte Wäsche in den Wäschesack gegeben."

An diesem Beispiel wird deutlich, dass Angehörige neben der Beziehung zum pflegebedürftigen Familienmitglied und zu den professionell Pflegenden eine weitere klären müssen: Es ist die Erkrankung des Pflegebedürftigen, die immer mit anwesend ist. Diese Beteiligte ist in dramatischer Weise unfassbar und unbegreiflich, wenn es sich um eine Demenz handelt. Die Krankheit ist irreversibel und kann nicht bekämpft werden. Wohin dann mit der Wut und Verzweiflung? Wenn Angehörige keinen Weg finden, um das Unbegreifliche zu begreifen, zu betrauern und anzunehmen, können sich Aggressionen gegen den Pflegebedürftigen und die professionell Pflegenden richten. Das Unbegreifliche wird dadurch greifbar und angreifbar.

Bezogen auf das Fallbeispiel ist nachvollziehbar, dass sich die Altenpflegerin, die frohgemut und arglos die Wohnung betritt, ungut fühlt, wenn sie unvermittelt eine verbale Ohrfeige bekommt. Egal wie gut sie jetzt argumentiert, wird sie an der gereizten Grundstimmung des Angehörigen nichts Grundsätzliches ändern können. Die Pflegende kann ein inneres Schutzkleid anlegen, indem sie die Aktion des Angehörigen nicht gegen sich, sondern gegen die Krankheit gerichtet sieht. Dann wird sie nachvollziehen können, was es für einen Bruder heißt, erleben zu müssen, dass seine Schwester stuhlinkontinent ist. Und was er leistet, wenn er sie mit versorgt.

8 Ein neues Lebens- und Lernumfeld: der alte Mensch im Heim

Was Sie in diesem Kapitel erwartet

Wo würden Sie gerne im Alter wohnen? In den eigenen vier Wänden oder in einem Altenwohnheim? Wie wichtig das Wohnen für die Identität eines Menschen ist und wie ein Umzug ins Heim gelingen kann, ist Thema dieses Kapitels.

Um die Standards und das Image der stationären Altenpflege steht es nicht zum Besten. Darunter leiden auch viele pflegebedürftige alte Menschen und ihre Angehörigen, die sich nicht zu einem Umzug ins Heim entschließen können, obwohl diese Lösung für alle Beteiligten die Lebensqualität verbessern würde. Der ganz normale Lebensalltag bildet den Dreh- und Angelpunkt moderner stationärer Altenpflege. Das Modell der Hausgemeinschaft zeigt den Weg.

Der Umzug ins Heim stellt für alle Beteiligten einen belastenden Wendepunkt dar. In der Rangliste kritischer Lebensereignisse stehen Umzüge ganz weit oben. Sie rütteln an den Identitätssäulen des Lebenshauses. Darüber hinaus erfordern die neue Umgebung, die ungewohnten Gerüche, fremde Menschen und festgelegte Tagesabläufe eine enorme Anpassungsleistung. Alte Menschen brauchen in dieser Übergangsphase Beratung und Begleitung.

Anpassung ist auch immer mit Lernen verbunden. Pflegende müssen daher wissen, wie Menschen grundsätzlich lernen, sich an die Umwelt anzupassen. Die Lernpsychologie gibt das methodisches Rüstzeug an die Hand, um die Hintergründe des aktuellen Verhaltens und Erlebens alter Menschen besser einschätzen und dieses Wissen für das Vorgehen im Pflegeprozess nutzen zu können.

8.1 Wohnen und Identität: Wo lebt es sich im Alter am besten?

Die Wohnungsfrage spielt für Wohlbefinden, Gesundheit und Lebensfreude im Alter eine wichtige Rolle. Die Wohnung ist emotionaler Schutzraum und Raum der Regeneration. Sie dient der Vergewisserung der eigenen biografischen Kontinuität durch vertraute Gegenstände und ermöglicht die Stärkung der eigenen Identität.

Die meisten älteren Menschen ab 65 Jahren wohnen in ihren eigenen vier Wänden, sei es zur Miete oder als Eigentümer. Im hohen Alter verschiebt sich das Verhältnis in Richtung betreuter und vollstationärer Wohnformen. Nach wie vor spielt die Familie in Bezug auf emotionale Bedürfnisse, materielle und praktische Hilfeleistungen sowie Pflege im Krankheitsfall eine wichtige Rolle, wozu es aber nicht unbedingt der Wohnform des Mehrgenerationenhaushaltes bedarf. Die Tabelle 8.1 zeigt, in welchen Wohnformen Menschen über 65 in Deutschland leben.

Altenpflegerinnen sind oft verblüfft, wenn sie hören, dass nur zwischen 3 und 5 % der Menschen über 65 Jahren in Einrichtungen der Altenhilfe leben. Dies ist nicht weiter erstaunlich, da sie vor allem mit den kranken und defizitären Begleiterscheinungen des Alterns konfrontiert sind und der Anteil hochbetagter, demenziell erkrankter und pflegebedürftiger alter Menschen

Wohnform	Anteil an der Bevölkerung (älter als 65)
Normale Wohnungen	ca. 93 %
Altenpflegeheime inkl. Hospize	ca. 3 %
Altenheime/Altenwohnheime/Wohnstifte	ca. 1,5–2 %
Altenwohnungen	ca. 1–1,5 %
Betreutes Wohnen	ca. 1,6 %
Gemeinschaftliches Wohnen	unter 1 %
Wohngruppen (ambulant) bzw. Hausgemeinschaften (stationär)	weit unter 1 %

Tabelle 8.1 Wohnformen von Menschen über 65 Jahren in Deutschland (aus: Kleine Datensammlung Altenhilfe. Kuratorium Deutsche Altershilfe 2003)

in den letzten Jahren an der Gesamtzahl der Heimbewohner sogar rasant zugenommen hat. Die pflegerischen Herausforderungen verschieben sich immer mehr in Richtung medizinischer und gerontopsychiatrischer Pflege.

Die Bewohnerstruktur in Altenpflegeheimen ist derzeit durch folgende Merkmale charakterisiert (Schneider, 1998): Circa 70 % der in Heimen lebenden Menschen sind älter als 80 Jahre. Schon beim Einzug sind mehr als die Hälfte der Menschen älter als 80 Jahre. Die Heime werden zum Lebensort für die alten Alten, was man auch daran sieht, dass mehr als ein Drittel der über 90-jährigen in einer stationären Einrichtung lebt. In den Altenheimen leben überwiegend Frauen: Im Durchschnitt stellen sie einen Anteil von über 80 %. Beim Familienstand unterscheidet sich die Gruppe der Heimbewohner deutlich von der in Privathaushalten lebenden Gruppe der Gleichaltrigen: 8 % sind verheiratet, in den Privathaushalten sind es 60 %. Der Anteil der Verwitweten beträgt 67 %, der der Geschiedenen 5 % und 20 % sind ledig. Mit Blick auf die Bedürfnislage der Altenheimbewohner und die Zusammenarbeit mit Angehörigen ist eine weitere Vergleichszahl interessant: 15 % der in Privathaushalten lebenden älteren Frauen haben keine Kinder, im Altenheim sind fast 40 % der Bewohnerinnen kinderlos.

8.1.1 Einstellungen zum Wohnen im Heim

Allein schon die Bezeichnung Heim hat für viele den Beigeschmack von Versorgungsanstalt, Endstation oder Abgeschobenwerden. Die Bonner Längsschnittuntersuchung erbrachte, dass ältere Männer eine deutlich negativere Einstellung als ältere Frauen zur Institution Altenheim haben (Lehr, 1996). Männer möchten sich nicht auf eine feste Heimordnung einlassen, Frauen wollen die Versorgung des eigenen Haushaltes nicht aufgeben. Sowohl Männer als auch Frauen fürchten, bei einer Heimübersiedlung vom Massenbetrieb vereinnahmt zu werden. Als positive Seiten wurden in erster Linie das Versorgt- und Betreutwerden genannt, daneben noch die Tatsache, dass man auf diese Weise den Kindern nicht zur Last falle. Nur knappe 3 % der befragten älteren Leute hatten sich bereits mit einer möglichen Heimübersiedlung gedanklich auseinandergesetzt.

Wohnpräferenzen bei Hilfsbedürftigkeit im Alter

Eine den eigenen Bedürfnissen gemäße Lebensführung wird am ehesten in den eigenen vier Wänden erwartet. Man will nicht direkt mit den erwachsenen Kindern wohnen, es wird jedoch begrüßt, wenn die Wohnungen nahe beieinander liegen. Die Tabelle 8.2 zeigt, welche Wohnformen ältere Menschen bei Hilfsbedürftigkeit bevorzugen würden.

Tabelle 8.2 Wohnpräferenzen bei Hilfsbedürftigkeit im Alter (aus: GeroStat, Deutsches Zentrum für Altersfragen (DZA), Basis: Alters-Survey 1996) Gefragt wurde: „Für den Fall, dass Sie einmal stärker auf Hilfe angewiesen sind, wo können Sie sich vorstellen, einmal zu leben?"

Wohnungspräferenz	55−69 J. Männer	55−69 J. Frauen	70−85 J. Männer	70−85 J. Frauen
in meiner eigenen Wohnung	84,0 %	77,4 %	83,1 %	78,0 %
in einem Seniorenwohnheim/ einer Seniorenwohnung	16,3 %	20,8 %	11,9 %	15,4 %
in einem Seniorenheim/ Pflegeheim	8,2 %	11,4 %	11,9 %	13,8 %
mit einem meiner Kinder	18,2 %	20,1 %	21,0 %	21,1 %
in der Nähe meiner Angehörigen	20,9 %	22,2 %	15,7 %	19,3 %
mit Freunden in einer Haus- oder Wohngemeinschaft	3,5 %	6,7 %	1,1 %	2,7 %
in einem Altenwohnheim	8,2 %	9,1 %	7,0 %	8,2 %

Altenpflegeheime sind wichtige Angebote für alte Menschen, die in Anbetracht fortgeschrittener körperlicher Schwäche oder schwerer Demenzerkrankung ambulant nicht mehr optimal versorgt werden können. Daher ist es dringend notwendig, das Image der Altenheime zu verbessern. Es genügt nicht, die Einrichtungen werbepsychologisch aufzupolieren, vielmehr ist eine umfassende Reform in diesem Bereich erforderlich: Öffnung der Heime, Qualitätsmanagement, Serviceorientierung, Gleichrangigkeit von Körper- und Seelenpflege (Beziehungspflege), Personalentwicklung (Fortbildung, Supervision, Qualifizierung in gerontopsychiatrischer Altenpflege) und Organisationsentwicklung (→ 9 Organisationspsychologische Aspekte in der Altenpflege). Wenn dann noch eine den Erfordernissen entsprechende Ausstattung mit gut ausgebildetem Pflegepersonal hinzukommt, dürften schon die veränderten Tatsachen zu einer Verbesserung des Rufes der institutionellen Altenhilfe beitragen.

8.1.2 Eine Alternative: Altenheime als Hausgemeinschaften

Unter Federführung des Kuratoriums Deutsche Altershilfe wurde als eine Alternative zum klassischen Konzept stationärer Altenpflegeeinrichtungen das innovative Modell der Hausgemeinschaften entwickelt. Als Vorbilder dienten niederländische Modelle wie das Anton-Pieck-Hofje in Haarlem und die französischen Cantous (= Feuerstellen), die ihren Namen dem Grundprinzip verdanken, dass der Herd das Herzstück des Gemeinschaftslebens darstellt.

Hausgemeinschaften sind kleine, möglichst gemeindenahe Wohnformen für pflegebedürftige ältere Menschen. Sie stehen für eine Abkehr vom institutionalisierten, vordergründig auf Pflegequalität und Versorgung ausgerichteten Anstaltsmodell und für eine Hinwendung zu einem an den individuellen Lebenswelten pflegebedürftiger Menschen orientierten Normalitätsprinzip.

Ziel ist die Hinwendung zu einem Wohn- und Lebensraum für idealerweise acht Bewohner, in dem sich nach den Prinzipien von Dezentralisierung und Normalität der Alltag der Menschen abspielt. Kochen, Essen, Hauswirtschaft, Freizeit und die notwendige Pflege finden nicht in jeweils separaten Arealen statt, sondern wie in einem normalen Haushalt innerhalb der Hausgemeinschaft. Einzelzimmer bieten die Möglichkeit des Rückzugs, die zentralen Gemeinschaftsräume (Küche, Wohnzimmer) erlauben Kontakt und Begegnung. In einem solchen Haushalt gibt es den ganzen Tag über genügend zu tun, so dass jeder Bewohner sich mit seinen ihm verbliebenen Fähigkeiten tatkräftig einbringen und alltagsnah beschäftigen kann. Auf die individuelle Tagesform des einzelnen Bewohners und seine biografischen Vorlieben kann

Abbildung 8.1 Mit erfahrenem Blick mustert die alte Dame das Gemüseangebot. Ganz normale Alltagstätigkeiten stärken ihr Selbstwertgefühl

flexibler als in traditionellen Heimen eingegangen werden. Angehörige sollen so weit wie möglich einbezogen werden. Die Normalität mit all ihren Reizen, Herausforderungen und Reibungen wird so zum therapeutischen Milieu, in dem gerade auch demenziell erkrankte alte Menschen einen heilsamen Lebensraum finden (→ Abb. 4.5 Regensburger Modell).

Die Steuerung einer Hausgemeinschaft stellt an die Qualifikation der Präsenzkräfte besondere Anforderungen. Berechnungen des Kuratoriums Deutsche Altenhilfe haben ergeben, dass Hausgemeinschaften kaum teurer als konventionelle Pflegeheime sind, pro Bewohner jedoch wesentlich mehr Zeit für Zuwendung, Betreuung und Pflege zur Verfügung steht. Als kostenreduzierend hat sich der Zusammenschluss mehrerer Hausgemeinschaften erwiesen, um Synergieeffekte, z. B. bei Verwaltungsaufgaben oder Nachtdiensten, zu nutzen.

Wohnbereichs-Hausgemeinschaft. Neben dem beschriebenen klassischen Grundtyp hat sich in der Praxis die Wohnbereichs-Hausgemeinschaft als eine Weiterentwicklung der Wohnbereichsidee etabliert, die bereits einen klaren Schritt weg von der krankenhausähnlichen Station hin zu mehr alltäglicher Lebensqualität darstellt. Es handelt sich ebenfalls um einen vollstationären Typ im Sinne des Heimrechts, allerdings mit einer deutlich höheren Bewohnerzahl (ca. zwölf Bewohner). Vor allem bauliche Voraussetzungen und finanzielle Überlegungen führen bei der Sanierung von Heimen älterer Bauart zur Entscheidung für diese Variante. Daneben gibt es noch ambulant betreute Wohngemeinschaften, die mit dem Status der Mieter und Kunden die erforderlichen professionellen Dienstleistungen einkaufen.

8.1.3 Der Umzug ins Altenheim: eine psychische Krisensituation

Der Umzug aus den eigenen vier Wänden in ein Altenheim bildet selbst unter günstigen Voraussetzungen, wie z. B. der bewusst geplanten und eigenständig getroffenen Entscheidung für diesen Schritt, einen wichtigen Einschnitt im Lebenslauf eines Menschen. Mit der eigenen Wohnung sind Selbständigkeit und Unabhängigkeit verbunden, sie verleiht Selbstwertgefühl und Würde und ist Ort vieler biografischer Erinnerungen. Der Umzug stellt also ein kritisches Lebensereignis dar, an dessen Bewältigung der Mensch wachsen oder auch scheitern kann. Dies ist abhängig von den Begleitumständen sowie den zur Verfügung stehenden psychischen Ressourcen zur Krisenbewältigung.

Ein Umzug ins Altenheim kann veranlasst werden durch:

▶ die alten Menschen selbst, ausgelöst durch zunehmende gesundheitliche Einschränkungen, fehlende Möglichkeiten zur Selbstversorgung, ungünstige Wohnsituation oder Verlust des Partners,

▶ Verwandte (erwachsene Kinder oder andere Angehörige), die aus unterschiedlichsten Erwägungen heraus (z. B. zunehmende Pflegebeanspruchung, Benötigung des zusätzlichen Wohnraumes) auf Unterbringung in einem Heim drängen und ein mehr oder weniger erzwungenes Einverständnis herbeiführen,

▶ Dritte (Hausarzt, Krankenhaus, Polizei), die aufgrund erheblichen körperlichen Pflegebedarfs oder des verwirrten Verhaltens eine Heimeinweisung in die Wege leiten.

Der konkrete Umzug in ein Altenheim ist in einen prozessualen Ablauf (→ Abb. 8.2) vorausgehender Ereignisse und anschließender Eingewöhnung eingebunden.

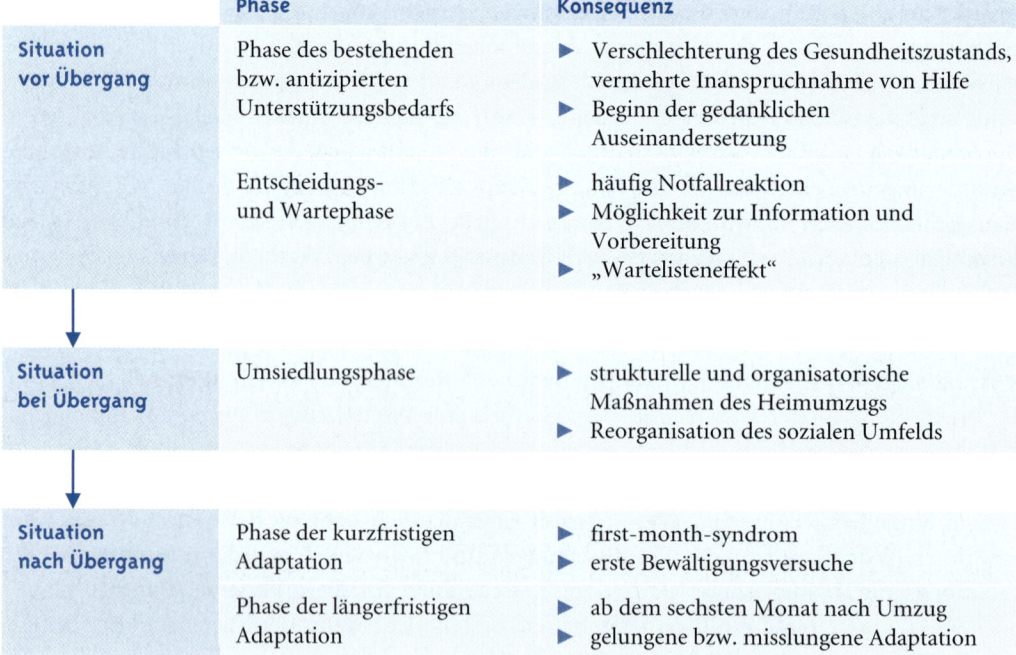

Abbildung 8.2 Das Prozessmodell des Übergangs ins Altenheim veranschaulicht die verschiedenen Phasen und die Konsequenzen, die sich daraus ergeben (aus Saup, 2002)

	Phase	Konsequenz
Situation vor Übergang	Phase des bestehenden bzw. antizipierten Unterstützungsbedarfs	▶ Verschlechterung des Gesundheitszustands, vermehrte Inanspruchnahme von Hilfe ▶ Beginn der gedanklichen Auseinandersetzung
	Entscheidungs- und Wartephase	▶ häufig Notfallreaktion ▶ Möglichkeit zur Information und Vorbereitung ▶ „Wartelisteneffekt"
Situation bei Übergang	Umsiedlungsphase	▶ strukturelle und organisatorische Maßnahmen des Heimumzugs ▶ Reorganisation des sozialen Umfelds
Situation nach Übergang	Phase der kurzfristigen Adaptation	▶ first-month-syndrom ▶ erste Bewältigungsversuche
	Phase der längerfristigen Adaptation	▶ ab dem sechsten Monat nach Umzug ▶ gelungene bzw. misslungene Adaptation

Das abrupte Herausreißen aus dem gewohnten Milieu und vertrauten Lebensrhythmus, wie es die unvorbereitete Überweisung in eine Institution der Gesundheitsfürsorge (Krankenhaus, Heim) bedeutet, stellt ein großes Risiko für die psychische Verfassung des alten Menschen dar. Bislang in der vertrauten Wohnumgebung gut kompensierte (und getarnte) körperliche und psychische Defizite (z. B. Gedächtnisstörungen, Orientierungsprobleme) können außer Kontrolle geraten. Psychosomatische Störungen können auch andere Organsysteme betreffen und ganz allgemein eine Beschleunigung des körperlichen Alterns mit umfassenden psychophysischen Verfallserscheinungen hervorrufen.

Vorbereitung auf einen Umzug ins Altenheim

Zur Vorbereitung ist es hilfreich, wenn die alten Menschen und ihre Angehörigen in dieser psychisch belastenden Umbruchphase durch professionelle Beratung (→ 5.5 Kommunikation im Beratungsgespräch) unterstützt werden. Die Zeit vor dem endgültigen Umzug ins Heim geht sowohl für den alten Menschen wie auch für seine soziale Umgebung mit besonderen emotionalen Belastungen einher:

► Endgültigkeitscharakter des Umzugs ohne Wiederkehr, des letzten Umzugs im Leben,
► antizipierter Verlust von Selbständigkeit, Familienanbindung, vertrauter räumlicher und sozialer Umgebung und des finanziellen Spielraums,
► Angst und Ungewissheit vor der neuen Lebenssituation,
► Trauerreaktionen.

Daher ist es wichtig, realitätsnahe Information über die neue Lebenssituation zu vermitteln. Dies kann durch Prospekte, Gespräche mit Heimbewohnern oder auch durch Wohnen auf Probe im Heim erfolgen. Informiert werden sollte über:

► die Unterschiede zwischen den verschiedenartigen Einrichtungsformen,
► die Durchführung der finanziellen Abwicklung,
► die wahrscheinlich notwendigen Änderungen in der Lebensführung,
► die Rechte und Pflichten in der Heimorganisation.

Durch eine gezielte Vorbereitung können die psychischen Probleme im Umfeld des Umzugs verringert und der Anpassungsprozess an die neuen Lebensbedingungen unterstützt werden. Auch Angehörige, insbesondere solche, die den alten Menschen bislang zuhause gepflegt haben, erleben die Entscheidung für den Heimeinzug oft als schwierig und brauchen daher ein Unterstützungsangebot (z. B. professionelle Beratung durch Pflegende, Angehörigengruppe; → 7.1 Angehörige pflegen Angehörige).

Phase der Eingewöhnung

Die Eingewöhnungszeit ins Heim wird vielfach als traumatische, stressreiche, von Verlusten geprägte und schmerzvolle Erfahrung beschrieben. Insbesondere geht es um den Verlust des bisherigen räumlichen Bezugsrahmens: Notwendigkeit, sich von Wäsche, Möbeln, Bildern, kurzum solchen Dingen zu trennen, die mit vielen Erinnerungen verknüpft und ans Herz gewachsen sind, um den Verlust der Einbindung in lange gewachsene soziale Beziehungen: Abschiednehmen von den Nachbarn in den Wohnvierteln und in der näheren Umgebung, und den Verlust der eigenverantwortlichen Lebensführung: Notwendigkeit der Anpassung an neue Tagesrhythmen und fremdbestimmte Regelungen.

Besonders die ersten Wochen und Monate (First-Month-Syndrom) sind durch Hoffnungslosigkeit, verminderte Lebenszufriedenheit und depressive Verstimmungen gekennzeichnet. Anpassungsprobleme entstehen durch:

► neuen Lebensrhythmus,
► einengend empfundene Hausordnung und Regelung von Besuchszeiten,
► schwierige Kommunikation mit den Mitbewohnern,
► Gefühl, dass es keinen Weg zurück gibt,
► ungewohnte Unterordnung individueller Bedürfnisse unter institutionelle,

► Unwissen über die ungeschriebenen Gepflogenheiten im Heim („Das war bei uns schon immer so üblich").

Etwa 65 % aller Menschen, die in ein Altenheim umziehen, passen sich allerdings ohne größere Schwierigkeiten an. Für den Neuling im Heim heißt es, einen Kompromiss zwischen bisherigen Lebensgewohnheiten und Gepflogenheiten der Institution zu finden. Hilfreich ist dabei, wenn die Möglichkeit gegeben ist, Dinge ins Heim mitzunehmen, die ein Gefühl der Kontinuität vermitteln.

Die erfolgreiche Bewältigung der Anfangsphase bildet die Basis für die längerfristig gelingende Anpassung an den neuen Lebensraum und kann vom Heim unterstützt werden. Entscheidend trägt die Heimsituation selbst zu einer guten Eingewöhnung bei: durch die Achtung und Wertschätzung der mitgebrachten Lebensgeschichte, gezielte pflegerische Unterstützung beim Eingewöhnungsprozess, vielfältige Anregungen, abwechslungsreiche Tagesgestaltung. Während der Einzugsphase ist es heilsam, wenn die Pflegekräfte auch Trauer- und Wutgefühle der Menschen zulassen und ihrem Klagen Raum geben.

Heimeinweisung

Grundsätze des Kuratoriums Deutsche Altenhilfe für Pflegeheimbau

8.2 Wie wir lernen, uns an die Umwelt anzupassen

Die Anpassung an ein neues Lebensumfeld ist mit vielfältigen Lernprozessen verbunden. Der alte Mensch muss sich auf eine neue Umgebung, neue Menschen, neue Regeln einstellen. Um diese Lernprozesse zu unterstützen, ist es für die Altenpflegerin wichtig, sich bewusst zu machen, mit welchen Konzepten Menschen lernen.

Lernen ist nicht nur bloßer Wissenserwerb, Lernen ist notwendig, um zu überleben. Die zwei wichtigsten Dinge, die ein Mensch lernen muss, sind:
► wie die Vorgänge in seiner Lebensumwelt zueinander in Beziehung stehen,
► wie er sich durch sein Handeln an diese Umwelt anpassen oder die Umwelt in seinem Sinne verändern kann.

Betreuungswunsch einer Altenpflegerin

8.2.1 Signallernen: Wie uns die Umwelt vertraut wird

Kennen Sie das: Ein bestimmter Geruch löst angenehme Gefühle in Ihnen aus, weil er mit positiven Erfahrungen verknüpft ist, an die Sie sich vielleicht gar nicht mehr bewusst erinnern? Oder der Anblick eines weißen Kittels ruft ängstliche Gefühle hervor, weil er aufgrund einschlägiger Erfahrungen für Schmerz und Hilflosigkeit steht. Die Erklärung dafür ist ein in der Vergangenheit erfolgtes Signallernen. Es wird auch als klassisches Konditionieren bezeichnet und beschreibt den Lernprozess, bei dem ein ursprünglich neutraler Reiz mit physiologischen und emotionalen Reaktionen verbunden wird, die der Reiz ursprünglich nicht auslöste.

Analog dazu kann z. B. der Schritt oder die Stimme einer Altenpflegerin, mit der ein Heimbewohner schlechte Erfahrungen (Ungeduld, Zurechtweisungen o. ä.) gemacht hat, ängstliche Gefühle auslösen. Bei Pflegenden mag schon der Gedanke an die bevorstehende Pflege eines alten Menschen eine bange Stimmung auslösen, weil damit unangenehme Erlebnisse (Beleidigungen, Aggressionen o. ä.) verknüpft sind. Psychosomatische Funktionsstörungen sind ebenfalls häufig im Signallernen verankert: Sie reichen vom flauen Gefühl im Magen beim morgendlichen Dienstantritt über Herz-Rhythmusstörungen, Verspannungen u. a. bis hin zu entzündlichen Magen-Darm-Erkrankungen und anderen schweren Krankheiten.

Experiment zum Signallernen

Solche konditionierten Reaktionen können prinzipiell wieder verlernt oder gelöscht werden. Diesen Verlernprozess machen sich psychotherapeutische Techniken wie die systematische Desensibilisierung bei Ängsten zunutze.

Pflegende können die Wirksamkeit des Signallernens dazu nutzen, um im Heimalltag bewusst auf Situationen einzustimmen und strukturierende Hinweise zu geben. Ein gemeinsam gesungenes altbekanntes Volkslied kann beispielsweise die alten Menschen darauf vorbereiten, dass jetzt eine Gruppenstunde beginnt. Gemeinsames Beten kann heißen: „Wir essen jetzt gleich." Das Erklingen meditativer Musik kann zum Signal für Entspannung werden. Feste Rituale schaffen ohne lange Erklärungen eine gefühlsmäßige Verbindung mit Situationen und Menschen.

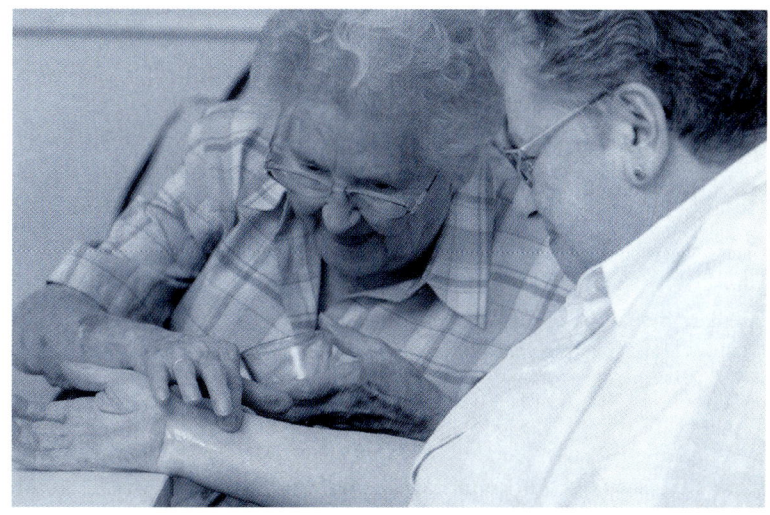

Abbildung 8.3 Mit Gerüchen sind Erinnerungen verbunden. Aber welche? Die alte Dame bestreicht das Handgelenk der Mitbewohnerin mit Rosenöl. Mag sie den Duft? Welche Erinnerungen werden bei ihr wohl geweckt?

Alten Menschen, deren geschichtete Zeiterfahrungen mit einer Fülle innerer Bilder verknüpft sind, gibt ihre vertraute Lebensumgebung das Signal für Kontinuität und Identität. Deshalb fällt ihnen die Aufgabe der eigenen Wohnung und der Umzug ins Altenheim in der Regel schwer. Ein Heim kann aber zur Heimat werden, wenn die Atmosphäre so gestaltet ist, dass die Räume und Menschen zu Signalen für Geborgenheit und Zuwendung werden. Persönliche Einrichtungsgegenstände und Haustiere sind hilfreiche Begleiter bei der Eingewöhnung, was ja nichts anders als „Sich-ein-wohnen" heißt.

8.2.2 Verstärkungslernen: Aus Erfahrung wird man klug

Folgen auf ein Verhalten positive Konsequenzen (Erfolg, Lob, Zuwendung), so ist es wahrscheinlich, dass Menschen – unter ähnlichen Bedingungen – dieses Verhalten in Zukunft wieder zeigen. Dieser Prozess wird als Verstärkungslernen oder auch instrumentelles Konditionieren bezeichnet. Das Prinzip funktioniert aber auch umgekehrt: Folgen auf ein Verhalten negative Konsequenzen (Misserfolg, Tadel, Strafe), so ist es wahrscheinlich, dass Menschen – unter ähnlichen Bedingungen – dieses Verhalten in Zukunft nicht mehr zeigen werden.

Beispiel

Fallbeispiel. Ein pflegebedürftiger alter Mann hat gelernt, dass er nur auf ein besonders klagendes und jammerndes Verhalten hin mit einer Zuwendungsreaktion (Trost, Schimpfen) der Pflegekräfte rechnen kann. Ein Umlernprozess kann dadurch eingeleitet werden, dass diesem Verhalten möglichst wenig Aufmerksamkeit geschenkt wird (= Löschung). Gleichzeitig wird erwünschtes Alternativverhalten, wie Aktivität, Äußerungen der Lebensfreude oder Anzeichen für Selbstkontrolle durch besondere Zuwendung (= Belohnung) verstärkt.

Löschung meint hier nicht gefühlloses Ignorieren der Probleme des alten Mannes, sondern ein sozial neutrales Umgehen mit seinem Selbstkontrollverlust, seinem „Sich-gehen-lassen" und die Förderung seiner Kompetenzen.

Pflegende haben also eine Reihe von Möglichkeiten, um alte Menschen in ihrem Verhaltensspielraum sowohl während der Übergangsphase ins Heim als auch später zu fördern und störendes sowie einengendes Verhalten abzubauen. Sie können sich dazu der SORK-Verhaltensformel bedienen:

Abbildung 8.4 Das SORK-Modell: Verhaltensformel des instrumentellen Konditionierens

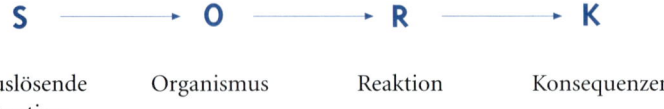

S   →   O   →   R   →   K

Auslösende   Organismus   Reaktion   Konsequenzen
Situation

S(timulus). Auslösende Situation, Reizbedingungen, unter denen das Verhalten regelmäßig auftritt: Wir stellen uns dazu die Frage: Unter welchen Bedingungen tritt das Verhalten auf? (Verhaltensweisen anderer Menschen wie Mitbewohner, Pflegekräfte, Angehörige etc., An- oder Abwesenheit bestimmter Menschen, Situationen im Tagesablauf, Räume, Beleuchtung, Wetter, Gegenstände, innere Bedingungen wie Ängste, Wünsche, Bilder aus der Vergangenheit).

O(rganismusbedingungen). Die Reaktionen eines Menschen auf äußere wie innere Reize hängen auch von seiner körperlichen und geistigen Verfassung ab. Deshalb muss überprüft werden, in welcher gesundheitlichen Verfassung sich der betreffende Mensch befindet und über welchen Erfahrungshintergrund er verfügt. Wie sieht es mit der Wirkung von Medikamenten aus, der Leistungsfähigkeit der Sinnesorgane, einer möglichen Demenzerkrankung oder psychischen Erkrankung, den gespeicherten Erfahrungen?

R(eaktion). Ausgangspunkt der Analyse ist das konkret beobachtbare Problemverhalten eines alten Menschen (Schreien, ständiges Klingeln, aggressives Verhalten, Rückzug usw.), das möglichst genau mit allen motorischen, sozialen und emotionalen Aspekten beschrieben wird. Die Bezeichnung Reaktion wird verwendet, weil ein auslösender Reiz vorausgeht.

8.2

Einzug ins Heim und Depression

K(onsequenzen). Weil den Folgen eines Verhaltens eine besondere Bedeutung zugeschrieben wird, geht es nun um die Frage, welche positiven oder negativen Konsequenzen sich dem Verhalten anschließen. Gemeint sind sämtliche Konsequenzen, die unmittelbar auf ein Verhalten folgen. Dabei interessiert vor allem, welchen Nutzen der Betroffene aus seinem Verhalten zieht. Wie bei den auslösenden Reizbedingungen können dies Konsequenzen aus der Umwelt (Lob, Tadel usw.) sein, oder eigene Gefühle und Gedanken („Hab ich gut gemacht" usw.).

Was sind Verstärker?

Was der einzelne Mensch als positive Konsequenz (= Verstärker) empfindet, ist sehr unterschiedlich und hängt von den Zielen seines Verhaltens, von persönlichen Vorlieben, der bisherigen Lerngeschichte und seinen Angewohnheiten ab. Man unterscheidet:

▶ soziale Verstärker: Lob, Zuwendung und Anerkennung,
▶ materielle Verstärker: die berühmte zusätzliche Portion Nachtisch, eine Zigarette o. ä.,
▶ Handlungsverstärker: wenn jemand eine Tätigkeit ausführen kann, die ihm Spaß macht.

Pflegende, die gezielt auf das Verhalten eines alten Menschen einwirken wollen, können neben aktuellen Beobachtungen auch aus der Biografie Hinweise darauf gewinnen, was speziell von diesem Menschen als angenehm empfunden wird. Es muss auch beachtet werden, dass Verstärker umso wirksamer sind, je schneller sie auf ein Verhalten folgen.

Was ist Verhaltensformung?

Eine Verhaltensänderung ist nicht mit einer einzigen Verstärkung des erwünschten Zielverhaltens erreichbar. Dazu ist vielmehr ein Lernprozess der kleinen Schritte notwendig, der auch als Verhaltensformung bezeichnet wird.

Fallbeispiel. Eine Altenpflegerin merkt, dass ein alter Mensch von seinen Fähigkeiten her weitaus selbständiger Aktivitäten wie Waschen oder Anziehen ausführen könnte.

Sie wird natürlich nicht so lange warten, bis der alte Mensch einmal zufällig dieses Verhalten zeigt. Stattdessen wird sie gezielt Situationen schaffen, in denen der Betroffene seine Selbständigkeit unter Beweis stellen kann und dieses Verhalten dann wiederum verstärken.

Viele Fertigkeiten können auf diese Art und Weise wieder reaktiviert werden, was zwar nicht unbedingt den Pflegeaufwand reduziert, dafür aber das Selbstbewusstsein der Betroffenen stärkt. Einem inkontinenzgefährdeten alten Menschen eine Windel anzulegen oder ihm gar einen Dauerkatheter zu setzen, bedeutet einen geringeren Aufwand an Zeit und sozialer Zuwendung, als ihn zu ermutigen, die Toilette aufzusuchen und ihn dabei zu unterstützen (z. B. Kontinenztraining).

Falls im Rahmen der Pflegediagnose Verhaltensauffälligkeiten festgestellt werden, die eine pflegerische Beeinflussung nahe legen, empfiehlt sich für die Pflegeplanung und -durchführung eine Checkliste.

8.2

Checkliste für verhaltenstherapeutische Pflegeplanung

Bei der Verhaltensformung geht es allerdings nicht darum, anderen Menschen ein Verhalten „abzudressieren", das einem selbst nicht gefällt, zumal Menschen keine willenlosen Opfer von Verstärkungen, Bestrafungen oder Löschungen sind.

Was aber tun, wenn aufgrund einer Demenzerkrankung die notwendige Einsicht und Lernfähigkeit beeinträchtigt sind? Eine solche Situation erfordert den sensiblen Umgang mit der Umgebung. Diese muss an die Möglichkeiten und Begrenzungen der Betroffenen angepasst werden, um ihnen eine Erfüllung ihrer Bedürfnisse auf ihre Art zu ermöglichen. Dazu gehören z. B. die so genannten leeren Aktivitäten wie „sinnloses" Ein- und Umsortieren von Wäsche oder das bewusste Herumliegenlassen von Gegenständen, um Gelegenheit für Aufräumaktivitäten zu schaffen. Manches, was uns auf den ersten Blick sinnlos erscheinen mag, ist für demenziell erkrankte Menschen eine sinnen-volle Lebensbereicherung.

8.2.3 Lernen am Modell: Nachahmungslernen

Eine angehende Altenpflegerin kann zu Beginn ihrer Ausbildung kaum wissen, wie ein Katheter richtig zu legen ist. Theoretische Grundlagen allein werden sie nicht dazu befähigen. Ein Weg, der ihr selbst Ärger und ihrem ersten Patienten sicherlich Schmerzen bereiten würde, wäre der, durch Ausprobieren die richtigen Handgriffe zu erlernen. Für beide Seiten wesentlich angenehmer ist es, wenn sie während des Praktikums den berufserfahrenen Pflegenden beim Kathe-

Ich werde dich lehren, Schwächere zu schlagen!

Abbildung 8.5 Dich werd' ich lehren. Ein Modellbeispiel für handgreifliche Traditionen im Erziehungsprozess (Schulz von Thun, 1986)

terisieren über die Schulter schauen kann. Diese Form des Lernens bezeichnet man als Lernen am Modell oder auch Nachahmungslernen.

Nicht nur beim Erlernen komplexer handwerklicher Fertigkeiten spielt das Beobachtungslernen eine wichtige Rolle, sondern vor allem auch beim Erwerb von Verhaltensweisen, die den Umgang mit anderen Menschen betreffen. Beispielsweise lassen sich negative Einstellungen gegenüber alten Menschen, Ausländern oder anderen Personengruppen häufig auf das Vorbild von Eltern, Freunden oder anderen wichtigen Bezugspersonen zurückführen und seltener auf eigene schlechte Erfahrungen.

Schon von Kindesbeinen an beobachten Menschen – oft auch unbewusst –, wie und was andere Menschen in welcher Situation tun oder lassen. Auf diese Weise können wir rasch höchst komplexe Verhaltensmuster erwerben, ohne sie uns Schritt für Schritt über Verstärkungslernen anzueignen. Je nach Modell kann der Verhaltensspielraum jedoch auch eingeengt sein, wenn z. B. soziale Ängste wie mangelndes Selbstbewusstsein o. ä. übernommen werden. Ebenso wird nicht das Verhalten jedes beliebigen Menschen nachgeahmt. Als Lehrmeister und Modelle kommen vor allem Menschen in Frage, die

▶ geliebt und bewundert werden,
▶ als mächtig und einflussreich empfunden werden,
▶ Erfolg haben,
▶ einen höheren sozialen Status haben,
▶ man als ähnlich empfindet.

Eltern, ältere Geschwister, Freunde, Lehrer und Ausbilder gehören häufig zu diesem Personenkreis. Manche unserer eigenen Verhaltensmuster erinnern uns auch an elterliche Verhaltensweisen, die wir auf gar keinen Fall übernehmen wollten.

Beispiel

Fallbeispiel. Eine neu ins Altenheim gezogene alte Frau beobachtet während der ersten Tage, dass sich viele der alteingesessenen Bewohner eigener Aktivitäten weitgehend enthalten, untätig herumsitzen, sich zurückziehen und kaum miteinander kommunizieren. Wenn sie im Verlauf ihrer weiteren Eingewöhnung zunehmend ähnliche Verhaltensmuster entwickelt – sich also an das vorgefundene soziale Raumklima anpasst – könnten wir von einer gelernten Depression sprechen. Dies muss nichts mit mangelnder Herzlichkeit der Pflegekräfte zu tun haben, sondern kann mit strukturellen Eigenheiten dieses Heimes (z. B. Architektur, Hausordnung, eingeschränktem Handlungsspielraum) zusammen hängen.

8.2.4 Trotz und Widerstand: Grenzen lernpsychologischen Vorgehens

Wer in der Altenpflege arbeitet, der weiß, dass Trotz aus einer Energiequelle gespeist wird, die bis ins hohe Alter nicht versiegt. Es handelt sich um ein elementares Bedürfnis nach Selbstbestimmung, nach Entscheidungsfreiheit über das eigene Tun und Lassen – eine sehr mächtige Energie, die Pflegende im Arbeitsalltag manchmal zur Verzweiflung treibt, in Ärger versetzt und nicht selten in einen längeren Machtkampf verstrickt. Denn die alten Menschen wollen nicht immer so wie die Pflegenden, mag dieses Wollen auch von pflegefachlichen Überlegungen, medizinischen Notwendigkeiten oder anderen gutgemeinten Impulsen geleitet sein. Besonders die soziale Lerntheorie betont die wechselseitige Beeinflussung zwischen Verhalten und Umgebungsbedingungen. Gerade dann, wenn Menschen das Gefühl haben, von einem anderen Menschen bewusst in eine Richtung manipuliert zu werden, entwickeln sie Trotzenergie und Widerstand.

Wenn alte Menschen verordnete Medikamente nicht einnehmen oder wegwerfen (Fachbegriff: mangelnde compliance), dann steckt dahinter oft – wenn keine Demenzerkrankung vorliegt – ein Gefühl von Uneinsichtigkeit in Bezug auf Zweck und Wirkung der Medikation (z. B. mangels Aufklärung) oder die Empfindung mangelnder Mitbestimmung. Die Möglichkeit, zwischen Behandlungsalternativen wählen zu können – z. B. Entscheidung für oder gegen eine bestimmte Art von Lebensführung (z. B. Diät, Verzicht auf Nikotin) – verbessert eindeutig die Wahrscheinlichkeit von Akzeptanz und aktiver Mitarbeit. Es ist daher hilfreich, die alten Menschen in die Pflegeplanung so weit wie möglich einzubeziehen und nicht über ihre Köpfe und Herzen hinweg verhaltenstherapeutisch zu arbeiten. Das gilt auch für pflegerische Interventionen bei Demenzkranken.

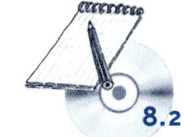

8.2

Pflegeproblem oder Lebensenergie?

Lösungsorientierte Blickwinkel

Hilfreich für Sie als Pflegende ist eine Änderung des Blickwinkels. Sie können den Widerstand eines alten Menschen im Pflegeprozess als wichtige Informationsquelle über dessen Motivationslage sehen und sich fragen:

► Selbstschutz aus Angst vor Veränderung und Versagen?

► Bedürfnis, Grenzen zu setzen?

► Mangel an Informationen?

► Sich nicht ernst genommen fühlen?

► Zeichen von Ohnmacht?

Auf diese Weise können Sie widerständiges Verhalten als sinnvolles Handeln wertschätzen und als schöpferische Kraft nutzbar machen, anstatt sich in Machtkämpfen zu verschleißen.

9 Organisationspsychologische Aspekte in der Altenpflege

Was Sie in diesem Kapitel erwartet

Überall dort, wo wichtige gesellschaftliche Aufgaben geleistet werden, wird heute mit Interesse zugeschaut und die Leistung bewertet. Das betrifft auch die Institutionen der Altenpflege. Sie erfüllen eine komplexe und nur arbeitsteilig zu leistende Aufgabe, die je nach Organisations- und Führungskompetenz mehr oder weniger gut gelingen kann.

Eine Ordnung ist nur dann perfekt, wenn in ihr Platz für Unordnung ist. Diese alte Managementregel muss im Alltag von Altenpflegeeinrichtungen besondere Beachtung finden, da z.B. demenzkranke alte Menschen mit ihrem kreativ-chaotischen Verhalten die einzelne Altenpflegerin wie auch die ganze Organisation auf Trab halten. Organisationspsychologisches Know How gehört deshalb zu den Grundlagen der Altenpflege. Dementsprechend beschäftigt sich dieses Kapitel mit folgenden Aspekten:
▶ Führungsstile und Mitarbeitermotivation in Zeiten des Wandels
▶ Teamentwicklung und Kommunikation im Team
▶ Pflegequalität produzieren und sichern
▶ Konflikt sei Dank – Differenzen nutzbar machen
▶ Führungskunst bei älter werdender Belegschaft

Die wahre Wirklichkeit, jene, die andere
Fantasie nennen, ist von zuverlässiger Dauer
als das bloße geschäftliche Denken des Tages.
(Gottlieb Duttweiler)

9.1 Führungsstil und Mitarbeitermotivation

Jedes Unternehmen im Bereich der Altenpflege ist in mehreren komplexen und instabilen Welten tätig und muss mit den unterschiedlichsten Anforderungen und Zielen, Unsicherheiten, Widersprüchlichkeiten etc. aller Beteiligten zurecht kommen. Durch die Gesundheitsreformen und die Pflegeversicherung werden die Betriebe der Altenpflege überdies in Veränderungsprozesse involviert, die mit einer zunehmenden Konkurrenz zu anderen Non-Profit-Organisationen des gleichen Marktsegmentes einhergehen. Weil sich die externen Bedingungen fortwährend verändern, braucht man intern ebenfalls Flexibilität, um das Unternehmensschiff beweglich und reaktionsschnell auf Kurs halten zu können. Dafür sind ein Leitbild, starke Führungskräfte und verlässliche Regeln – also auch Stabilität – erforderlich, um der Mannschaft eine hohe Identifikation mit ihrer Firma zu ermöglichen.

 Zentrales Problem jeder betrieblichen Organisation ist, zugleich Stabilität und Wandel zu ermöglichen.

Um beim Bild des Schiffes zu bleiben: Kapitän und Führungskräfte sind für die Navigation, die Kursbestimmung und die erforderlichen Ressourcen verantwortlich. Aber was ist ein Kapitän ohne die Mannschaft? Er muss sie gewinnen, damit sie optimale Leistung für ein „volle Kraft voraus" des Unternehmensschiffes erbringt.

Führungsstile

Der Führungsstil entscheidet darüber, wie die Kommunikation an der Nahtstelle zwischen Führung und Arbeitsteams läuft. Eine einfache und anschauliche Methode zur Einschätzung der Führungsstile in Unternehmen ist das Managementgitter.

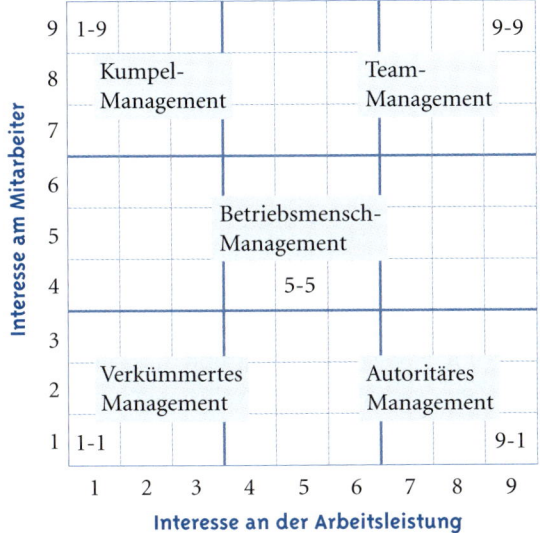

Abbildung 9.1 Im Management-Gitter (nach Blake & Mouton, 1969) können Führungsstile einzelner Vorgesetzter oder der „Stil des Hauses" bildlich dargestellt werden. Die vertikale Koordinate bildet das Interesse der Führungskraft am Mitarbeiter ab, die horizontale das Interesse an der Arbeitsleistung des Mitarbeiters. Zwischen diesen beiden Koordinaten lassen sich fünf Führungsstile abbilden: verkümmertes Management, Kumpel-Management, Betriebsmensch-Management, autoritäres Management, Team-Management. Diese Führungsstile findet man in der Realität eines Unternehmens selten in Reinform. Vorgesetzte neigen jedoch zu einem Hauptstil

Verkümmertes Management (1-1). Der Vorgesetzte nimmt seine Führungsaufgabe eigentlich gar nicht wahr und stiehlt sich aus der Verantwortung. Seinen Mitarbeiterinnen sagt er: „Kommt mir nicht mit euren Problemen"; auf Fragen und Entscheidungswünsche antwortet er: „Fragt mich nicht, ich arbeite auch nur hier". Er vermeidet Konflikte, indem er sich und anderen sagt: „Halt dich da lieber raus".

Kumpel-Management (1-9). Der Vorgesetzte hat sehr viel mehr Interesse an der Mitarbeiterzufriedenheit als an der Arbeitsleistung. Er führt seine Mitarbeiter als guter Kumpel und ist hauptsächlich an einem harmonischen zwischenmenschlichen Klima interessiert. Konflikte scheut er. Seine Grundhaltung ist: lieber Frieden und geringere Leistung als konkrete Auseinandersetzung und bessere Produktivität. Er wird von Mitarbeitern als „Weichei" angesehen und gerne ausgenutzt.

Betriebsmensch-Management (5-5). Der Vorgesetzte ist der Betriebsmensch, ganz den Zielen des Unternehmens verpflichtet, aber oft sehr zurückhaltend, wenn es darum geht, die anscheinend widersprüchlichen Anforderungen des Interesses an der Arbeitserledigung einerseits und an den Mitarbeitern andererseits in Einklang zu bringen. Für ihn heißt die Devise stets Kompromiss, eine gesicherte Existenz in gemäßigter mittlerer Position ist sein Ziel.

Autoritäres Management (9-1). Der Vorgesetzte sieht nur die Produktion: Menschen funktionieren wie Maschinen, man muss sie nur richtig einstellen und trimmen. Konflikte lassen sich aus seiner Sicht immer am besten durch Druck und Zwang beherrschen. Kontrolle ist seine oberste Devise, genauso wie der Versuch, mit Zuckerbrot und Peitsche zu führen. Vorschläge von Untergebenen betrachtet er als persönliche Kritik und bügelt sie ab.

Humorvolle Tipps zur Optimierung von Sitzungen

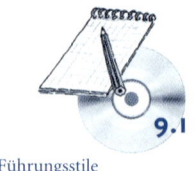

Team-Management (9-9). Der Vorgesetzte arbeitet als Führer eines Teams. Er gewinnt die Hilfe der Mitarbeiterinnen bei der Erfüllung der Arbeitsziele. Ziele werden gemeinsam erarbeitet, die Mitarbeiter sind am Entscheidungsprozess beteiligt. Der Vorgesetzte empfindet keinen echten Konflikt zwischen dem Interesse am Mitarbeiter und dem an einer optimalen Arbeitsleistung; für ihn ist es keine Sache des „Entweder oder", sondern des „Sowohl als auch". Wenn zwischenmenschliche Konflikte auftauchen, werden sie offen und lösungsorientiert behandelt. Die ersten vier Stile gehen von einem grundsätzlichen Konflikt aus zwischen dem Interesse des Vorgesetzten am Mitarbeiter einerseits und an dessen Arbeitsleistung andererseits. Beim Team-Management spielt dieser Konflikt nur eine untergeordnete Rolle.

9.1

Führungsstile

9.2 Teamentwicklung

Konflikte zwischen den Mitarbeiterinnen gehen vielfach auf strukturelle Gegebenheiten der Organisation/Einrichtung, schwache Führung sowie unterschiedliche pflegefachliche Grundhaltungen und Toleranzmaßstäbe zurück. Zu deren Klärung und Lösung sind Maßnahmen der Personal- und Organisationsentwicklung hilfreich, für die sich die Unternehmen zunehmend entscheiden werden, um ihre Ressourcen optimal auszuschöpfen.

Zu den wesentlichen Ressourcen eines Dienstleistungsunternehmens gehören die Mitarbeiterinnen, deren Effizienz durch die Bildung echter Teamstrukturen und durch Teamentwicklungen zu verbessern ist. Teams entstehen nicht dadurch, dass man sich Team nennt, sondern durch die Bereitstellung entsprechender organisatorischer Strukturen durch den Arbeitgeber.

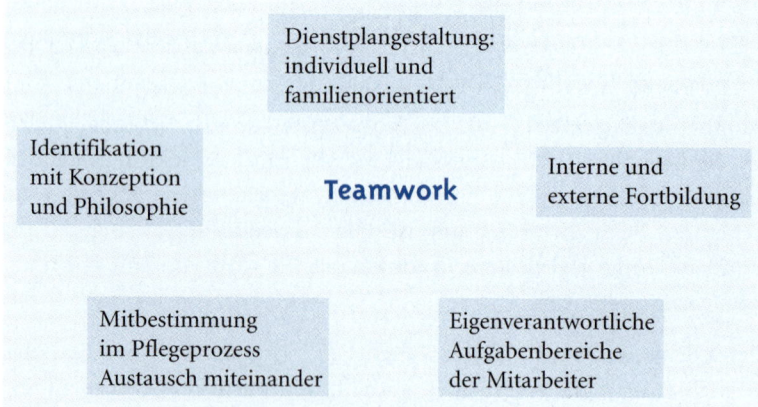

Abbildung 9.2 Die Bedingungen für Teamwork in der Altenpflege (nach Gutensohn, 2000). Die Unternehmen der Altenhilfe werden als lernende Organisationen betrachtet, die sich um eine Stärkung ihrer Mitarbeiterteams auf verschiedenen Ebenen bemühen

Eine Teamentwicklung erfolgt in Phasen. Für die Bestimmung dessen, was gerade in einem Team abläuft, bieten diese Phasen einen guten Orientierungsrahmen ($\rightarrow$ Abb. 9.3).

Es ist tröstlich zu wissen, dass manches an Auseinandersetzung ganz normal und sogar für eine echte Teamentwicklung erforderlich ist, was gerade im harmoniebedürftigen Umfeld der sozialen Berufe auf den ersten Blick als besonders schlimm empfunden wird.

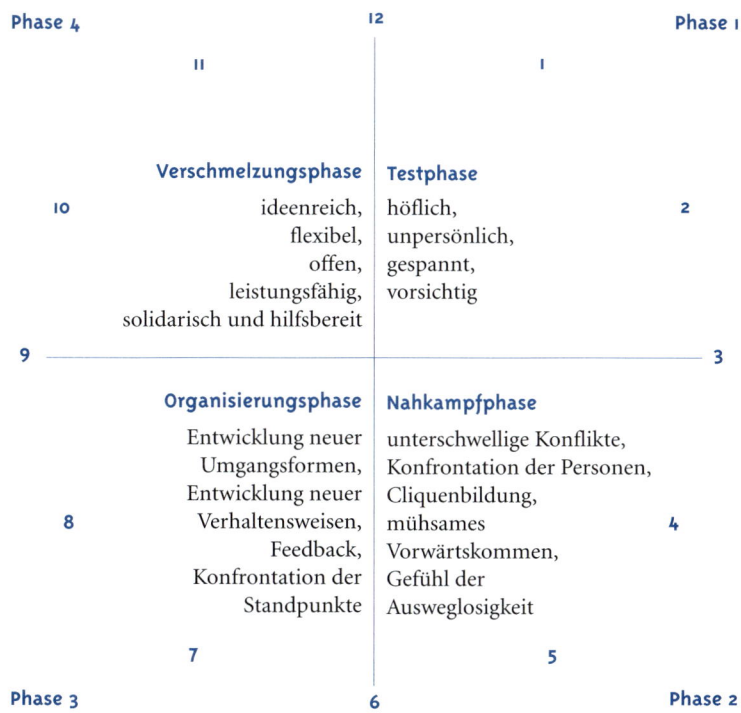

Phasen der Teamentwicklung

Phase 4   12   Phase 1

11   1

Verschmelzungsphase | **Testphase**

10

ideenreich,
flexibel,
offen,
leistungsfähig,
solidarisch und hilfsbereit

höflich,
unpersönlich,
gespannt,
vorsichtig

2

9 ——————————————— 3

Organisierungsphase | **Nahkampfphase**

Entwicklung neuer
Umgangsformen,
Entwicklung neuer
Verhaltensweisen,
Feedback,
Konfrontation der
Standpunkte

unterschwellige Konflikte,
Konfrontation der Personen,
Cliquenbildung,
mühsames
Vorwärtskommen,
Gefühl der
Ausweglosigkeit

8   4

7   5

Phase 3   6   Phase 2

Abbildung 9.3 Jedes Team durchlebt verschiedene Phasen der Entwicklung. Diese Phasen laufen nicht schematisch nacheinander ab, sondern können immer wieder in alle Richtungen durchlaufen werden (nach Francis & Young, 1996)

Lösungsorientierte Kommunikation im Team

Für die Entwicklung eines Arbeitsteams spielt die Art der Kommunikation der Gruppenmitglieder untereinander eine wesentliche Rolle. Da es sich um einen kontinuierlichen Entwicklungsprozess handelt, ist vor allem die Fähigkeit zu einem laufenden Aushandeln der gemeinsamen fachlichen und zwischenmenschlichen Standards notwendig. Ein sehr brauchbares Kommunikationsmodell für lösungsorientiertes Handeln im Arbeitsteam ist die Themenzentrierte Interaktion (TZI) von Ruth Cohn (1993) (→ Abb. 9.4). Dieses Modell basiert auf der Grundannahme, dass jede Interaktion im Arbeitsteam durch drei Faktoren bestimmt wird:

▶ 1. Das Thema (= Arbeitsziel)
▶ 2. Das Ich des einzelnen Mitarbeiters
▶ 3. Das Wir der Gruppe

Bei der Lösung eines Konflikts oder bei der gemeinsamen Bearbeitung eines Themas sind alle Faktoren gleichermaßen zu berücksichtigen.

Goldene Regeln für die Kommunikation im Team.

Acht Regeln sind nach der themenzentrierten Interaktion für ein fruchtbares Miteinander, für den Zusammenhalt und die Aufgabenerledigung im Arbeitsteam, hilfreich. Sie dienen zudem Ihrer ganz persönlichen Weiterentwicklung und Stärkung.

9.2

Phasen der Teamentwicklung

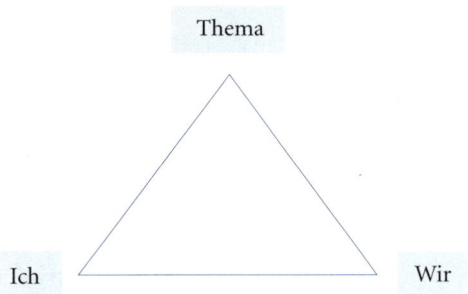

Thema

Ich   Wir

Abbildung 9.4 Modell der Themenzentrierten Interaktion. Für ein gutes Zusammenspiel im Team ist es wichtig, dass zwischen Thema – Ich – Wir eine Balance hergestellt wird

9.2

Besprechungsritual

9.2

Goldene Regeln für die Kommunikation

▶ 1. Sei dein eigener Chef: übernimm die Verantwortung für dich selbst!

▶ 2. Experimentiere mit deinem Verhalten: probiere öfter mal ein neues Verhalten aus!

▶ 3. Steh zu dir selbst: sage „ich" und nicht „man"!

▶ 4. Werde dir klar, was bei dir im Vordergrund steht: sprich es aus, wenn du im Moment blockiert bist!

▶ 5. Beachte deine Körpersignale: vertraue der Sprache deines Körpers!

▶ 6. Stelle Fragen, wenn du ein Informationsbedürfnis hast: begründe, warum du fragst!

▶ 7. Sprich direkt: schau den anderen an und sag ihm was du willst!

▶ 8. Nur einer zur gleichen Zeit: nicht durcheinander reden!

9.3 Qualitätsmanagement

Professionelle Altenpflege ist eine vom alten Menschen bezahlte Dienstleistung eines Unternehmens der Altenhilfe. Mit großem Engagement und Herz verfolgen die meisten Pflegenden schon immer das Ziel, diese Dienstleistung qualitativ hochwertig zu erbringen. Das Thema Qualität ist deshalb in der Altenpflege nichts Neues. Durch das Pflegeversicherungsgesetz, insbesondere den § 80 Qualitätssicherung, werden die Unternehmen der Altenpflege ausdrücklich zu Maßnahmen des Qualitätsmanagements verpflichtet. Eine unternehmensinterne Qualitätssicherung, ergänzt durch externe Qualitätsprüfungen (MdK/Pflegekassen, Heimaufsicht, Audits im Rahmen von Zertifizierungen) wird selbstverständlicher Standard.

Im Qualitätsmanagement werden die Faktoren, die für das Zustandekommen der Qualität einer Dienstleistung bedeutsam sind, nach Struktur-, Prozess- und Ergebnisqualität unterschieden.

Strukturqualität. Zur Strukturqualität in der Altenpflege gehören alle Bedingungen, unter denen eine Pflegeleistung erbracht wird. Den weitesten Rahmen bilden die Vorgaben der Sozial- und Gesundheitspolitik, die zur Verfügung stehenden finanziellen Ressourcen und die geltenden juristischen Regelungen. Es folgen die räumliche, technische und personelle Ausstattung des Unternehmens, das Leitbild und Pflegekonzept, die Qualifikationen der Führung und der Pflegenden sowie die Möglichkeiten der Weiterbildung und Supervision. Strukturelle Defizite sind für manche Probleme in der Altenpflege verantwortlich.

Prozessqualität. Die Prozessqualität umfasst die Elemente des Ablaufs der pflegerischen Dienstleistung. Dazu gehören alle Phasen des Pflegeprozesses, die Standardisierung pflegerischer Handlungen sowie die Dokumentation. Es stellt vor allem in der Betreuung Demenzkranker einen gravierenden Mangel an Prozessqualität dar, wenn sich

Abbildung 9.5 Qualitätsentwicklung funktioniert nur, wenn sich alle Mitarbeiterinnen beteiligen und Verantwortung übernehmen können

Altenpflegerinnen in ihrem Verantwortungsbereich nicht auf eine einheitliche Vorgehensweise einigen können.

Ergebnisqualität. In der Ergebnisqualität drückt sich das Resultat der Pflege aus. Hierunter fallen der gesundheitliche Zustand und das Wohlbefinden des gepflegten alten Menschen, seine Zufriedenheit und die seiner Angehörigen.

In allen drei Bereichen setzen Maßnahmen zur Verbesserung und Sicherung der Pflegequalität an. Solche Maßnahmen können unter anderem die Einrichtung von Qualitätszirkeln und die Bestimmung eines Qualitätsbeauftragten sein. Qualitätszirkel ermöglichen es den Mitarbeiterinnen, eigene Ideen zur Verbesserung der Dienstleistung systematisch zu entwickeln, offiziell einzubringen und dadurch den Prozess der Qualitätsverbesserung mitzugestalten. Anders ist eine Qualitätsverbesserung auch nicht erreichbar, denn ein Standardsatz des Qualitätsmanagements lautet: Qualität kann man nicht kontrollieren, sondern nur produzieren. Aus arbeitspsychologischer Sicht treten bei von oben verordneten Checklisten und Leitbildern genau an dieser Stelle Schwierigkeiten auf, was häufig zu mehr oder weniger kreativen Widerstandsformen der Betroffenen führt. Selbst erarbeitete Standards werden hingegen nicht als fremdbestimmte Kontrollinstrumente, sondern als praktikable und nützliche Hilfsmittel zum eigenverantwortlichen Management der Prozess- und Ergebnisqualität empfunden.

> **!**
>
> Ein Standardsatz der Organisationsentwicklung: Betroffene Mitarbeiter zu Beteiligten machen.

Beteiligung und Mitverantwortung verbessern sowohl die Mitarbeiterzufriedenheit als auch die Qualität pflegerischen Handelns. In Qualitätszirkeln werden die Zusammenhänge zwischen Struktur-, Prozess- und Ergebnisqualität deutlich, so dass bestehende Probleme auf der richtigen Ebene gelöst werden können. Sie fördern die Kommunikation untereinander und dadurch das Wir-Gefühl der Beteiligten. Erfolgreich sind Qualitätszirkel vor allem dann, wenn sie von Führung und Mitarbeiterinnen als Instrument der Qualitätsentwicklung akzeptiert und qualifiziert moderiert werden (→ 10.5.3 Präsentation und Moderation).

Ein umfassendes Instrument, mit dem ein ganzes Altenheim unter die Qualitätslupe genommen werden kann, ist SIESTA (Standardisiertes Instrumentarium zur Evaluation von Einrichtungen der stationären Altenhilfe; Berger et al. 1997, S. 147). Betriebe und Träger können mit solchen und ähnlichen wissenschaftlich erprobten Instrumenten die erforderlichen Informationen zur Einschätzung des Ist-Zustandes ihrer Einrichtungen gewinnen und konkrete Maßnahmen zur Qualitätsverbesserung planen.

9.3
Qualitätsinstrument SIESTA

9.4 Veränderungsprozesse in Organisationen

Kutscher fahr langsam, wir haben's eilig.

Veränderungsprozesse lösen bei den Beteiligten – Führung wie Mitarbeiterinnen – oft Unsicherheit und Ängste aus. Der gewohnte Zustand ist vielleicht nicht optimal, aber doch allemal vertraut. Bei der Führung kann das die Angst vor Kontrollverlust angesichts der entstehenden Teamprozesse sein, bei den Mitarbeiterinnen die Angst vor ungewohnten Handlungsspielräumen und Verantwortlichkeiten.

9.4
Wirkung von Gewohnheiten

Die sieben Phasen betrieblicher Veränderungsprozesse

Es gibt keinen Wandel ohne Gefühle. Mitarbeiter werden Veränderungsprozesse in ihrer Einrichtung nur dann aktiv mitgestalten, wenn ihre Gefühle ernst genommen werden. Jeder Veränderungsprozess läuft nach bestimmten Phasen ab, die mit charakteristischen Verhaltens- und Emotionsmustern der Betroffenen verbunden sind (→ Abb. 9.6):

▶ 1. Vorahnung – Sorge: Verschiedene Zeichen kündigen die Veränderung an. Gerüchte, Unruhe, Turbulenzen entstehen.

▶ 2. Schock – Schreck: Durch die öffentliche Bekanntgabe der Veränderung kommen alle Hoffnungen, Ängste und Befürchtungen auf einen Schlag an die Oberfläche und lähmen zunächst.

▶ 3. Abwehr – Ärger: Die erforderlichen Veränderungen werden verleugnet und die Notwendigkeit der eigenen Veränderung wird nicht akzeptiert. Ärger kommt auf („Die anderen sind schuld!"). Durch das Festhalten an bewährten Handlungsmustern versucht man zu beweisen, dass Veränderungen nicht notwendig sind.

▶ 4. Rationale Akzeptanz – Frustration: Man sieht ein, dass sich etwas ändern muss. Erste Schritte dazu erfolgen, jedoch zunächst an unbedeutenden Stellen („da, wo es am wenigsten weh tut"). Da dies nicht den erwarteten Erfolg bringt, entsteht Frustration.

▶ 5. Emotionale Akzeptanz – Trauer: Es wird deutlich, dass es keinen Weg zurückgibt. Der emotionale Tiefpunkt ist erreicht („Tal der Tränen"). Man fühlt sich niedergeschlagen und entmutigt. Diese Trauer ist eine entscheidende emotionale Phase: Das Vergangene/Alte wird verabschiedet.

▶ 6. Öffnung – Neugier –Enthusiasmus: Nach der Trauerphase erfolgt eine grundlegende Neuausrichtung. In der Veränderung wird die Chance erkannt. Statt dem Festhalten am Vergangenen tritt jetzt die Neugier auf neue Erfahrungen in den Vordergrund. Rückschläge werden als Zugewinn an Erfahrungen gewertet und konstruktiv verarbeitet. Es geht wieder bergauf.

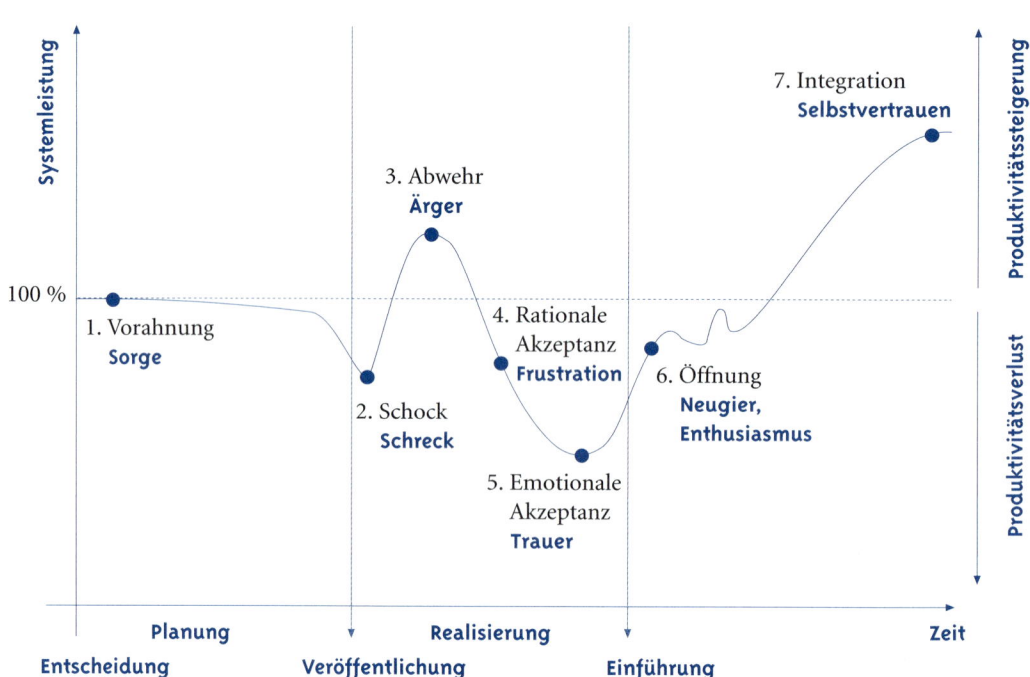

Abbildung 9.6
Sieben-Phasen-Modell der emotionalen Verarbeitung in betrieblichen Veränderungsprozessen (nach Cevey & Prange 1999)

▶ 7. Integration – Selbstvertrauen: Kontinuierliche Lernerfolge führen zu einer Erweiterung des Wahrnehmungs-, Denk- und Handlungsspektrums. Man gewinnt sein Selbstvertrauen zurück und entwickelt im Idealfall aus dem erfolgreichen Umgang mit der Veränderung eine Strategie für zukünftige Veränderungsprozesse.

Führungskräften veranschaulicht das Phasenmodell die kritischen Punkte, bei denen besonderes Führungsgeschick gefordert ist. Mitarbeiter können auftauchende Emotionen und Verhaltensweisen einordnen, akzeptieren und damit besser für sich sorgen.

Biografie des Betriebes

Altenheime und ambulante Pflegedienste sind lebende Organisationen, die ihre eigene Entwicklungsgeschichte haben. Als Mitarbeiter verkörpern auch Sie einen Teil dieser Geschichte, um so mehr, je länger Sie dort beschäftigt sind. Gerade in Umbruchzeiten ist es wichtig, sich der Geschichte und Traditionen der Institution zu vergewissern und diese wertzuschätzen, ähnlich, wie Sie es auch mit Ihrer eigenen Lebensgeschichte und der der alten Menschen tun. Denn aus diesen Wurzeln gewinnt das Neue seine Kraft. Die folgenden Impulsfragen können Ihnen bei der Suche nach den Wurzeln und der Geschichte Ihrer Einrichtung behilflich sein:

▶ Welche Traditionen prägen Ihr Heim, Ihren ambulanten Pflegedienst?
▶ Gibt es prägende Ereignisse oder Persönlichkeiten, die Geist und Stil der Institution beeinflusst haben?
▶ Welche früheren Interessen sind heute noch wirksam?
▶ Welche Geschichte haben Führungsstile, Betriebsklima, Pflegeselbstverständnis?
▶ Welche Kontakte und Bezugspersonen haben besonderen Einfluss?
▶ Welche Gewohnheiten haben sich eingeschliffen?
▶ Worauf sind wir stolz?
▶ Welche Herausforderungen wurden schon gemeistert?

9.5 Konfliktmanagement

Konflikte in der Arbeitswelt sind, entgegen der landläufigen Meinung, viel seltener Folgen von Unzulänglichkeiten der Beteiligten als vielmehr von Führungsschwächen und organisatorischen Faktoren. Ein Blick auf die Bühne betrieblicher Konflikttheater zeigt drei Szenarien:

▶ Zwei-Personen-Stücke,
▶ Mehr-Personen-Stücke,
▶ Abteilungskampf.

Manchmal geht es bei diesen Konflikten um Kleinigkeiten, manchmal um die ganze Firma. Die Schweregrade lassen sich folgendermaßen einteilen:

▶ gering: Reibungen in Form wiederkehrender Meinungsverschiedenheiten,
▶ mittel: Positionskämpfe um eine Verbesserung des formellen oder informellen Status,
▶ hoch: Systemveränderungskonflikte, bei denen um die grundsätzliche Ausrichtung des Betriebs gestritten wird.

Man kann auch „heiße" und „kalte" Konflikte unterscheiden. Erstere sind charakterisiert durch emotional turbulente Interaktionen mit offener Auseinandersetzung. Bei kalten Konflikten setzen sich die Parteien nicht mehr offen auseinander, die Schärfe zeigt sich indirekt, z. B. in zynischen Statements.

Warnsignale für
schwebende Konflikte

Eskalationsstufen von Konflikten

Das Aufschaukeln von Konflikten geschieht stufenweise und wird durch Wendepunkte markiert (vgl. Neuberger, 1994). Wendepunkte sind Aktionen, bei denen eine der Parteien neue Kampfmittel einsetzt.

Erste Phase. Diese Phase startet mit harmlosen Reibereien und inhaltlichen Meinungsverschiedenheiten. Es bilden sich verschiedene Lager, die zunehmend dogmatisch ihre eigenen Positionen darstellen und verschiedene Strategien zur Überrumpelung der Gegenseite einsetzen. Die jeweiligen Parteien rücken noch näher zusammen und es entwickeln sich Feindbilder. Dies kennzeichnet den Wendepunkt, der den Konfliktrahmen ausweitet und weitere Personen mit hineinzieht. Viele Konflikte in Betrieben bewegen sich lange auf diesem Niveau, damit das Kampfspiel nicht eskaliert.

Zweite Phase. Das Konfliktgeschehen konzentriert sich jetzt auf das äußere Ansehen der jeweiligen Parteien. Es wird versucht, das eigene Image zu verbessern und Koalitionspartner an Bord zu holen. Der Kontrahent wird als hässlicher Gegner abgewertet und diffamiert. Auf dieser Eskalationsstufe kann man einen Gesichtsverlust beim Gegner provozieren. Die gegenseitigen Vorwürfe und Rehabilitationsversuche schüren ständig neue Kämpfe.

Dritte Phase. In dieser Phase fallen die Hemmungen, dem Kontrahenten wird ernsthafter Schaden zugefügt. Breit angelegte Diffamierungskampagnen zur Zersplitterung des gegnerischen Lagers werden gestartet, die den Konflikt unübersehbar ausweiten. Vergeltungsaktionen wechseln mit Erholungsphasen zum Kräftesammeln ab. Wenn die angedrohten Schädigungen wirklich in die Tat umgesetzt werden, ist die absolute Eskalation erreicht.

Schritte der Konflikt-
bearbeitung

Konflikt sei Dank

Konflikte haben sowohl eine Funktion des Trennens als auch des Vereinens. Der Sinn von Konflikten besteht darin, vorhandene Unterschiede zu verdeutlichen und fruchtbar zu machen. Viele positive Effekte in Organisationen ergeben sich erst durch die Anwesenheit von Konflikten. Das Kernproblem von Konflikten ist nicht das Bestehen von Differenzen, sondern die Art und Weise, wie man mit diesen Differenzen umgeht. Konfliktkompetenz beinhaltet daher die Fähigkeit, sich bestehenden Differenzen zuzuwenden und sie anzuerkennen. Die unterschiedlichen Positionen der Beteiligten werden als Impulse für mögliche neue Positionen genutzt (nach Glasl, 1994).

Ein Mangel an Kontroversen führt häufig zur Erstarrung, die kreativen Potenziale werden nicht genutzt. Gerade in sozialen Betrieben, wie z. B. in der Altenpflege, herrscht im „geheimen Lehrplan" oft eine vordergründige Harmonie, Auseinandersetzungen sind tabuisiert. Kluge Köpfe mit abweichenden Sichtweisen tun sich dann schwer und innovative Impulse unterbleiben. Im Qualitätsmanagement geht es deshalb darum, bestehende Arbeitsprozesse in Frage zu stellen und Weiterentwicklungen anzustoßen.

Es ist Aufgabe von Führungskräften, eine konstruktive Streitkultur zu befördern und Konflikte zu meistern:

▶ in frühen Stadien moderierend einzugreifen, wenn das Konfliktgeschehen noch nicht emotional aufgeheizt ist,

▶ bei höheren Eskalationsstufen kraftvoll zu entscheiden und

▶ im Extremfall Unterstützung durch einen externen Moderator/Mediator zu organisieren.

Kernsätze zum Konfliktmanagement

▶ Konflikte im Team und in Organisationen sind normal und gesund.
▶ Ungelöste Konflikte sind ungesund für die Beteiligten und die Entwicklung der Organisation.
▶ Hinter jedem Konflikt steckt ein verborgener Wunsch.

9.5

Konfliktmanagement

Mobbing

Klar zu unterscheiden von Konflikten ist das Mobbing, wie folgende Übersicht anschaulich demonstriert.

	Konflikt	Mobbing
Motiv	Konkurrenz, Vorrang, Klärung Sachfrage	Ausschluss, Schädigung
Angriff auf	Position, Stellung	Persönliche Integrität, Zugehörigkeit
Parteien	Klare Situation. Die Konfliktparteien sind bekannt, schauen, wer sich durchsetzen kann, setzen sich auseinander	Diffuse Situation. Täterinnen sind unklar, Betroffene können Attacken lange Zeit nicht einordnen.
Resultate	Kompromiss, Konsens oder Sieger und Verlierer. Manchmal Entscheidung durch Chef, aber Gesicht kann gewahrt werden.	Verlust des Zugangs zu den eigenen Ressourcen, Gesundheitsschädigung, Verlust des Arbeitsplatzes oder der Arbeitsfähigkeit, Traumatisierung, Suizid

Die beste Maßnahme gegen Mobbing ist ein Präventionsprogramm im Betrieb: Führungskräfte können durch Schulungen für die Problematik sensibler werden und ihre Handlungskompetenzen verbessern. Maßnahmen der Teamentwicklung stärken den Zusammenhalt.

9.6 Älterwerden im Beruf

Die derzeitige Bevölkerungsentwicklung und der längere Verbleib der Beschäftigten im Erwerbsleben führen zu einer Zunahme des Anteils älterer Beschäftigter. Wenn sich die geburtenstarken Jahrgänge dem Rentenalter nähern, steigt das Durchschnittsalter des Erwerbspersonenpotenzials deutlich an. Immer mehr ältere und immer weniger jüngere Menschen werden den Betrieben künftig als Arbeitskräfte zur Verfügung stehen. Ein unaufhaltsamer Trend, auch in der Altenpflege.

In den meisten Ländern der Europäischen Union herrscht bereits heute ein Mangel an professionell Pflegenden. Die demografische Entwicklung wird in den nächsten 30 Jahren diese Situation verschärfen. Einrichtungen der Altenpflege sind überwiegend Klein- und Mittelbetriebe und tun gut daran, Strategien zu entwickeln, um für ältere Pflegekräfte attraktiv zu sein und deren Leistungspotenziale zu pflegen.

Einschätzung der Potenziale älterer Mitarbeiter

Zur Leistungsfähigkeit älterer Menschen gibt es viele negative und positive Vorurteile (→ 6.4.1 Leistungsfähigkeit). Diese spiegeln sich zum Teil in den Einschätzungen von Personalisten wider:

▶ Als größte Stärke werden die beruflichen Erfahrungen gesehen, gefolgt von Arbeitstugenden wie Zuverlässigkeit, Qualitätsbewusstsein, Arbeitsmoral, Disziplin und Loyalität.

▶ An zweiter Stelle rangieren Kompetenzen wie Teamfähigkeit, selbständiges Handeln, Problemlösefähigkeit, Flexibilität und Führungsfähigkeit.

▶ Am wenigsten werden mit dem Kompetenzprofil älterer Beschäftigter in Zusammenhang gebracht: geistige Beweglichkeit, körperliche Belastbarkeit, Lernfähigkeit und Lernbereitschaft, theoretisches Wissen, psychische und physische Belastbarkeit und Reaktionsfähigkeit.

Die Wertschätzung der Fähigkeiten der eigenen älteren Mitarbeiter schlägt sich vor allem in der Bedeutung nieder, die der Weitergabe von Wissen und Erfahrungen an Jüngere beigemessen wird.

Die Kunst des Älterwerdens

Institutionen der Altenhilfe und Altenpflegerinnen haben einen Standortvorteil in Bezug auf die Prozesse des Alterns: Sie verfügen über gerontologisches Basiswissen. Schon allein deshalb haben sie gute Chancen, sich individuell und institutionell in der Kunst des Älterwerdens zu üben. Erforderlich ist dazu der Perspektivwechsel von Anti-Aging zu AgingArt auch im Betrieb. Die Verantwortung für diesen Perspektivwechsel liegt bei der Führung. Gelingt der Dreh, ziehen Mitarbeiterinnen und Einrichtung gleichermaßen daraus Nutzen:

▶ Älterwerden und das Altern von Mitarbeitern werden zum gewinnbringenden Faktor für das Unternehmen.

▶ Die Mitarbeiter behalten ihre Gesundheit und Leistungsfähigkeit beim Älterwerden im Auge.

Tabelle 9.1 Vergleich Anti-Aging und AgingArt

	Anti-Aging	AgingArt
Zielrichtung	Ältere Arbeitnehmer schmälern Produktivität	Ältere Arbeitnehmer bereichern Produktivität
	Stopp des Alterungsprozesses	Akzeptanz des Alterungsprozesses
	Strategien zum Jungbleiben	Strategien zum Reifegewinn
	Alterungsprozess des Immunsystems stoppen	Medizinische und psychomentale Stärkung des Immunsystems
	Delegation an Fachleute	Selbstverantwortung
	Sich das Älterwerden abgewöhnen	Sich das Älterwerden angewöhnen
	Das Äußere verjüngen	Das Innere/Spirituelle vertiefen
Fokus	Der Körper	Der ganze Mensch mit Leib, Seele und Geist
Gefühl	Angst	Erfüllung
Haltung	Eingreifen und bremsen	Lassen und gestalten
Bild	Der Jungbrunnen	Der Lebensfluss

- Die Mitarbeiter entwickeln neue Perspektiven für die Lösung der anstehenden Herausforderungen beim Älterwerden im Beruf.
- Die Mitarbeiter nutzen bestehende Gestaltungsspielräume im Unternehmen, um sich im beruflichen Lebenszyklus ihren Fähigkeiten und Neigungen entsprechend zu positionieren.
- Die Mitarbeiter sind sich im klaren, was sie an Qualifikationen und Kompetenzen für die Zukunft brauchen.
- Die Sensibilität für die Chancen altersgemischter Zusammenarbeit im Unternehmen wird gefördert.

Alter(n)sgerechte Karrierewege in der Pflege

Für Mitarbeiter mit langjähriger Berufserfahrung ist der Erfolg im Beruf genauso wichtig wie für die jüngeren Kollegen. Sie legen Wert auf Anerkennung ihrer fachlichen Qualifikation und beruflichen Erfahrungen, und sie möchten sich beruflich weiterentwickeln können, auch außerhalb der klassischen Karriereleitern und Hierarchien. Die Altersgruppe dieser „Best Ager" kann ihr Potenzial in einer altersgruppenspezifischen Lern- und Arbeitsumgebung zum Nutzen des Unternehmens einbringen, wenn sie die Möglichkeit erhält:

- fachliches Wissen auf den neuesten Stand zu bringen,
- Perspektiven im persönlichen und beruflichen Lebenszyklus zu reflektieren und
- vielfältiges Erfahrungswissen an Jüngere weiter zu geben.

Eine Projektgruppe des Wiener Krankenanstaltenverbundes (Danzinger, 2000) hat Perspektiven für eine altersgerechte horizontale Karriere im Pflegeberuf entwickelt. Hauptziel waren Entwicklungschancen für älter werdende Pflegende, die keine vertikale Karriere in Richtung Führungsposition anstreben, sondern ihre berufliche Erfüllung in der unmittelbaren Pflegetätigkeit und Patientenbetreuung sehen. Ein Modell mit fünf Kompetenzstufen soll die horizontalen Karrieremöglichkeiten abbilden:

- Anfänger (im Ausbildungsprozess)
- fortgeschrittene Anfänger (am Berufseinstieg)
- kompetente Pflegende (ca. zwei Jahre Berufserfahrung)
- erfahrene Pflegende (mehrere Jahre Berufserfahrung)
- Pflegeexperten (mehrere Jahre Berufserfahrung) mit folgendem Kompetenzprofil: Sensibilität, Anteilnahme, Wahrnehmungsschärfe, Intuition, manuelles Geschick, praktisches Know How, Kreativität und Sicherheit, Blick für das Machbare und Wesentliche, schnelles Entscheiden, ganzheitliche Wahrnehmung, respektvolle Beziehungen und Zusammenarbeit, Gesprächskunst und Beratungskompetenz.

Im Auftrag der Arbeiterkammer Oberösterreichs führten Fehlinger und Wimmer (2003) eine Feldstudie zum Thema „Gesund älter werden im Bereich der Altenbetreuung und -pflege" durch. Altersgerechte Tätigkeitsprofile sehen die Autoren in speziellen Aufgabenbereichen:

- Mentoring,
- Sterbebegleitung,
- Beratung,
- Betreuung demenziell Erkrankter,
- Supervision.

Der Einsatz der fachlichen Kompetenzen und die Berücksichtigung der gesundheitlichen Leistungsmöglichkeiten kommen bei diesen Tätigkeiten am ehesten in eine gute Balance. Durch fachliche und persönliche Fortbildung lassen sich die Kompetenzen erweitern und nutzen.

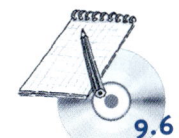

9.6
Wenn ich an mein eigenes Älterwerden denke

10 Berufliches Selbstverständnis in der Altenpflege

Was Sie in diesem Kapitel erwartet

Stehen Sie mit Kopf, Hand und Herz hinter ihrer Pflegekunst? Im Eins-zu-eins-Kontakt zum pflegebedürftigen Menschen verantworten Altenpflegerinnen ganz allein die Qualität ihrer Pflege. Von dieser Verantwortung werden sie auch bei widrigen Verhältnissen nicht entlastet. Anforderungen und Krisen im Altenpflegeberuf lassen sich jedoch mit einem klaren beruflichen Selbstverständnis leichter meistern, was ein differenziertes Tätigkeits- und Kompetenzprofil mit einschließt. Die Pflegenden sollen selbstbewusst Positionen im beruflichen Alltag beziehen können. Dazu gehören die Reflexion des Rollenverständnisses, der eigenen Berufswahlmotive und ein Blick auf das Helfersyndrom.

Die Professionalisierung der Pflege erfordert über die ganze berufliche Laufbahn hinweg Freude am ständigen Dazulernen. Tipps zum Lernen erleichtern diese Herausforderung. Methoden der Moderation und Präsentation verbessern die persönliche Performance bei Auftritten vor Gruppen nicht nur in der Schule, sondern auch im Berufsleben (z. B. bei Informationsveranstaltungen für Angehörige, innerbetrieblichen Fortbildungen etc.).

„Wir haben keine Zeit" ist in der Pflege oft zu hören. Stimmt. Die Zeit hat uns! Unweigerlich läuft Sekunde für Sekunde dahin. Wir können Zeit nicht sparen, aber bestimmen, wofür wir sie verwenden und Zeitfressern ein Schnippchen schlagen.

10.1 Berufliches Rollenverständnis entwickeln

Jeder Mensch lernt im Laufe seines Lebens, verschiedene soziale Rollen zu übernehmen. Die Rolle des Schulkindes kennen wir wohl alle, einige die Elternrolle oder diverse Rollen im Beruf oder im Verein. Auch die Altenpflegerin muss in ihre neue berufliche Rolle hineinwachsen. Mit Rollen sind Erwartungen verbunden, die andere an die Inhaber bestimmter sozialer Positionen stellen.

Rollenerwartungen

In ihrer beruflichen Rolle und Position ist die Altenpflegerin mit vielfältigen Rollenerwartungen konfrontiert. Jeder will etwas – und manchmal Widersprüchliches: die Vorgesetzten, die Kolleginnen, die Angehörigen und die von ihr betreuten alten Menschen (→ Abb. 10.1). Solche Erwartungen können sein: „Oberstes Gebot ist absolute Hygiene" oder „Die Grund- und Behandlungspflege ist das Wichtigste beim Altenpflegeberuf" oder „Die Beziehung zum alten Menschen ist das A und O".

Während die Rolle den Rahmen der Erwartungen absteckt, mit denen die Altenpflegerin konfrontiert ist, bezieht sich das Rollenhandeln darauf, wie sie mit diesen Erwartungen umgeht. Dabei spielt zum einen eine Rolle, wie sie die Erwartungen interpretiert, zum anderen ihre verinnerlichten Werte, Normen und Verhaltensmuster, und nicht zuletzt ihr Rollenselbstbild.

Erwartungen der Heimleitung		Erwartungen der alten Menschen
Altenpflegerin		
Erwartungen der Angehörigen		Erwartungen der Kollegen

Abbildung 10.1 Die Altenpflegerin im Zentrum verschiedener Rollenerwartungen, zwischen denen sie für ihre Psychohygiene eine ausgewogene Balance finden muss

Rollenselbstbild

Jede Altenpflegerin entwickelt im Verlauf ihrer Ausbildung und ihrer Berufserfahrung ein berufliches Rollenselbstbild, das wiederum ihr Rollenhandeln mit beeinflusst. Damit ist die angestrebte Verwirklichung der eigenen Ideen und Ziele in den beruflichen Handlungsfeldern gemeint oder anders ausgedrückt: die konkrete Vorstellung davon, wie eine gute Altenpflegerin ihre professionelle Rolle ausfüllen sollte.

Nun haben sich die Tätigkeitsprofile und Rollenerwartungen in der Altenpflege massiv verändert. Hochbetagte Menschen mit vielfältigen körperlichen Gebrechen und gerontopsychiatrischen Erkrankungen sind zu pflegen. Diese Menschen und ihre Angehörigen erwarten eine medizinische wie auch beziehungspflegerische Versorgung. Von Altenpflegerinnen, die in Erwartung eines deutlich höheren Anteils relativ gesunder alter Menschen einmal diesen Beruf gewählt haben, erfordert dies, sich von diesen Vorstellungen zu verabschieden und ein neues berufliches Rollenselbstbild zu erarbeiten.

Auch durch Skandalberichte in den Medien wird das berufliche Rollenverständnis von Altenpflegerinnen immer wieder hart auf die Probe gestellt. Es kränkt fachlich qualifiziert und liebevoll Pflegende, wenn es heißt, sie würden alte Menschen verhungern und verdursten lassen. Jeder veröffentlichte Einzelfall an gefährlicher und unwürdiger Pflege beeinflusst das gesellschaftliche Image der professionellen Altenpflege.

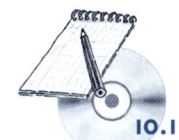

Rollenselbstbild Altenpflegerin

Rollenkonflikte

Die verschiedenen Erwartungen anderer Menschen an das Verhalten eines Rollenträgers können sich zu einem Konflikt auswachsen, wenn sie im Widerspruch zueinander stehen oder miteinander konkurrieren. Man unterscheidet Intrarollenkonflikte und Interrollenkonflikte.

Intrarollenkonflikt. Hier geht es um einen Konflikt, der innerhalb einer Rolle entsteht, z. B. wenn von der Altenpflegerin Widersprüchliches erwartet wird. Eine angehende Altenpflegerin lernt etwa in ihrer Ausbildung, neben der medizinisch-pflegerischen Arbeit besonderen Wert auf die Beziehungspflege und die Stärkung des Selbstvertrauens der alten Menschen zu legen. Im Praxisalltag begegnet sie hingegen Kolleginnen, die von ihr eine rasche Erledigung der grundpflegerischen Arbeit erwarten und die Beziehungspflege mehr als Beiwerk sehen.

Interrollenkonflikt. Hierbei handelt es sich um einen Konflikt, der durch miteinander konkurrierende Erwartungen an zwei oder mehrere Rollen entsteht, die eine Altenpflegerin innehat.

Ein Beispiel: Die Berufsrolle als Altenpflegerin und die Privatrolle als Mutter geraten miteinander in Konflikt. Von der Altenpflegerin wird kurz vor Dienstschluss noch eine aufwändige pflegerische Versorgung von einer pflegebedürftigen alten Dame erwartet, während sich ihr Sohn auf den vereinbarten gemeinsamen Kinobesuch freut.

10.2 Motivation für den Altenpflegeberuf

10.2
Reflexion Ihrer
Motivation

Aus welchen Gründen ergreift jemand den Beruf der Altenpflegerin und was motiviert sie in der alltäglichen Praxis? Ein Bewusstsein darüber ist vor allem deshalb wichtig, weil die Motivation wesentlich das Rollenselbstbild und insofern auch die berufliche Zufriedenheit mit bestimmt. Falls Sie gerade eine Altenpflegeausbildung absolvieren, sind Sie selbst aktuell herausgefordert, ihre Motive für die Wahl eines Pflegeberufes zu erforschen und eigene professionelle Standpunkte zu beziehen.

Die meisten Menschen, die den Beruf der Altenpflegerin ergreifen, verbinden damit den Wunsch zu helfen, etwas Sinnvolles zu tun, Kontaktfreudigkeit, Kommunikation mit den alten Menschen. Darüber hinaus wird die Pflege als interessante Tätigkeit betrachtet, medizinische und pflegerische Interessen können verwirklicht werden und man erhofft sich auch gesellschaftliche Anerkennung.

In der beruflichen Praxis sieht vieles davon ein wenig anders aus: Zeitdruck, Schichtdienst, enorme Konzentrationsanforderungen und Belastung mit Dokumentationsarbeiten. Auch mit dem Image der Altenpflege schaut es nicht zum Besten aus.

Image der Altenpflege. Im internationalen Vergleich der NEXT-Studie muss sich Deutschland im Image der Altenpflege mit dem vorletzten Platz begnügen (Hasselhorn 2006). Auch in Österreich (Fehlinger & Wimmer 2003) und der Schweiz (Schwart, Aegerter, Greiwe 2002) beklagen Pflegende das schlechte Image ihres Berufsstandes. Dies trägt nicht dazu bei, potenzielle Berufsinteressenten zu motivieren.

Abbildung 10.2 Jede Altenpflegerin sollte sich immer wieder bewusst machen, welche Motivation ihrer Arbeit zugrunde liegt

Politik und Berufsverbände setzen mit Image-Kampagnen dagegen und versuchen das tatsächliche Engagement der Pflegenden und die gesellschaftliche Bedeutung der Pflegeberufe transparent zu machen.

10.2
Pflege ist Behutsamkeit

Das Helfersyndrom

Nicht immer handelt es sich beim helfenden Aspekt der Berufsmotivation um etwas ganz und gar Uneigennütziges, Altruistisches. Zuweilen ziehen Angehörige sozialer Berufe auch seelischen Profit aus ihrer Tätigkeit. Dieses Phänomen wird in der extremeren Variante als Helfersyndrom bezeichnet. Betroffen sind vor allem Menschen, die mangels ausreichender Zuneigung und Anerkennung in der Kindheit ein stark gekränktes Selbstwertgefühl aufweisen. Um die Kränkung und die damit verbundene eigene Hilfsbedürftigkeit abzuwehren, haben sie die Vorstellung entwickelt, dass man nur dann gut ist, wenn man schwächeren, benachteiligten oder bedürftigen Menschen hilft.

Anzeichen für ein Helfersyndrom:

▶ Es besteht ein starkes Bedürfnis danach, gebraucht zu werden, Dankbarkeit zu erfahren und anderen etwas zu bedeuten. Die Helfersyndrom-Persönlichkeit sucht dementsprechend gehäuft Kontakte (bedeutungsvoll auch für die Berufswahl) zu hilfsbedürftigen Menschen, deren einseitige Abhängigkeit ein Ausleben des Helfermotivs gewährleistet.

▶ Die eigene Belastungsgrenze, Zeichen von Schwäche und Hilfsbedürftigkeit werden nicht wahrgenommen oder ignoriert.

▶ Eifersüchtig wird darüber gewacht, dass kein anderer den alten Menschen zu nahe kommt, für die man sich besonders einsetzt.

▶ Auch in privaten Beziehungen neigt sich die Waagschale in Richtung „anderen helfen".

▶ Eigene Gefühle und Bedürfnisse zu äußern, fällt schwer. Hilfe annehmen oder gar einfordern ist dadurch kaum möglich.

▶ Nein sagen fällt schwer, lieber wird noch ein Zusatzdienst geleistet.

▶ Lob und Anerkennung können nicht ohne abwehrende Kommentare wie „Das ist nicht der Rede wert" angenommen werden.

10.2

Was ist das Meer?

Wenn Sie bei sich Anzeichen für ein Helfersyndrom bemerken, sollten Sie die Weichen in Richtung Selbstpflege, Supervision oder Therapie stellen (→ 12 Pflege deinen Nächsten und dich selbst).

Das klassische Idealbild einer Pflegekraft lautet: jederzeit einsatzbereit und gleichmäßig freundlich gegenüber allen alten Menschen. Diesen Anforderungen kann niemand entsprechen. Offenheit für die Reflexion typischer emotionaler Herausforderungen des Pflegeberufs (z. B. Aggression gegenüber alten Menschen, Trauer, Hilflosigkeit) gehört zu den beruflichen Schlüsselqualifikationen. Die Ausbildung muss sich auf drei Ebenen vollziehen:

▶ Erkennen und Spüren solcher emotionalen Herausforderungen durch Verbesserung der Selbstwahrnehmung,

▶ Ergänzung des Fachwissens durch konkrete Selbsterfahrung: welche Anzeichen für ein Helfersyndrom entdecke ich oder die Kolleginnen bei mir selbst?

10.2

Mein 80. Geburtstag

▶ Praxisbegleitende Supervision über die gesamte berufliche Tätigkeit hinweg. Durch Rollenspiele, gruppendynamische Übungen und andere kreativ-spielerische Methoden kann bereits in der Ausbildung die grundsätzliche Bereitschaft dafür geschaffen werden.

10.3 Ich – im Team – in der Altenpflege

Die Dienstleistung Altenpflege wird in der Regel nicht von selbständigen Einzelgängerinnen, sondern von Mitarbeiterinnen eines Teams erbracht. Dieses ist wiederum in eine größere Organisation eingebettet, welche die Unternehmensziele und konkreten Rahmenbedingungen für die Aufgabenerledigung definiert. Das kann ein kleiner alternativer Pflegeverein sein oder ein großer sozialer Dienstleistungsverband.

10.3.1 Teamarbeit in Altenheim und ambulantem Dienst

Das, was in einem Team zwischen den Mitarbeiterinnen abläuft, lässt sich besser verstehen, wenn man das ganze Unternehmen mit seinen aktuellen Entwicklungen, seinen Traditionen, Möglichkeiten und Grenzen ins Blickfeld nimmt. Dazu gehören die Organisationsstruktur, Informationswege, Karrierewege, Beurteilungssysteme und Leitbilder, kurz gesagt die ganze Unternehmenskultur (corporate identity). Ein Team ist nicht nur eine Mehrzahl von zufällig zusammenarbeitenden Menschen, sondern entsteht erst durch die spezielle innere Struktur der Beziehungen, durch ihre Rollen, Normen, Rangpositionen und Kommunikationswege. Solche Regelungen sind teils formell von außen bestimmt und in schriftlichen Weisungen festgehalten, teils informell zwischen den Gruppenmitgliedern entstanden und unausgesprochen tradiert. Formelle Normen können sein: die Regelungen des Pflegegesetzes, das Unternehmensleitbild, der Schichtplan, das Qualitätshandbuch, die Hausordnung, die Schweigepflicht, die Pflegestandards. Informelle Regelungen beziehen sich auf die Art und Weise, wie sich die Gruppe von anderen Gruppen abgrenzt, die Aufnahme neuer Mitglieder gestaltet (z. B. Initiations-Rituale) oder ihr Wir-Gefühl sichert (z. B. gemeinsames Feiern von Geburtstagen).

In der Organisationslehre werden nach Chrobok (1996) Arbeitsgruppen und Teams unterschiedlich definiert.

Arbeitsgruppe	Team
Eine Arbeitsgruppe ist eine Gruppe von Menschen mit Ausführungsaufgaben, ▶ zwischen denen unmittelbare Arbeitsbeziehungen bestehen, ▶ die von einem Gruppenleiter (Vertreter der untersten Instanz einer Hierarchie) unmittelbar geführt werden, ▶ die zum Team werden kann.	Ein Team ist eine Gruppe von Menschen, ▶ deren Fähigkeiten einander ergänzen, ▶ die sich für einen gemeinsamen Zweck, gemeinsame Leistungsziele und einen gemeinsamen Arbeitseinsatz engagieren, ▶ die gemeinsam Verantwortung tragen, ▶ die Abläufe und Aufgabenverteilungen innerhalb von Vorgaben selbstverantwortlich regeln.
Charakteristisches Merkmal ist die **gemeinsame Aufgabenorientierung**	Charakteristisches Merkmal ist die **gemeinsame Leistungsverantwortung**

Wenn wir die Arbeitsorganisation im Berufsfeld der Altenpflege betrachten, so werden die Merkmale der Teamarbeit im Sinne der obigen Definition nur selten zu finden sein. Überwiegend handelt es sich sogar um Einzelarbeit, die in Arbeitsgruppen und in Schichten durchgeführt wird. In der ambulanten Altenpflege ist es am offensichtlichsten, dass die Altenpflegerin quasi einen Einzelarbeitsplatz ausfüllt, mit kurzen Übergabezeiten an die nächste Schichtkollegin und gelegentlichen Teambesprechungen. Auch in den Heimen arbeiten die einzelnen Berufsgruppen (examinierte Kräfte, Helferinnen, Therapeuten, Ärzte, Zivildienstleistende u. a.) eher nebeneinander her und selten in multiprofessioneller Teamarbeit, also in Netzwerken.

10.3.2 Pflegekräfte aus anderen Ländern und Kulturkreisen

Infolge des Arbeitskräftemangels in der Alten- und Krankenpflege sind schon seit Jahrzehnten Menschen ausländischer Nationalität beschäftigt, entweder als angelernte Helferinnen oder mit einer Pflegeausbildung in ihren jeweiligen Herkunftsländern. Diese Pflegekräfte müssen ein berufliches Rollenselbstbild in der für sie zunächst fremden Kultur entwickeln, auf dem Hintergrund ihrer jeweiligen Herkunftskultur und deren Pflegetraditionen.

Sprachliche Verständigungsschwierigkeiten bilden eine Hürde, vor allem, wenn es um das Verstehen von unterschwelligen Botschaften und unausgesprochenen Bedeutungen geht, die im sprachlichen Ausdruck mitschwingen. Kommunikationsprobleme mit Kolleginnen, Angehörigen, Vorgesetzten und pflegebedürftigen alten Menschen bleiben da nicht aus. Missverständnisse, die zu Kränkungen, Resignation und Rückzug führen können, müssen im Team offen besprochen werden.

Kultursensible Altenpflege erfordert von Teammitgliedern als Verständigungsbasis das Beherrschen der deutschen Sprache. Dazu gehören sprachliche Feinheiten wie beispielsweise die Höflichkeits- und Beschwerdeformen und für unseren Kulturkreis typische nonverbale Ausdrucksformen. Biografiegeleite Pflege erfordert zudem die Bereitschaft, sich über regionale kulturelle Gewohnheiten und Prägungen zu informieren. Das gilt für Pflegende mit Migrationshintergrund wie auch für alle anderen. Einer deutschen Altenpflegerin, die in einer norddeutschen Großstadt aufwuchs, ist z. B. die Erfahrungswelt einer alten Frau, die durch die landwirtschaftliche Kultur eines schwäbischen Dorfes geprägt ist, zunächst fremd.

Gerade bei demenziell erkrankten Menschen trägt die internationale Sprache des Herzens zu Verständigung und Verständnis bei. Im interkulturellen Austausch bringen Pflegekräfte mit Migrationshintergrund aus ihren Traditionen manches Geschenk mit – vielleicht eine andere Berührungskultur, einen anderen Blickwinkel aufs Alter. Nicht immer wird ihnen ihr Engagement allerdings mit Gastfreundschaft und Akzeptanz vergolten, stattdessen schlagen ihnen manchmal Ressentiments entgegen.

10.4 Ausbildungswege

Eine grundständige Ausbildung zur Altenpflegerin auf dem Niveau der staatlichen Anerkennung bzw. Diplomierung existiert derzeit nur in Deutschland. In Österreich wird einjährig zur Altenhelferin und zweijährig zur Altenfachbetreuerin ausgebildet. In der Schweiz wurde die frühere Langzeit- und Betagtenpflegehelferin durch die einjährige Qualifizierung zur Pflegeassistentin abgelöst. Neu geschaffen ist die dreijährige Ausbildung zur Fachangestellten Gesundheit, die unter Fachaufsicht der diplomierten Pflegefachfrau auch in der Altenpflege arbeitet. Die Altenpflege wird zwar im Berufsbild der schweizerischen Dipl.-Gesundheits- und Krankenpflegerin nicht explizit erwähnt, jedoch kann je nach Schule und Praktikumsort eine Schwerpunktsetzung erfolgen. In Deutschland gibt es mehrere Modellprojekte einer integrierten Ausbildung, bei der in einer ersten Stufe identische Ausbildungsinhalte gemeinsam vermittelt werden und dann eine Spezialisierungsphase in Richtung Alten- oder Krankenpflege erfolgt. Noch weitergehender sind Überlegungen, die Pflegeberufe zu einem Beruf zusammenzufassen und Spezialisierungen, wie z. B. die Altenpflege, in die Weiterbildung zu verlegen. Die Berufsbilder in der Pflege sind in Bewegung. Der Prozess der Angleichungen und Differenzierungen wird sich im Gebiet der Europäischen Union und der Schweiz weiter entwickeln.

10.4
Kontaktadressen

Tabelle 10.1 Qualifizierung für Pflegeberufe, die in der Altenpflege arbeiten (Deutschland, Österreich, Schweiz)

Deutschland	Österreich	Schweiz
3-jährige Ausbildung zur staatlich anerkannten (entspr. Diplom) Altenpflegerin	2-jährige Ausbildung zur Altenfachbetreuerin	Keine explizite Erwähnung und Zuordnung der Altenpflege
1-jährige Ausbildung zur Altenpflegehelferin	1-jährige Ausbildung zur Altenhelferin	1-jährige Ausbildung zur Pflegeassistentin
3-jährige Ausbildung zur Gesundheits- und Krankenpflegerin (entspr. Diplom) 1-jährige Ausbildung zur Gesundheits- und Krankenpflegehelferin	3-jährige Ausbildung zur Dipl. Gesundheits- und Krankenschwester (80 Stunden davon für den Bereich Altenpflege)	3-jährige Ausbildung zur Dipl. Gesundheits- und Krankenpflegerin (Niveau I) 4-jährige Ausbildung zur Dipl. Gesundheits- und Krankenpflegerin (Niveau II)

10.5 Lernen lernen

Die theoretischen und praktischen Anforderungen der Altenpflegeausbildung verlangen viel Lerneinsatz. Lernen und Motivation sind zwei Seiten einer Medaille. Zu Lernleistungen kann sich nur jemand aufschwingen, der für ein Ziel motiviert ist. Wofür man sich interessiert, das lernt und merkt man sich am leichtesten. Berufswahl- und Leistungsmotivation hängen zusammen.

10.5.1 Leistungsmotivation

Unter Leistungsmotivation versteht man das Bestreben, seine Fähigkeiten in bestimmten Bereichen zu steigern oder möglichst hochzuhalten.

Schauen wir uns die einzelnen Schritte detailliert an, die beim Motivationsprozess ablaufen (vgl. auch Prozess der Leistungsmotivation nach Heckhausen, → Abb. 10.3). Wir bedienen uns dazu der aktuellen Situation, dass Sie sich jetzt gerade mit diesem Lehrbuch beschäftigen.

Auslösende Situation. Geht es um eine Prüfung im Fach Alternspsychologie, Interesse an gerontologischen Fragen oder die Pflegebedürftigkeit eines Angehörigen?

Motivierung. Lernen bzw. Leistung ist gefordert, also Aktualisierung des Leistungsmotivs. Erwartungen über den Ausgang des Engagements könnten sein: Verbesserung der Psychologienote, Wissenszuwachs und damit gute Argumente bei Diskussionen, Entlastung in der Pflege des Angehörigen. Daraufhin erfolgt die Aktivierung des Organismus, der sich auf Handeln zur Befriedigung des Motivs ausrichtet: z. B. munter werden.

Handeln. Jetzt wird konkret gehandelt: z. B. sich an den Schreibtisch setzen, das Lehrbuch zur Hand nehmen und mit Lesen/Lernen beginnen.

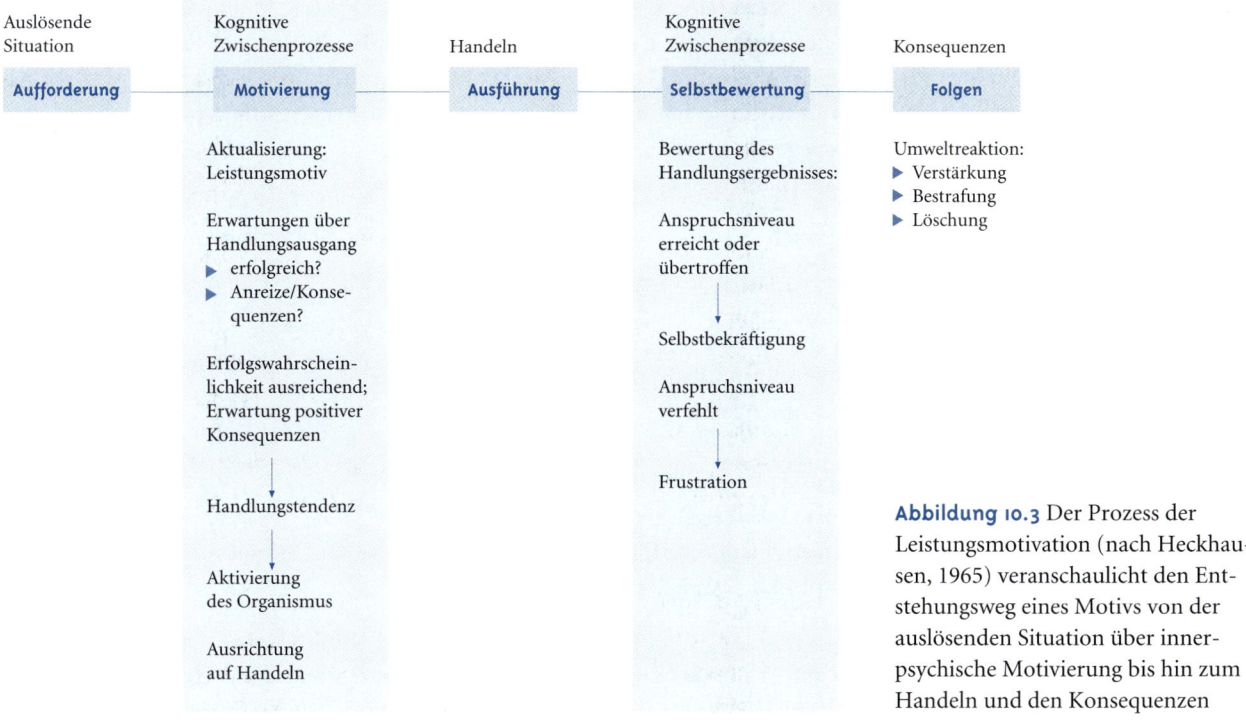

Auslösende Situation	Kognitive Zwischenprozesse	Handeln	Kognitive Zwischenprozesse	Konsequenzen
Aufforderung	**Motivierung**	**Ausführung**	**Selbstbewertung**	**Folgen**

Motivierung:

Aktualisierung: Leistungsmotiv

Erwartungen über Handlungsausgang
▶ erfolgreich?
▶ Anreize/Konsequenzen?

Erfolgswahrscheinlichkeit ausreichend; Erwartung positiver Konsequenzen
↓
Handlungstendenz
↓
Aktivierung des Organismus

Ausrichtung auf Handeln

Selbstbewertung:

Bewertung des Handlungsergebnisses:

Anspruchsniveau erreicht oder übertroffen
↓
Selbstbekräftigung

Anspruchsniveau verfehlt
↓
Frustration

Folgen:

Umweltreaktion:
▶ Verstärkung
▶ Bestrafung
▶ Löschung

Abbildung 10.3 Der Prozess der Leistungsmotivation (nach Heckhausen, 1965) veranschaulicht den Entstehungsweg eines Motivs von der auslösenden Situation über innerpsychische Motivierung bis hin zum Handeln und den Konsequenzen

Selbstbewertung. Nach geleisteter Arbeit können verschiedene innerpsychische Prozesse ablaufen. Entspricht das Ergebnis der Handlung dem Anspruchsniveau, z. B. Bewältigung der vorgenommenen Stoffmenge, empfinden Sie Selbstbekräftigung und Zufriedenheit. Bei Misserfolg kommt es zu negativen Reaktionen wie „Ich schaffe es einfach nicht" (depressive Reaktion) oder vielleicht auch „ Das Buch ist unverständlich geschrieben" (aggressive Reaktion).

Konsequenzen. Sie könnten beispielsweise motiviert sein, weiter zu lesen und zu lernen. Auch aus der Umwelt kommen Reaktionen, wie etwa eine gelingende Kommunikation mit pflegebedürftigen Angehörigen.

10.5.2 Lerntipps

Lernorte konditionieren. Aus der Lernpsychologie stammt der Tipp, immer am selben Platz zu lernen. Nach dem Gesetz der klassischen Konditionierung (→ 8.2.1 Signallernen) lernt sich an diesem Ort mit der Zeit leichter. Der Organismus stellt sich unterbewusst darauf ein: Hier wird gelernt. Für die Zeit des Lernens dürfen auch nur Lernsachen an diesem Ort sein.

Lernzeiten wählen. Die biologische Leistungskurve wirkt sich auf die Lernfähigkeit aus. Zwischen 8.00 und 12.00 sowie 15.00 und 18.00 Uhr liegen die günstigen Zeiten für theoretisches Lernen, dies kann sich aber auch je nach individuellen Gegebenheiten verschieben. Ein voller Bauch studiert nicht gerne – unmittelbar nach Mahlzeiten steht das Blut eher dem Verdauungstrakt als dem Gehirn zur Verfügung. Eine Pause ist dann besser. Arbeitspsychologen haben herausgefunden, dass mehrere kleine Pausen erholsamer sind als eine große.

Sägeblatteffekt. Eine begonnene Arbeit sollte man möglichst auch in einem Aufwasch zu Ende bringen. Immer wieder neu den Faden aufgreifen zu müssen, kostet viel Energie. Das fängt schon mit dem Herrichten und Wegräumen von Lernutensilien an. In der Altenpflegepraxis wird oft als Belastungsfaktor genannt, dass man so schlecht bei einer Aufgabe bleiben kann und immer wieder herausgerissen wird.

5-Gang-Lesetechnik. In der Altenpflegeausbildung muss auch viel Lernstoff aus Büchern erarbeitet werden. Hilfreich ist die 5-Gang-Lesetechnik, mit der sich Lernstoff leichter einprägen lässt:
- 1. Lernstoff grob überfliegen,
- 2. sich dazu Fragen stellen,
- 3. jetzt den Lernstoff gründlich lesen,
- 4. wichtiges zusammen fassen,
- 5. wiederholen.

Je nach Lerntyp ist es zudem hilfreich,
- sich Wichtiges zu markieren,
- übergeordnete Gesichtspunkte herauszuschreiben,
- Skizzen und graphische Darstellungen anzufertigen,
- laut zu lesen.

Lerntagebuch führen. Am Ende eines Lerntages in Schule oder Praxis kann man sich ein Ritual einplanen. Dafür braucht man ca. zehn Minuten ungestörte Zeit für sich. Beim Ausfüllen des Lerntagebuches lässt man den Tag nochmals kurz Revue passieren. Ziele dabei sind:
- Wahrnehmung des kontinuierlichen Lernprozesses,
- Anregung zur Selbstreflexion,
- Stärkung der persönlichen Kompetenzen,
- Nachschlagewerk für die eigenen Lernerfahrungen,
- Vorbereitung des Praxistransfers,
- Qualitätssicherung des Lernprozesses,
- Lerntag ausklingen lassen.

10.5

Lerntagebuch

10.5.3 Präsentation und Moderation

Altenpflegeschülerinnen müssen im Verlauf ihrer Ausbildung immer wieder Referate vortragen und Projektarbeiten präsentieren. Im Kollegenkreis moderieren sie später als ausgebildete Fachkräfte Qualitätszirkel oder Besprechungen. Als Expertinnen für die Pflege alter Menschen präsentieren sie Fachwissen und -konzepte z. B. vor Angehörigen. Deshalb sind gute Moderations- und Präsentationsfähigkeiten erforderlich.

Präsentation

Präsentation setzt voraus, präsent zu sein. Geistesgegenwart und die Entschlossenheit, kraftvoll Wirkung zu erzielen, sind das Geheimnis guter Präsentationen. Hilfreich ist die Power-Frage: Stehe ich hinter dem Thema? Freue ich mich darauf, dem Publikum etwas so Interessantes mitzuteilen?

Gute Präsentationen spielen „Kopfkino", sie erzeugen im Zuhörer Vorstellungen, Bilder und Gefühle. Deshalb sollten folgende Faktoren berücksichtigt werden:

- Das Gehirn denkt gerne in Bildern.
- Es verarbeitet Szenen und Episoden lieber als Abstraktes.
- Es mag Informationen, die Gefühle auslösen.
- Es freut sich, wenn Erfahrungen in Erinnerung gerufen werden.

Präsentationen brauchen einen roten Faden, an dem sich der Vortragende und die Zuhörer entlang hangeln und orientieren können.

Einstieg. Gewinne die Aufmerksamkeit deiner Zuhörer:
- mit einem Eye-catcher: ein Bild zeigen, etwas mit der Hand zeigen etc.,
- mit einem Spruch,
- mit einer kurzen Anekdote.

Vorblick. Sage den Zuhörern, was du ihnen sagen (zeigen) willst:
- die wesentlichen Punkte der Präsentation nennen,
- den sprichwörtlichen roten Faden zur Veranschaulichung verwenden.

Hauptteil. Sage (zeig) es ihnen. Jetzt wird das präsentiert, was an Inhalt rüberkommen soll.

Rückblick und Abschluss. Sag ihnen, was du ihnen gesagt hast:
- eine schlagwortartige Zusammenfassung der Kernpunkte,

mit starker positiver Erklärung Schlusspunkt setzen.

10.5
Informationsveranstaltung für Angehörige

Moderation

Moderation ist ein Verfahren, um Gespräche und Arbeitssitzungen, systematisch, strukturiert, zielorientiert und transparent zu leiten. Die Moderation soll gewährleisten, dass alle am Gespräch Beteiligten mit ihrem Wissen und Potenzialen einbezogen werden und Entscheidungen gemäß ihrer unterschiedlichen Kompetenzen und Bedürfnisse treffen können.

Gängige Methoden für die Moderation sind die Kartenabfrage, Mindmapping und kreative Medien. Pinnwand, Flipchart und Moderationsmaterial gehören zur Basisausstattung.

Kartenabfrage. Die Moderationstechnik der Kartenabfrage wird eingesetzt, um in einer Gruppe Informationen zu einem konkreten Thema zu sammeln. Jeder Teilnehmer bekommt eine Karte, auf die er jeweils einen Gedanken oder eine Idee notiert. Das kann eine Frage zu Erfahrungen, Meinungen, Problemen, Projekten, Lösungsideen etc. sein. Vorteile der Moderationsmethode sind:
- Es geht schnell.
- Jeder kann seine Ideen einbringen.
- Es ergibt sich ein Bild aller Meinungen und Ideen.
- Jeder hat den Prozess an der Pinnwand vor Augen.
- Die zentralen Gesichtspunkte werden erkennbar.
- Der Moderator arbeitet gemeinsam mit der Gruppe das Wesentliche heraus.

Mind Mapping. Mind Mapping ist eine Kreativitätstechnik, die man zum Lernen, Planen und Präsentieren einsetzen kann. Mind Maps unterstützen den Lern- und Denkprozess durch die grafische Visualisierung der Gedanken. Die Methode erfordert etwas Übung.

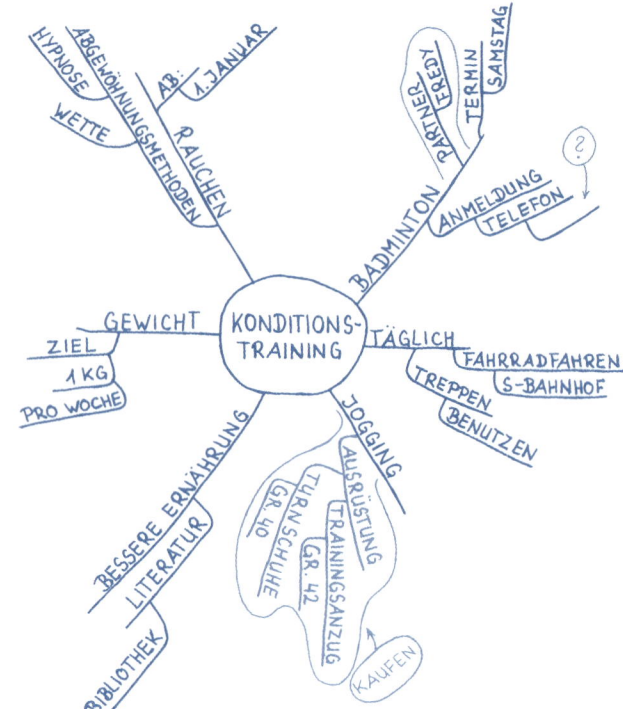

Abbildung 10.4 Mind Map (aus Kirckhoff, 1997). Das zentrale Thema Konditionstraining steht in der Mitte des Blattes. Jetzt geht es darum, seinen Gedanken freien Lauf zu lassen und Schlüsselwörter zum Thema zu sammeln. Im nächsten Schritt werden diese Schlüsselwörter, wie z. B. Gewicht, Rauchen, bessere Ernährung etc., als Oberbegriffe auf einen Ast geschrieben. Das bringt Ordnung in die Gedanken und macht sie sichtbar. Weiter geht es mit Verästelungen, zu jedem der Oberbegriffe. Es entsteht eine Landkarte der Gedanken und Ideen zum Thema.

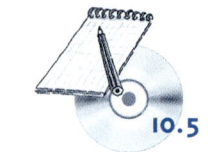

10.5

Mind Map zu Demenz

10.5

Was für ein Zeittyp bin ich?

10.5

1. Zeit- und Selbstmanagement
2. Lebenszeit und Prioritäten

10.5.4 Zeitmanagement

Auf die Frage „Woran mangelt es im Pflegealltag am meisten?" erhält man mit ziemlicher Sicherheit die Antwort „an Zeit". Altenpflegerinnen empfinden sehr stark, zu wenig Zeit für die einzelnen Bewohner zu haben. Damit sind häufig Schuldgefühle verbunden wie „Ich gebe dem alten Menschen nicht das, was er an Zuwendung braucht". Natürlich gibt es im Pflegealltag Momente, in denen Pflegende unter Zeitdruck sind. Dieses Gefühl, jetzt gerade für jemanden keine Zeit zu haben, dürfen Sie sich erlauben, Ihrem Gegenüber zeigen und zu-muten. Und: Sie können den pflegebedürftigen Menschen liebevoll berühren, ihm ein Wort und Lächeln schenken. Dafür ist immer Zeit.

Ziele und Prioritäten. Selbstmanagement hat viel damit zu tun, sich über Ziele seines Handelns klar zu sein und Prioritäten zu setzen. Dazu gehört:
▶ tägliche Routine überprüfen,
▶ Ziele des Handelns festlegen,
▶ Werkzeuge pflegen: persönlich Kraft tanken (→ Kap. 12.2 Burnoutprophylaxe) und sich fachlich fortbilden.

Zeitfresser. Im Berufsalltag finden sich viele Zeitfresser:
▶ Besprechungen, die ausufern und kein Ende finden,
▶ ungeplante Besucher, die einen aus dem Konzept bringen,
▶ Aufschieberitis (kann noch bis morgen warten), die psychische Kraft kostet,
▶ nicht Neinsagen können, missachtet die eigenen Zeitgrenzen,
▶ fehlende Prioritäten: man weiß nicht, wo einem der Kopf steht und was man zuerst anpacken soll,

10.5

Schritt für Schritt

▶ mangelnde Kommunikation, die zu zeitraubenden Missverständnissen führt,

▶ mangelnde Zielsetzungen.

Sich diese Zeitfresser immer wieder bewusst zu machen, ist der erste Schritt dazu, sie systematisch auszuschalten.

10.5

Anregungen zum bewussten Umgang mit Zeit

11 Konflikte und Konfliktmanagement im Pflegeprozess

Was Sie in diesem Kapitel erwartet

Wussten Sie schon, dass Sie über eine Waffenkammer verfügen?

Es gehört zum evolutionären Erbe, in Krisen- und Konfliktsituationen schnell reagieren zu können. Unser biologischer Ahnenschatz enthält Programme, die Energien für Verteidigung, Angriff, Flucht und Versöhnung bereit stellen. Auch biografische Erfahrungen haben einen Einfluss darauf, wie wir mit Konflikten umgehen.

In Konfliktsituationen kann es passieren, dass Menschen an ihrem wunden Punkt getroffen und erheblich gekränkt werden. Auf vernünftiges Denken und Handeln kann bei Kränkungen und „Gefahr im Verzug" nur eingeschränkt zugegriffen werden. Altenpflegerinnen, die professionell auf Konfliktsituationen reagie-

ren, machen sich sowohl die biologischen Programme als auch die persönlichen Konfliktbewältigungsmuster bewusst. Sie sorgen dafür, dass bei Konflikten nicht die Waffenkammer, sondern der Schutzraum betreten wird. Dort befinden sich die Werkzeuge für „gesunde" Konfliktlösungen.

Das Wort für Konflikt setzt sich im Chinesischen aus Teilen der Schriftzeichen für Gefahr und Chance zusammen. Dahinter steckt die Weisheit, dass Konflikte ein Bedrohungs- und Gefahrenpotenzial haben, Menschen aber auch Wachstumschancen bieten. Zu gewinnen sind z. B. die Fähigkeiten, selbstbewusst „nein" sagen zu können, klare Ich-Botschaften zu formulieren sowie eine gesunde Balance von Nähe und Distanz zu finden.

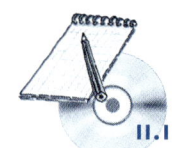

11.1

Was verstehen Sie unter Konflikt

11.1 Konfliktfelder in der Altenpflege

Konflikte gehören zum Berufsleben. Zusammenstöße zwischen den Beteiligten im Pflegeprozess sind normal, weil unterschiedliche Wertvorstellungen, Bedürfnisse und Emotionen aufeinander treffen. Berufstypische Konflikte spielen sich auf verschiedenen Ebenen ab.

Innere Konflikte

Im Widerstreit zwischen Gefühlen, Verstand und beruflichen Normen können Altenpflegerinnen in Konflikt geraten, wenn sie eine Diskrepanz erleben:

▶ zwischen dem, was sie wollen und dem, was sie haben: „Ich wünsche mir eine andere Pflegekonzeption, mit meinen Auffassungen dringe ich jedoch im Arbeitsteam nicht durch."

▶ zwischen dem, was sie gerne täten und dem, was sie dürfen: „Am liebsten würde ich manchmal aus der Haut fahren und einen alten Menschen anschreien, aber das verträgt sich nicht mit dem Anspruch der Selbstkontrolle."

▶ zwischen dem, was sie fühlen und dem, was sie fühlen sollten: „Ich empfinde Abneigung gegen einen Angehörigen, sollte aber gegenüber allen wohlwollend-neutral sein."

Diese inneren Konflikte lassen sich rational und bewusst lösen, durch:

▶ Änderung der eigenen Zielvorstellungen,
▶ Kompromissbereitschaft,
▶ die bewusste Kontrolle von Gefühlen und
▶ Konfliktkompetenz: Ich kenne mich und kann meine Bedürfnisse, Erwartungen, Interessen und Wünsche klar formulieren.

Konflikte mit alten Menschen

Beispiel

Eine Altenpflegerin berichtet. Um 10 Uhr war ich bei Herrn H. (laut Einsatzleiter „leichte Grundpflege"). Als ich die Haustür zu dem kleinen Einfamilienhaus aufschloss, wusste ich noch nicht, wie sehr ich mich in den darauf folgenden Tagen und Wochen oft richtig zwingen musste, dies weiterhin zu tun. Die „leichte Grundpflege" entpuppte sich als ein alter Mann, der mich bis an meine Belastungsgrenze fordern sollte. Herr H. lebte alleine. Seine Krankheit war nach seinen Worten ein „psychisches Kopfsyndrom". Das Problem bei Herrn H. war das Waschen. Schon beim Oberkörperwaschen griff er nach meinem Busen und Po. Ich war anfangs völlig überfordert. Später gewöhnte ich mir gewisse akrobatische Bewegungen an, die mich aus dem Bereich seiner Hände brachten. Er wurde dann grantig und sekkierte mich. Nichts konnte ich richtig machen: „Sie können ja nicht einmal rasieren" oder „Sie haben mein Knie noch nicht eingerieben".

Hautnahe Begegnungen zwischen Menschen gehören zu den Anforderungen von Pflegeberufen. In der Altenpflege kommt hinzu, dass oft über lange Zeiträume eine persönliche Beziehung aufgebaut wird. Die Grenzen drohen zu verwischen und Grenzüberschreitungen sind von beiden Seiten her möglich. Nähe und Distanz müssen immer wieder in gesundem Maß ausbalanciert werden. Übergriffe, wie im Fallbeispiel beschrieben, stellen für die Altenpflegerin eine massive psychische Herausforderung dar. Hier ist eine klare verbale Grenzziehung in Form einer Ich-Botschaft erforderlich (→ 5.4.4 Ich-Botschaften). Eindeutige Gestik und Mimik unterstreichen das Stopp-Signal.

11.1

Umgang mit Grenzen

Konflikte mit Angehörigen

Beteiligte im Pflegeprozess sind auch die Angehörigen der pflegebedürftigen Menschen. Im Gefühlswirrwar von Ängsten, Scham und Hilflosigkeit kann es zu verbalen Angriffen auf Altenpflegerinnen kommen (→ 7 Zusammenarbeit mit Angehörigen).

Beispiel

Eine Altenpflegerin berichtet. Die Tochter von Herrn Karl kommt zu Besuch ins Heim. Als sie aus dem Zimmer ihres Vaters kommt, schreit sie mich an: „Warum sitzt mein Vater immer alleine im Zimmer und nicht bei den anderen Bewohnern?!" Ich erkläre ihr, dass er heute sehr laut und unruhig und nicht zu beruhigen war, weshalb ich ihn in die ruhige Umgebung seines Zimmers gebracht habe. Außerdem fühlten sich die anderen Bewohner gestört. „Ist mein Vater wohl weniger wert?" „Nein", sage ich, „aber Sie müssen auch die anderen verstehen". Darauf schnauzt sie mich an: „Ich muss überhaupt nichts verstehen, ich werde mich über Sie beschweren."

Konflikte mit Kolleginnen

Beispiel

Eine Altenpflegerin berichtet. Ich arbeite in einem Wohnbereich mit demenzkranken Menschen. Wenn es sich anbietet, lege ich Musik aus früheren Zeiten auf und wir wagen ein Tänzchen. Die Atmosphäre ist super und die Alten sind glücklich. Unsere „Partytime" spricht sich im Haus herum und es kommen sogar alte Leute von anderen Stockwerken. Neulich ist eine Kollegin an mir vorbeigeeilt und hat mir zugezischt: „Du hast wohl nichts zu arbeiten?" Das hat mich ganz schön getroffen. Die alten Menschen sollen doch noch was vom Leben haben.

Konflikte mit Kolleginnen entzünden sich häufig an unterschiedlichen Werthaltungen und beruflichen Qualitätsmaßstäben. Eine selbstbewusste persönliche Reaktion in solchen Konflikten ist wichtig, um nicht in die Kränkungsfalle zu geraten. Dauerkonflikte entstehen, wenn es den persönlichen und fachlichen Vorstellungen der einzelnen Mitarbeiter überlassen bleibt, wie sie ihr Tätigkeitsprofil definieren. Aufgabe der Leitung ist es daher, z. B. klare Vorgaben zu den Standards einer personenorientierten Pflege Demenzkranker zu machen.

11.2 Grundhaltungen und Werkzeuge im Konfliktmanagement

Die emotionale Kraft und das Verhaltensrepertoire reichen jedoch nicht immer aus, um Konfliktsituationen rational im Griff zu haben, besonders dann, wenn man an seinem wunden Punkt getroffen wird und sich gekränkt fühlt. Kränkungen gehören zum Leben. Das fängt schon im Kindesalter an, wenn man nicht mitspielen darf, später bewirbt man sich auf einen Job und wird nicht genommen, oder man muss in der Liebe Trennungen verschmerzen. Die Auseinandersetzung mit Kränkungen und Zurückweisungen bleibt niemandem erspart. Deshalb ist wichtig, sich bewusst zu machen, auf welchen Ebenen man empfindet und reagiert: ob man in die Waffenkammer rennt, um sich mit allen Mitteln zu verteidigen, sich in seinen Bunker zurückzieht und schmollt oder in Selbstmitleid verfällt, oder ob man in seinem Schutzraum zunächst einmal Dampf ablässt, um dann aus der Ruhe heraus eine adäquate Lösung zu entwickeln (→ Abb. 11.1).

Lösungsorientierter Umgang mit beruflichen Konflikten
Konflikte lassen sich leichter lösen, wenn man folgende Regeln berücksichtigt:
▶ biologische Reaktion ernst nehmen: im Schutzraum Dampf ablassen,
▶ Schutz nach beiden Seiten sicherstellen: sich selbst schützen, den anderen schützen,
▶ Ich-Botschaften: eigene Bedürfnisse und Wünsche klar äußern,
▶ versöhnlich mit sich selbst sein, wenn man einen kurzen Umweg über Waffenkammer und Bunker nicht verhindern konnte,
▶ Vorwürfe als verdeckte Wünsche erkennen,
▶ Reflexion: sich der eigenen wunden Punkte bewusst werden,
▶ Supervision: sich Hilfe organisieren, wenn die emotionale Belastung zu groß ist.
Die beste Prävention gegen allzu schnelle Kränkbarkeit und Verletzlichkeit ist ein stabiles Selbstwertgefühl. Negative Botschaften oder Handlungen eines Gegenübers nehmen selbstsichere Menschen weniger persönlich und lassen sich nicht so schnell verunsichern.

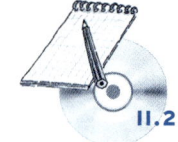

11.2
Was liegt unter dem Ärger?

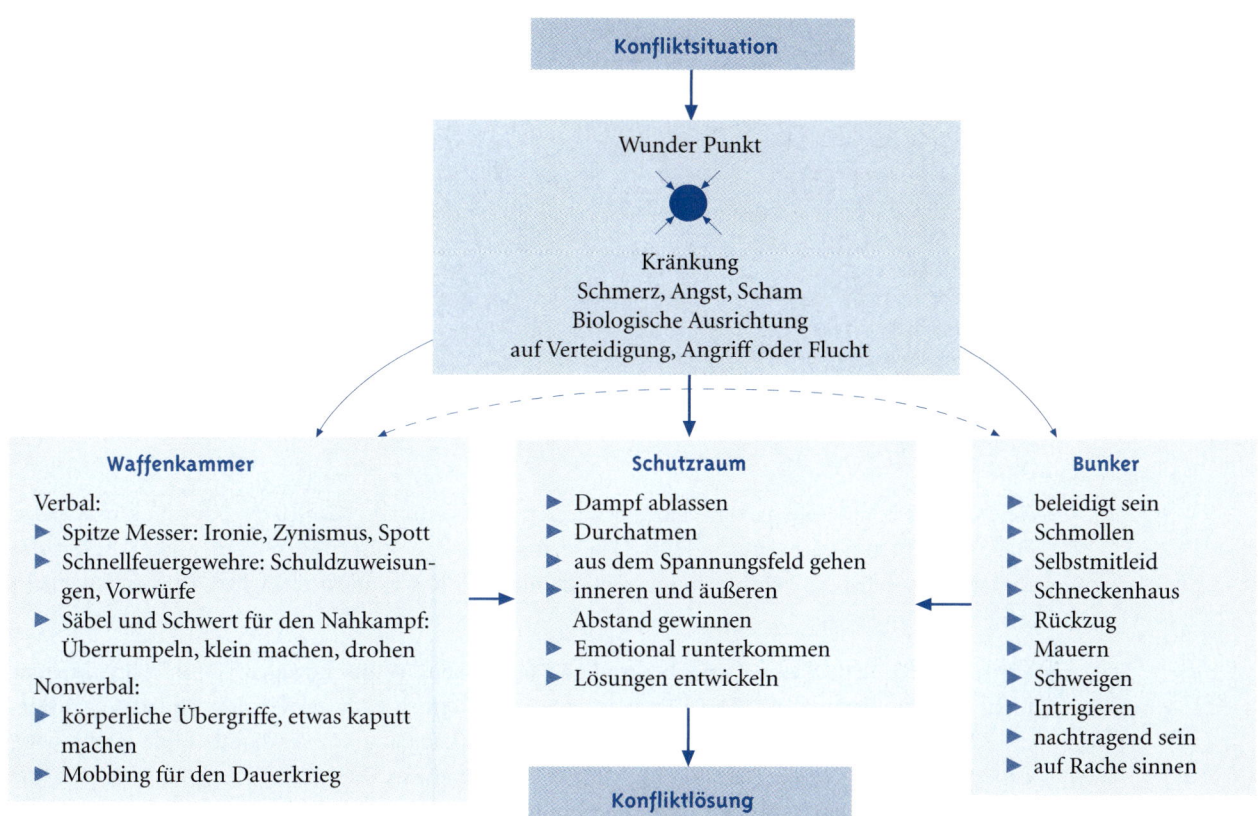

Abbildung 11.1 Jeder Mensch hat durch seine Lebensgeschichte ganz persönliche „wunde" Punkte, die bei Druck eine emotionale Abwehrreaktion auslösen. Folgt man allein dem biologischen Programm des limbischen Systems, rennt man überwiegend unbewusst in die Waffenkammer oder den Bunker. Konfliktkompetenz bedeutet aber Lösungssuche im persönlichen Schutzraum. Das schützt auch den Konfliktpartner vor unbedachten Handlungen der Altenpflegerin

11.3 Selbstschutzprogramm in Konfliktsituationen: Abwehrmechanismen

Das Verhalten von Menschen in Krisen und Konflikten wird auch durch unbewusste innerpsychische Mechanismen gesteuert, wie wir seit Sigmund Freud (Begründer der Psychoanalyse) wissen. Unmittelbar nach der Geburt wird das Verhalten eines Menschen ausschließlich durch die Instanz des Es und seine biologischen Triebimpulse gesteuert. Erst die Gebote und Verbote (→ 12.2.2 Antreiber und Erlaubnisse) der sozialen Umwelt führen zur Ausbildung des Über-Ich. Man erkennt es an Sätzen wie „Man darf nicht …" oder „Du musst immer …" oder „Das gehört sich nicht". Auf diese Weise entsteht das Gewissen. Die Wurzeln mancher Konflikte im Erwachsenenalter liegen in der zu großen Kluft zwischen dem von den Eltern eingepflanzten Ich-Ideal und dem eigentlichen Ich. Pflegende wissen, was es bedeutet, wenn durch demenzbedingte hirnorganische Veränderungen bei alten Menschen die erlernten moralischen Ge- und Verbote wegbröckeln und persönlichkeitsfremde Impulse aus dem Es durchbrechen.

Abbildung 11.2 Das Drei-Instanzen-Modell der Persönlichkeit nach Sigmund Freud. Das **Es** ist die Hauptquelle der biologisch-triebhaften Bedürfnisse eines Menschen (z. B. Hunger, Sexualität, Neugier) und funktioniert nach dem Lustprinzip. Die Instanz des **Über-Ich** funktioniert nach dem Moralitätsprinzip und wirkt als moralischer Zensor, der die aus dem Es ungezügelt auftauchenden Handlungsimpulse beurteilt und kontrolliert. Das **Ich** ist die zentrale Persönlichkeitsinstanz. Seine Aufgabe ist die Anpassung an die jeweiligen Umgebungsbedingungen nach dem Realitätsprinzip

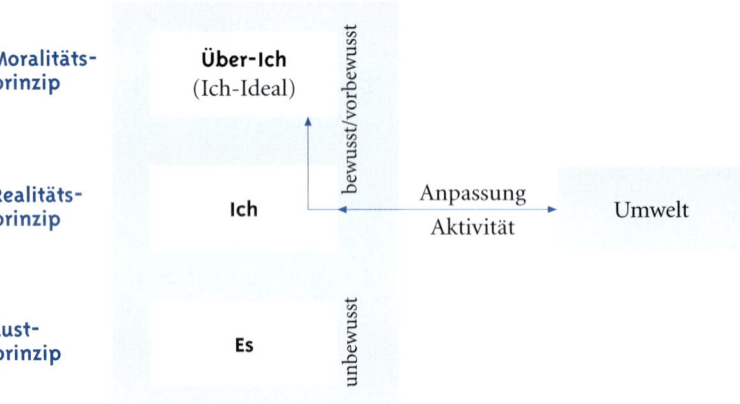

Reicht das Verhaltensrepertoire eines Menschen nicht aus, um Konflikte zu lösen, kommt ihm ein Selbstschutzprogramm zu Hilfe. Diese unbewussten innerpsychischen Helfer nennt die Tiefenpsychologie Abwehrmechanismen. Sie helfen, die Situation erträglich zu machen, nicht sie wirklich zu lösen.

Verdrängung. Unzulässige und bedrohliche Gedanken, Wünsche oder Gefühle dringen gar nicht erst ins Bewusstsein. Die Fähigkeit zur Verdrängung entlastet das Ich und stellt vordergründig das innerseelische Gleichgewicht wieder her. Die dazu notwendige Energie fehlt jedoch dem Ich zur wirklichen Bewältigung der Konfliktsituation. Beispiel: Eine Altenpflegerin, die erklärt, niemals aggressive Impulse gegen andere Menschen zu verspüren, dürfte diesem Verdrängungsmechanismus unterliegen (weil nicht sein kann, was nicht sein darf).

Projektion. Bei der Projektion wird ein eigener inakzeptabler Wunsch oder Impuls einer anderen Person zugeschrieben. Häufig wird diese Person dann genau wegen dieser Eigenschaft oder ihres unmoralischen Verhaltens angegriffen. Dieser Abwehrmechanismus schützt vor den eigenen unerwünschten Motiven, ist aber besonders schädlich für die zwischenmenschlichen Beziehungen, da er Verdächtigungen und Misstrauen hervorbringt. Beispiel: Eigene aggressive Impulse werden in andere hineingelegt, von denen man sich dann bedroht fühlt.

Regression. Bei der Regression wird in einer ernsten Konflikt- und Stresssituation auf Bewältigungsformen zurückgegriffen, die für frühkindliche Entwicklungsphasen typisch sind. Beispiel: Eine Altenpflegerin verharrt in einer Konfliktsituation in hilflos-weinerlicher Stimmung wie ein Kind, dem man sein Spielzeug weggenommen hat.

Rationalisierung. Bei der Rationalisierung wird das eigene Verhalten, dessen wahre Ursachen man nicht akzeptieren kann, durch vernünftige (= rationale) Argumente gerechtfertigt. Rationale Gründe für Verhalten lassen sich nahezu immer finden.

Verschiebung. Bei der Verschiebung werden aufgestaute, zumeist aggressive Gefühle auf solche Personen verschoben und entladen, die weniger mächtig und gefährlich sind als diejenigen, welche die Emotion ursprünglich ausgelöst haben.

Das Selbstschutzprogramm der Abwehrmechanismen hat zwei Seiten: Einerseits gibt es dem Menschen in seelischen Krisen- und Konfliktsituationen zunächst Schutz und Halt. Andererseits kann es einengen, wenn sich die Abwehrmechanismen zu einem Bollwerk verfestigen. Wenn jemand immer verdrängt oder immer auf andere projiziert, sind keine wirklichen Lösungen möglich und Beziehungsstörungen mit der Umwelt unausweichlich. Der Schutzwall wird zum Gefängnis.

11.3
Umgang mit Trauer

11.4 Aggression, Macht und Gewalt in der Altenpflege

Aggressives Verhalten zwischen pflegebedürftigen alten Menschen und Altenpflegerinnen ist ein Tabuthema. Dies gilt noch mehr für die Auseinandersetzungen zwischen pflegebedürftigen alten Menschen und deren pflegenden Angehörigen. Wo gibt es aber lebendige, langjährige und hautnahe intensive Beziehungen zwischen Menschen, ohne dass sich Spannungen aufbauen und diese Menschen gelegentlich auch aneinander geraten? Wo gibt es Pflege ohne Machtgefälle? Provokativ gefragt: Ist ein Berufswahlmotiv neben dem Helfen möglicherweise auch die Macht über schwächere und abhängige Menschen? Wer wird die institutionell verliehene Macht in einer Pflegebeziehung eher missbräuchlich nutzen: die Altenpflegerin, die sich die machtvollen Anteile bewusst eingesteht und auch über ihre aggressiven Impulse spricht („Am liebsten hätte ich ihr da den Kragen umgedreht") oder diejenige, die das alles leugnet?

Macht. Macht meint die Autorität einer Altenpflegerin aufgrund ihrer beruflichen Position und ihres Expertinnenstatus', abhängigen alten Menschen bestimmte Verhaltensweisen vorschreiben oder deren Verhaltensspielraum einengen zu können (z. B. wann die Zeit zur Körperpflege ist).

Gewalt. Gewalt wird von der Wirkung auf ein Opfer her definiert. Die einem alten Menschen gegen seinen Willen verordneten Einschränkungen seiner Entfaltungsmöglichkeiten, z. B. auch ein unfreiwilliger Einzug ins Heim, sind nach dieser Definition Gewalt. In jedem Altenheim wird täglich aus wohlverstandener Fürsorge die Gewaltfrage gestellt und sie muss beantwortet werden. Entscheidungskriterium ist der Schutz vor Selbst- und Fremdgefährdung: „Muss ich Herrn A. jetzt auch gegen seinen Willen waschen, um Wundliegen und Infektionsgefahr zu vermeiden? Oder kann ich seinen Willen noch tolerieren?" Bei vielen alltäglichen Pflegehandlungen müssen die Pflegekräfte diese Gratwanderung meistern und sich des Zwangscharakters, der strukturellen Gewalt ihres Handelns bewusst sein. Gewalt entsteht:

11.4
Die Gewalt – ein Gedicht von Erich Fried

▶ im Zusammenhang mit den strukturellen Bedingungen der ambulanten und stationären Pflege,

▶ aus Überforderung der Pflegenden,

▶ aus Krankheitssymptomen der Pflegebedürftigen.

11.4
Entmündigung

Aggression. Aggression ist nicht nur eine destruktive Kraft. Die „wilden Kerle" im Menschen sind nicht allein dunkle und böse Energien, sie befähigen auch zu Schutz, Verteidigung, Durchsetzungsvermögen und Vorwärtstreben. Immer wenn wir aufeinander zugehen, noch mehr, wenn wir uns dabei sogar berühren (angreifen) – an der Grenze zwischen Ich und Du – ist diese Lebensenergie mit im Spiel.

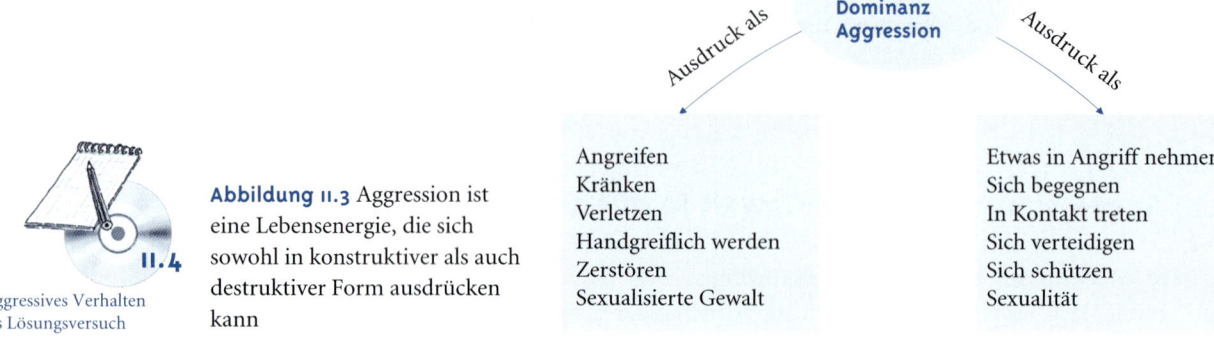

Aggressives Verhalten
als Lösungsversuch

Abbildung 11.3 Aggression ist
eine Lebensenergie, die sich
sowohl in konstruktiver als auch
destruktiver Form ausdrücken
kann

**Lebensenergie
Dominanz
Aggression**

Ausdruck als

Angreifen
Kränken
Verletzen
Handgreiflich werden
Zerstören
Sexualisierte Gewalt

Ausdruck als

Etwas in Angriff nehmen
Sich begegnen
In Kontakt treten
Sich verteidigen
Sich schützen
Sexualität

11.4.1 Strukturen in der Altenpflege: Nährboden aggressiver Auseinandersetzungen

„Aushalten – Maul halten – durchhalten", so der Tipp einer vierundneunzigjährigen Heimbewohnerin an eine Altenpflegerin, wenn diese sich über irgendetwas oder irgendjemand aufreg-
te. Da ist eine ganze Menge dran: Sowohl die Pflegekräfte wie auch die alten Menschen im
Heim müssen viel Frustration ertragen, manchmal auch schweigen, wo sie lieber lautstark ihrem Ärger Luft verschaffen würden, und nicht zuletzt die täglichen Herausforderungen eines
Zusammenlebens oder Arbeitens im Altenpflegeheim und in der ambulanten Altenpflege
durchhalten. Schauen wir uns einige Mechanismen etwas genauer an, die zu destruktiven Aggressionen und Machtkämpfen in der Altenpflege führen.

Selbstreflexion zur
strukturellen Gewalt

Frustration und Aggression

Zwischen Frustrationen im Lebensalltag und der Höhe des Aggressionspotentials besteht ein
enger Zusammenhang. Aggressive Handlungen speisen sich oft aus der Frustration der Bedürfnisse der Beteiligten, wie am Frustrations-Aggressions-Modell deutlich wird.

Abbildung 11.4 Frustrations-Aggressions-
Modell. Wird die Befriedigung von Bedürfnissen durch andere Menschen oder
die Umstände blockiert, steigt das Aggres-
sionspotenzial. Gesunde und ausgeglichene
Menschen können die Befriedigung von
Bedürfnissen auf einen späteren (günstige-
ren) Zeitpunkt verschieben. Bei demenziell
erkrankten Menschen funktioniert diese
Form der Selbstkontrolle nur noch eingeschränkt. Die Wahrscheinlichkeit, dass eine
Frustration zu Aggression führt, nimmt zu

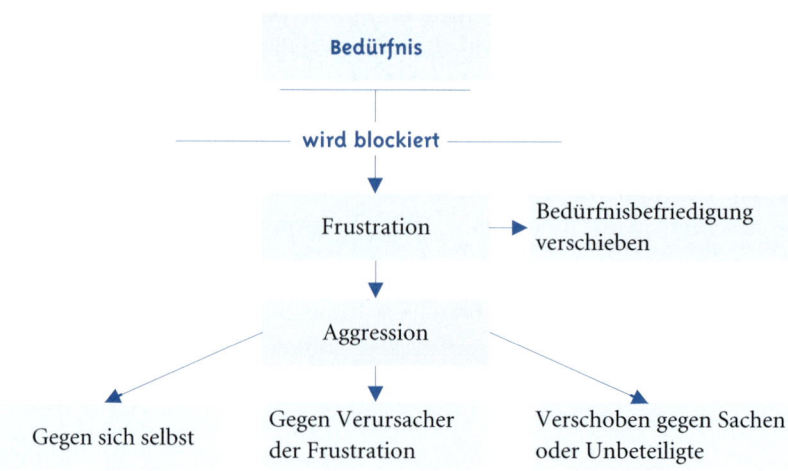

Pflegebedürftige sind zur Erfüllung vieler Bedürfnisse von der Hilfe anderer Menschen abhängig. Frustrationen entstehen allein schon durch das Gefühl der Abhängigkeit. Hinzu kommen Restriktionen im Heimalltag, wenn individuelle Wünsche zum Tagesablauf (z. B. gewohnte Rituale der Morgenprozedur, Essenszeiten etc.) durch die Pflegeroutinen blockiert werden, oder wenn man mit Menschen zusammen leben muss, mit denen man sich nicht versteht.

Für die Altenpflegerinnen sind die besonderen Belastungen des Pflegeberufs eine ergiebige Quelle für Frustration und Überforderung, für eine Herabsetzung der Reizbarkeitsschwelle (Frustrationstoleranz). Überstrapazierte Nerven sind keine Seltenheit angesichts von Nacht-, Schicht- und Sonntagsdiensten, der Hektik wegen Personalmangels, der Konfrontation mit verrücktem Verhalten, der Herausforderungen durch Sterbebegleitung und Trauerarbeit.

Bei Berufsanfängerinnen gibt es eine Tendenz, sich die Anerkennung und Bestätigung, die man von Seiten der erfahrenen Kolleginnen und Vorgesetzten bräuchte, ersatzweise von den gepflegten alten Menschen zu holen. Die Enttäuschung ist groß, wenn ein liebevoll gepflegter alter Mensch die Pflegekraft plötzlich beschimpft, aggressiv oder sexuell übergriffig wird. Solche Verhaltensweisen machen auch pflegenden Töchtern und Schwiegertöchtern zu schaffen, insbesondere wenn die Pflege eines Elternteils unbewusst mit einem Ringen um späte Anerkennung (→ 7.1.4 Filiale Reife) verbunden ist. Pflegende Angehörige, die sich mit Haut und Haaren in Beschlag genommen fühlen und keinen ausreichenden Frei- und Erholungsraum für sich haben, sind in ihrer Frustrationstoleranz verständlicherweise beeinträchtigt.

In der Abbildung 11.5 sind die Quellen des Frustrations-Potentials von Altenpflegerinnen und pflegebedürftigen alten Menschen zusammengefasst.

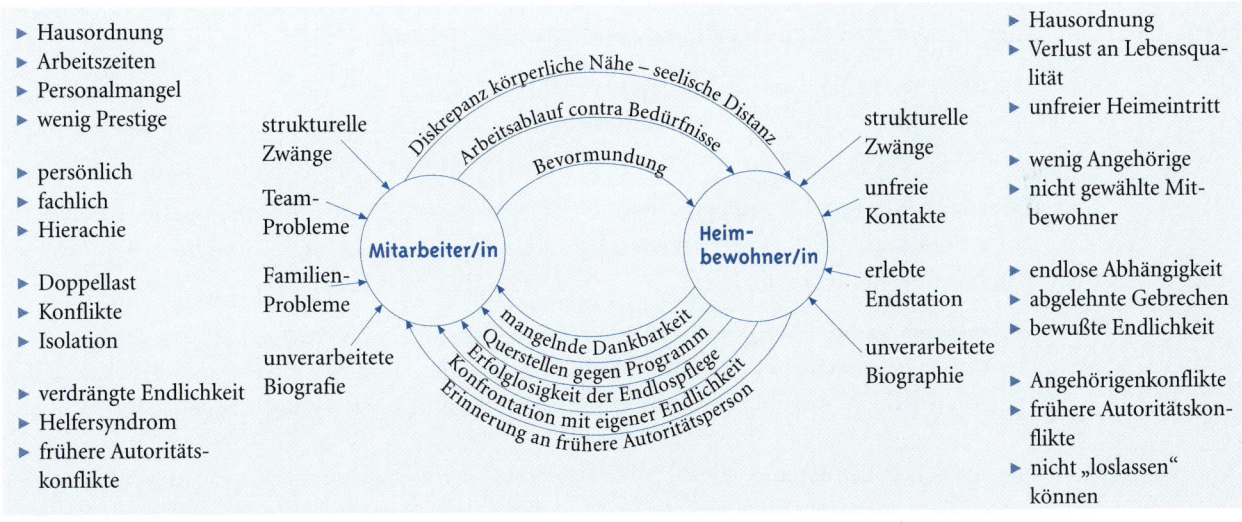

Abbildung 11.5 Quellen des Gewaltpotenzials von Mitarbeiterinnen und Heimbewohnern (aus: Ruthemann, 1993). Die Abbildung zeigt, wie vielfältig die Frustrationsquellen im Altenheim sein können – sowohl für die betreuten alten Menschen als auch für die Mitarbeiterinnen.

11.4

Entschärfung struktureller Gewalt

Zur professionellen Selbstreflexion struktureller Zwänge sind folgende Fragen zu beantworten:
- ▶ Wie notwendig sind meine pflegerischen Maßnahmen wirklich?
- ▶ Geben die Tagesroutinen unseres Heimes oder unseres Wohnbereichs den notwendigen Schutz für alle Beteiligten und zugleich den individuellen Spielraum?
- ▶ Ist unser Toleranzspielraum in der Pflege gerontopsychiatrisch erkrankter Menschen groß genug für deren Verhaltensbuntheit?
- ▶ Wie lösen wir in unserem Arbeitsteam Konflikte? Gibt es ungeklärte Konkurrenzen über die richtigen Pflegestandards, die auf dem Umweg über die alten Menschen ausgetragen werden?
- ▶ Empfinde ich als pflegende Angehörige Konkurrenzgefühle gegenüber den Mitarbeiterinnen des ambulanten Pflegedienstes?

11.4.2 Nähe und Distanz

Normalerweise hängt es von der Art der Beziehung zueinander ab, wie nahe Menschen einen anderen an sich heranlassen. Altenpflegerinnen müssen beruflich mit Menschen in engen Kontakt treten und dabei oft die Grenze zu deren Intimraum überschreiten. Für die professionelle Pflege ist es wichtig, sich die verschiedenen Distanzzonen bewusst zu machen, mit denen sich Menschen umgeben.

Der persönliche Raum wird in vier Distanzzonen unterschieden (Argyle, 1981):

Intimer Raum (bis 45 cm). Innerhalb dieses Raumes werden nur Ehepartner, Geliebte, Kinder und enge Familienangehörige geduldet. Wir können uns auf dieser Distanz praktisch überall berühren, uns riechen, Wärme spüren oder Feinheiten der Haut erkennen. Fremden wird ein Eindringen in den intimen Raum nur bei einer professionellen Beziehung gestattet: Pflegende und Ärzte dürfen hautnah berühren, ebenso wie der Friseur.

Persönlicher Raum (45 bis 120 cm). Auf diese Distanz, etwa eine Armeslänge, dürfen sich Freunde nähern, ohne dass wir zurückweichen. Bestimmte Berührungen sind noch möglich und auch gestattet, wie z. B. Hand auf die Schulter legen.

Sozialer Raum (120 bis 270 cm). Diese Distanz ist charakteristisch für die meisten sozialen Interaktionen, die wir täglich erleben: im Beruf, beim Einkaufen, etc. Körperliche Berührungen sind hier bereits ausgeschlossen.

Öffentlicher Raum. Größere Abstände werden als öffentlicher, sozusagen unpersönlicher Raum betrachtet. Was sich auf dieser Distanz abspielt liegt außerhalb des für Interaktionen relevanten persönlichen Raumes und ist für die räumliche Kommunikation weniger bedeutsam.

Den persönlichen Raum versuchen Menschen, wenn möglich, zu markieren, um Eindringlinge abzuhalten oder ihnen zu signalisieren: „Dies ist mein persönliches Territorium". So kann beispielsweise das Aufstellen kleiner persönlicher Utensilien (Bilder, Bücher usw.) durch Heimbewohner auch als Versuch zur Kennzeichnung ihres Reviers angesehen werden.

Wird der persönliche Raum verletzt, versucht man den Eindringling zu vertreiben oder sich selbst zurückzuziehen: Probieren Sie doch in einem Gasthaus am vollbesetzten Tisch einmal aus, wie ein fremder Nachbar reagiert, wenn sie unauffällig persönliche Gegenstände, wie z. B. Ihr Glas, nach und nach in sein Territorium schieben. Mit großer Wahrscheinlichkeit wird er, ganz unbewusst, diesen Gegenstand wieder über die Grenze zurückschieben. Wenn einem ein

Grenze

Ich Orientierung – Schutz **Du**

Begegnung

Verteidigung

Kontakt

Abbildung 11.6 Altenpflegerinnen als Grenzwanderer. Altenpflegerinnen bewegen sich an der Grenze zwischen Du (beim anderen sein; sich auf den alten Menschen einstellen) und Ich (zu mir kommen; auf mich besinnen). An der Begegnungsgrenze findet der Kontakt zwischen zwei Personen statt, sie bietet zugleich Schutz und Orientierung. Bei Bedrohungsgefühlen wird sie zur Verteidigungslinie

Fremder zu nahe auf den Pelz rückt, wird man versuchen, die der Beziehung entsprechende Distanz wieder herzustellen, in dem man ein Stückchen weiterrutscht oder aufsteht und weggeht.

Altenpflegerinnen brauchen Achtsamkeit für die Grenzen und (Schutz-)Bedürfnisse des alten Menschen, mit dem sie in Kontakt treten. Das gelingt nicht immer in der Routine des Pflegealltags. Nur wenn sie ihre eigenen aggressiven Anteile nicht tabuisieren, können sie Verantwortung für eine unzulässige Grenzüberschreitung übernehmen, sich entschuldigen und solche Vorfälle künftig vermeiden. Das gilt auch für pflegende Angehörige.

Altenpflegerinnen brauchen auch Achtsamkeit für die eigenen Grenzen. Wenn Pflegende ein berufliches Selbstbild entwickeln, dass sie allezeit und allen Menschen gegenüber gleichermaßen freundlich und aufopferungsbereit sein sollen, verlieren sie die professionelle Distanz (→ Abb. 11.6). Wer beruflich viel Kontakt mit hilfsbedürftigen Menschen hat, muss ein Gespür dafür entwickeln, wann er sich aus dem helfenden Kontakt zurückziehen muss. Ansonsten richtet er Gewalt gegen sich selbst und ist burnoutgefährdet (→ 12.3 Burnout).

Abbildung 11.7 Es erfordert Feinfühligkeit, in der Begegnung das richtige Maß zwischen Nähe und Distanz zu finden

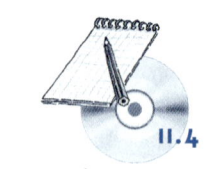

Grenzen achten

„Ja" und „nein" sagen

Bei Grenzüberschreitungen seitens pflegebedürftiger Menschen ist es wichtig, verbal und nonverbal eindeutig zu vermitteln: Halt! Hier ist meine Grenze. Gegenaggression ist unprofessionell. Nicht immer ist es notwendig, einen Konflikt auszudiskutieren. Zur pflegerischen Kompetenz gehört es, innerlich einen Schritt zur Seite zu gehen und aggressivem Verhalten auszuweichen. Loslassen des Machtkampfseils und kleine Versöhnungsgesten sind professionelle Lösungen von „Wer hat recht?"-Spielen, die in vielen Pflegebeziehungen zum alltäglichen Standardprogramm gehören.

Die Beziehungs- und Grenzklärung ist kein einmaliger Akt, da sich die Befindlichkeiten und Abgrenzungsbedürfnisse von Menschen ständig ändern, sondern ein Prozess. Dafür können sich Pflegende rüsten:

▶ Sie lernen, sich ihre persönlichen Grenzen einzugestehen und „nein" zu sagen.
▶ Sie lernen, ihren Toleranzspielraum und ihr Herz für das Ja zum ungewöhnlichen Verhalten pflegebedürftiger alter Menschen zu erweitern.
▶ Hilfreich wird ihnen auch sein, die Lebenswelt des alten Menschen, der aus einer ganz anderen Generation kommt, besser kennen und verstehen zu lernen: seine andere Art der Konfliktbewältigung, seine andere Art Versöhnungsbereitschaft zu signalisieren.

11.4.3 Ausdruck von Aggression

Wie hat es eine Altenpflegerin zu verstehen, wenn eine demenzkranke alte Dame aus gehobener Schicht sie plötzlich mit „Du Drecksau" betitelt, ihr bei der Pflege ins Gesicht schlägt oder sie anspuckt? Die Erklärung findet sich im Modell des Werkzeugverlustes (→ 4.4.1 Werkzeugverlustmodell): Der alten Dame sind die Werkzeuge für ein gesellschaftsübliches Ausdrücken ihres Ärgers und ihrer Aggression durch die Demenzerkrankung abhanden gekommen. Für die Altenpflegerin ist es zum professionellen Verständnis der erlebten Aggressionen hilfreich, sich die Lern- und Verlerngeschichte des Ausdrucks von Aggression näher anzusehen.

Jeder Mensch besitzt ein Repertoire von Verhaltensweisen, mit denen er aggressive oder auch versöhnliche Stimmungen ausdrücken kann. Neben angeborenen Verhaltensmustern (z. B. Beißen oder Lächeln) lernt er im Laufe seiner Erziehung auch sprachliche Ausdrucksformen und was den gesellschaftlichen Umgangsformen entspricht und was nicht. Üblicherweise drücken wir Ärger und Aggression zunächst mit unserer Mimik aus, steigern uns dann in Beschimpfungen hinein und werden nur im Ausnahmefall handgreiflich, beißwütig oder spucken Gift und Galle. Was aber, wenn einem alten Menschen durch eine Demenzerkrankung seine sprachlichen Ausdrucksmöglichkeiten verloren gehen, mit denen er manches aggressive Wortgefecht geschlagen hat? Aggressionen können nicht weg diskutiert werden; erst recht nicht, wenn einem Menschen aufgrund der hirnorganischen Abbauprozesse die Werkzeuge Sprache und Gedächtnis zunehmend entgleiten. Demenzkranke Menschen können nur auf Ausdrucksformen zurückgreifen, die ihnen noch verblieben sind: oft nur kurze Sätze, einfache Worte oder eben Tätlichkeiten. Wenn sich die Altenpflegerin bewusst macht, dass die alte Dame sie nicht persönlich beleidigen will, sondern mit den ihr zugänglichen Verhaltensmöglichkeiten ihr momentanes Gefühl ausdrückt, kann sie besser damit umgehen und sich auch ohne Gegenaggression schützen.

11.4.4 Taktile Abwehr

„Ich habe Frau A. doch ganz behutsam angefasst und da hat sie mir aus heiterem Himmel eine geknallt." Weder hatten die beiden eine aktuelle Auseinandersetzung, noch war die Altenpflegerin grob oder hatte die alte Dame erkennbar schlechte Laune. Nach der verständlichen reflexartigen Schutz- und Abwehrreaktion, wird sich die Altenpflegerin fragen: Warum ist das passiert, wie kann ich es vermeiden und wie mich zukünftig besser schützen? Für unser hochsensibles Sinnesorgan Haut hat jede Form von Berührung eine Signalwirkung: Ich fühle etwas. Diffuse Empfindungen, die nicht genau identifiziert werden können, lösen Vorsicht und taktile Abwehr aus. Wenn beim Griff in die Hosentasche nicht auf das vertraute Taschentuch, sondern auf ein klebriges Bonbon gestoßen wird, wird die Hand schnell zurückgezogen. Die beiden Grundhaltungen Neugier und Abwehr halten sich normalerweise die Waage. Sie kommen bei alten Menschen aus dem Gleichgewicht, die durch demenzbedingten Werkzeugverlust das Zutrauen in die Welt zunehmend verlieren. Die taktile Abwehr, die Schreckreaktion, überwiegt. Diese reflektorische Abwehrhaltung gegen ungewohnte oder überraschende Berührungen darf nicht als gezieltes aggressives Verhalten missverstanden werden. Demenzkranke tun sich aufgrund ihrer Gedächtnisstörung schwer, sich an mehrere Altenpflegerinnen und deren unterschiedliche Berührungsstile zu gewöhnen. Taktile Abwehr lässt sich vermeiden, wenn z. B. folgenden Regeln aus der Basalen Stimulation berücksichtigt werden:

- ▶ Blickkontakt und ruhige Stimmlage,
- ▶ eine Anfangsberührung wählen, mit der der alte Mensche grundsätzlich zuerst berührt wird; möglichst am Körperstamm (z. B. Schulter); Teamabsprache ist sinnvoll,
- ▶ punktuelle und oberflächlich streifende Berührungen vermeiden,
- ▶ mit der ganzen Handfläche einen deutlichen Kontakt herstellen, nicht nur mit den Fingern.

11.4

Bevor Sie aus der Haut fahren …

11.4

Handeln statt Misshandeln – eine Initiative gegen Gewalt

12 Pflege deinen Nächsten und dich selbst

Was Sie in diesem Kapitel erwartet

Altenpflegerinnen leiden erheblich stärker als der Bevölkerungsdurchschnitt an psychosomatischen Beschwerden. Kommt bei der Pflege anderer Menschen die Selbstpflege zu kurz?

Altenpflegerinnen und pflegende Angehörige müssen vielfältige Belastungssituationen meistern. Es ist nicht nur körperlich anstrengend, alte Menschen zu pflegen, sondern erfordert auch viel psychische Kraft. Die Konfrontation mit existenziellen menschlichen Nöten wie Gebrechlichkeit, Demenzerkrankungen, Sterben und Tod bedeutet Stress. Angeborene physiologische Stressreaktionen des vegetativen Nervensystems führen unter Dauerstress zu psychosomatischen Beschwerden. Pflegende können ihre psychomentale Belastbarkeit trainieren. Schon ein kleiner gedanklicher Dreh in Richtung eigene Ressourcen und Lösungsmöglichkeiten erweitert Spielräume und erzielt große Wirkung. Dazu gehört nicht zuletzt die bewusste Wahrnehmung der heiteren Seiten und der Anregungen, die von den alten Menschen ausgehen und den Altenpflegeberuf oder die Pflege Angehöriger liebenswert machen. Wer mit berufstypischem Stress gesund umgeht, braucht Burnout nicht zu fürchten. Altenpflegerinnen und pflegende Angehörige sollten erste Warnzeichen für ein „Ausbrennen" wahrnehmen können, um gegenzusteuern. Die Energie für Beruf und Privatleben muss so in Balance gebracht werden, dass genügend Kraft für beide Lebensbereiche bleibt.

12.1 Belastungsfaktoren in der Altenpflege

„Total stressig" lautet ein nahezu geflügeltes Wort in der Altenpflege. Auf Altenpflegerinnen wirken im Arbeitsalltag Belastungen ein, die einen hohen körperlichen und psychischen Beanspruchungsgrad erreichen. Kruse und Schmitt (1999) haben Mitarbeiterinnen in der stationären Altenpflege interviewt und folgende Belastungsfaktoren gefunden:

Rahmenbedingungen	Erlebte Belastungen in der Altenpflege in Heimen
Belastungen, die mit der gesellschaftlichen Anerkennung des Berufs zu tun haben	▶ schlechtes Image des Berufs ▶ geringe Bezahlung
Belastungen durch die Pflegetätigkeit	▶ Gefühl der Überforderung ▶ Konflikt zwischen den eigenen Ansprüchen und dem Machbaren ▶ physische Belastung
Belastungen im Umgang mit Bewohnerinnen	▶ Erwartungen an die Versorgung der Bewohnerinnen, die nicht eingelöst werden können ▶ Konfrontation mit Tod und Sterben

▶

Rahmenbedingungen	Erlebte Belastungen in der Altenpflege in Heimen
	▶ Schwierigkeiten im persönlichen Kontakt ▶ Unsicherheit im Umgang mit verwirrten und depressiven Bewohnerinnen ▶ wenig Erfolgserlebnisse
Belastungen im Umgang mit Mitarbeitern	▶ unterschiedliche Auffassungen von angemessener Altenpflege ▶ Fehlzeiten ▶ Schwierigkeiten im persönlichen Kontakt ▶ Antipathie
Belastungen im Umgang mit Angehörigen der Bewohnerinnen	▶ Erwartungen an die Versorgung der Bewohnerinnen, die nicht eingelöst werden können ▶ Desinteresse ▶ Aggressionen ▶ Ungeduld ▶ Jammern
Belastungen im privaten Bereich, die auf die berufliche Tätigkeit zurückgeführt werden	▶ hohe zeitliche Beanspruchung und unzureichende Planungsmöglichkeiten ▶ Auswirkungen beruflicher Belastungen auf den privaten Bereich
Belastungen, die mit der Einrichtung zusammenhängen	▶ ungesicherte Zukunft der Einrichtung ▶ veränderte Alters- und Pflegestruktur ▶ Reglementierung ▶ Personalknappheit ▶ bauliche Mängel und unzureichende Ausstattung ▶ fehlende Möglichkeit zur Supervision ▶ fehlende Möglichkeit zur Fort- und Weiterbildung

Belastend sind des Weiteren die folgenden Faktoren:
▶ Altenpflegerinnen überschreiten tagtäglich die natürliche intime Distanz im hautnahen Kontakt mit den pflegebedürftigen alten Menschen (→ 11.4.2 Nähe und Distanz). Manchmal kommt es dabei zu sexuellen Grenzverletzungen.
▶ Sie leisten in der Beziehungspflege Gefühlsarbeit an der Grenze zwischen Ich und Du: Es sind Grenzen zu überschreiten und Grenzen aufzuzeigen.
▶ Sie übernehmen in langjährigen Pflegebeziehungen häufig die Rolle des Familienersatzes.
▶ Sie stehen zwischen den Normen und Regeln der Organisation, und den Bedürfnissen der pflegebedürftigen alten Menschen sowie deren Angehöriger.
Altenpflegerinnen, die im ambulanten Bereich tätig sind, würden die Liste um folgende Aspekte ergänzen:
▶ Stress und Gefährdung im Straßenverkehr,

► bei Konflikten und in brenzligen Situationen allein auf sich gestellt sein,

► Erwartung hauswirtschaftlicher Dienstleistungen, die nicht eingelöst werden können,

► Beratungsbedarf pflegender Angehöriger, für den zu wenig Zeit bleibt.

Diese Belastungen hinterlassen Spuren und schlagen sich in einem sowohl physisch als auch psychisch schlechteren Gesundheitszustand der Altenpflegerinnen im Vergleich zur übrigen berufstätigen Bevölkerung nieder.

Eine Untersuchung der DAK hat gezeigt, dass Altenpflegerinnen stärker als die Vergleichsbevölkerung unter psychosomatischen Beschwerden leiden (44 % über dem Durchschnitt). Der psychische Gesundheitszustand der Altenpflegerinnen ist ebenfalls schlechter als der der berufstätigen Bevölkerung (um 12 %), ebenso der physische Gesundheitszustand (um 3,7 % schlechter; BGW-DAK Stress-Monitoring 2003).

12.2 Stress und Stressbewältigung

Stress ist eine unspezifische Reaktion des Organismus auf eine Anforderung. Es kommt zu einem körperlich-physiologischen und psychischen Aktivierungs- und Erregungszustand, der sich in einer Veränderung der Pulsfrequenz, des Blutdrucks und der hormonellen Ausschüttung (Adrenalin/Cortisol) niederschlägt.

Die angeborenen physiologischen Stressreaktionen sind noch ein Erbe aus der Frühzeit der Menschheitsentwicklung und lassen sich auf die beiden folgenden Grundmuster zurückführen:

► Achtung Gefahr!

► Achtung Beute!

In beiden Fällen muss schnell, kraftvoll und ohne langes Nachdenken reagiert werden. Anders ausgedrückt: Unter Stress werden wir auf die Verhaltensweisen Flucht oder Angriff eingestimmt. Aug in Aug mit dem Säbelzahntiger war es wichtig, entweder schnell wegzurennen oder kräftig mit dem Steinbeil zuzuschlagen. Im vegetativen Nervensystem wird der Sympathikus aktiviert, der die Voraussetzungen für eine Steigerung der körperlichen Leistungsfähigkeit schafft. Der Parasympathikus wird in seiner Aktivität gedrosselt, da unter Stress keine Zeit für Ruhe, Erholung und Verdauung bleibt.

Tabelle 12.1 Stressphysiologie (nach Hennenhofer & Heil, 1973). Die Tabelle zeigt, welche physiologischen Veränderungen eintreten, je nachdem ob der Sympathikus oder der Parasympathikus aktiviert werden

Organ	Sympathikus-Wirkung	Parasympathikus-Wirkung
Auge	Erweiterung der Pupillen	Verengung der Pupillen
Speicheldrüsen	wenig, zäher, dickflüssiger Speichel („trockener Mund")	reichlicher dünnflüssiger Speichel
Blutgefäße	Verengung der Blutgefäße	Erweiterung der Blutgefäße
Schweißdrüsen	„kalter", klebriger Schweiß	„warmer", dünnflüssiger Schweiß

►

Tabelle 12.1 (Fortsetzung)

Organ	Sympathikus-Wirkung	Parasympathikus-Wirkung
Lungen	Bronchienerweiterung, Atembeschleunigung	Bronchienverengung, Atemverlangsamung
Herz	Verengung der Herzkranzgefäße, Pulsverlangsamung	Erweiterung der Herzkranzgefäße, Pulsbeschleunigung
Magen	Hemmung der Magentätigkeit	Anregung der Magentätigkeit
Leber/Galle	Hemmung der Gallensekretion, Freisetzung von Blutzucker	Förderung der Gallensekretion
Nebennierendrüse	Anregung der Adrenalinsekretion	Hemmung der Adrenalinsekretion
Niere	Hemmung der Harnausscheidung	Förderung der Harnausscheidung
Verdauungstrakt	Hemmung der Verdauungstätigkeit	Förderung der Verdauungstätigkeit
Harnblase	Hemmung der Harnentleerung	Förderung der Harnentleerung

Stress ist nicht von vorneherein schlecht, da ein Erregungsschub oder Nervenkitzel zu besonderen Leistungen befähigt (Eu-Stress). Stress kann jedoch zu Gesundheitsschäden führen, wenn er überfordert (Dis-Stress).

Dauerstress

Für die körperliche und psychische Gesundheit schädlich und der Leistungsfähigkeit abträglich sind Stresssituationen, bei denen

▶ die einzelne Belastung zu stark ist und die Ressourcen zur Bewältigung fehlen,
▶ die Belastung zu lange anhält,
▶ zu viele Belastungen hintereinander in kurzer Abfolge auftreten.

Dauerstress kann zu folgenden physiologischen Reaktionen führen:

▶ Schlafstörungen,
▶ Kopf- und Magenschmerzen,
▶ Verspannungen der Nacken- und Schultermuskulatur,
▶ Zähneknirschen und Kiefergelenksbeschwerden,
▶ Bluthochdruck,
▶ Verdauungsstörungen,
▶ Infektanfälligkeit,
▶ sexuellen Störungen,
▶ Gedächtnisstörungen.

Wenn Sie mehrere dieser Warnzeichen bei sich beobachten, wird es Zeit für mehr Selbstpflege.

12.2.1 Das transaktionale Stressmodell

Auf bedrohliche oder fordernde Lebensbedingungen reagieren nicht alle Menschen gleich. Der eine empfindet ein Ereignis als Stress und fühlt sich davon überfordert, während es für den anderen eine positive Herausforderung darstellt.

Beispiel

Fallbeispiel. Heimleiter Schenk spricht Altenpflegerin Barbara an, dass er sie für eine Fortbildung zur geron-topsychiatrischen Fachkraft vorgesehen hat. Barbara fühlt sich schlagartig unter Druck gesetzt und weiß gar nicht, was sie antworten soll. Ihr schießt durch den Kopf: „Das schaffe ich nie".

Heimleiter Schenk spricht auch Altenpflegerin Hanna an. Hanna spürt ihr Herz höher schlagen und weiß auf die Schnelle nicht, wie sie reagieren soll. Ihr schießt der Gedanke durch den Kopf: „Das wäre eine tolle Chance, mich fachlich weiter zu entwickeln.".

Ein- und dieselbe Situation kann eine physische und psychische Überlastung bewirken oder zur Mobilisierung neuer Kräfte und Aktivitäten führen. Wie kommt es dazu?

Im transaktionalen Stressmodell von Lazarus (1981) wird deutlich, dass das Empfinden von Stress davon abhängt, wie ein Mensch eine Situation bewertet (→ Abb. 12.1). Dabei spielen seine Erfahrungen, seine Lebensgeschichte und seine Fähigkeiten zur Bewältigung von Herausforderungen eine Rolle.

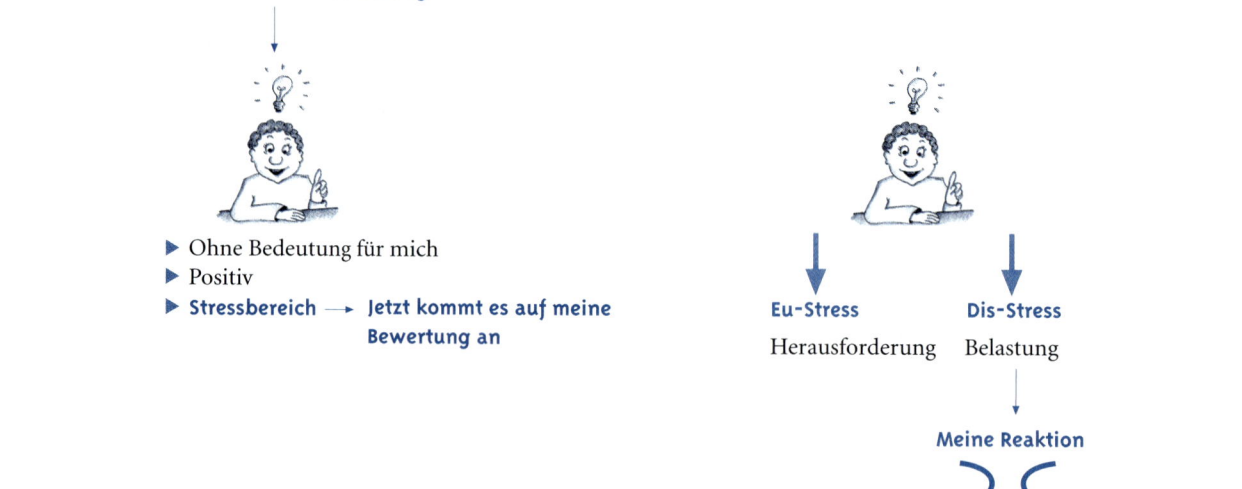

Abbildung 12.1 Stressmodell (nach Lazarus, 1981). Eine Situation wird bereits während der Wahrnehmung entweder als bedeutungslos oder aber als Stress eingeschätzt. Im Fall von Stressempfinden führt dies zu einer Irritation des psychophysischen Gleichgewichts und die physiologisch-hormonellen Stressreaktionen werden aktiviert. Im zweiten Schritt wird je nach vorhandenen Ressourcen des Menschen sowie seinen Grundhaltungen der Stress als Eu-Stress (= guter Stress) und Herausforderung bewertet oder als Dis-Stress (= schlechter Stress) und Bedrohung

Das integrative Stressmodell für die Altenpflege nach Cohen-Mansfield basiert auf dem Modell von Lazarus (→ Abb. 12.2).

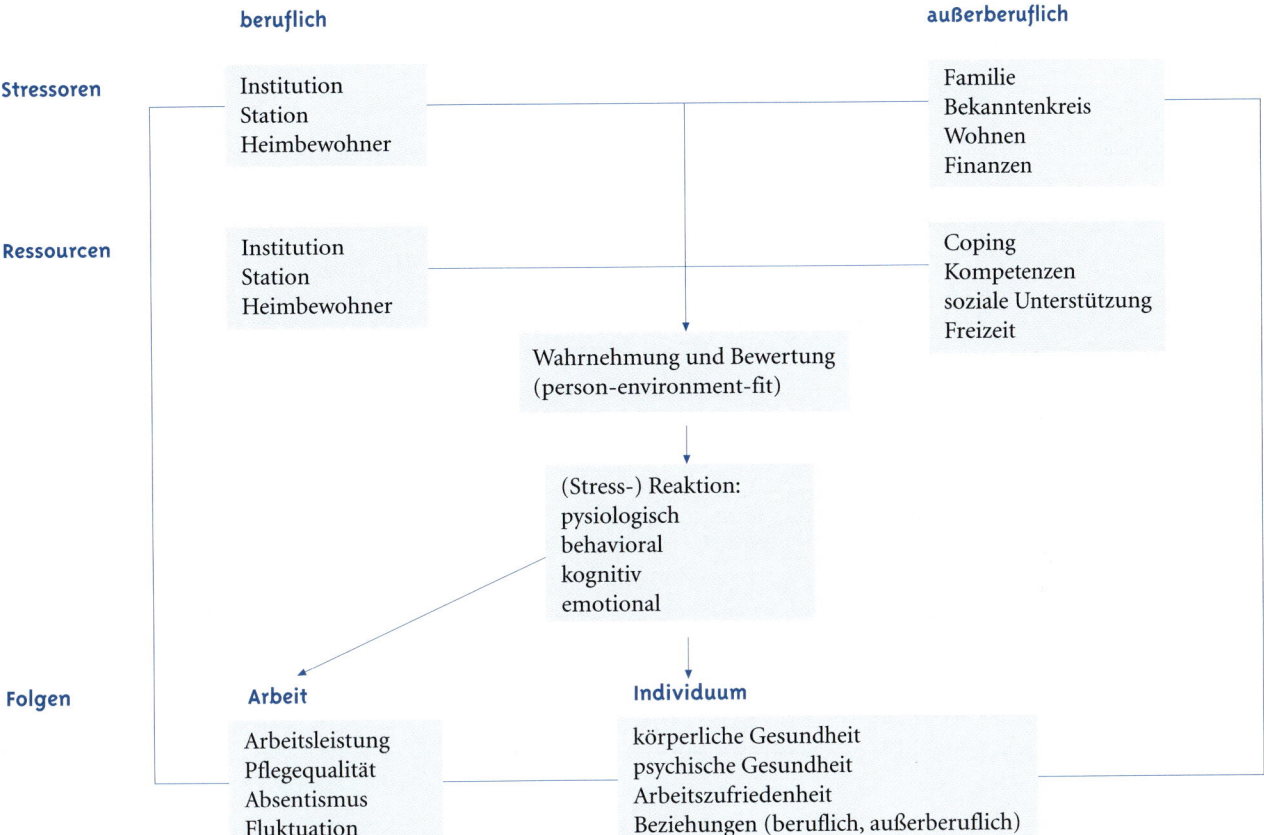

Abbildung 12.2 Das Integrative Stressmodell für die Altenpflege (nach Cohen-Mansfield, 1995). In die Bewertung von Stresssituationen werden sowohl berufliche als auch außerberufliche Faktoren einge-schlossen. Für beide Bereiche werden Stressoren, Ressourcen und Folgen ermittelt

12.2.2 Stressbewältigung

Wie sich Menschen in Stresssituationen verhalten, hängt viel von der aktuellen psychophysi-schen Verfassung und der bisherigen Lebensgeschichte ab. Menschen greifen oft auf bewährte Bewältigungsmuster zurück. Dieser Vorgang wird auch als Coping bezeichnet.

Thomae (1983) hat anhand der Analyse von Lebenslaufschilderungen und Verhaltensbeobach-tungen fünf Gruppen von Coping-Strategien unterschieden (→ Tab. 12.2, S. 200).

Gefährliche Mittel zur Stressbewältigung sind das Entspannungsmittel Alkohol und diverse Medikamente. Gerade angesichts der großen Belastungen in der Altenpflege ergibt sich eine nicht zu unterschätzende Suchtgefährdung.

Vom Problem zur Lösung

Welche Bewältigungsstrategien bevorzugen Sie in Stresssituationen? Es macht einen großen Unterschied, ob man mit einem problem- oder lösungsorientierten Blickwinkel an die Situ-ation herangeht.

Tabelle 12.2 Coping-Strategien zur Stressbewältigung (nach Thomae, 1983)

Methoden der Stressbewältigung	Verhaltensweisen
Leistungsbezogene Methoden	▸ verstärkter Leistungseinsatz ▸ Kräftemobilisierung ▸ Erhöhung der Anstrengungsbereitschaft
Aggressive Methoden	▸ Durchsetzen der eigenen Bedürfnisse und Standpunkte auf Kosten der Umgebung
Defensive Methoden	▸ Abwehrmechanismen wie Verdrängung und Regression (→ 11.2 Selbstschutzprogramm Abwehrmechanismen)
Methoden des Ausweichens	▸ sich zurückziehen ▸ aus dem Spannungsfeld gehen
Methoden der Anpassung	▸ Veränderung des eigenen Verhaltens, um mit den Anforderungen der Umwelt wieder in Gleichklang zu kommen

Problemorientierte Sichtweise: Schlange-Kaa-Prinzip. Man starrt auf das Problem wie die Maus auf die Schlange, ist von ihm wie hypnotisiert und sieht keine Lösungen mehr. Typische Sprachmuster der Problemorientierung sind:

▸ Wer ist schuld?
▸ Wer hat angefangen?
▸ Warum immer ich?
▸ Das schaffe(n) ich/wir nie! Etc.
▸ Ja, aber...

In Pflegeteams kann eine regelrechte Stress-Jammer-Kultur entstehen. Dazu gehört, miteinander darum zu wetteifern, wem es am schlechtesten geht, und auf keinen Fall nach praktikablen Lösungen zu suchen. Gerne wird ein Schuldiger gesucht, was oft zu noch mehr Verwicklungen und Stress führt.

Lösungsorientierte Sichtweise: Bär-Balu-Prinzip. Die lösungsorientierte Sichtweise geht mit einem Problem anders um. Bär-Balu lehrt den Perspektivenwechsel vom Problem hin zu den Ressourcen und Lösungen. Typische Sprachmuster der Lösungsorientierung sind:

▸ Wo sind meine/unsere Ressourcen?
▸ Was kann ich, wo bin ich kompetent?
▸ Was läuft schon gut?
▸ Was ist das Ziel, welche Schritte führen dorthin?
▸ Ja, und …

12.2

Der Schatten

Beim Einzelnen und im Team herrscht eine offene Stimmung, die geistig beweglich macht und Lösungen zulässt. Wesentliche Merkmale sind Wertschätzung, Humor, Lachen und Kreativität.

Wie entstehen persönliche Stressmuster?

Persönliche Stressmuster werden bereits in der Kindheit erworben. Als Antreiber werden einstmals elterliche Forderungen bezeichnet, die – gut gemeint – dem Kind ermöglichen sollten, das Leben zu bewältigen, wie z. B. „Streng dich an!", „Sei perfekt!". Das kann auch durchaus seinen Sinn haben: Wenn man ein bestimmtes Ziel erreichen möchte oder muss, ist es notwendig, sich anzustrengen oder stark zu sein, etc. In dem Augenblick aber, in dem man sich von diesen Anforderungen unter Druck setzen lässt und ihnen später als Erwachsene beinahe zwanghaft folgt, ist man einem solchen Antreiber ausgeliefert und kann nicht mehr souverän und kreativ auf eine Stresssituation reagieren. Für jede der Antreiberbotschaften gibt es allerdings ein Gegenmittel, das wir als Erlaubnis bezeichnen. Wenn man diese Erlaubnisse als Kind von seinen Eltern oder anderen Bezugspersonen nicht bekommen hat, kann man sie sich als Erwachsener selber geben. Zunächst muss man seinen Antreibern aber einmal auf die Schliche kommen, um sie entzaubern zu können. Tabelle 12.3 gibt einen Überblick.

12.2
Selbstpflegeblatt

Tabelle 12.3 Antreiber und Erlaubnisse

Antreiber	Erlaubnisse
Sei perfekt! Diese Forderung verlangt Perfektion und höchste Leistung und kann zu außergewöhnlichen Leistungen und Erfolgen führen. Andererseits aber auch dazu, dass sich der Betreffende ständig übernimmt. Von anderen wird erwartet, dass sie ebenfalls diese Forderung erfüllen.	**Du bist gut genug, so wie du bist. Du darfst du selber sein.** Man muss sich nicht dauernd den Anforderungen der Umwelt anpassen. Offenheit, Natürlichkeit, Spontaneität und Humor können damit zu wesentlichen Verhaltensmerkmalen werden.
Sei stark! Wer diesen Antreiber hat, zeigt wenig Gefühle. Der Betreffende hat frühzeitig gelernt, dass man sich im Leben „zusammenzureißen" hat. Hilfe wird grundsätzlich nicht angenommen. Von anderen wird erwartet, dass sie auf einen zukommen und zu einem aufblicken.	**Du darfst offen sein und deine Gefühle zeigen.** Nur wer sich selbst mit all seinen Gefühlen achtet, kann auf Dauer auch andere mit ihren verschieden Seiten und Gefühlen respektieren. Dazu gehört auch, dass man sich erlaubt, in gewissen Situationen Schwäche zeigen zu dürfen.
Streng dich an! Diese Forderung verlangt permanentes Bemühen beim Erreichen von Zielen. So ist eine Aufgabe auch nur dann stimmig, wenn sie anstrengend ist. Sich Mühe geben ist wichtiger als das Ergebnis. Häufig drückt der Betreffende auch durch seine Körpersprache, wie z. B. gespannte Schultern oder unbewusst geballte Fäuste, aus, dass er sich ständig anstrengt.	**Du darfst es gelassener tun und vollenden.** Wer über diese Erlaubnis verfügt, darf Probleme zu Ende denken, Projekte und Aufgaben zu einem erfolgreichen Abschluss bringen, anstatt ständig etwas Neues anzufangen und dann „Ruinen" zurückzulassen. Darüber hinaus darf sich der Betreffende freuen, wenn ihm das Glück einmal „in den Schoß fällt".
Mach's anderen recht! Wer dieser Forderung zu entsprechen sucht, fühlt sich dafür verantwortlich, dass sich derjenige, der mit ihm zu tun hat, wohl fühlt. Eigene Bedürfnisse und Wünsche spielen keine Rolle. Der Betreffende fühlt sich schuldig, wenn es jemand anderem nicht gut geht. Da er nicht gelernt hat, „nein" zu sagen, erwartet er, dass andere auf ihn Rücksicht nehmen, ohne dass er seine Bedürfnisse und Wünsche klar und deutlich ausspricht.	**Du darfst dich um deine Bedürfnisse kümmern. Du darfst dich wichtig nehmen.** Klarheit über eigene Bedürfnisse und daraus abgeleitete Ziele führen zu einem autonomeren Verhalten, für das der Einzelne dann auch die Verantwortung übernehmen kann. Es gelingt „nein" zu sagen, wenn man etwas nicht will.

Tabelle 12.3 (Fortsetzung)

Antreiber	Erlaubnisse
Beeil dich!	**Du darfst dir Zeit lassen.**
Dieser Antreiber ist Anlass, alles rasch zu erledigen und zwar mehrere Dinge gleichzeitig, auch rasch zu antworten und rasch zu sprechen. Eine bevorzugte Redewendung ist: "Wir müssen uns beeilen!" In einem Betrieb kann ein solches Verhalten durchaus einen „dynamischen" Eindruck machen.	Diese Erlaubnis bestärkt die Haltung, an Aufgaben mit Ruhe, Besonnenheit und Überlegung heranzugehen. Weiters ist es wichtig, immer wieder daran zu denken, dass man auch in Ordnung ist, wenn man einmal langsam ist.

12.2
1. Antreibercheck
2. Entspannungsübung: innerer Platz der Ruhe

Stressbewältigung in der gerontopsychiatrischen Pflege

Wer demenzkranke Menschen pflegt, muss flexibel an deren Welt andocken, sich auf eine ganz andere Welt einlassen können (→ 4.5.3 Integrative Validation). Das ist nicht immer einfach, zuweilen auch sehr anstrengend und bedarf deshalb eines Ausgleichs. Den notwendigen Rückzug auf Inseln der Normalität ermöglichen Organisationsaufgaben (z. B. frische Wäsche holen), die Pflegedokumentation, das Herrichten von Medikamenten oder die Kaffee- und Zigarettenpause im Kreis der Kolleginnen. Die Hauptinsel im „Meer der Ver-rücktheit" ist dabei das Mitarbeiterzimmer. Ein Vorhang, eine Duftschale, Fundstücke aus der Natur (ein schöner Stein, ein bizarres Stück Holz), Klangstäbe oder Bilder symbolisieren den Schutzraum. Schützendorf (2006) beschreibt Schleusen zum Krafttanken und solche, die alles nur noch schlimmer machen, wie die Krankheits- und Suchtschleusen. Zur Stressbewältigung empfiehlt er Selbsterfahrung in ungewöhnlichen Bereichen:

▶ In Anlehnung an die Welt von Demenzkranken selbst einmal Zeitungen genüsslich in kleine Fetzen zerreißen, mit Rasierschaum, Creme und Fingerfarben matschen, Bauklötze aufbauen und umschmeißen; sich einfach durch die demenzkranken alten Menschen anregen lassen und der Phantasie keine Grenzen auferlegen.

▶ Umstellung von der Schnelligkeit und Effizienz auf die Langsamkeit und Ergebnislosigkeit. Die Entdeckung der Langsamkeit und das (Wieder-)Entdecken und Zulassen spielerischer Impulse aus dem Kindheits-Ich ebnen den Königsweg für kreative Lösungen, die manchmal eine Er-Lösung aus verbissenem Machtkampf und Normalitätstraining bedeuten.

Altenpflegerinnen brauchen eine höhere Toleranz für närrisches Verhalten (bei sich und bei anderen), die Fähigkeit, sich professionell als Grenzgängerinnen zwischen den beiden Welten bewegen zu können, sowie den Mut, es Besuchern und Angehörigen zuzumuten, dass es in der Welt der demenzkranken alten Menschen mit anderen Spielregeln zugeht. Hilfreich sind dazu Symbole für die andere Welt wie z. B. eine verkehrt gehende Uhr als Zeichen dafür, dass hier die Uhren anders gehen.

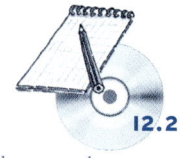

12.2
Schleusen aus dem Arbeitsstress

12.3 Burnout: Wenn die Liebe zum Beruf erkaltet

Fallbeispiel. Karl arbeitet seit zwölf Jahren als Altenpfleger in einer großen Altenpflegeeinrichtung. Bei den alten Menschen und den Kolleginnen ist er wegen seiner fröhlichen Art und seines Energieeinsatzes geschätzt. Vor einiger Zeit hat er begeistert eine Weiterbildung zur gerontopsychiatrischen Fachkraft abgeschlossen. Seine Anläufe zu mehr biografieorientierter Pflege und einer Umgestaltung der Stationsabläufe in Richtung normaler Lebensalltag sind jedoch weitgehend im Sand verlaufen. Zuhause in der Familie gibt es Probleme mit dem pubertierenden Sohn. In den letzten Monaten fällt ihm vieles schwerer, er hat das Gefühl, sich gar nicht mehr richtig erholen zu können. Er klagt über chronische Müdigkeit und Muskelschmerzen. Seinen gewohnten Waldlauf lässt er fast gänzlich ausfallen. Den Kolleginnen fällt auf, dass seine fröhliche Art einer schwermütigen Stimmungslage gewichen ist und er auch bei kleinen Problemen zunehmend aus der Haut fährt. Gegenüber den alten Menschen wirkt er ungewohnt distanziert und gereizt. Manchmal fragt er sich, ob das Ganze überhaupt noch einen Sinn macht.

Zunächst die gute Nachricht: Wer ausgebrannt ist, war häufig entbrannt und Feuer und Flamme für eine Sache. Bleiben wir im Bild, dann geht es darum, die Glut unter der Asche wieder zu entfachen, frische Energie und Sauerstoff zuzuführen. Besser ist es allerdings, von vorneherein auf eine gute Energiebalance von Geben und Nehmen in beruflichen Beziehungen zu achten. Burnout bezeichnet einen chronischen beruflichen Erschöpfungszustand, der sich bei den Betroffenen auf der körperlichen, emotionalen und geistig-kognitiven Ebene zeigt. Das Phänomen taucht vor allem in solchen Berufen auf, in denen die Beziehung zu anderen Menschen Teil der Arbeit ist und eine Schlüsselfunktion einnimmt.

Im Berufsfeld der Altenpflege droht Burnoutgefahr aus zweierlei berufstypischen Besonderheiten zu erwachsen: aus den emotionalen Leistungsanforderungen und aus den institutionellen Rahmenbedingungen.

12.3.1 Symptome von Burnout

Wer in einem Dienstleistungsberuf wie der Altenpflege arbeitet, wird das eine oder andere der Burnout-Symptome gelegentlich schon bei sich selbst bemerkt haben. Es gibt jedoch ein ganz normales Auf und Ab der Berufszufriedenheit, ohne dass gleich das Gespenst des Burnout an die Wand gemalt werden muss. Häufen sich jedoch die Symptome oder dauern über einen längeren Zeitraum an, muss gehandelt und den Ursachen auf den Grund gegangen werden.

Tabelle 12.4 Typische Symptome für Burnout

Körperliche Erschöpfung	Emotionale Erschöpfung	Geistige Erschöpfung
Energiemangel	Gefühle der Niedergeschlagenheit, des Ausgeliefertseins, der Hoffnungslosigkeit	Man fühlt sich den Anforderungen nicht mehr gewachsen
chronische Ermüdung	Gefühl, dass man von seiner emotionalen Kraft nichts mehr an andere abgeben kann	Entwicklung negativer Einstellungen gegenüber den Kolleginnen

Tabelle 12.4 (Fortsetzung)

Körperliche Erschöpfung	Emotionale Erschöpfung	Geistige Erschöpfung
häufige Kopfschmerzen	Wunsch, in Ruhe gelassen zu werden	Entwicklung negativer Einstellungen gegenüber den Klienten
Verspannungen der Hals- und Schultermuskulatur	häufiges Versagen der ansonsten bewährten Bewältigungsversuche bei Arbeitsbelastung	Fähigkeit, sich in die alten Menschen und deren Angehörige einzufühlen, nimmt ab
Rückenschmerzen Muskelverspannungen	Familie und Freunde bedeuten keine Kraftquelle mehr, sondern werden als zusätzliche Belastung erlebt	die alten Menschen werden nur noch als Menschen wahrgenommen, die einem wieder Probleme und Arbeit machen
erhöhte Anfälligkeit für Krankheiten (Schwächung des Immunsystems)	Gefühl der inneren Leere	aggressive Gedankenimpulse tauchen häufiger auf
Kombination von Ermüdung und Schlafschwierigkeiten	erhöhte Reizbarkeit und Nervosität	
Einnahme von Beruhigungs- und Aufputschmitteln	Berufs- und Lebenszufriedenheit nimmt ab	
	Schuldgefühle	

12.3.2 Entwicklung von Burnout

Von Burnout betroffen sind vor allem leistungswillige und ehrgeizige Menschen mit einem hohen idealistischen Anspruch an ihre Dienstleistung, das gilt auch für pflegende Angehörige. Charakteristisch ist die prozessförmige Entwicklung, wie die Tabelle 12.5 zeigt.

Tabelle 12.5 Multifaktorielles Phasenmodell des Burnout bei Altenpflegerinnen nach Ruth Schwerdt (1994), die verschiedene theoretische Ansätze zusammenfasste

Phasenmodell des Burnout bei AltenpflegerInnen

Erstes Stadium: Idealistische Begeisterung

▶ hohe altruistische Berufsmotivation
▶ Allmachtsphantasien
▶ starke Überzeugung von der eigenen personalen und professionellen Kompetenz
▶ Tendenz zur Überidentifikation mit den Bedürfnissen der alten und pflegebedürftigen Menschen
▶ hoher Zeitaufwand für die Arbeit, die oft zum Lebensmittelpunkt wird

Zweites Stadium: Agitationsphase (Anstrengungsphase)

▶ vermehrte Anstrengung im Kampf gegen qualitative und quantitative Überforderung
▶ Enttäuschung über Misserfolge, z. B. Ablehnung durch charakterlich „schwierige", resignierte oder passive Bewohnerinnen sowie durch Mitglieder des Arbeitsteams oder Angehörige

▶

Tabelle 12.5 (Fortsetzung)

Phasenmodell des Burnout bei AltenpflegerInnen

▶ zunehmend moralischer Stress aufgrund notwendiger Kompromisse mit den Arbeitsbedingungen
▶ zunehmende Erschöpfung emotionaler und körperlicher Ressourcen

Drittes Stadium: Regressionsphase

▶ Erschöpfung emotionaler und körperlicher Ressourcen
▶ Infragestellung eigener personaler und professioneller Kompetenz
▶ Verunsicherung der beruflichen und persönlichen Identität
▶ sozialer und emotionaler Rückzug
▶ Neigung zu Drogenmissbrauch und Ausbildung von Psychosomatik

Viertes Stadium: Defensive Bewältigung

▶ Schwinden des Selbstwertgefühls -erlernte Hilflosigkeit
▶ Depression, Resignation
▶ Dehumanisierung
▶ Rigidität, Betriebsblindheit, Innovationsfeindlichkeit

Fünftes Stadium: Erholungsphase oder gefährliche Dekompensation

Erholungsphase:
▶ Ausbildung einer professionellen Haltung mit ausgeglichener Balance von Anspannung und Entspannung
▶ Ergreifen beruflicher Alternativen wie Berufswechsel, Wechsel in eine andere Einrichtung o. Ä.

Gefährliche Dekompensation:
▶ Ausagieren angestauter Aggressionen und sadistischer Impulse gegen pflegebedürftige Menschen, aber auch gegen Kolleginnen, Familienangehörige oder Lebenspartner

Warnsymptome der Anfangsphase sind übertriebener Ehrgeiz und überhöhter Idealismus. Die Alarmglocken sollten läuten, wenn sich ein Gefühl der Unentbehrlichkeit einstellt, freiwillige Mehrarbeit und überzogene Aktivität an der Tagesordnung sind sowie eigene Bedürfnisse und ein Gefühl von Erschöpfung verleugnet werden.

Im altenpflegerischen Berufsfeld gibt es die besondere Gefährdung, mit einer idealistischen Helfermotivation das erforderliche Maß an Nähe und Distanz zum alten Menschen im Meer der Beziehungsarbeit aus den Augen zu verlieren.. Eine erhöhte Burnoutgefahr besteht bei Pflegenden mit Helfersyndrom (Schmidbauer, 2002; → 10.2 Motivation für den Altenpflegeberuf).

12.3
Burnout-Zyklus

12.3
Fragebogen zur falschen Fürsorge

12.3.3 Burnout vermeiden

Zur Prävention von Burnout gehört die Selbstpflege. Ein Konzept dafür entwickelten einige Mitarbeiterinnen des Kuratoriums Deutsche Altershilfe (KDA) in Anlehnung an die AEDL in Form eines Selbstpflegeblattes (Sowinski 1995). Die Gesundheitspsychologin Maria Brigitte Eisner (2006) beschreibt fünf Quellen der persönlichen Energiebalance.

Energieblockaden auflösen. Das Erkennen und der veränderte Umgang mit Energieblockaden ist ein erster wichtiger Schritt. Dadurch wird es wieder möglich, einen Zugang zum eigenen

Abbildung 12.3 Kleine Auszeiten tragen viel zur Regeneration bei

Kräftereservoir zu finden. Was kostet und blockiert meine Energie? Typische Energiefresser sind: Angst vor Misserfolg sowie Angst im Allgemeinen, negative Gefühle sich selbst bzw. der Umwelt gegenüber, Schuldgefühle, Ungeduld, Zweifel an den eigenen Fähigkeiten und Möglichkeiten, äußere Grenzen zu akzeptieren, die nicht mit den eigenen inneren übereinstimmen, „ja" sagen, wenn man „nein" meint.

Diese Energieblockaden können sukzessive aufgelöst werden.

Atmung, Entspannung und Zentrierung. Atmen ist Leben. In welchem Ausmaß unser Atem fließt oder stockt, hat viel damit zu tun, wie viel Energie wir zur Verfügung haben. Tiefes Atmen fördert Entspannung und Zentrierung, lässt uns ruhig werden und vieles mit mehr Distanz betrachten. Im Wechselspiel von Anspannung und Entspannung, wie es in der klassischen Entspannungstechnik der progressiven Relaxation praktiziert wird, kommen wir in einen Zustand angenehmer Ruhe. Diesen Zustand können wir ebenso mit gezielten Yoga-Übungen oder der Methode gelenkter Phantasiereisen erreichen. Mit welcher Methode wir wieder mehr zu uns selbst kommen, tut nichts zur Sache. Wichtig ist vor allem, dass wir Zeiten und Orte dafür einplanen.

1. Abgrenzungs-möglichkeiten
2. Der Atem. Schlüssel zur Gesundheit

Körperhaltung, Bewegung und Beweglichkeit. Mit unserer Körperhaltung können wir unseren Geist und unsere Gefühle beeinflussen und umgekehrt. Deshalb ist es wichtig, jene Körperhaltungen zu identifizieren, die wir in Stresssituationen automatisch einnehmen. Wann und wie verspannen wir uns und unterbrechen damit den Energiefluss in unserem Körper? Unter chronischer Anspannung bleiben körperliche Schmerzen vor allem im Bewegungs- und Halteapparat nicht aus. Lernen wir jedoch, ganz bewusst auf eine entspannte Haltung zu achten, führen wir uns automatisch wieder Energie zu.

Bewegung ist ein wesentlicher Schlüssel, wenn es darum geht, Energie zu tanken, aus verfestigten Denkbahnen auszubrechen und Kreativität fließen zu lassen. Dies kann durch Laufen, Jonglieren oder bioenergetische Übungen genauso erreicht werden wie z. B. durch Yoga, Tai Chi und vieles andere mehr.

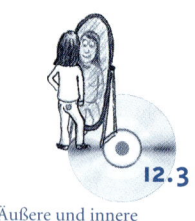
Äußere und innere Haltung

Verbundenheit. Je mehr wir uns mit uns selbst, anderen Menschen und unserer Umwelt in positiver Verbindung fühlen, desto besser geht es uns. Verstärkt spüren wir dieses Gefühl der Verbundenheit, wenn wir unsere Sinne wieder mehr für die Botschaften der Natur sensibilisieren. Sie stellt ein unerschöpfliches Energiereservoir dar, wenn wir lernen, daraus zu schöpfen. Selbst wenn wir in unseren Arbeitsalltag eingebunden sind, ist es möglich, in kleinen Augenblicken positive Bilder aus der Natur herzuholen und damit wieder Energie zu schöpfen.

Anerkennung und Zuwendung. Dies sind wichtige Energielieferanten im Alltag, von anderen, aber auch von uns selbst. In Bezug auf andere, aber vor allem bei uns selbst gehen wir damit oft sehr sparsam um. Deshalb ist es wichtig, einen selbstverständlicheren und gezielteren Umgang mit Anerkennung und Zuwendung zu erlernen. Daraus kann ein positiverer Umgang mit uns selbst, aber auch ein befriedigenderes Miteinander resultieren.

Der Umgang mit dem eigenen Energiehaushalt und den persönlichen Ressourcen ist ein kontinuierlicher Bewusstwerdungs- und Umsetzungsprozess. Es lohnt, sich auf diesen Prozess einzulassen, weil er zu mehr Qualität und Tiefe in unserem Leben führt.

Abbildung 12.4 Charly Brown weiß, wie man Depressionen pflegen kann

12.3
Checkliste zur inneren Balance

12.4 Gesundheitsförderung und Arbeitsschutz

12.4.1 Salutogenese

Die Gesundheitsdefinition der Weltgesundheitsorganisation (WHO, 1946) lautet: „Gesundheit ist ein Zustand vollständigen körperlichen, geistigen und sozialen Wohlbefindens und nicht nur der Abwesenheit von Krankheit und Gebrechen." In Einrichtungen der Altenpflege wird man nach dieser Definition unter den Beschäftigten nur vereinzelt Gesunde antreffen, die – ohne jegliches Zipperlein – volles Wohlbefinden genießen.

Nach dem Modell der Salutogenese ist Gesundheit kein statischer Zustand. Ein Mensch ist nicht entweder krank oder gesund, sondern bewegt sich zu jeder Zeit auf einem Kontinuum den beiden Pole Gesundheit und Krankheit, entweder näher an der Krankheit oder näher an der Gesundheit.

Gesundheit kann demnach als Zustand definiert werden, bei dem ein Mensch in der Lage ist:

▶ seinen Alltag so zu leben, dass er sich mit seinem sozialen Umfeld im Einklang fühlt,
▶ frei nach seinen Wertvorstellungen entscheiden zu können und die Folgen seiner Entscheidungen langfristig zu tragen,
▶ seine Schwächen zu akzeptieren und Mittel zu finden, um Schwierigkeiten zu beseitigen und seine Kraftquellen zu stärken,
▶ sich an die Herausforderungen des Lebens anzupassen, die er nicht gewählt hat und die er schicksalhaft bewältigen muss (Verluste, finanzielle Probleme, Arbeitslosigkeit, Krankheiten).

Ein gesunder Mensch kann sich an die Herausforderungen des Lebens anpassen und zugleich seine wichtigsten Bedürfnisse und seine Identität wahren. (→ 1.1.3 Säulen der Identität).

Kohärenzgefühl

Warum ist es möglich, dass Menschen auch unter schwierigen Lebensbedingungen gesund bleiben und Stresssituationen meistern? Dieser Frage ging der Gesundheits- und Stressforscher Antonovsky (1997) auf den Grund. Er fand heraus, dass jeder Mensch im Lauf seiner persönlichen Entwicklung eine allgemeine Grundhaltung gegenüber den Herausforderungen der Welt und gegenüber dem eigenen Leben erwirbt. Dieses Persönlichkeitsmerkmal bezeichnet er als Kohärenzgefühl (Kohärenz = Zusammenhang und Stimmigkeit). Es drückt aus, in welchem Ausmaß ein Mensch ein tiefes, andauerndes und dennoch dynamisches Gefühl des Vertrauens zum Leben hat. Das bedeutet:

► die Anforderungen und Impulse, die sich im Lauf des Lebens aus seiner inneren und äußeren Erfahrungswelt ergeben, sind strukturiert, vorhersagbar und erklärbar (Verstehbarkeit),

► ihm stehen die Ressourcen zur Verfügung, um diese Anforderungen und Impulse zu meistern (Handhabbarkeit),

► diese Anforderungen und Impulse sind für ihn Herausforderungen, für die es sich lohnt, sich anzustrengen und sich zu engagieren (Bedeutsamkeit).

12.4.2 Gratifikationskrisen

Empfinden Menschen an ihrem Arbeitsplatz ein Ungleichgewicht zwischen dem, was sie geben und dem, was sie erhalten, erhöht sich die Wahrscheinlichkeit für gesundheitliche Beeinträchtigungen. Das psychologische Modell beruflicher Gratifikationskrisen (ERI = Effort-Reward-Imbalance) zeigt, wie Arbeitsstress entsteht, wenn die Balance von Einsatz und Belohnung aus dem Gleichgewicht gerät.

Abbildung 12.5 Modell beruflicher Gratifikationskrisen. Jede Altenpflegerin investiert täglich an ihrem Arbeitsplatz Arbeitskraft, Fachwissen, körperlichen Einsatz, Ideen, etc. Dies muss in einem ausgewogenen Verhältnis stehen zur Anerkennung ihrer Arbeit, ihrem Gehalt und beruflichen Status, Entwicklungsmöglichkeiten und Arbeitsplatzsicherheit (aus Siegrist, 1996)

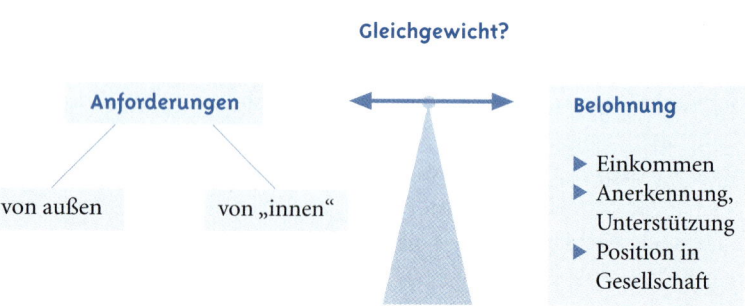

In Abbildung 12.6 wird deutlich, wie in der Altenpflege beschäftigte Menschen in verschiedenen europäischen Ländern das Verhältnis von Aufwand und Belohnung einschätzen.
Die Werte für Aufwand und überdurchschnittliches Engagement waren in der deutschen Stichprobe am zweithöchsten, was auch auf eine mangelnde Fähigkeit zu gesunder Work-Life-Balance hinweist. Die Pflegenden mit einem hohen Ungleichgewicht hatten ein ca. fünffach höheres Risiko für gesundheitliche Beeinträchtigungen und ein ca. zehnfach höheres für Burnout. Herz-Kreislauf-Erkrankungen, psychische und psychosomatische Erkrankungen treten gehäuft auf. Im DAK-Gesundheitsreport (2005) stehen Berufe des Gesundheitswesens an erster Stelle, was die Krankheitstage aufgrund psychischer Störungen, vor allem Angststörungen und depressive Störungen betrifft.

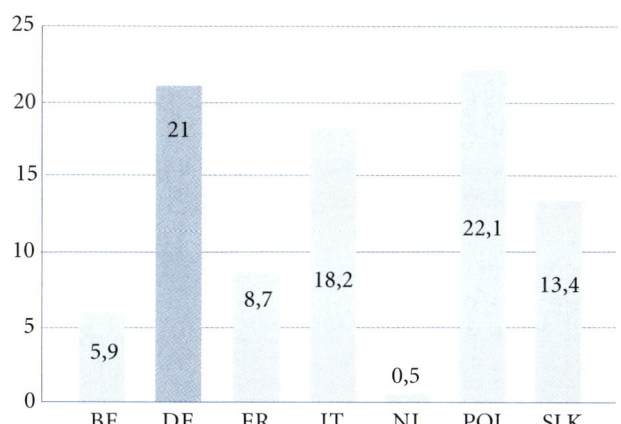

Anteil der Personen mit kritischen Werten über „1" (Prozent)

BE 5,9
DE 21
FR 8,7
IT 18,2
NL 0,5
POL 22,1
SLK 13,4

Abbildung 12.6 Aufwand und Belohnung? Ein ERI-Quotient über 1 bedeutet Ungleichgewicht zwischen dem geleisteten Aufwand und der erhaltenen Belohnung. Die Befunde zeigen eine hochgradige Gratifikationskrise bei den Pflegeberufen in Deutschland. Über 20 % der befragten Pflegenden empfinden das Verhältnis zwischen Aufwand und Belohnung als aus dem Lot geraten (aus Hasselhorn, 2006)

Im Bereich der Arbeitsgestaltung beeinflussen zwei weitere Faktoren die Stressbelastbarkeit der Mitarbeiter ganz besonders: der Entscheidungsspielraum und die soziale Unterstützung (Karasek, 1990). Zum Entscheidungsspielraum zählen alle Arbeitsbedingungen, die den Mitarbeitern Gestaltungsfreiräume, Mitverantwortung und kreative Problemlösungen ermöglichen. Soziale Unterstützung umfasst alle stärkenden sozialen Interaktionen bei der Arbeit durch Kollegen und Vorgesetzte.

Impuls-Test

Treten psychische Arbeitsanforderungen und ein geringer Entscheidungsspielraum gleichzeitig auf, erhöht sich die Wahrscheinlichkeit gesundheitlicher Beeinträchtigungen.

Höchste Belastung entsteht, wenn die psychischen Anforderungen hoch, der Entscheidungsspielraum gering und die soziale Unterstützung niedrig sind.

!

12.4.3 Ansatzpunkte für betriebliches Gesundheitsmanagement

In den Einrichtungen der Altenpflege bestehen schon vielfältige Angebote zur Verhaltensprävention: Rückenschule, Entspannungsprogramme, Ernährungsberatung, Kurse zur Stressbewältigung etc. Bei solchen Einzelmaßnahmen besteht die Gefahr, dass sie über kurz oder lang wieder einschlafen.

Eine Befragung bei ca. 80 Schweizer Betrieben (Schwager & Udris, 1998) zu deren betrieblicher Gesundheitsförderung ergab, dass 80 % aller Maßnahmen auf eine Veränderung des Mitarbeiterverhaltens abzielen und nur rund 20 % auch die betrieblichen Verhältnisse mit einbeziehen. Dieses Ungleichgewicht transportiert unterschwellig die Botschaft: die Arbeitsbedingungen sind in Ordnung, nicht aber das Gesundheitsverhalten der Mitarbeiter. Kurse zur Stressbewältigung machen wenig Sinn, wenn der Stress durch die Verhältnisse im Betrieb hausgemacht ist. Folgende innerbetrieblichen Maßnahmen haben eine präventive Wirkung:

▶ Arbeitsprozesse zur Reduktion von vermeidbarem Stress und Zeitdruck optimieren: Tagesabläufe bewohnerorientiert gestalten, Arbeits- und Pausenzeiten flexibilisieren,

▶ Kompetenzen im Umgang mit unvermeidbaren psychischen Belastungen trainieren („gesund pflegen"): mit gerontopsychiatrisch erkrankten alten Menschen kompetent umgehen, mit Angehörigen konstruktiv zusammenarbeiten, Konflikte und Beschwerden kompetent bewältigen,

- ▶ Supervision ermöglichen,
- ▶ Mitarbeiter wertschätzen und ihre Leistungen anerkennen,
- ▶ Handlungs- und Entscheidungsspielraum bei der Arbeit erhöhen: neue Konzepte und Dienstpläne mitgestalten lassen, Mitarbeiter befragen, Qualitätszirkel einrichten, Verantwortung delegieren, fachliche Kompetenzen durch Fortbildung entwickeln, über Ziele der Geschäftsleitung laufend informieren etc.,
- ▶ Teamentwicklung fördern,
- ▶ Führungsstil reflektieren, Coaching in Anspruch nehmen, Zeit- und Selbstmanagement verbessern („gesund führen"),
- ▶ Image der Altenpflege in der Öffentlichkeit stärken: Präsentation der Leistungen, offene Konzepte.

12.4.4 Supervision und kollegiale Beratung

Das Angebot von Supervision stößt bei Altenpflegerinnen gelegentlich auf Vorbehalte oder gar Ängste, weil sie mit Kontrolle gleichgesetzt und weniger als Entlastung betrachtet wird. Supervision ist eine spezifische Beratungsmethode, die Menschen dabei unterstützt, ihr berufliches Handeln zielgerichteter und zufriedener zu gestalten. Vor allem Menschen, die mit Menschen arbeiten, brauchen diese Unterstützung. Die besonderen emotionalen Herausforderungen in der Altenpflege brauchen einen geschützten Raum für Entlastung und Lösungssuche. In der Supervision setzen sich die Beteiligten konstruktiv mit ihren Belastungen im beruflichen Alltag auseinander. Unter Anleitung eines Supervisors werden die von den Teilnehmern mitgebrachten beruflichen Probleme reflektiert und Lösungen erarbeitet.

Fallsupervision

Beispiel

Eine Altenpflegerin berichtet. Frau B. will nicht täglich gründlich gewaschen werden, nur Gesicht und Intimbereich. Sie will auch noch selbst bestimmen, was sie anzieht. Die Schwiegertochter kam zu Besuch und hat verlangt, dass wir ihre Schwiegermutter um 14 Uhr noch mal vollkommen waschen und ihr das anzieht, was sie ausgewählt hat und nicht das, was die Bewohnerin wollte. Die alte Frau hat geweint und wollte sich nicht waschen lassen. Die Schwiegertochter hat geschrien: „Du schaust schrecklich aus, du wirst machen, was ich gesagt habe."

Es hat mich tief getroffen, dass am Ende des Lebens so wenig Selbstbestimmung bleibt. Das hängt mir immer noch nach. Wie soll ich mich beim nächsten Mal gegenüber der Angehörigen verhalten?

Diese Problemsituation kann die Altenpflegerin im Rahmen einer Fallsupervision einbringen. Bei dieser Form der Supervision stellen die Teilnehmerinnen (Supervisanden) Fälle aus ihrer Praxis vor. Unter Anleitung des Supervisors werden in der Gruppe Lösungsideen erarbeitet. Die Supervisandin nimmt sich die Anregungen mit, die ihr für ihren Fall sinnvoll erscheinen.

Teamsupervision. In einer Teamsupervision geht es um die Optimierung der Zusammenarbeit im Team. Nicht die Beziehungsgestaltung zu den alten Menschen ist im Fokus, sondern die zwischen den Kolleginnen, oder auch Spannungen zwischen Team und Vorgesetzten.

Intervision. Wenn sich Altenpflegerinnen in einem klar definierten Rahmen zu kollegialer Beratung zusammenfinden, spricht man von Intervision. Diese ist vergleichbar der Fallsupervision, nur ohne externen Experten. Intervision funktioniert, wenn Spielregeln definiert werden und eine Teilnehmerin die Moderation übernimmt.

Leitfaden für die
kollegiale Fallarbeit

Zum Schluss

Gottes sind Wogen und Wind,
aber Segel und Steuer
und dass Ihr den Hafen gewinnt,
sind Euer.

Anleitung zur Benutzung der CD-ROM

Auf dieser CD-ROM finden Sie begleitende Arbeitsmaterialien zum Buch, die sich in folgende fünf Rubriken gliedern:

▶ Übungsaufgaben: Durch die Übungen können Sie das im Lehrbuch vermittelte Grundwissen vertiefen.

▶ Lebensgeschichten: Wenn Sie die Fallbeispiele aus der Altenpflege allein oder in der Gruppe erörtern, können Sie Ihr theoretisches Wissen mit der Praxis verbinden.

▶ Lösungskiste: Hier finden Sie zu ausgewählten Themen praktische Tipps.

▶ Selbsterfahrung: Mit diesen Übungen können Sie insbesondere Ihr Einfühlungsvermögen verbessern.

▶ Texte zum Nachdenken: Bei dieser Rubrik handelt es sich um ausgewählte literarische Texte, mit denen Sie Ihre Perspektiven auf spezielle Probleme und Situationen in der Altenpflege erweitern können.

Alle Materialien liegen als pdf-Dateien vor und können direkt von der CD-ROM mit Hilfe des Acrobat-Reader angeschaut und ausgedruckt werden. Sollten Sie keinen Acrobat-Reader haben, können Sie ihn direkt von der CD-ROM aus kostenlos installieren (Sie werden dabei leicht verständlich durch die einzelnen Schritte geführt).

Danach ist das Arbeiten mit der CD-ROM ganz einfach. Sie öffnen auf der Seite „CD-ROM Gesamtverzeichnis" mit einem Doppelklick das gewünschte Kapitel. Von dort können Sie jederzeit über die Buttons am Kopf der Seiten auf die Startseite eines anderen Kapitels springen, oder aber zurück auf die Startseite des Kapitels gehen, in dem Sie gerade arbeiten.

Hinweis: Gelegentlich schaltet sich am Ende der Installation der PC automatisch ab, um die neuen Daten zu speichern. Das kann einen Moment dauern. Schalten Sie dann den PC wieder ein, sofern er das nicht automatisch tut. Entnehmen Sie die CD-ROM und legen Sie sie neu ein – dann startet sie automatisch.

Glossar

Allparteilichkeit. Sich als Pflegender nicht auf eine Seite schlagen, sondern alle Beteiligten – Angehörige und zu Pflegende – gleichermaßen (be-)achten.

Ambivalenz. Zwiespältigkeit und Zerrissenheit in Bezug auf Gefühle und Motive.

Basale Stimulation. Methode zur gezielten Anregung zentraler Wahrnehmungsbereiche, damit sich die Betroffenen besser spüren können.

Biografiearbeit. Methode zur bewussten und strukturierten Beschäftigung mit der Lebensgeschichte eines Menschen.

Burnout. Chronischer Erschöpfungszustand, der sich bei den Betroffenen auf der körperlichen, emotionalen und geistig-kognitiven Ebene zeigt.

Coping. Bewältigungsstrategien, um Konfliktsituationen, Krisen oder belastende Lebensbedingungen zu meistern.

Demenz. Organisch bedingter Abbau des Denkvermögens und der Erinnerungsfähigkeit.

Differentielles Altern. Leistungs- und Persönlichkeitsbereiche jedes Menschen entwickeln sich bis ins hohe Alter ganz individuell.

Dis-Stress. Reaktion auf unbeherrschbare und dadurch als bedrohlich empfundene Situationen.

Entwicklung. Alle Veränderungen im Erleben und Verhalten eines Menschen über die gesamte Lebensspanne hinweg.

Eu-Stress. Reaktion auf als positiv bewertete Anforderungen; ist anregend und leistungssteigernd.

Familien-Verdienstbuchführung. Saldieren von vergangenem, gegenwärtigem und zukünftigem Geben und Nehmen im Familiensystem, woraus Berechtigungen und Forderungen abgeleitet werden.

Feedback geben. Einem Gesprächspartner mitteilen, wie sein Verhalten wahrgenommen, verstanden und erlebt wird und welche Wirkung es auf die eigene Person hat.

Filiale Reife. Entwicklungsstufe eines Erwachsenen, der sich seinen Eltern frei von emotionalen Verstrickungen souverän zuwenden kann.

Fremdbeobachtung. Methode zur gezielten Erfassung des sichtbaren Verhaltens anderer Menschen einschließlich der damit in Beziehung stehenden Umgebung.

Gedächtnis. Kognitive Prozesse, die dem Einprägen, Behalten und Wiedererinnern von Erfahrungen und Informationen dienen.

Gerontologie. Wissenschaft vom Altern; umfasst alle Disziplinen, die sich mit den biologischen, körperlichen, psychischen und sozialen Grundlagen des Alterns auseinandersetzen.

Identität. Die als das persönliche Selbst erlebte geistige, seelische und leibliche Einheit eines Menschen („Das bin ich").

Inkontinenz. Unvermögen, Urin oder Stuhl zurückzuhalten.

Intelligenz. Fähigkeit des Individuums, Aufgaben durch Denken zu lösen, Sinnzusammenhänge zu erfassen und sich in neuartigen Situationen aufgrund von Einsichten zurechtzufinden.

Interaktion. Aufeinander bezogene Handlungen mit wechselseitiger Beeinflussung, wichtigstes Instrument ist die Kommunikation.

Kommunikation. Vorgang, bei dem Informationen gesendet und empfangen werden; in der Psychologie: Prozess des Miteinander-in-Beziehung-Tretens von Menschen.

Lernen am Modell (Nachahmungslernen). Lernprozess, bei dem ein Mensch durch die Beobachtung anderer Menschen Verhaltensmuster übernimmt.

Lernen. Erwerb von Handlungs-, Gefühls- und Denkgewohnheiten, die dem Menschen eine Anpassung an die jeweiligen Umweltgegebenheiten ermöglichen.

Löschung. Durch Verstärkung erlerntes Verhalten wird gelöscht, wenn Verstärker ausbleiben.

Meta-Kommunikation. Kommunikation über die Kommunikation.

Migranten. Menschen, die ihre Heimat verlassen haben, um sich in einem anderen Land dauerhaft niederzulassen (Arbeitsmigranten, Flüchtlinge, Asylbewerber und deutschstämmige Aussiedler).

Milieutherapie. Therapeutische Methode, bei der die materielle und soziale Umwelt an die krankheitsbedingten Veränderungen im Erleben und Verhalten der Betroffenen angepasst wird.

Multimedikation. Verschreibung mehrerer Medikamente beim gleichzeitigen Vorliegen verschiedener Erkrankungen.

Multimorbidität. Wenn ein Mensch von mindestens fünf Erkrankungen gleichzeitig betroffen ist.

Persönlichkeit. Die Gesamtheit der Eigenschaften, die einen Menschen als einzigartig charakterisieren und ihn von anderen Menschen unterscheiden.

Pflegeprozessmodell. Reflektiert die Frage, wo der pflegebedürftige alte Mensch und die Pflegenden in Bezug auf ein Pflegeproblem stehen.

Primäre Motive. Sind angeboren und umfassen die für den Menschen lebensnotwendigen Bedürfnisse (z. B. Hunger, Durst und Schlafbedürfnis).

Prospektives Gedächtnis. Fähigkeit, sich selbständig zum richtigen Zeitpunkt an zukünftige Dinge (geplante Handlungen) zu erinnern.

Psychohygiene. Umfasst alle betrieblichen und individuellen Maßnahmen, die zum Erhalt und zur Förderung der psychischen Gesundheit beitragen.

Psychologie. Wissenschaft vom menschlichen Erleben und Verhalten. Erleben meint innere Vorgänge wie Gefühle, Motive und Stimmungen, Verhalten das geäußerte und konkret beobachtbare Tun und Lassen.

Retrospektives Gedächtnis. Gedächtnisleistungen, die auf in der Vergangenheit Erworbenes zurückgreifen.

Ritual. Vorgegebenes formales Verhalten, das bewusst gestaltet wird. Es ist wirksam, wenn die Beteiligten dahinter stehen.

Sekundäre Motive. Sind erlernt und entfalten sich im lebenslangen Anpassungsprozess an die Anforderungen der sozialen und materiellen Umwelt (z. B. Bedürfnis nach Anerkennung).

Selbstbeobachtung. Methode zur Erfassung von eigenem Verhalten und inneren Vorgängen.

Signallernen (klassisches Konditionieren). Lernprozess, bei dem ein ursprünglich neutraler Reiz mit physiologischen und emotionalen Reaktionen verbunden wird.

Soziale Rolle. Verhalten, das andere Menschen von einem Rolleninhaber in einer bestimmten Situation erwarten.

Sozialisation. Entwicklungsprozess, in dessen Verlauf jeder Mensch in seine soziale Umwelt hineinwächst und Einstellungen, Werthaltungen und Verhaltensweisen entwickelt.

Statistische Norm. Verhalten, das in einer Bezugsgruppe am häufigsten vorkommt und im Mittelmaß liegt.

Stereotype: Stark vereinfachte und klischeehafte Vorurteile gegenüber Angehörigen sozialer Gruppen, z. B. *die* Alten, *die* Psychologen, *die* Ausländer, ohne diese näher zu kennen.

Stress. Körperlich-physiologischer und psychischer Aktivierungs- und Erregungszustand.

Triangulation. Aus der Familientherapie kommender Begriff für die Verstrickung, wenn sich ein Berater mit einem oder mehreren Familienmitgliedern gegen ein anderes verbündet.

Validation. Besondere Form der Beziehungsgestaltung und Kommunikation mit Demenzkranken, deren Verhalten grundlegend akzeptiert und als wertvoll geschätzt wird.

Verstärkungslernen (instrumentelles Konditionieren). Lernprozess, bei dem jeweils das Verhalten verstärkt gezeigt wird, auf das positive Konsequenzen erfolgten.

Wahrnehmung. Aktiver psycho-physischer Prozess der Verarbeitung von Sinneseindrücken

Weisheit. Expertenwissen in grundlegenden Fragen der Lebensführung und Lebensdeutung.

Literatur

Amery, J. (1987). Über das Altern. Revolte und Resignation. (6. Aufl.). Stuttgart: Klett-Cotta.

Angermeier, W. F., Bednorz, W. & Schuster, M. (1991). Lernpsychologie. München: Reinhardt.

Antonovsky, A. (1997). Salutogenese. Zur Entmystifizierung der Gesundheit. Tübingen: dgvt Verlag.

Arbeitskreis Charta für eine kultursensible Altenpflege (Hrsg.) (2002). Für eine kultursensible Altenpflege. Eine Handreichung. Köln: Kuratorium Deutsche Altershilfe.

Arbeitszentrum Fort- und Weiterbildung im Elisabethenstift (Hrsg.) (1998). Angeworben, Hiergeblieben, Altgeworden. Praxisfeld Interkulturelle Altenpflege. Arbeitshilfe. Darmstadt: Arbeitszentrum Fort- und Weiterbildung NOW-Büro.

Argyle, M. & Trower, P. (1981). Signale von Mensch zu Mensch. Die Wege der Verständigung. Weinheim: Beltz.

Argyle, M. (1972). Soziale Interaktion. Köln: Kiepenhauer & Witsch.

Baltes, P.B. & Baltes, M.M. (1990) (Hrsg.). Successfull aging: Perspectives from the behavioral sciences. New York: Cambridge University Press.

Baltes, P.B. (1997). Die unvollendete Architektur der menschlichen Ontogenese: Implikationen für die Zukunft des vierten Lebensalters. In: Psychologische Rundschau, 48, 191–210. Göttingen: Hogrefe.

Bamberger, G. (2005). Lösungsorientierte Beratung (3. Aufl.). Weinheim: Beltz.

Baum, S. (1976). Der verborgene Tod. Auskünfte über ein Tabu. Frankfurt: Fischer.

Bayerisches Staatsministerium für Arbeit und Sozialordnung, Familie und Frauen, Jan. 2003 [www.sozialministerium.bayern.de] Presseinformation zur Kultursensiblen Altenpflege: Zahl älterer Ausländer steigt – Einrichtungen der Altenhilfe müssen sich interkulturell ausrichten.

de Beauvoir, S. (1977). Das Alter. Reinbek: Rowohlt.

Berger, G. (1999). Die Erfassung der Arbeitssituation im Rahmen einer Qualitätsdiagnose von Alten- und Pflegeheimen. In A. Zimber & S. Weyerer (Hrsg.), Arbeitsbelastung in der Altenpflege (S. 147). Göttingen: Verlag für Angewandte Psychologie.

Berne, E. (1980). Spiele der Erwachsenen. Reinbek: Rowohlt.

Berufsgenossenschaft für Gesundheitsdienst und Wohlfahrtspflege (BGW) (2004). In BGW-DAK. Gesundheitsreport 2003. Altenpflege. Arbeitsbedingungen und Gesundheit von Pflegekräften in der stationären Altenhilfe. Hamburg.

Besselmann, K., Sowinski, Ch. & Rückert, W. (1998). Qualitätshandbuch Wohnen im Heim. Köln: Kuratorium Deutsche Altershilfe.

Bickel, H. (2001). Demenzen im höheren Lebensalter. Schätzungen des Vorkommens und der Versorgungskosten. In: Zeitschrift für Gerontologie und Geriatrie 34, 108–115.

Biedermann, M. (2004). Essen als Basale Stimulation. Fingerfood, Eat by Walking, etc. (2. Aufl.). Hannover: Vincentz Network.

Bierlein, K.H. (1994). Lebensbilanz. Krisen des Älterwerdens meistern – kreativ auf das Leben zurückblicken – Zukunftspotenziale ausschöpfen. München: Claudius.

Blake, R.B. & Mouton, J.S. (1969). Verhaltenspsychologie im Betrieb: Das Verhaltensgitter. Eine Methode zur optimalen Führung in Wirtschaft und Verwaltung. Düsseldorf: Econ Verlag.

Blechinger, C.M. (2003). Glücklich in sozialen und therapeutischen Berufen – Bedürfnisse erkennen und umsetzen. Weinheim und Basel: Beltz.

Blenkner, M. (1965): Social work and family relationships in later life with some thoughts on filial maturity. In Shanas, E. & Streib, G. (Hrsg.), Social Structure and the Family. Englewood Cliffs: Prentice Hall.

Böhm, E. (2001). Psychobiographisches Pflegemodell nach Böhm, Bd. I und II.. (2. Aufl.). Wien: Maudrich.

Borchert, M. (1980). Un-Ruhestand. Bewusst Älterwerden, Aktiv im Alter. Reinbek: Rowohlt.

Borker, S. (1996). Essen reichen in der Pflege. Stuttgart: Urban & Fischer.

Borutta, M. (2000). Pflege zwischen Schutz und Freiheit. Hannover: Vincentz Network.

Boszormenyi-Nagy, J. & Spark, G.M. (1981). Unsichtbare Bindungen. Stuttgart: Klett-Cotta.

Brod, M., Kafka, F. & Pasley, M. (1989). Eine Freundschaft. Briefwechsel. Fischer: Frankfurt.

Buber, M. (1992). Das Dialogische Prinzip. Gerlingen: Lambert Schneider.

Bubolz-Luther, E. (1997). Eine neue Herausforderung in der Lebensplanung. Vorbereitung auf den Umgang mit Pflegebedürftigkeit im Alter. Altenpflege Forum 5(2).

Bucher, T., Hornung, R., Gutwiller, F., Buddeberg, C. (2001). Sexualität in der zweiten Lebenshälfte. Erste Ergebnisse einer Studie aus der deutschsprachigen Schweiz. In H. Berberich & E. Brähler (Hrsg.), Sexualität und Partnerschaft in der zweiten Lebenshälfte (S. 105–127). Gießen: Psychosozial.

Buijssen, H. (2005). Demenz und Alzheimer verstehen – mit Betroffenen leben. (3. Aufl.). Weinheim: Beltz.

Bundesministerium für Familie, Senioren, Frauen und Jugend (2002). Vierter Bericht zur Lage der älteren Generation in der Bundesrepublik Deutschland: Risiken, Lebensqualität und Versorgung Hochaltriger – unter besonderer Berücksichtigung demenzieller Erkrankungen. Berlin: Bundesministerium.

Bundesministerium für Gesundheit (Hrsg.) (2007). Rahmenempfehlungen zum Umgang mit herausforderndem Verhalten bei Menschen mit Demenz in der stationären Altenhilfe. Forschungsbericht 007, ISSN-1862-1600. www.bmg.bund.de.

Burisch, M. (1989). Das Burnout Syndrom. Theorie der inneren Erschöpfung. Berlin Heidelberg: Springer.

Cevey, B. & Prange, P. (1999). Vom Nutzen der Veränderung – Personalentwicklung und Organisationsentwicklung im Zeichen des Wandels. In: Spalink, Heiner (Hrsg.), Werkzeuge für das Change-Management. Frankfurter Allgemeine Buch, S. 113–142.

Chrobok, R. (1996). Grundbegriffe der Organisation. Stuttgart: Schäffer Verlag.

Cohen-Mansfield, J. (1995). Stress in nursing home staff: a review and a theoretical model. The Journal of Applied Gerontology, 14 (4), S. 444–446.

Cohn, R.C. (1993). TZI Pädagogisch-therapeutische Gruppenarbeit. Stuttgart: Klett-Cotta.

Crawley, H. (2002). Essen und Trinken bei Demenz. – Türen öffnen zum Menschen mit Demenz (Bd. 3). Köln: Kuratorium Deutsche Altershilfe.

Curtin, S. (1976). Niemand stirbt am Alter. München: Trikont.

Damasio A.R. (2001): Descartes' Irrtum. Stuttgart: Schattauer.

Damasio, A.R. (2003). Ich fühle, also bin ich. Die Entschlüsselung des Bewusstseins (4. Aufl.). München: List Verlag.

Daneke, S. (2000). Angehörigenarbeit. Urban & Fischer.

Danielzik, A., Haenselt, R. & Waack, K. (2004). Vorgestellt 69 – Handbuch zur Durchführung von Pflege- und Betreuungskursen für pflegende Angehörige von Menschen mit Demenz. Köln: Kuratorium Deutsche Altershilfe.

Danzinger, A. (2000). Meisterhafte Pflegekunst – altersgerechte Karrierewege in der Pflege. In Kozon, V. & Fortner, N. (Hrsg.), Gegenwart und Perspektiven der Pflege.

Danzinger, A., Monitzer, M. & Draxler-Wernbacher, W. Meisterhafte Pflegekunst. Alter(n)sgerechte Karrierewege in der Pflege. http://www.arbeiterkammer.com/pictures/d8/Hintergrundinformation_Meisterhafte_Pflegekunst.pdf

De Shazer, S. (1993). Der Dreh. Überraschende Wendungen und Lösungen in der Kurzzeittherapie. Heidelberg: Carl-Auer.

Deutscher Berufsverband für Pflegeberufe, LV Bayern (1996). Bausteine der Pflegepraxis.

Deutsches Zentrum für Altersfragen (DZA) (1996). GeroStat. Basis: Alters-Survey (1996). Unter: www.dza.de [8. 3. 2007 letzter Zugriff].

Dörner, K. & Plog, U. (1978). Irren ist menschlich. Oder Lehrbuch der Psychiatrie/Psychotherapie. Wunstorf: Psychiatrieverlag.

Drews, A.Ch. (2003).Musiktherapie auf einer gerontopsychiatrischen Station – Beobachtung der Patienten während der Musiktherapie und im Stationsalltag. Unter: http://w210.ub.uni-tuebingen.de/dbt/volltexte/2003/851/ [8. 3. 2007 letzter Zugriff].

DVD (2003). Wenn ich einmal alt bin. E-mail: menzel@transfers-film.de.

Eisner, M.B. (2006). Türen zur Vitalität. Unveröffentlichtes Buchmanuskript.

Ende, M. (1973). Momo. Stuttgart: Thienemann.

Fachrecherche zum Thema „Weiterentwicklung der Ausbildung in den Pflegeberufen" (2001). Institut für Pflegewissenschaft der Privaten Universität Witten/Herdecke. September 2001.

Fehlinger, F. & Wimmer, K. (2003). Gesund älter werden im Feld der Altenbetreuung und -pflege. Ergebnisse einer Feldstudie. Arbeiterkammer Oberösterreich, Linz.

Feil, N. (1992). Validation. Ein neuer Weg zum Verständnis alter Menschen. Wien: Altern und Kultur.

Feil, N. (1993). Ausbruch in die Menschenwürde. Wien: Altern und Kultur.

Flemming, D. (2006). Demenz und Alzheimer. Mutbuch für pflegende Angehörige und professionell Pflegende altersverwirrter Menschen. Weinheim: Beltz.

Folstein, M.F., Folstein, S.E. & McHoug, P.R. (1990). Mini Mental Status Test (MMST). Deutsche Fassung von J. Kessler, H.-J. Markowitsch & P.E. Denzler. Weinheim: Beltz.

Förstl, H. (Hrsg.) (2001). Demenzen in Theorie und Praxis. Berlin: Springer.

Francis, D. & Young, D. (1996). Mehr Erfolg im Team. Hamburg: Windmühle.

Freudenberger, H. & Noth, G. (1992). Burnout bei Frauen. Frankfurt: Krüger.

Frisch, M. (1964). Mein Name sei Gantenbein. Frankfurt: Suhrkamp.

Fuchs, J. & Dörfler, K. (2005). Projektion des Erwerbspersonenpotenzials bis 2050. IAB Forschungsbericht Nr. 25/2005. Ergebnisse aus der Projektarbeit des Instituts für Arbeitsmarkt- und Berufsforschung. Bundesagentur für Arbeit.

Füsgen, I. (2001). Demenz –Praktischer Umgang mit Hirnleistungsstörungen, 4. Aufl. München: Urban und Vogel.

Glasl, F. (1994). Konfliktmanagement. Stuttgart: Verlag modernes Geistesleben.

Gräßel, E. (1998). Belastung und gesundheitliche Situation der Pflegenden. Querschnittsuntersuchung zur häuslichen Pflege bei chronischem Hilfs- oder Pflegebedarf im Alter (2. Aufl.). Egelsbach: Hänsel-Hohenhausen.

Gräßel, E. (2000). Warum pflegen Angehörige? Ein Pflegemodell für die häusliche Pflege im höheren Lebensalter. Zeitschrift für Gerontopsychologie & -psychiatrie, 13 (2), 85–94

Grond, E. (2005). Pflege Demenzkranker (3. Aufl.). Bremen: Schlütersche.

Guggenbühl-Craig, A. (1986). Die närrischen Alten. Betrachtungen über moderne Mythen. Zürich: Schweizer Spiegel Verlag.

Guilford, J. (1964). Persönlichkeit. Weinheim: Beltz.

Gutensohn, S. (2000). Endstation Alzheimer? Ein überzeugendes Konzept zur stationären Betreuung. Mabuse-Verlag.

Hasselhorn, H.M. & Müller, B.H. (2004). Arbeitsbelastung und -beanspruchung bei Pflegepersonal in Europa – Ergebnisse der NEXT-Studie. In B. Badura, H. Schellschmidt & C. Vetter (Hrsg.), Fehlzeiten-Report 2004. Gesundheitsmanagement in Krankenhäusern und Pflegeeinrichtungen (21–50). Berlin: Springer

Hasselhorn, H.M. (2006). Langjährige Belastungsforschung bei Pflegepersonal – Ergebnisse der NEXT-Studie. 20. Freiburger Symposium „Arbeitsmedizin im Gesundheitsdienst" vom 13.–15. September 2006.

Häusel, H.-G. (2002). Limbic Success. So beherrschen Sie die unbewussten Regeln des Erfolgs – die besten Strategien für Sieger. Freiburg: Haufe.

Havighurst, R.J. (1963). Successful Aging. In Tibbits, C. & Donahue (Hrsg.), Process of Aging. New York.

Heckhausen, H. (1965). Leistungsmotivation. In H. Thomae (Hrsg.), Handbuch der Psychologie. Band 11. Göttingen: Hogrefe.

Hennenhofer, G. & Heil, K. (1973). Angst überwinden. Selbstbefreiung durch Verhaltenstraining. Stuttgart: Deutsche Verlagsanstalt.

Herrschaft, H (2001). Antidementiva in der Praxis – Pharmakologie, Indikationen, Therapie. Bremen: Uni-Med.

Kachler, R. (2005). Meine Trauer wird dich finden. Ein neuer Ansatz in der Trauerarbeit. Stuttgart: Kreuz.

Karasek, R.A. & Theorell, T. (1990). Healthy Work: Stress, Productivity and the Reconstruction of Working Life. New York: Basic Books.

Kast, V. (1987). Trauern. Phasen und Chancen des psychischen Prozesses. Stuttgart: Kreuz.

Kerkhoff, B. & Habach, A. (2002). Biografisches Arbeiten. Beispiele für die praktische Umsetzung. Hannover: Vincentz Network.

Kirckhoff, M. (1997). Mind Mapping. Einführung in eine kreative Arbeitsmethode (11. Aufl.). Offenbach: Gabal.

Kitwood, T. (2002). Demenz. Der personenzentrierte Ansatz im Umgang mit verwirrten Menschen. Bern: Huber.

Klessmann, E. (1992). Wenn Eltern Kinder werden und doch die Eltern bleiben (2. Aufl.). Bern: Huber.

Kordt, M.(Hrsg.) (2005). DAK Gesundheitsreport 2005. Hamburg: DAK Zentrale, Nagelsweg 27–31.

Kremer-Preiß, U. & Stolarz, H. (2003). Neue Wohnkonzepte für das Alter und praktische Erfahrungen bei der Umsetzung – eine Bestandsanalyse. Köln: Kuratorium Deutsche Altershilfe.

Krohwinkel, M. (1998). Modell der fördernden Prozesspflege – Konzept, Verfahren und Erkenntnisse. In J. Osterbrink (Hrsg.), Erster Internationaler Pflegetheoriekongress in Nürnberg (S. 134–154). Bern: Huber.

Kruse, A. & Schmitt, E. (1999). Konfliktsituationen in Alten- und Altenpflegeheimen. In A. Zimber & S. Weyerer (Hrsg.), Arbeitsbelastungen in der Altenpflege. Göttingen: Hogrefe.

Kübler-Ross, E. (1977). Interviews mit Sterbenden. Stuttgart: Kreuz.

Kuratorium Deutsche Altershilfe (2003). Kleine Datensammlung Altenhilfe. Köln: Kuratorium Deutsche Altershilfe.

Land Salzburg, Abteilung Soziales (Hrsg.) (2003). Arbeitsplatz Seniorenpflegeheim. Arbeitssituation und -zufriedenheit in Salzburger Seniorenpflegeheimen. Land Salzburg: Abteilung Soziales.

Lander, H.-M. & Zohner, M.-R. (1992). Trauer und Abschied. Ritual und Tanz für die Arbeit mit Gruppen. Mainz: Matthias Grünewald.

Lang, F.R. (1998). Einsamkeit, Zärtlichkeit und subjektive Zukunftsorientierung im hohen Alter. Zeitschrift für Klinische Psychologie 27, 98–104.

Lärm, M (Hrsg.) (2005). Die Ernährung Demenzkranker in stationären Einrichtungen. Praktische Erfahrungen und Empfehlungen aus der Milieutherapie. Rieseby: Selbstverlag Deutsche Expertengruppe Dementenbetreuung e.V.

Lazarus, R.S. & Launier, R. (1981). Stressbezogene Transaktion zwischen Person und Umwelt. In J.R. Nitsch, Stress-Theorien, Untersuchungen, Maßnahmen. Bern: Huber.

Lebendiges virtuelles Museum Online (LeMO). http://www.dhm.de. Deutsches Historisches Museum.

Legewie, H. & Ehlers, W. (1972). Knaurs moderne Psychologie. Mannheim München: Droemer.

Lehr, U. (1996). Psychologie des Alterns (8. Aufl.). Wiesbaden: Quelle & Meyer.

Leidecker, K. (2001). Lieder und Klänge als Lebenserzählungen. Musiktherapie in der Altenarbeit. München: Strube.

Markowitsch, H.-J. (2002). Dem Gedächtnis auf der Spur. Vom Erinnern und Vergessen. Darmstadt: Primus Verlag.

Martin, M. & Kliegel, M. (2005). Psychologische Grundlagen der Gerontologie. Stuttgart: Kohlhammer.

Maslach, C. & Leiter, M.P. (2001). Die Wahrheit über Burnout: Stress am Arbeitsplatz und was Sie dagegen tun können. Berlin Heidelberg: Springer.

Mayer, K.-U. & Baltes, P.B. (1996). Die Berliner Altersstudie. Berlin: Akademie Verlag.

Meschkutat, B. & Stackelbeck, M. (2002). Mobbing am Arbeitsplatz. Ergebnisse einer Repräsentativstudie. In Hellmann, A. & von Saldern, M. (Hg.): Mobbing: Theorie. Empirie. Praxis. Hohengehren: Schneider Verlag, S. 68–84.

Mietzel, G. (2002). Wege in die Entwicklungspsychologie. Beltz PVU: Weinheim.

Mücke, K. (2003). Probleme sind Lösungen. Systemische Beratung und Psychotherapie – ein pragmatischer Ansatz (3. Aufl.). Potsdam: Klaus Mücke ÖkoSysteme Verlag.

Müller, R. (1980). Verhaltensmodifikation in der Praxis. München: Reinhard.

Muthesius, D. (1999). Gefühle altern nicht: Musik mit altersdementen Menschen. Vortrag auf dem 2. Deutschen Alzheimerkongress, Berlin.

Nemetschek, P. (2006). Systemische Familientherapie mit Kindern, Jugendlichen und Eltern. Lebensflussmodelle und analoge Methoden. Stuttgart: Klett-Cotta.

Neuberger, O. (1994). Mikropolitik. Stuttgart: Enke.

Niebuhr, M. (2004). Interviews mit Demenzkranken: Wünsche, Bedürfnisse und Erwartungen aus Sicht der Betroffenen. Eine qualitative Untersuchung zur subjektiven Lebensqualität von Menschen mit Demenz. Reihe Vorgestellt 71. Köln: Kuratorium Deutsche Altershilfe.

Noll, H.-H. & Schöb, A. (2001). Lebensqualität im Alter. Expertisen zum 4. Altenbericht der Bundesregierung. Mannheim: Deutsches Zentrum für Altersfragen.

Ochs, D.C. (1991). Hörst Du meine Hände. Gedichte aus der Altenpflege. Hamburg: Hamburger Arbeitsgemeinschaft für Fortbildung in der Altenpflege.

Oswald, W.D. & Fleischmann, U.M. (1998). Gerontopsychologie. Stuttgart: Kohlhammer.

Peick, P.A. & Klawe, W. (1981). Selbsthilfe für Helfer. Kontrolle des beruflichen Handelns. Grundlagen, Beispiele, Übungen. München: Kösel.

Pera, H. (1997). Sterbende verstehen. Ein praktischer Leitfaden zur Sterbebegleitung. Freiburg: Herder.

Petzold, H.G. (1998). Integrative Supervision, Meta-Consulting & Organisationsentwicklung: Modelle und Methoden reflexiver Praxis. Paderborn: Junfermann.

Reifarth, W. & Scherpner, M. (1993). Der Elefant. Texte für Beratung und Fortbildung. Frankfurt: Deutscher Verein für öffentliche und private Fürsorge.

Reinhardt, C. (2006). Grundlagen der Beratung für gerontopsychiatrische Fachkräfte. Unveröffentl. Seminarunterlagen.

Roth, G. (2001). Fühlen, Denken, Handeln. Wie das Gehirn unser Verhalten steuert. Frankfurt: Suhrkamp.

Ruhe, H.G. (2003). Methoden der Biografiearbeit. Lebensspuren entdecken und verstehen. Weinheim: Beltz.

Ruthemann, U. (1993). Aggression und Gewalt im Altenheim. Verständnishilfen und Lösungswege für die Praxis. Basel: Recom.

Sachweh, S. (2002). „Noch ein Löffelchen?" Effektive Kommunikation in der Altenpflege. Bern: Huber.

Sachweh, S. (2003). Falsches Verständnis. In: Altenpflege 6/2003. Hannover: Vincentz Network.

Saup, W. (2002). Alter und Umwelt. Eine Einführung in die ökologische Gerontologie. Stuttgart: Kohlhammer.

Schäfer-Walkmann, S. (2004). Handbuch zur Betrieblichen Gesundheitsförderung in sozialen Einrichtungen. Modellprojekt „Pflege der Profis". Bundesministerium für Gesundheit und soziale Sicherung & Bayerisches Staatsministerium für Arbeit, Sozialordnung, Familie und Frauen.

Schäufele, M. & Weyerer, S. (1999). Psychopharmakagebrauch und Sturzhäufigkeit in Alten- und Pflegeheimen: Eine prospektive epidemiologische Studie in Mannheim. European Journal of Geriatrics 1: 124–131.

Schlippe, A. v. & Schweitzer, J. (1996). Lehrbuch der systemischen Therapie und Beratung. Göttingen: Vandenhoeck & Ruprecht.

Schmidbauer, W. (2002). Helfersyndrom und Burnout-Gefahr. München: Urban & Fischer.

Schmidt-Hackenberg, U. (1996). Wahrnehmen und Aktivieren. Die 10-Minuten-Aktivierung für die Begleitung Hochbetagter. Hannover: Vincentz Network.

Schnabel, M. (2005). Umgang mit Demenzkranken. Entwicklung eines Lernfeldes auf Basis empirischer Daten aus der Berufspraxis der Pflege. Bremen: Schlütersche.

Schönberger, C. & von Kardorff, E. (1997). Zu Hause pflegen – Unterstützung der Angehörigen. Analysen und Konzepte für die Praxis. Ein Leitfaden. Berlin: Institut für Gerontologische Forschung e.V.

Schraml, W.J. (1975). Psychologie im Krankenhaus: Ein Leitfaden für Schwestern, Pfleger und verwandte Berufe. Bern: Huber

Schreyögg, A. (2003). Coaching (6. Aufl.) Frankfurt: Campus.

Schröder, H. & Selke, G. (2000). Der Arzneimittelmarkt in der Bundesrepublik Deutschland. In: Arzneimittereport 2000. Berlin: Springer.

Schroeter, K.R. & Prahl, H.-W. (1999). Soziologisches Grundwissen für Altenhilfeberufe. Weinheim: Beltz.

Schulz von Thun, F. (1981). Miteinander reden, Band 1. Reinbek: Rowohlt.

Schulz von Thun, F. (1989). Miteinander reden, Band 2. Reinbek: Rowohlt.

Schulz von Thun, F. (1998). Miteinander reden, Band 3. Reinbek: Rowohlt.

Schützendorf, E. (2006). Wer pflegt, muss sich pflegen. Belastungen in der Altenpflege meistern. Wien: Springer.

Schwager, Th. & Udris, I. (1998). Gesundheitsförderung in Schweizer Betrieben. In Eva Bamberg, Antje Ducki & Anne-Marie Metz (Hrsg.), Handbuch Betriebliche Gesundheitsförderung (S. 437–444), Göttingen: Verlag für Angewandte Psychologie.

Schwart, T., Aegerter, V. & Greiwe, S. (2002). Studie über die Berufswahl und das Image der Pflegeberufe und der Pflegeausbildung. Ergebnisse einer repräsentativen Untersuchung. Institut für interdisziplinäre Wirtschafts- und Sozialforschung 2002. Fachhochschule Solothurn Nordwestschweiz.

Schweizerische Gesundheitsbefragung des Bundesamtes für Statistik 2002. In: Schweizerisches Gesundheitsobservatorium 2006.

Schweizerisches Gesundheitsobservatorium (2006). Prävalenz von Einschränkungen in den Aktivitäten des täglichen Lebens (ADL). Indikator 2.7.10. www.obsan.ch/monitoring/statistiken.

Schwerdt, R. (1994). Ausgebrannt. Forum Altenpflege, 2,4. Hannover: Vincentz.

Siegel, N.-R. (1997). Schwindel – diagnostische Irrwege meiden. Extracta Geriatrica 3, 12–14.

Siegrist, J. (1996). Soziale Krisen und Gesundheit. Göttingen: Hogrefe.

Simoens, S., Villeneuve, M u. Hurst, J. (2005). Tackling Nurse Shortages in OECD-Countries. OECD Health Working Paper Nr. 19.

Sittard, C. (2006). Das Regensburger gerontopsychiatrische Pflegemodell. Unveröffentlichtes Manuskript.

Sowinski, C. (1995). Selbstpflegeblatt. Köln: Kuratorium Deutsche Altenhilfe. www.kda.de.

Sowinski, C. (1996). Grenzsituationen in der Pflege: Nähe und Distanz, Schamgefühl und Ekel. Gero Care Report 5/96. Köln: KDA.

Steinhagen-Thiessen, E. & Borchelt, M. (1966). Morbidität, Medikamentation und Funktionalität im Alter. In Mayer, K.U., Baltes, P.B. (Hrsg.), Die Berliner Altersstudie (S. 151ff). Berlin: Akademie-Verlag.

Teegen, F. (1988). Ganzheitliche Gesundheit. Der sanfte Umgang mit uns selbst. Reinbek: Rowohlt.

Thomae, H. (1983). Alternsstile und Alternsschicksale. Ein Beitrag zur Differentiellen Gerontologie. Bern: Huber.

Tönnies, I. (2006). Abschied zu Lebzeiten. Wie Angehörige mit Demenzkranken leben (3.Aufl.). Bonn: Psychiatrie Verlag.

Trenkle, B. (1994). Das HaHandbuch der Psychotherapie. Witze – ganz im Ernst. Heidelberg: Carl-Auer.

Urlaub, K.H. (1995). Angehörigenarbeit in Heimen – Konzepte und Erfahrungen. Ergebnisse einer empirischen Untersuchung. Köln: Kuratorium Deutsche Altershilfe.

Verband der Bayerischen Bezirke. Weiterentwicklung der gerontopsychiatrischen Versorgung in Bayern (1998). Rahmenkonzept. München.

Watzlawick, P. (2007). Anleitung zum Unglücklichsein (Sonderausgabe). München: Piper.

Watzlawick, P., Beavin, J.H., Jackson, D.D. (1990). Menschliche Kommunikation – Formen, Störungen, Paradoxien (8. Aufl.). Bern: Huber.

Wehr, G. (1991). Martin Buber. Leben, Werk, Wirkung. Zürich: Diogenes.

Weidenmann, B. (2002). Gesprächs- und Vortragstechnik. Für alle Trainer, Lehrer, Kursleiter und Dozenten. Weinheim: Beltz.

Westphal, G. (1978). Endstation Pflegeheim oder die Zukunft der alten Menschen ist nicht der Tod. Haselau: Selbstverlag.

Whitbourne, S. & Weinstock, C. (1982). Die mittlere Lebensspanne. Entwicklungspsychologie des Erwachsenenalters. München: Urban & Schwarzenberg.

Wingchen, J. (1995). Geragogik. Lehr- und Arbeitsbuch für Altenpflegeberufe. Hagen: Kunz.

Winter, H.-P., Gennrich, R. & Haß, P. (2002). KDA Hausgemeinschaften. BGM Modellprojekte 2001/2002. Köln: Kuratorium Deutsche Altershilfe.

Zimbardo, P.G. & Gerrig, R.J. (2004). Psychologie (16. Aufl.). München: Pearson Studium.

Zimber, A. & Weyerer, S. (Hrsg.) (1999). Arbeitsbelastung in der Altenpflege. Göttingen: Verlag für Angewandte Psychologie.

Sachverzeichnis

Realität 98
Realitäts-Orientierungs-Training 79
Reflex-Inkontinenz 51
Reframing 107
Regensburger Modell 85
Regression 42, 186
– individuelle 42
– institutionelle 42
– situative 42
Reife
– filiale 132, 136
Reiz
– auslösender 154
Reizhunger 23
Ressourcenorientierung 4
Reverbalisierung 102
Rituale 153
– religiöse 16
Rivalität 141
Rolle
– soziale 170
Rollenerwartungen 170
Rollenkonflikt 171
Rollenselbstbild 171
Rollenverständnis
– berufliches 170

S

Salutogenese 207
Scham 133
Schicksalsorientierung 5
Schlaf 35
Schlafmangel 132
Schlaganfall 70
Schmerz 21, 152
Schmerzvermeidung 35
Schuldgefühle 133, 138
Schutz 186
Schweigen 11
Screening-Test 32
Selbstaufgabe 135
Selbstbeobachtung 27
Selbstbestimmung 156
Selbstbild 111
Selbstmanagement 180
Selbstoffenbarung 94
Selbstreflexion 103
Selbstverletzungsgefahr 97
Selbstverwirklichung 36
Selbstwahrnehmung 26

Sicherheit 36
Signallernen 152
Snoezelen 84
SOK-Modell 115
Somnolenz 24
SORK-Verhaltensformel 154
Sozialisation 37
Speicher
– sensorischer 128
Sprachmelodie 102
Stammbaum 8
Sterbebeistand 56
Sterben 55
Sterbeprozess 56
Stereotype 25
Stimmungslage 23
Stimmungsschwankungen 23
Stimulation
– multiple 81
Stimulus 154
Streit 96
Streitkultur 166
Stress 196
Stressbewältigung 196, 199
Stress-Inkontinenz 50
Stressmodell
– transaktionales 198
Stressmuster 200
Stresssituation 186
Strukturqualität 162
Stuhlinkontinenz 51
– muskuläre 51
– neurogene 51
– psychoorganische 51
– sensorische 51
Suchtmittel 24
Suggestibilität 43
Supervision 144, 210
Sympathie-Antipathie-Effekt 26
Syndrom
– demenzielles 69
Systeme
– familiäre 137

T

Tagespflege 139
Teamarbeit 174
Teamentwicklung 160
Teamsupervision 211
Temperament 3

Temperamentenlehre 124
Test
– psychologischer 31
Thalamus 38
Toleranzspielraum 86
Transaktion 100
– komplementäre 99
– über-Kreuz 100
– verdeckte 100
Transaktionsanalyse 98
Trauer 38, 61
Trauerprozess 132
Triangulation 143, 144
Triebimpulse 185
Trotz 38, 156

U

Überforderung 38, 133
Überfürsorglichkeit 133
Übergänge 113
Übertragungen 142
Umweltfaktoren 3

V

Validation 77
– integrative 77
Veränderungsprozesse
– betriebliche 164
Verbundenheit
– emotionale 134
Verdrängung 42, 186
Verhalten
– regressives 133
Verhaltensbeobachtung 26
Verhaltensformung 155
Verhaltenskreuz 96
Verhaltensmuster
– instinktive 3
Verhaltensspielraum 154, 156
Verständigung 20, 92
Verstärker 154
– Handlungsverstärker 154
– materielle 154
– soziale 154
Verstärkungslernen 153
Verstrickungen 144
Verwandtschaftsbeziehung 134
Vier-Phasen-Modell des Trauerns
     61